개정 4판

국제 운송론

International Transportation

방희석 | 고용기 | 박근식 | 나정호

박영사

INTERNATIONAL TRANSPORTATION

개정 4판을 내면서

PREFACE

4차 산업혁명으로 인해 다양한 기업환경이 변화되고 있는 과정 속에서 세계무역은 규제 완화, 자유화, 정보화가 조화를 이루면서 지속적인 성장을 이뤘다. 기업들이 추구하는 국제적인 물류관리의 강화는 향후 세계무역 및 물동량 증대에 긍정적인 영향을 줄 것으로 예상된다.

글로벌 기업들은 높은 수준의 물류품질을 기반으로 안정적이고 경쟁적인 위치를 확보하는 전략을 추진하고 있다. 다양한 물류기능 중 운송이 차지하는 비중이 가장 높기 때문에 국제운송에 대한 중요성은 더욱더 부각되고 있는 것이 현실이다. 본서의 저술 목적은 일차적으로 국제운송서비스를 활용하는 데 인지해야 할 내용 제공과 물류 및 운송업에 종사하기를 원하는 젊은이들에게 기초지식을 전달하는 데 목적이 있다.

개정 내용은 기존 편제 틀에서 환경과 교육수요 등을 고려하여 보완되었으며, 선박금융제도 등을 추가하여 개정작업을 수행하였다.

바라기는 본 개정 내용이 무역 및 국제물류 증진에 도움이 되고, 관련 기업 인력의 교육에 필요한 교재가 되기를 기대하며, 계속적인 개정판을 내어 독자들에게 보답하고자 한다.

끝으로 본서가 후학과 업계종사자들로부터 사랑받고 학문의 연결과 발전을 위하여 후학이자 평생 동료 학자인 고용기 교수, 박근식 교수, 나정호 박사와 공저로 개정판을 출간하게 되어 크나큰 기쁨이다.

2021년 2월

흑석동 연구실에서

방 희 석

개정 3판을 내면서

PREFACE

지난 반세기 동안 한국경제는 무역에 기반를 두고 성장했으며 무역액 1조 달러를 상회하는 세계 8대 무역 국가로 성장했다. 이제 2조 달러를 목표로 하여 세계 5대 무역 국가의 꿈을 계획하고 실천해 나가야 하는 과제가 놓여 있다. 우리나라뿐만 아니라 범세계적으로 무역을 기반으로 성장하고 있는 국가들은 글로벌화, 운송혁명과 물류통합 등으로 직면하게 되는 크나 큰 변화를 수용해야 하는 과제를 가지고 있다.

세계무역은 해상운송 중심의 전통적인 패러다임이 해외 투자가 확대되면서 글로벌 물류와 SCM의 발전과 함께 규제완화, 자유화, 정보화 등과 조화를 이루며 지속적인 성장이 예상된다.

글로벌 기업들은 안정적이고 경쟁적인 위치를 확보하기 위해 높은 수준의 운송서비스를 활용해야만 한다. 본서의 저술 목적은 일차적으로 무역업자들이 운송서비스를 활용하는데 인지해야 될 내용을 제공하는데 있다. 또한 물류 및 운송업에 종사하기를 원하는 젊은이들에게 기초지식을 전달하는데 이차적 목적이 있다.

급변하는 물류환경변화에 대응하기 위한 시스템, 법 제도 및 기술혁신 등을 수용해야 하기 때문에 본 3차 개정을 시도했다.

개정 내용은 첫째, 본문 통계자료 등은 최근 발간한 UNCTAD를 활용하여 보완했다. 둘째, 해운기업의 중요한 과제로 되어있는 선박금융제도에 관한 내용을 수록했다. 셋째, 해운동맹 환경이 변화되었기 때문에 내용을 축소하고, 해운관련 규범사항 및 기구 등에 대한 내용을 추가했다. 넷째, 우리나라 운송관련 제도와 법 개정에 따른 내용을 보완했다. 다섯째, 정보화 및 운송기술발전으로 인지되어야 할 내용을 수록했다.

마지막으로 본 개정 내용이 무역 및 국제물류 확보와 관련 기업 인력의 교육에 필요한 교재가 되기를 기대하며, 계속적인 개정판을 내어 독자들에게 보답하고자 한다.

2013년 2월

흑석동 연구실에서

방 희 석

개정 2판을 내면서

PREFACE

글로벌 금융위기가 상품교역을 위축시키고 국제운송 시장에도 심각하게 영향을 미치고 있다. 과거 몇 년 동안 국제운송 경기의 호황이 중국 · 인도 · BRICs 국가의 성장에 기인했는데, 미국을 중심으로 보호주의가 확산되면서 국제운송 경기침체가 당분간 지속될 전망이다.

이러한 국제운송 경기침체는 경기 순환적이고 역사적인 흐름 속에서 예측될 수 있고 예견할 수 있다. 이러한 변화를 전폭적으로 수용하여 개정판을 출간하는 데 한계가 있어 개정 2판에서는 다음과 같은 내용을 중심으로 개정했음을 밝힌다.

본서가 개정되는 주요내용은 첫째, 국제운송관련 주관부처가 해양수산부에서 국토해양부로 정부조직의 개편이 있었고, 그에 따른 관련 근거법이 개정되어 내용을 보완할 필요가 있었다. 둘째, 2008년 출간한 UNCTAD의 Review of Maritime Transport의 분석 내용과 통계를 활용하여 보완되었다. 셋째, 해운시장 구조분석을 위한 기초적 Tool을 소개하여 해운시장 특성의 이해를 증진시키는 데 노력했다. 넷째, 기존 폐쇄적 해운동맹 제도가 유럽해운정책의 변화로 해운시장의 새로운 질서와 환경이 조성될 것으로 판단되어 업계나 학생들이 인지해야 할 내용이 보완되었다.

마지막으로 본 개정판이 무역 및 국제물류 학도들의 강의 교재와 관련 기업인과 정책 입안자들의 참고도서로 활용될 수 있기를 기대한다. 또한 앞으로 지속적으로 개정판을 내어 독자들에게 보답하고자 한다.

2009년 2월

대학연구실에서

방 희 석

개정판을 내면서

PREFACE

금번 개정은 중판이 나온 지 3년이 지나고 보니 바뀐 것이 너무 많아 내용을 대폭 수정·보완하는 데 목적이 있다.

우리나라 수출은 2004년 2,500억 달러 이상을 달성했고 2005년 무역 규모가 5,000억 달러를 상회하여 세계 10대 무역국가가 될 전망이다. UNCTAD 예측을 보면 2005년 세계물동량 규모도 선적기준으로 60억 톤 이상이 될 것이다. 이러한 운송수요를 충족하기 위해 국제운송 환경은 급속히 발전하고 제도도 변화되고 있다.

특히 컨테이너선의 대형화로 운송서비스 패턴과 Network가 변화되고 있고 운송시장에서 국제 간 경쟁 환경은 더욱 심화되고 있다.

우리나라는 장기적으로 세계 5위권 해양국가를 지향하고 동북아 물류거점을 확충함으로써 국부를 창출하여 선진국으로 진입하는 국가정책 목표를 가지고 있다. 동북아 물류거점을 확보하는 데는 하드웨어적인 인프라 이상으로 중요한 것이 전문인력 확충이라 할 것이다.

본 개정판이 이러한 국내외 환경변화에 대응하고 국가정책 목표를 달성하는 데 도움이 되는 전문서적이 되었으면 하는 희망이 있다. 또한 대학에서 무역학도 강의용 교재로 활용될 수 있도록 필요한 내용을 수록하는 데 노력하였다.

앞으로도 3년 단위로 본서 개정판을 내어 독자들에게 보답하고자 한다.

2005년 7월
내혜홀에서
방 희 석

머 리 말

역사적으로 운송이란 용역은 일정 국가의 부를 축적하고 영토를 확장하는 수단으로 이용되었다. 국제운송수단의 주류를 이루는 해운은 국제무역이 가능하도록 하는 가장 중요한 운송방식이고, 그것이 없었던들 지금과 같이 국제무역이 확대될 수 없었을 것이며 세계자원의 배분도 가능하지 못했을 것이다. 국제무역이 원활하게 이루어지기 위한 3대 요소가 있다면 금융, 운송, 보험이라고 할 수 있다. 그중에서도 운송은 국제적으로 개방도가 높고 시장범위가 가장 넓으며 가장 오랜 역사성을 지녔기 때문에 이해하는 데 어려움이 많은 분야이다.

우리나라와 같이 부존자원이 빈약한 국가에서의 국제운송의 역할과 중요성은 아무리 강조해도 지나치지 않다. 국제운송모드 중 해상운송의 비중은 매우 높고 가장 전문성이 요구되는 영역이다. 21C에는 국가나 기업이 물류관리에 높은 관심을 가지고 발전시켜야 하는 과제를 가지고 있다. 물류관리의 업무 중 가장 중요한 부분이 운송이고 운송관리의 효율화 없이 국가경쟁력 확보는 불가능하다고 할 수 있다.

저자는 연구소와 대학에서 연구와 강의를 통하여 인지된 내용에 근거하여 무역·운송·물류업에 종사하기를 희망하는 학도들이 필수적으로 습득해야 할 분야를 중심으로 본서를 저술했다. 본서는 이론과 실무가 공히 이해될 수 있도록 했으며, 내용은 拙著인 "현대해상운송론"을 보완·수정하여 개편하였다.

본서는 7개편으로 구성되어 있는데, 제1편에는 해운의 수요·공급 개념과 특성을 중심으로 한 해운의 기초개념이 포함되어 있다. 제2편에는 선박운영 및 관리형태가 3개장으로 구분되어 선박의 개요와 정기선해운과 부정기선해운의 특성비교, 용선관리와 해운동맹시스템 등이 기술되어 있다. 제3편에는 해운시장과 운임결정에 대한 이론과 실제가 수록되어 있으며, 4개장으로 구성되어 해운서비스에 소요되는 비용의 특성을 설명하고 있으며, 해운업무의 기본조직형태가 포함된다. 제4편에는 컨테이너 및 항공운송관리를 3개장으로 나누어 수록했으며 컨테이너수송의 흐름과 시스템을 이해할 수 있도록 노력했다. 제5편에는 복합운송제도와 복합운송주선업에 대한 내용 및 운송에 필요한 운송증권에 대한 실무적 내용이 포함된다.

제6편은 국제운송과정에서 중요한 사회간접시설인 항만에 대한 이해를 높이기 위하여 기초적이고 기본적인 개념과 관리시스템을 수록했다. 마지막으로 제7편은 무역 및 운송과

밀접하게 연계되어 있는 물류정보시스템에 대한 기초개념과 운송정책 및 관련 국제기구에 대한 개요가 포함되어 있다.

또한 저자가 특별히 언급하고 싶은 것은, 본서에는 기존 문헌들이 최대로 활용되었으며 그것을 체계적으로 정리하는 데 많은 노력을 경주했다는 것이다. 아울러 본서는 해운론과 국제운송론 과목의 교재로 사용가능하도록 전문내용들이 포함되어 있다. 또한 본서는 국가고시 해무사 및 물류관리사 시험의 준비서로도 이용될 수 있도록 저술되었다.

이 책의 저술과정에서 원고정리와 교정을 보아 준 박사과정의 徐病完 선생께 감사를 드린다. 그리고 이 책을 출판해 주신 博英社 安鍾萬 사장님께 사의를 표합니다. 끝으로 본서가 나오기까지 많은 기도와 격려를 아끼지 않았던 어머님과 아내 그리고 자식인 聖運·聖國에게 깊이 감사한다.

1999. 1.

著　者 識

차 례

CHAPTER 01 해상운송의 개요

CHAPTER 02 선박의 개요

CHAPTER 03 해운서비스 형태

CHAPTER 04 용선관리

CHAPTER 05 선박 취득

CHAPTER 06 해운시장

CHAPTER 07 해운기업운영과 해상운임

CHAPTER 08 컨테이너 운송

CHAPTER 09 항공운송 관리

CHAPTER 13 해운정책과 국제기구

그림 차례

표 차례

C·H·A·P·T·E·R

01 해상운송의 개요

01 국제운송의 의의

생산은 인류의 경제 활동의 결과로 이루어진다. 천연자원과 물적 자원을 이용하여 인간이 원하는 생산품을 만들기 위해 인간은 부단히 노력하여 왔다. 이러한 노력으로 만들어진 생산품을 인간 상호 간에 교환하거나 시장성 있게 만들기 위해서는 운송이라는 필수적인 매개수단이 필요하다. 그렇기 때문에 운송을 광의의 생산수단이라고 보는 견해도 있다.

오늘날 운송은 인간의 경제적·정치적·사회적 활동과 그 발전을 위한 기본적 요소가 되고 있다. 운송은 인간이나 상품의 지역적 위치를 변화시켜서 인간의 만족을 충족시켜 주는 원동력을 지니고 있다. 18세기에 증기기관이 발명됨에 따라 수송수단은 눈부시게 발전했다. 1807년 증기기관이 선박에 이용되었고, 1829년 증기기관차가 발명됨에 따라 육·해운에 걸쳐 저렴한 교통시대가 열리기 시작했다. 증기선은 해상수송비용을 절감시키는 데 기여했고, 증기기관차는 육상수송에 혁명을 가져왔다. 이러한 수송수단의 발전이 20세기에 산업경제체제를 형성하는 주도적인 역할을 했다. 수송수단으로 파이프라인·육상·해상·항공 등 운송수단이 계속적으로 발전하고 있으며, 발전의 파급효과는 국내에서 국제적으로 확산되고 있다. 운송은 국경을 넘어 사람과 물품을 운송시키는 용역수단이기 때문에 역사적으로 운송이 없었다면 세계적 환경변화는 상상하기 힘들 것이다.

국제운송이란 국제교환경제가 형성됨에 따라 인간과 재화의 공간적 거리극복과 장소적 이전을 가능케 하는 용역을 의미한다. 교통경제학자들은 운송을 하나의 생산수단이라고 하며 장소효용(place utility)과 시간효용(time utility), 형태효용(form utility)을 창출하는 것이라고 했다. 국제교통의 기본적 기능은 재화와 인간의 장소적인 이동을 통하여 자원의 효율성을 높이는 데 있다. 공간적 거리극복은 수송 혹은 교통의 2차적인 의의를 가지며 교통의 1차적인 의의는 물자와 사람을 원활하게 운송하는 데 있다.

국제물류를 주도하는 운송의 형태는 해상운송이며, 줄여서 해운(shipping, maritime, sea 혹은 ocean transportation)이라고 한다. 해상에서 선박을 이용하여 사람 혹은 화물을 운송하고 대가로 운임을 받는 상행위, 선박에 의한 해상운송업무를 의미한다. 글로벌시대에 살고 있는 경제인의 활동을 원활하게 하고, 교역물품을 경제적으로 이전시키기 위한 노력이 증대되면서 총체적 서비스 품질(total service quality) 향상에 해운의 역할이 중요해졌다. 해운활동은 육상으로 연결되어 복합운송·종합물류·총체적 서비스 관리 체계로 확장되고 있다.

02 해상운송의 특성

역사적으로 영국이 부를 축적함에 있어서 해운업과 보험업, 금융업 등이 역할을 했다는 것은 통설이다. 운송수단은 항공·내륙·해상 등으로 구분되며, 운송형태는 안전·정확·신속·편리·자유 등의 만족도와 경제성에 따라 결정된다. 이 중에서 해상운송은 다음과 같은 특성을 지닌다.

2-1 대량수송

해운의 경쟁우위적 특성은 대량수송이 가능하다는 것이다. 모든 수송기관 중에서 선박만큼 단위수송력이 큰 것은 없다. 물론 1톤 혹은 0.5톤의 화물도 해운의 대상이 된다. 철도수송에서도 화차의 수를 증가시키고 연속하여 발차시킴으로써 단위수송량을 증가시킬 수 있지만 한계가 있기 때문에 대량수송의 표본은 해운이라 할 수 있다.

2-2 원거리수송

해운은 대량수송에 적합할 뿐만 아니라 대체로 원거리수송에 이용된다. 물론 원거리수송은 반드시 해운에 의해서만 이루어지는 것은 아니지만, 통상적으로 단위당 운송비용이 저렴하기 때문에 원거리수송에 가장 많이 이용되고 있다.

2-3 저렴한 수송비

화물단위당 해상수송비는 타 수송기관과 비교가 되지 않을 정도로 저렴하다. 항공운송비는 해상운송비와 비교가 되지 않을 정도로 높고, 철도수송도 거리와 중량의 비율로 보면 해상운송에 비하여 운임이 훨씬 높다. 일반적으로 거리 면에서 해상운임과 철도운임을 비교하면 해상운임은 철도운임의 절반 정도에 불과하다.

2-4 자유로운 수송로

해운의 수송로는 바다이기 때문에 자유로이 이용할 수 있다. 네덜란드의 해법학자 그로휴스는 1609년 공해자유론을 주장하였으며 18세기에 이 원칙이 국제법으로 공인되었다. 해양자유의 원칙(freedom of sea)에 따라 공해에서 자유로운 항해가 보장될 수 있었으며, 이는 해운의 발달에 크게 기여를 하였다.

2-5 국제성

해운은 반드시 국제간에 이루어지는 것은 아니며, 국내의 연안해운도 있다. 그러나 대부분의 해상운송은 세계를 무대로 하기 때문에 국제성이 높은 산업이다. 국제성이 높은 해상운송업은 원거리수송에 적합하도록 대형선박이 사용되는 것이 일반적이다. 해운의 국제성은 출입항의 국적이 다양하다는 점도 있지만, 국제해운시장에서 외국상선과 경쟁하고 있다는 점을 반영하였다. 공해라는 자유로운 시장에서 세계해운시장은 하나의 공통시장이 되어 각국 상선대가 경쟁하는 국제성이 있다.

2-6 저속 운항

해운의 속력은 자동차나 철도에 비하여 느리다. 세계 주요정기선 속력은 시간당 18~33 knot이며 부정기선은 12~18 knot으로 항해하고 있다.

03 해운산업과 국민경제

3-1 세계경제와 해운발달

해운은 세계경제 발달에 중요한 영향을 미쳤다. 상품의 교류를 촉진시켜 새로운 문화를 형성시킨다. 해운이 선진문화를 타국에 전하고 국가 간 문화교류를 가져왔다. 과거에는 원양해운이 진귀한 품목과 차, 후추, 주류 등 고가상품으로 수송대상을 한정하였지만 해운기술이 발달하고 톤당 수송비가 절감되면서 저가품목까지 수송되고 있다. 선박건조기술과 운항기술이 발달하여 단위당 수송비용이 인하되면서 원양해운의 수송대상물이 확대되었다. 컨테이너수송이 발달하면서 육·해·공 수송이 연계되어 신속하고 저렴한 수송이 이루어짐으로써 무역이 창출되고 세계경제 성장에 기여하고 있다.

3-2 해운과 주요 산업

해운기술의 발달로 세계경제는 원료공급원을 확대할 수 있었다. 원료상품의 원가구성에서 해상운임이 차지하는 비중은 대단히 크기 때문에 부존자원이 부족하고, 원거리지역에서 원료를 수입하는 나라에서 해상운송은 중요한 의미를 지닌다. 면화, 양모 등 섬유원료제품의 운임비중은 낮지만 원유, 철광석, 석탄, 곡물 등의 원료상품에 있어서는 그 비중이 높다. 이와 같은 산업은 해운에 의존된 산업이다. 해운과 밀접한 산업의 관계를 보면 다음과 같이 구분설명이 가능하며 또한 해운 그 자체가 산업을 형성할 수 있어 '해운산업(shipping industries)'이란 용어가 범세계적으로 사용되고 있다. 해운산업의 범위와 개념은 보는 시각에 따라 상이하며 표준화된 것은 없다.

1) 무역업

국제교역의 3대 요소는 무역, 보험, 해운이라 할 정도로 상호 관계성이 높다.

2) 철강업

철강업은 해운과 가장 관계가 깊은 산업 중의 하나이다. 철강 원료인 철광석과 석탄은 원거리수송에 의존할 수밖에 없다. 철광석의 수송량은 세계의 건화물 중 많은 비중을 차지하고 있다. 여기에 석탄, scrap, 강재제품, 선철을 포함하면 철강업의 수송규모는 크다.

3) 석유산업

석유는 원유생산지에서 소비지의 정제지까지 수송이 중요하다. 원유의 생산지는 중동, 남미 등으로 한정되어 있으며, 이들 지역에서 세계 각지의 소비지에 수송되고 있다. Tanker와 석유산업의 관계는 극히 밀접하여 석유산업체가 자체 Tanker를 확보하고 있으며 잔여분은 독립된 해운회사와 장기계약을 체결하고 있다.

4) 화학공업

화학공업에서는 화학제품, 인광석, 화학비료 등이 수송대상이며 이들 관련 산업에서는 운임이 원가의 상당 부분을 차지하고 있다.

5) 목재산업

목재산업은 산림지와 가까운 곳에서 발달해 왔지만 점차 수입원목을 기반으로 목재산업이 발전해 왔다. 해상운임은 목재상품의 원가구성에 중요한 부분을 차지하고 있다.

6) 시멘트산업

시멘트 원료생산지와 소비지가 원거리인 관계로 해상수송의 비중이 높으며, 해상운송은 플랜트 수출 증대와 시멘트 수출입 등에 크게 기여한다.

7) 섬유공업

섬유원료, 면화, 양모 등은 운임 부담력이 큰 화물이지만 운임이 원가에 차지하는 비중은 적다.

8) 전력

화력발전소는 석탄을 대량으로 소비하기 때문에 입지조건에 따라 해운과 밀접히 연관되어 있다. 중유발전소는 탱커와의 관계가 밀접하며 원자력발전소 역시 해운에 크게 의존된다.

9) 조선업과 해상보험업

조선업과 해상보험업은 선박을 대상으로 하는 산업이기 때문에 해운과 긴밀한 관계가 있다는 것은 말할 것도 없다. 조선업의 발달은 곧 해운업의 발달로 관련되고 있으며 해운과 조선 경기도 시차가 있지만 관련성이 높다.

10) 정보산업

국제무역을 위한 제반 정보의 집산지로 항만이 이용되고 물류의 흐름을 관장하는 데 해운이 기여하고 있다. 물류정보산업과 해운산업은 밀접하게 발전하고 있다.

3-3 해운 산업과 국민경제

각종 산업발달에 해운의 역할이 중요하지만 국민경제와 관련하여 해운의 성격을 생각해 보면 중요성이 명확해진다.

(1) 무역 발전 촉진

한 국가가 상선대를 보유하는 것이 무역발달을 촉진시키는지 여부를 밝히는 것은 중요하다. 그러나 국제해운업은 해양자유 원칙(freedom of sea)의 자유경쟁이기 때문에 선박의 국적에 관계없이 동일조건에서 영업을 하고 있다. 어떤 특정국가가 자국의 상선대를 보유했다 하여 특별히 저렴한 운임으로 무역업자가 혜택을 받을 수 있는 것은 아니다. 간혹 해운 경기의 불황에 기인하여 외국선이 특별히 낮은 운임으로 덤핑하는 경우가 있지만 일반적으로 자유경쟁에 의해서 해상운임시장이 형성된다. 따라서 평상시에는 자국화, 자국선 개념이 그렇게 중요하지 않다.

해운은 무역에 의존하고 있고, 무역이 곧 해운을 발달시킨다는 논리적 설명이 적합하다. 그러나 정치·경제·사회적인 이유에서 선복공급이 수요를 충족시키지 못하는 경우, 상선대를 확보하지 못한 나라는 무역의 마비까지 초래하게 될 위험이 따른다. 적정한 선복량을 확보·유지할 수 있는 해운업의 성장은 안정된 무역촉진을 보장할 수 있다.

(2) 원료취득수단 확보

원료수송도 무역이지만 앞에서 열거한 무역은 주로 수출무역이다. 수입무역 중에서도 원료수입과는 성질의 차이가 있다. 주요 공업원료 중에서 많은 비중을 차지하는 수송비용 절감은 국민경제에 크게 기여하며, 상품수출에서 국제경쟁력을 확보하는 수단이다. 따라서 중화학공업 업체에서는 장기운송계약을 활용하여 장기적으로 저렴한 수송비를 유지하여 경쟁우위를 확보하기 위한 노력을 하고 있다. 부존자원이 부족한 나라에서 해운은 수출무역진흥의 수단 측면 이상으로 국민경제에 영향을 주는 물자 수급을 위해서 중요한 역할을 수행하고 있다.

(3) 비상 시 수송수단 확보

원거리 국가에서 원료를 수입하고 있으며, 해당 원료의존도가 높을수록 비상사태 시 수송수단의 안전한 확보는 국민경제의 안전성 유지에 중요하다. 비상 시 자국선에 대한 국가의 관리와 통제가 이루어져 타국을 위한 해상수송은 이루어질 수 없다. '자국선자국화원칙'이 시행되기 때문에 선복이 없거나 부족한 나라는 불리한 입장에 놓이게 된다. 이러한 이유에서 상선 확보와 국방전략을 연계시켜, 해운산업을 육성·지원하는 경우가 많다.

(4) 국제수지개선수단

국제무역을 위해서는 필연적으로 운임이 지불된다. 외국선을 이용하여 화물을 수송하면 운임은 외화로 지불된다. 자국선으로 수송했을 경우 외화지불을 할 필요가 없다. 외국화물을 수송하면 외화획득을 할 수 있으며 또한 자국화물을 자국선으로 수송하면 외화지출을 절약할 수 있다. 자국화물 외에 해상운임수입 자체가 국민경제에 중요한 역할을 담당한다.

우리나라는 조선산업이 발달하여 해운이 국제수지에 기여하는 비중이 높다. 항만에서 징수되는 항만사용료, 부대비용 등을 계산하면 해운업으로 얻을 수 있는 직간접적인 국제수지개선 효과가 있다. 해운경기와 수급상황, 운임수준에 따라 상이하겠지만, 해운은 국제수지개선 측면에서 볼 때 중요한 산업이다.

(5) 조선 및 관련 산업 발달

영국은 해운산업이 발달하여 세계 제일의 해운국으로 성장하는 동시에 조선산업이 성장하여 왔다. 한국 조선업은 수출선을 기준으로 했을 때 세계 제일의 조선산업을 보유한 국가로 성장했다. 중화학공업 촉진정책과 해운이 한국 조선업을 성장시킨 원동력이다. 조선산업의 성장은 국민소득과도 관련이 있다. 부수적으로 해운 역시 세계시장에서 중요한 위치를 차지할 것이다.

철강산업은 조선과 밀접한 산업이다. 우리나라에서 철강산업의 발달은 충분한 원료를 적시에 공급하는 해운이 없었다면 불가능하였고, 철강산업의 발전이 없었다면 조선기계공업이 지금의 위치에 오르지 못했을 것이다. 또한 로이즈(Lloyd's)의 사례에서 보듯이 해운업은 상업, 보험, 금융업을 발전시키는 원동력이 되었다.

(6) 고용창출효과

해운산업의 고용창출효과는 자체의 직접고용효과와 모든 전후방 관련 산업에 대한 간접고용효과가 있다. 선복의 증가에 따라 선원 수요가 증가하고, 선원 수요는 국적선과 외국적선으로 구분하여 접근할 수 있다. 육·해상 취업자, 해외 송출선원, 조선산업 종사자, 항만근로자와 항만연관산업 종사자 등을 고려하면 해운산업의 고용창출효과가 크다. 여기에 해상보험업, 국제물류주선업, 육상운송업 등을 포함하면 해운산업은 고용창출관점에서 중요도가 높다.

해운·조선기술이 발달하여 대형컨테이너선의 경우, 20인 내외의 해상인력이 필요하여 투자자본 대 선원비율은 낮아지고 있는 추세이다. 또한 대형 Tanker 역시 20인 내외의 선원으로 선박운항이 가능하며, 이미 선진 해운국에서는 저임금의 외국선원을 고용하여 선원노동의 국제화와 선박당 15인 이내의 승선으로 운항비용 절감이 이루어지고 있다.

3-4 해운과 국제관계

해운을 중심으로 국가 간 국제관계가 활발하게 성립되고 있다. 쌍무적 혹은 다자간 협정에 의하여 해운산업 관련 문제해결을 위하여 국가 간 협력하고 있다. 국제기구인 세계해사기구(IMO, International Maritime Organization), 세계노동기구(ILO, International Labour Organization), 국제연합무역개발회의(UNCTAD,

United Nations Conference on Trade and Development) 등에서 해운관련 문제를 비중 있게 다루고 있다.

해운은 무역 이상으로 국제정치 및 국제금융과 밀접한 관계를 형성한다. 강한 해운력이 강한 국력으로 연결된 역사적 사실과 같이 강력한 해운세력을 확보한 나라가 세계를 지배해 왔다. 해운산업 자체가 국제성이 높고 자본집약적이기 때문에 국제금융과도 밀접한 관계를 형성한다.

04 해운서비스의 수요와 공급

4-1 해운서비스의 수요

(1) 해운서비스 수요의 특성

해운서비스의 수요는 국제무역에 의해 파생된 수요이며, 저장이 불가능한 즉시재(卽時財)이다. 해운서비스에 대한 수요는 독립적으로 발생하는 것이 아니며, 국제무역계약에 의하여 발생한다. 따라서 해운서비스의 수요를 파생적 수요(derived demand)라고 부른다.

해운수요는 국제무역규모에 따라 결정되지만, 화물의 이동거리, 선박 생산성, 전쟁이나 정치적인 해운보호정책 등에 따라서 영향을 받게 된다. 해운서비스에 대한 수요가 일정하다고 가정하면 선박의 생산성에 따라 선대규모는 변화된다. 선박의 생산성이 높으면 적은 선대로도 해상수요를 충족시킬 수 있으나, 생산성이 낮으면 많은 선대가 투입되어야 한다. 해운수요의 구조적 변동과 선박기술혁신으로 선박이 전용선화, 대형화되었다. 생산성이 향상됨에 따라 원가가 절감되어 교역상품의 국제경쟁력을 높여 해상물동량의 증가를 초래하였다.

해운서비스의 수요는 국제정치적 요인에 의해서도 영향을 받는다. 이러한 비경제적 요인은 운하의 봉쇄, 전쟁, 국제정치적 위기 등이 대표적이다. 1967년 수에즈운하가 봉쇄되었을 때 해운수요가 증가했다. 운하의 재개통으로 평균수송거리가 단축되어 해운수요가 감소하는 것과 연관성이 있다. 전쟁이 발발할 경우 군수물자의 수요증가와 더불어 재고, 원료확보가 요청되어 해운수요가 증가

그림 1-1 수요곡선과 탄력성

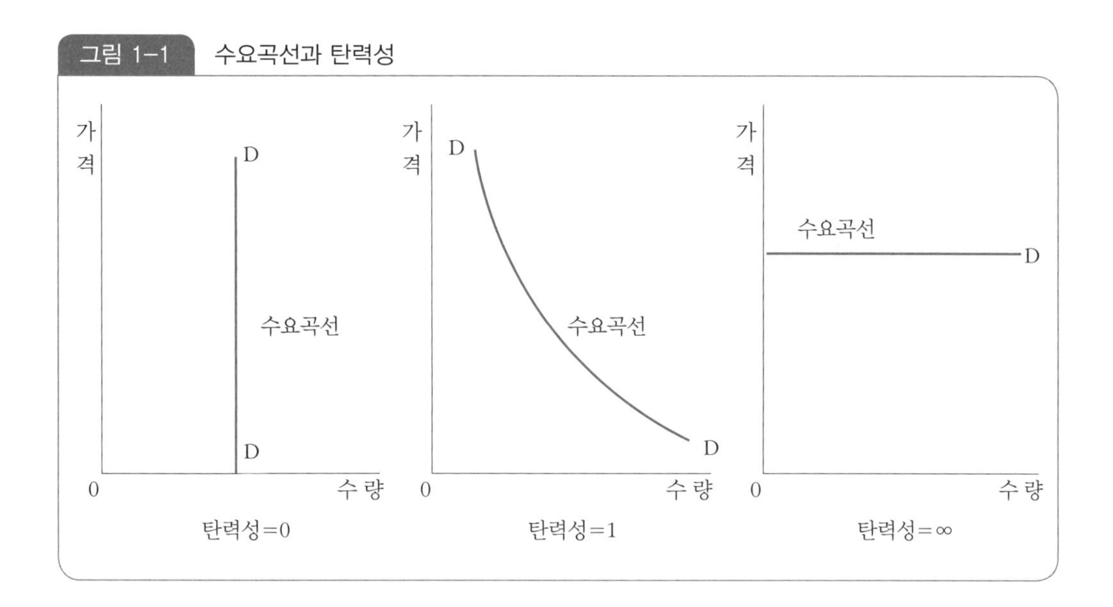

한다. 단기간의 해운수요 급증은 운임률의 상승을 가져온다. 선복량의 증가는 시간을 요하기 때문이다. 그러나 전쟁이 해운시장에 미치는 영향은 점차 감소되는 경향이 있다. 해운선대의 규모는 커진 반면 전쟁은 국지전에 국한되는 경향이 있으며, 수송기술의 변화가 있었기 때문이다.

(2) 해운서비스 수요의 가격탄력성

가격(운임)의 변화에 대한 해운서비스의 수요량 변화를 측정하기 위하여 수요의 가격탄력성(price elasticity of demand)이라는 개념이 사용된다. 해운 수요에 대한 가격탄력성이 매우 낮기 때문에 운임의 변동이 해운서비스의 수요량 증감에 필연적인 영향력은 없다. 해운서비스의 수요가 파생수요로서 수요량은 가격보다는 수송되는 재화의 수요변화에 주로 의존하기 때문이다. 해운에 있어서 해운 이외의 요인인 세계 경기변동에 크게 영향을 받는다. 세계적인 경기 저조 상황이 지속되는 한, 세계교역량의 감소와 운임률 하락이 동시에 존재하고 있으나, 운임률 하락에 비하여 해운수요는 늘지 않고 있다. 가격탄력성이 낮다는 의미는 운임률이 하락해도 수요량의 변동에 거의 영향을 주지 않는다는 것을 의미한다.

재화 자체의 수요탄력성을 동시에 분석해야 한다. 화물종류에 따라 수요의 탄력성이 다르므로 화물별로 분석해야 한다. 해운서비스의 수요탄력성을 분석

그림 1-2 화물수송 패턴

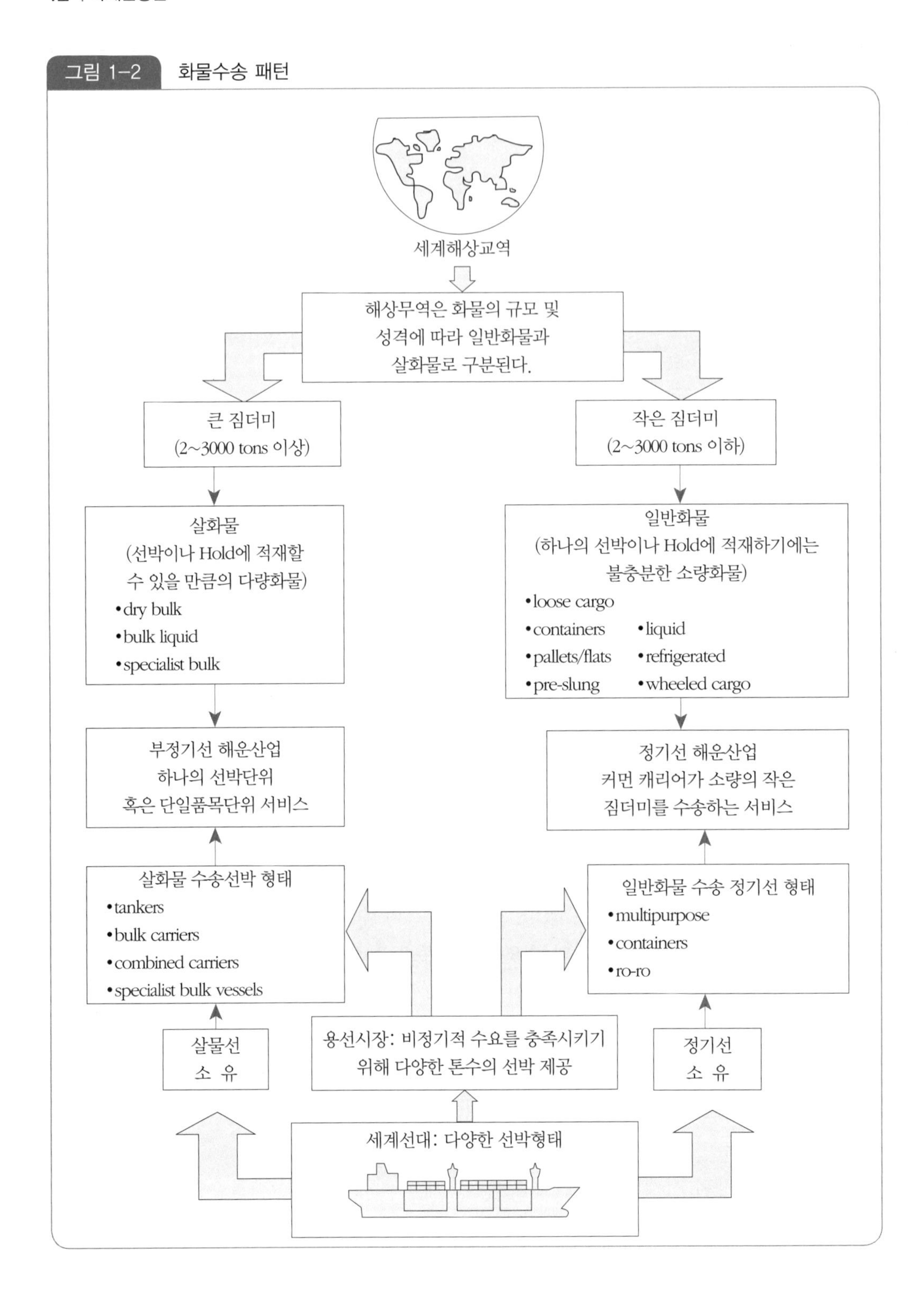

세계해상교역
해상무역은 화물의 규모 및 성격에 따라 일반화물과 살화물로 구분된다.
큰 짐더미 (2~3000 tons 이상)
작은 짐더미 (2~3000 tons 이하)
살화물
(선박이나 Hold에 적재할 수 있을 만큼의 다량화물)
•dry bulk
•bulk liquid
•specialist bulk
일반화물
(하나의 선박이나 Hold에 적재하기에는 불충분한 소량화물)
•loose cargo
•containers
•liquid
•pallets/flats
•refrigerated
•pre-slung
•wheeled cargo
부정기선 해운산업
하나의 선박단위
혹은 단일품목단위 서비스
정기선 해운산업
커먼 캐리어가 소량의 작은 짐더미를 수송하는 서비스
살화물 수송선박 형태
•tankers
•bulk carriers
•combined carriers
•specialist bulk vessels
일반화물 수송 정기선 형태
•multipurpose
•containers
•ro-ro
살물선 소 유
용선시장: 비정기적 수요를 충족시키기 위해 다양한 톤수의 선박 제공
정기선 소 유
세계선대: 다양한 선박형태

하려면 본원적 수요인 화물(혹은 재화) 자체의 대체재의 유무에 대한 조사와 여타 수송수단의 가용 여부를 고려해야 한다. 일반적으로 어떤 재화 또는 서비스의 대체재가 존재할 경우에는 탄력적이다. 그러나 경쟁관계가 성립되지 않는 경우에는 반대로 비탄력적이 된다. 해운서비스의 수요는 또 화물운임 부담능력에 좌우된다. 수입품과 국내생산품의 가격 차이가 운임부담의 최대 한도이다. 수입품에 대하여 부과된 관세도 계산에 포함되어야 한다. 원산지가격과 수송비, 관세의 합이 국내가격보다 낮을 때 무역이 발생하고 해운수요가 발생하게 된다. 화물의 가격구성상 운임의 비중이 큰 저가품의 경우에는 수요의 운임탄력성이 비교적 크다. 고가품의 경우에도 항공, 철도 등 대체 교통수단이 존재할 경우에는 탄력성이 크다.

4-2 해운서비스의 공급

(1) 해운서비스 공급의 특성

해운서비스의 공급은 선박에 의해서 이루어지며 양적인 개념을 선복(shipping space)이라 한다. 선복은 해상수송설비의 주요 부분이며, 해운의 능력을 나타내는 데는 선복량이 표준이 되며 해운공급의 생산단위이다. 해운서비스의 공급능력은 선박단위 혹은 항로단위로 파악할 수 있으나, 공급능력의 결정요인은 선박의 적재능력과 속력이다(해운서비스 공급능력 = 적재능력(DWT, TEU, m^3 등) × 속력).

선박의 연간운송량은 화물의 적재능력에 항해거리를 곱한 값이다. 또한 선박의 공급형태는 선박의 취항 여부나 그 가능능력에 따라 실공급(active supply), 가용공급(available supply), 총공급(total supply) 및 잠재공급(potential supply)으로 구분하기도 한다.

실공급이란 기존항로에서 일정기간 취항하고 있는 선박을 말하며, 가용공급은 시장여건이 불리하여 일시적으로 계선(lay-up)된 선박이다. 사고 혹은 정기수리를 받는 선박과 같이 시장이 호전되거나 수리 후 취항이 가능한 선박이다. 총공급은 실공급과 가용공급을 합한 것으로 일정 기간 중 해상수송에 투입 가능한 선박을 의미한다. 잠재공급은 현재 건조 중인 선박처럼 장차 취항할 수 있는 잠재선박을 말한다. 해운서비스의 공급량은 선박 혹은 선대의 공급능력인 적재능

그림 1-3 선박종류

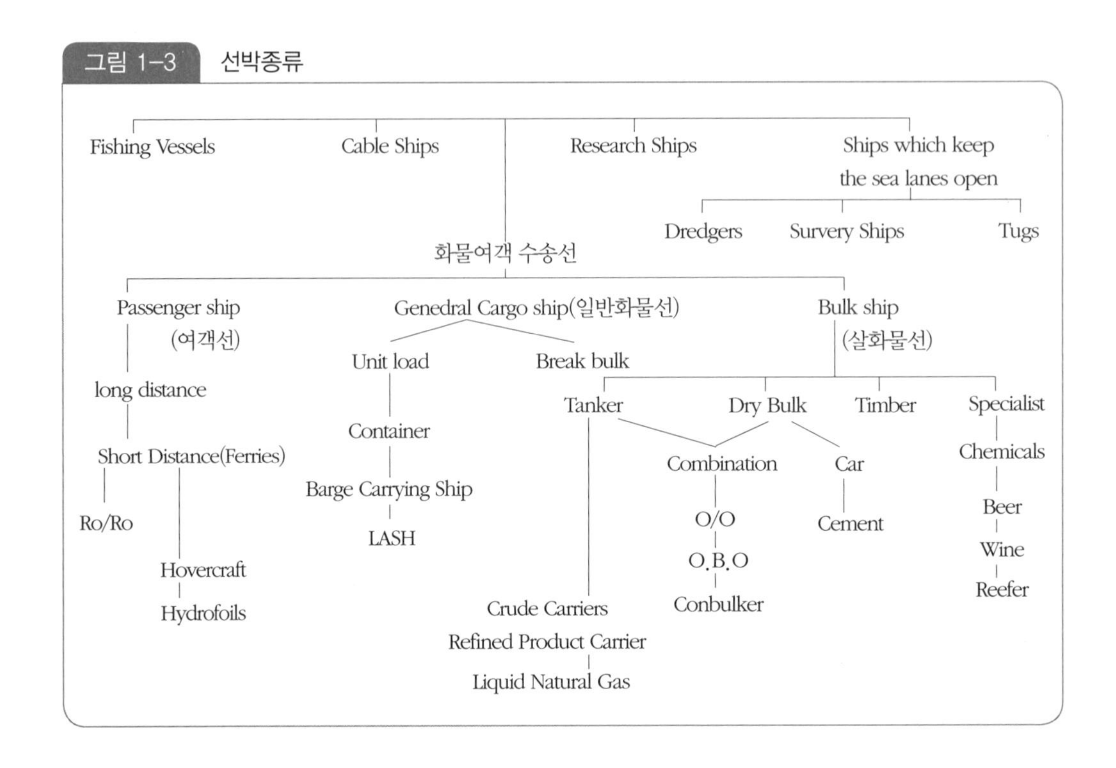

력을 기본으로 선박의 항해속력, 항만에서의 회항시간(port turnround-time), 운항이 가능한 선박 수, 선박 크기, 적하율(L/F: load factor), 선박생산성(ship's productivity), 선박운항시간(average time of operation) 등에 의해서 결정된다.

(2) 해운서비스 공급의 탄력성

해운서비스 공급의 탄력성은 단기적으로 비탄력적이다. 그러나 선박의 정기검사와 수리기간, 속력, 하역속도, 계선, 배선전환 등에 의하여 운항서비스의 공급은 조절될 수 있다.

항해속도를 높이는 것은 해운서비스의 공급수준을 단기적으로 높이는 최선의 방법이다. 속도의 상승은 단위당 자본비는 절약할 수 있으나, 속도가 증가함에 따라 톤·마일당 비용은 감소하다가 최저비용선을 지나서 급속하게 증가한다. 또한 항만에서 하역시간을 단축시켜 선박의 회항시간을 단축시키므로 공급수준을 높일 수 있다. 어떠한 선박이든 일정기간 내에 정기검사, 수리를 해야 한다. 이러한 선박 수리기간에는 조선소에서 수리를 해야 하는데, 수리기술이 발달하고 수리기간이 단축될 경우 공급에 영향을 미칠 수 있다. 시장수요가 높고 운임수준이 높을 때는 수리기간을 짧게 하고, 낮을 때는 수리기간을 길게 하여 해운서비스의 공급을 조절한다.

공급수준을 향상시키는 장기적인 방법으로는 신조선이나 기존 선박의 개조를 들 수 있다. 선복증가의 최대 요인은 신조선이다. 신조선의 발주량은 일반적으로 장·단기 운임수준과 밀접하게 관계가 있다. 해운시황이 호전되면 선주는 선가와 예상되는 운임수준에서의 수익성을 검토하여 신조선을 결정하게 된다. 투자를 위한 금융조건과 자금조달비용과 물가상승률 등을 고려, 선박투자를 결정해야 한다.

해운서비스의 공급수준을 변동시키는 요인 중의 하나가 계선이라는 것이다. 수요가 감소되고 해운시황이 악화되어 운임률이 운항비를 보상할 수 없을 경우, 운항을 계속할 수 없어 선박운항을 중지하는 경우다. 선박의 계선은 비경제적인 선박으로부터 시작되어 보통선으로 확대되어지므로 서비스가 가능한 선박공급은 줄어들어 수급의 균형을 유지하게 된다.

해운서비스 공급의 가격탄력성은 해운서비스의 가격인 운임의 변화율에 대한 공급량의 변화율로 측정된다. 해운서비스의 수요탄력성은 일반적으로 비탄력적이고, 공급의 탄력성도 단기적으로 볼 때 비탄력적이다. 단기적이라 함은 보통 선박이 최장항해를 마치는 데 소요되는 기간보다 약간 긴 기간이므로 수개월을 의미한다. 신조선을 투입하는 데는 건조시간 등 소요되는 시간적 제약 때문에 해운서비스의 공급량은 이용가능한 모든 선박이 완전 가동되는 시점에서 비탄력적이다.

해운서비스의 공급을 장기적으로 보면 해운수요의 변동에 따라 탄력성이 나타난다. 경제활동의 전개는 급격하게 변화하기보다는 일반적으로 감퇴 또는 상승국면 중 어느 한 방향으로 천천히 움직이기 때문에 해운산업은 이러한 경기변동에 대응할 수 있다. 만약 경제활동이 상승국면에 있으면 해운수요의 증가가 예상되기 때문에 신조선 발주량이 늘어나게 되며, 신조선의 인도와 더불어 공급량은 확대된다. 이때 수요증가로 인한 운임률 상승보다 공급이 현저하게 증가되면 운임률은 오히려 하락하게 된다.

그림 1-4 선박의 수요 · 공급 추이

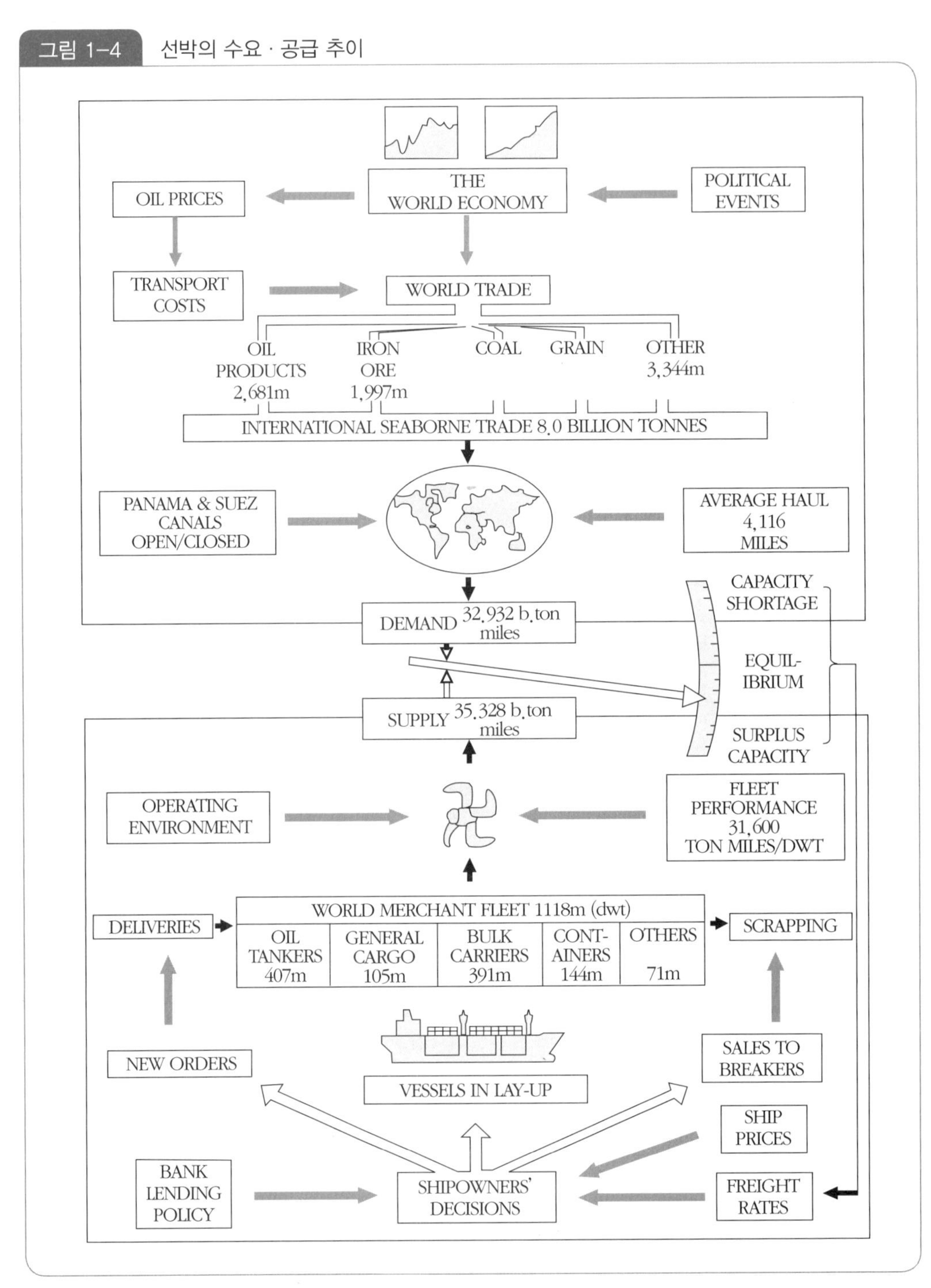

자료: Review of maritime Transport 2008 UNCTAD를 활용하여 작성함.

C·H·A·P·T·E·R

02 선박의 개요

01 선박의 개요

1-1 선박의 구성

선박은 크게 선체와 기관으로 구성된다. 선체는 선박의 외형을 이루는 일체와 이를 지탱하기 위한 모든 구조물을 의미한다. 기관이란 선박에 추진력을 부여하는 주기관 및 발전기, 기타 선박의 기능을 원활히 수행하기 위한 각종 기계류를 포함한다. 선박의 구조와 각 부분의 구체적 설계는 선박의 종류와 크기에 따라서 약간의 차이가 있으나 기본적인 사항에서는 매우 유사하다. 일반화물선에 대한 선체 주요 부분의 명칭과 기능은 다음과 같다.

1) Anchors

- 선박의 정박을 위한 필수 장비이며, 통상 두 개가 선수 양편에 달려 있다.
- anchors를 내리고 올리는 데는 통상 windlass라 불리는 winch에 의해 조작되며 대형선의 경우 capstan으로 조작된다.
- 선미에 anchors가 있는 선박도 있다.

2) Ballast

공선운항 시 선박에 일정한 중량을 적재함으로써 선박의 감항성을 유지시켜준다. ballast는 모래·자갈 등 여러 가지를 활용하였으나 근래에는 일반적으로 해수를 이용한다.

3) Bulk Head(차단벽)

bulk head는 선박의 수직칸막이로서 모든 선박은 크기에 따라 여러 개의 bulk head를 갖추는 것이 요구된다. 선박의 한 부분에 균열이 생길 경우 다른 부분의 침수를 방지하여 위험을 감소시키며 방화벽의 기능도 한다. 선수부의 bulk head는 통상 충돌차단벽이라 부르며, 선박충돌에 견딜 수 있도록 견고하게 만들어져 있다.

4) Bilges

각 칸막이 마다 만들어진 폐수·기름 등 폐기물로서 펌프로 이를 퍼낼 수 있

그림 2-1 선박의 구조

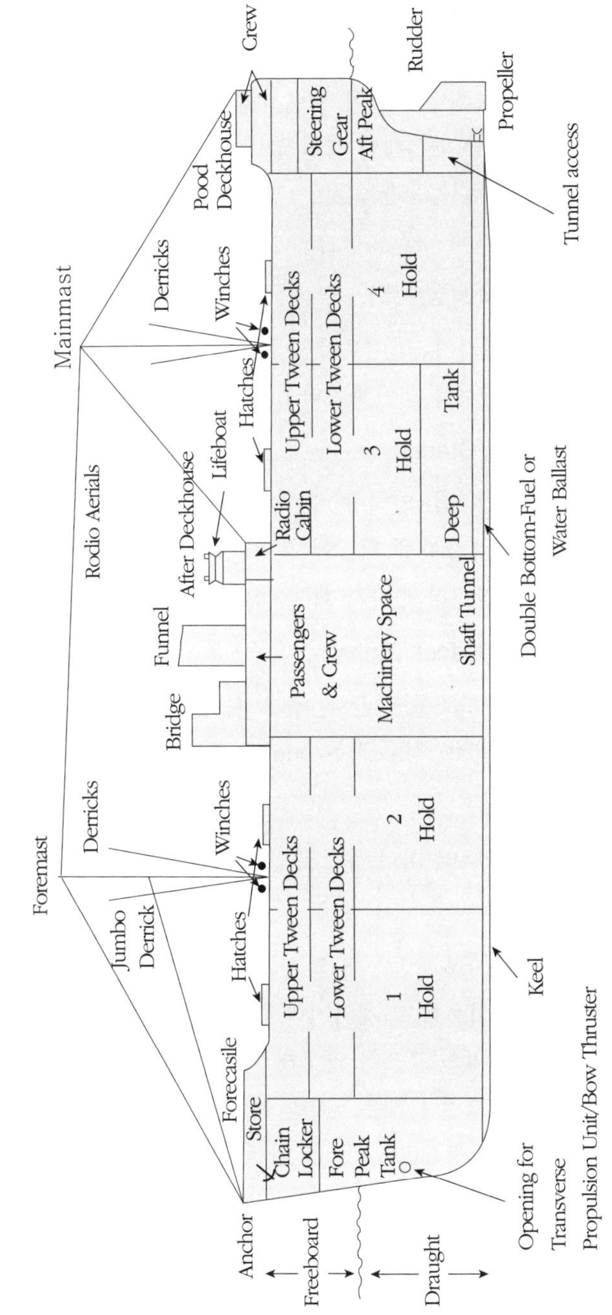

Foremast
Mainmast
Derricks
Rodio Aerials
Jumbo
Derrick
Derricks
Bridge
Funnel
After Deckhouse
Lifeboat
Winches
Pood
Deckhouse
Forecasile
Hatches
Winches
Hatches
Anchor
Store
Crew
Chain
Locker
Upper Tween Decks
Passengers
& Crew
Radio
Cabin
Upper Tween Decks
Steering
Gear
Freeboard
Fore
Peak
Tank
Lower Tween Decks
Lower Tween Decks
Aft Peak
Machinery Space
3
Hold
4
Hold
1
Hold
2
Hold
Rudder
Draught
Deep
Tank
Shaft Tunnel
Propeller
Opening for
Transverse
Propulsion Unit/Bow Thruster
Keel
Double Bottom-Fuel or
Water Ballast
Tunnel access

도록 되어 있다. 선박은 화물선적 전에 특히 식량선적 전에는 엄격한 검사를 받아야 한다. 선미의 double bottom을 빌지(bilge)용 탱크로 이용하기도 한다.

5) Deck(갑판)

갑판의 수는 해당 선박이 주로 수송할 화물과 항로에 따라 결정된다. 재래정기선의 경우 통상 3~4개의 갑판을 가지며 여객선의 경우는 더 많다. 자동차수송선의 경우 작동식 갑판을 갖는 경우도 있으며 벌크선의 경우 갑판이 한 개인 경우가 보통이다.

6) Deep Tank(심수조)

심수조는 세척기, 파이프라인 등이 장치되어 있다. 오일라이트 해치로 되어 있으므로 액체화물을 운반하거나 ballast를 채우기도 한다.

7) Derricks/Cranes

일반화물선의 적·양하용 장비이다. 용량은 통상 5~10톤의 양력을 가지나 경우에 따라서는 중량물 취급에 용이한 데릭(derrick)을 설치한 선박도 있다. 하역을 신속하고 간편하게 하기 위해 derrick 대신 크레인을 장치하는 경향이 있다.

8) Double Bottom Tanks

선저의 이중구조를 말한다. 좌초 시 안전을 위한 장치이다. 이 공간은 일반적으로 water ballast 청수 또는 bunker 저장용으로 활용된다.

9) Dunnage

나무조각, 고무주머니 등으로, 화물 사이에 끼워 화물손상을 방지하기 위한 재료를 말한다.

10) Hatch Way

선실 내에 화물을 적재하거나 양하하기 위한 구멍을 말한다. 전통적으로 hatch way가 선박의 구조를 약하게 하는 원인이었으나, 대형철제해치커버를 만들 수 있으므로 그런 문제는 해결되었으며, 기계로 작동할 수 있게 되었다. 하역이 간편하도록 넓게 hatch way를 만들 수 있게 되어 화물을 정해진 위치에 직접 장치할 수 있게 되었다. 현대적인 선박 중에는 선측에 유압식 문을 만들어서 하역 작업 시 지게차(fork lift)가 직접 드나들며 하역할 수 있게 만들었다.

그림 2-2 선박개요

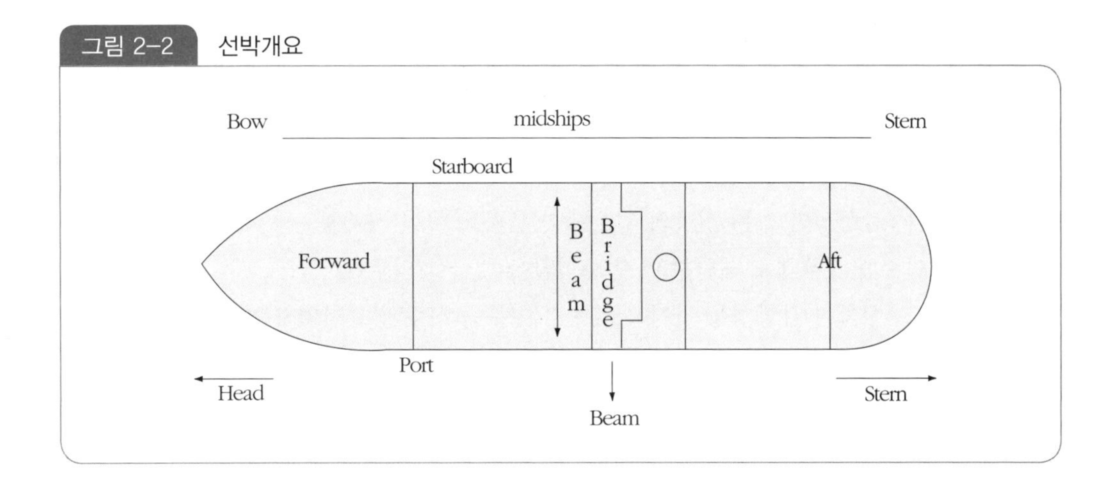

11) Lock-up Space

대부분의 선박은 홀드 안에 따로 방을 만들어 귀중품 등을 넣고 자물쇠를 채워 놓는다. 이 공간을 Lock-up space라고 한다.

12) Peak Tank

fore 및 after peak tank가 있는데, 선수와 선미에 위치하며 통상 ballast를 적재하여 배의 균형을 잡는 역할을 한다.

13) Shaft Tunnel

엔진과 프로펠러 간을 연결시키는 프로펠러 축이 hold를 지나게 되면 이 shaft를 보호하기 위해 터널을 만들어야 한다. 이 터널은 기관사가 걸어다니면서 shaft의 상태를 검사할 수 있도록 충분한 여유가 있어야 한다. 터널이 공간을 많이 차지하므로 엔진 룸을 선미 쪽에 위치시키자는 이론이 등장하였다.

14) Starboard/Port Side

선박방향에서 우측을 starboard side라 하고 좌측을 port side라 한다.

1-2 선급제도

(1) 선박의 감항성

선박은 고가의 운송서비스 생산수단이며, 해상의 위험에 항상 노출되어 있게 되므로 사고로 인한 손실을 보상하기 위하여 보험에 가입하는 것이 관례화되어 왔다. 보험계약을 체결할 때 보험업자도 사고로 인한 보험금 지불을 가능한 줄이기 위하여, 정상적인 항해가 가능한 선박만을 계약하려 한다. 정상적인 항해가 가능한 선박의 상태를 '감항성' 혹은 '기항성'(seaworthiness)이라고 한다. 감항성의 유지 의무는 거의 모든 해사 및 보험법 체계에서 선주의 의무로 되어 있다. 감항성이 없는 선박의 경우 보험업자는 보험 자체를 인수하지 않으며, 만약 인수한 경우에도 해난사고 시 보험금을 지급할 의무가 없다.

선박이 감항성을 가지고 있는지 여부는 선주와 보험업자뿐 아니라 해상운송 관계업자 간 중대한 이해관계를 가지게 된다. 선박의 감항성 유지 여부가 객관적으로 명백한 것이 아니며, 명백하더라도 당사자 간 의견이 반드시 일치되는 것이 아니므로 항상 분쟁을 일으킬 소지가 있다. 이러한 분쟁의 소지도 없애고 감항성에 대해 객관적이고 전문적인 판단을 하기 위하여 선급제도(classification societies)가 발달해 왔다.

(2) 로이드선급의 연혁과 발달

17세기경 런던에서는 많은 사업들이 커피숍을 중심으로 이루어져 왔었다. 그중 해운 및 보험과 관련된 사업가들이 많이 모이던 커피 하우스가 Edward Lloyd가 경영하던 커피 하우스였다. Lloyd는 고객 편의를 위해 보험대상이 되는 선박의 리스트를 작성하여 이곳을 이용하는 고객에게 배포하였다. 이것이 계기가 되어 오늘날의 로이드 보험시장과 로이드선급이 발달하는 계기가 되었고 1760년에 보험업자들이 모여서 선급제도가 최초로 창설되었다. 선급은 보험업자들만 활용할 수 있는 기구가 되었고, 상대적으로 불리해진 선주들이 단결하여 새로운 선급을 출범시키게 되었다.

1834년에는 두 선급을 완전히 통합하여 오늘날의 로이드선급(Lloyd's Register)이 탄생하게 되었다. 통합 후 엄격한 선급규칙(book of rules)을 제정하여 규칙에 근거하여 선급을 결정하였다. 로이드선급은 초기에는 입급선을 4등급으로 구분하였다. 그중에서 가장 높은 등급을 ✠100 Al로 표시하였는데 오늘날에는 이것으로 통일되었다. 로이드의 선급을 유지하기 위해서는 선급에 속하는 검사관의 엄격한 감독하에 선급규칙에 적합하게 건조되어야 한다.

선급을 계속 유지하기 위해서는 정기적으로 유지검사를 받아야 한다. 해상에서 받기도 하지만, 입거검사(drydocking)를 24개월 내에 한 번 받아야 하며, 4년마다 정밀검사를 받아야 한다. 로이드선급은 가입 여부를 불문하고 총톤수

100톤 이상의 전 세계 모든 선박의 명세를 가지고 있다. 이 선박명세는 해운인에게 중요한 자료라서 해운의 성경이라고 불리기도 한다.

(3) 주요 선급과 우리나라 선급

선급 중에는 로이드선급이 오래되고 규모도 크며 권위가 있다. 그러나 그 이외에도 주요한 선급은 많다. 이들 선급은 상호협력하여 선급제도를 발전시키기 위하여 국제선급협회(IACS: international association of classification societies)를 1968년에 창설하였다. 로이드선급 이외의 주요 선급으로 미국의 american bureau of shipping(AB), 노르웨이의 norske veritas(NV), 일본의 일본해사협회(NK) 등이 있으며 고유 선급부호를 가지고 있다. 우리나라도 독자적인 선급제도를 발전시킬 필요성이 대두되어, 1960년에 사단법인으로 한국선급협회를 창설하였으며, 이후 '한국선급(KR)'으로 명칭이 변경되어 현재에 이르고 있다.

한국선급은 1988년 5월 31일 IACS의 정회원에 가입됨으로써 해운과 조선국으로 국제적 인정을 받고 있다. 전 세계 국가 중 IACS 정회원국은 우리나라를 비롯해 미국, 영국, 프랑스, 독일, 노르웨이, 이탈리아, 일본, 러시아, 중국, 폴란드, 크로아티아 등 12개국이다.

1-3 선박의 톤수

선박의 톤(ton)이란 선박의 크기나 수송능력을 측정하는 척도로 사용된다. 상선의 톤수 측정은 선박에 세금을 부과하기 위해서 이루어졌다. 원래 톤은 용적의 단위로서 사용되었다. 톤수의 계산법은 15세기에 일정한 크기의 술통의 적재능력을 기준으로 하였다. 이때의 술통은 용적이 약 40ft^{3}이었고, 중량이 2,240파운드인 것이 표준이었는데 오늘날 사용하고 있는 톤의 단위와 같다. 1854년에 영국의 George Moorsom에 의한 선박의 용적 100ft^{3}를 1톤으로 하는 Moorsom System이 고안되어 오늘날 국제적으로 채용되고 있으나, 세부적인 측정방법에 있어서는 아직까지 각국이 동일하지 않고, 각국이 독자의 법적 규정으로 톤수를 측정하고 있기 때문에 동일한 배의 톤수가 각국마다 다르다.

우리나라는 선박법에 의하여 총적량과 준적량의 측정이 의무화되어 있다. 측정방법은 별도의 선박적량 측정법에 의한다. 여기에서 주의할 점은 선박의 크기는 용적뿐 아니라 중량으로도 나타내며, 화물선의 경우 선박이 적재할 수 있는 화물의 중량과 용적으로서 크기를 표현한다. 적재화물을 기준으로 할 때, 현재 국제적으로 사용되고 있는 톤의 중량은 2,240lbs, 용적은 $40ft^3$를 그 단위로 삼고 있다.

(1) 용적톤(Space Tonnage)

용적을 톤으로 표시하는 것은 선박에 국한된다. 용적톤으로 표시하는 것은 갑판하톤수(under deck tonnage), 총톤수(gross tonnage) 및 순톤수(net tonnage)이다. 용적을 톤으로 환산할 때는 $100ft^3$($2.83238m^3$)를 1톤으로 하며 화물창의 용적을 톤으로 나타낼 때는 $40ft^3$를 1톤으로 계산하는데, 다른 톤과 혼동의 우려가 있어서 요즘은 쓰지 않고, 단지 m^3 또는 ft^3로만 표시한다.

1) 총톤수(G/T: gross tonnage)

총톤수란 한 선박의 용적량을 말한다. 총적량의 내역은 측정갑판하의 적량과 상갑판의 밀폐된 장소의 적량의 합인데, 이 총적량에서 선박의 안전 및 위생에 이용되는 부분의 적량(이것을 제외적량(exemptions)이라 한다)을 제외한 적량을 톤수로 환산한 값이다. 총톤수는 선박의 수익능력을 나타내며 관세·등록세·소득세·계선료·도선료 및 각종 검사료 등의 세금과 수수료 산정의 기준이 되고 있다. 일반적으로 상선의 크기를 나타낼 때는 총톤수로 표시하는 경우가 많다.

2) 순톤수(N/T: net tonnage)

총톤수는 직접 상행위에 사용되는 장소로 화물, 여객의 수용에 제공되는 용적이다. 순톤수는 총적량에서 선박의 운항에 직접 이용되는 부분의 적량(이것을 공제적량(deductions)이라 한다)을 공제한 적량인 순적량을 톤수로 환산한 값이다. 순톤수는 직접 상행위를 하는 용적이므로 항세·톤세·운하통과료·등대사용료·항만시설사용료 산정의 기준이 되고 있다.

(2) 중량톤(Weight Tonnage)

중량톤에는 배수톤수(displacement tonnage), 경화배수톤수(light load displacement) 및 재화중량톤(dead weight tonnage)이 있다. 중량톤의 단위에는 metric ton, long ton, short ton이 쓰이고 있는데 국제적으로 long ton이 일반적으로 많이 쓰이고 있다.

1) 배수톤수(displacement tonnage)

배의 중량은 선체의 수면 밑의 부분의 용적에 상당하는 물의 중량과 같은데, 이 물의 중량을 배수량 또는 배수톤수라 한다. 배수량은 화물의 적재상태에 따라 각각 상이하지만 어떤 배의 배수톤이라 하면 만재상태에서의 선체의 중량을 말하는 것이 보통이다. 상선의 크기는 배수톤수로는 일괄적으로 나타낼 수 없다. 군함은 건조되어 병기일체·승무원·식량 등을 탑재하고 연료와 청수는 적재하지 아니한 상태의 배수톤수, 즉 기준배수톤수로 표시하는 것이 국제적으로 일반화되고 있다.

2) 경화배수톤수(light load displacement)

경화상태에서의 흘수에 대한 배수톤수가 경화배수톤수이다. 경화상태(light condition)란 확정된 개념은 아니지만 일반적으로 선체와 기관이 완성되어 법규에 의한 속구와 비품을 갖추고 보일러에만 항해상태의 물을 넣은 상태를 말한다. 만재배수량에 대한 경화배수량의 비는 대략 30~40%이다.

3) 재화중량톤수(DWT: dead weight tonnage)

재화중량톤이란 선박이 적재할 수 있는 화물의 최대중량을 말하는데, 이것은 만재배수량과 경화배수량의 차가 된다. 재화중량톤은 선박의 매매, 용선료 등의 기준이 된다. 순재화중량(net dead weight)이라 하면 재화중량톤에서 연료, 청수, ballast, 식량, 선용품, dunnage와 shifting board, 선원과 여객 및 이들의 소지품 및 불명중량(unknown constants)을 제외한 것으로 실제로 선박에 적재가 능한 화물의 최대중량이다. 불명중량(margin 또는 constant)은 선박이 새로 건조되고 수리를 거치는 동안 부가되는 철제·시멘트·페인트 등과 탱크 내의 잔수·bilge·선저부착물 기타 측정 불가능한 중량으로서 선령과 함께 증가한다. 이 불명중량은 화물을 중량으로서 만재할 경우 또는 용선 시에 문제가 야기될 수 있으므로 정기입거 시를 이용하여 측정하여 둘 필요가 있다.

(3) 운하톤수(Canal Tonnage)

세계 2대 운하인 수에즈운하와 파나마운하는 특유의 적량 측도법에 따라 적량을 측정하여 운하통과료 산정의 기준으로 삼고 있다. 이 톤수를 각각 수에즈운하 톤수, 파나마운하 톤수라고 한다. 적량측도에 있어서 우리나라와 다른 점은 차량갑판선의 감톤개구를 인정하지 않고, 그 밖에도 제외적량과 공제적량을 인정하지 않는 부분이 많아서 총톤수 및 순톤수가 커지게 된다. 이상과 같은 기본개념이 선박톤수를 결정하는 데 사용되지만, 국가에 따라 톤수가 서로 다르게 되어 톤수 적용상 어려움이 있어 톤수 측량제도의 국제적인 통일이 필요하게 되었다. 이러한 필요에 따라 IMO는 1969년에 선박의 톤수 측정에 관한 통일조약을 채택하였는바 이 조약은 발효요건을 충족하여 1982년 7월 18일에 발효되었다. 우리나라는 이 조약을 1980년 1월 18일에 비준한 바 있다.

1-4 선박의 종류

많은 형태의 선박이 이용되고 있다. 그중 실제 상업목적으로 이용되고, 해운시장에서 활발하게 해운수요의 운송서비스를 담당하는 선박을 중심으로 선박형태를 구분할 수 있다. 선주가 선박을 건조하기 위해서는 많은 요인을 고려해야 하지만 그중에서 선박형태를 결정하는 데 가장 중요한 요인은 첫째, 수송해야 할 화물의 종류가 중요하다. 둘째, 어떤 형태로 선박을 운항할 것인지의 문제이다. 예컨대 장기용선계약 혹은 단기용선계약 방식으로 운영할 것인지 아니면 정기선 서비스를 할 것인지를 결정해야 할 것이다. 이와 같이 어떤 화물을 어떤 방식으로 운송할 것인지가 선주입장에서 선박형태 및 설계사양에 중요하다. [그림 2-3]은 선박의 측면에서 본 선박형태의 개요이다.

(1) 여객선(Passenger Ship)

여객선사업은 장거리 여객선과 단거리 여객선으로 구분할 수 있다. 장거리 여객선은 2차대전 직후까지도 국제교통의 주요한 수단이었으나 항공운송의 발달에 따라 여객선 운항업은 급속하게 사양화되었다. 여객선사업은 항공기와 비교할 때 속도면에서 현저히 뒤질 뿐만 아니라 비용면에서도 높은 인건비와 많은 노동력이 소요되어 경쟁력이 없어졌다. 그럼에도 불구하고 주요 해운국들은 1960년대 말까지도 여객선에 대한 지원을 계속하면서 보다 빠르고 보다 쾌적한 여객선을 확보하도록 장려하였다. 선진국 정부들이 사양화된 여객선사업에 대하여 계속적인 지원을 한 것은 상선을 국방력의 일부로 보아 온 견해가 그때까지 지배적이었고, 특히 여객선은 병력수송의 주요 수단이었기 때문이다. 그러나 그 후 여객과 마찬가지로 병력수송도 항공 쪽으로 많이 이전되면서 정부의 지원도 줄어들게 되었다.

그림 2-3 측면으로 본 선박형태

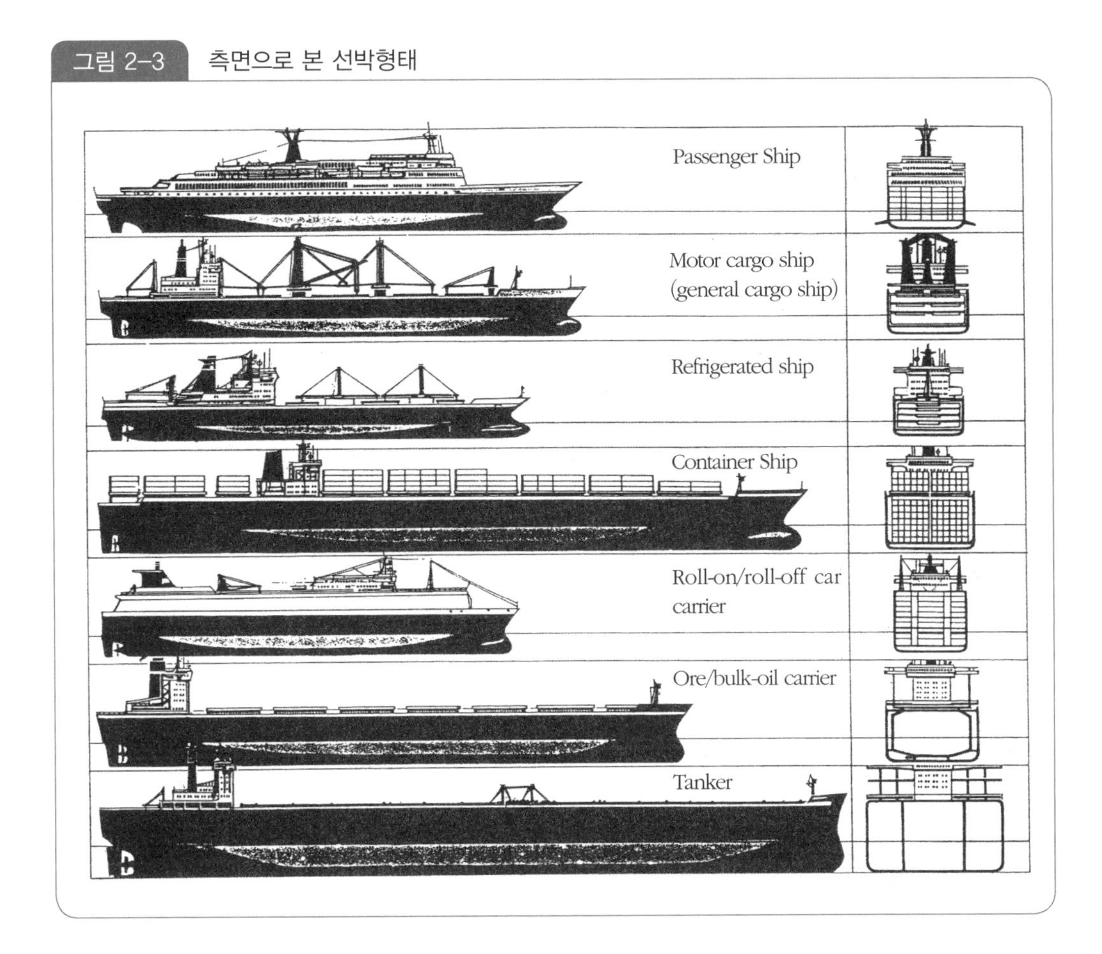

(2) 일반화물선(General Cargo Ship)

컨테이너가 발달하고 건살물선이 본격적으로 개발되기 전까지는 일반화물선이 표준 선박이었으며 적하량도 제일 많았다. 그리고 이러한 일반화물선은 과거 40~50년간 기본적으로는 큰 변함없이 그대로 유지되고 있다. 일반화물선은 잡화의 원활한 선적을 위하여 다중갑판이 설치되어 있는 점과 일반화물 하역에 소요되는 시간 때문에 규모를 대형화시키지 못하고 6,000~15,000G/T 정도의 선형에 머무르고 있다는 것이다. 그럼에도 기술이 발달하면서 일반화물선도 많이 개선되고 있는데 특히 많은 변화를 보이는 부분은 본선 크레인의 월등한 성능의 향상과 해치덮개(hatch cover)의 개폐 자동화, 환기장치의 개선 등이다. 과거에는 이 일반화물선이 정기선의 대표적 선박이었으나, 정기선의 컨테이너화 추세에 따라 지금은 재래선, break bulk vessel이라고 불리기도 한다. 화물을 단위화(unitization)하지 않고 낱개로 싣고 내린다는 의미이다. 현재 컨테이너화가 어려운 일부 화물이나 컨테이너선 취항이 어려운 항로에서만 활용되고 있어 점차 줄어들고 있다.

(3) 컨테이너전용선(Container Ship)

화물운송에 컨테이너가 도입되어 소위 컨테이너화가 이루어졌는데 이를 흔히 유통혁명이라고 부른다. 컨테이너화란 이처럼 거창한 명칭과 이에 상응하는 수송방법과 경로의 변화에도 불구하고 아주 간단하고 단순한 착상에서 시작되었다. 일반화물선에 의해 화물을 운송할 경우 화물을 선적, 양하하는 데 많은 시간과 비용이 들었다. 이러한 비용과 시간을 절약하기 위하여 수송대상화물을 일정한 규격의 커다란 컨테이너에 넣고 컨테이너를 그대로 수송수단(자동차, 선박, 철도)에 적재하여 수송을 신속하고 편리하도록 설계하고 규격화시킨 것이다. 규격화된 화물은 컨테이너에 적입(積入)되면 최종목적지까지 타 운송수단과 연계운송되어 문전에서 문전까지(door to door) 서비스가 가능하다. 컨테이너선의 경우 화물을 어떤 방식으로 하역하고 선적하느냐에 따라 RO-RO(roll on roll off)방식과 LO-LO(lift on lift off) 방식이 있다.

표 2-1 주요 선형별 신조선 현황(2018년) (단위: 천 톤)

	China	Japan	Philippines	Republic of Korea	Rest of World	Total
Oil tankers	4505	2819	288	6046	865	14524
Bulk carriers	9274	5134	654	352	91	15505
General cargo	416	159		74	234	884
Container ships	6630	3020	992	2632	341	13614
Gas carriers	762	1754	52	4709	26	7302
Chemical tankers	466	647		274	64	1452
Offshore vessels	774	18		472	453	1718
Ferries and passenger ships	162	72	2	51	1573	1860
Other	270	816		24	76	1186
Total	23260	14440	1988	14633	3724	58045

자료: Clarksons Research

02 선박의 국적

선박에 게양된 국기는 선박의 등록국을 나타낸다. 전통적으로 모든 선박은 자국의 국기를 게양하고 항해한다. 선박이 등록된 국가의 규칙이나 법과 국제법에 따라 통제받게 되고 영업을 하게 된다. 세계 해운환경이 변화됨에 따라 게양된 국기와 선주의 실제 국적이 동일하지 않은 형태가 출현했다. 국기에 따라서 국내관리법이 미약하고 국기를 제공하는 국가가 많아졌다. 선박에 게양된 국기 형태에 따라 몇 가지로 구분이 가능하다.

2-1 전통적 국기와 국적

대부분의 국가가 자국선박에 대한 보호 및 육성을 위해서 법과 제도를 마련하고 있다. 그렇기 때문에 모든 선박은 자국적에 자국기 게양주의를 지향하는 방식이다. 선원도 원칙적으로 자국적선, 자국선원 방식이 적용된다.

2-2 종속성 국적방식(Dependent Register)

과거 영국의 식민국가들이 채택한 방식이다. 식민국가들의 선박은 영국기를 게양하고 영국 상선법(British Merchant Shipping Act)에 따라 권리와 의무가 부여되는 제도이다. 선원고용 및 세금 등은 신축성이 있기 때문에 항해비용을 절감하는 효과가 있었다. 영국이 1970~1980년에 걸쳐 해운침체 기간에 이러한 등록방식으로 영국 해운기업의 경쟁력을 확보하기 위하여 이용되었다. 그 대표적인 국기는 Isle of Man, 홍콩, 버뮤다, 카이만섬이었다.

2-3 편의치적제도(Open Register)

편의치적제도는 16세기경 로마선대가 그리스국적을, 영국선대가 스페인국적을 가지고 영업을 한 것에서 유래되었다. 그러나 실제적인 FOC(flag of convenience)의 시작은 1922년 미국선대들이 파나마 국기를 게양하기 시작한 것

표 2-2 세계 주요 국가의 선박등록 현황(2019년 기준)

Flag of registration	Number of vessels	vessel share of world total	Dead weight tonnage	Share of world total dead weight tonnage (percentage)	Cumulated share of dead weight tonnage	Average vessel size (dwt)	Growth in dead weight tonnage 2019/2018 (percentage)
Panama	7860	8.16	333337	17	16.87	44930	-0.57
Marshall Islands	3537	3.67	245763	12	12.43	69878	3.23
Liberia	3496	3.63	243129	12	12.3	69704	7.98
Hong Kong, China	2701	2.8	198747	10	10.06	75083	8.17
Singapore	3433	3.57	129581	7	6.56	39785	1.16
Malta	2172	2.26	110682	6	5.6	51890	1.39
China	5589	5.8	91905	5	4.65	19646	8.16
Bahamas	1401	1.45	77844	4	3.94	56449	1.26
Greece	1308	1.36	69101	3	3.5	64339	-4.28
Japan	5017	5.21	39034	2	1.97	10263	4.23
Cyprus	1039	1.08	34588	2	1.75	34110	-1.36
Isle of Man	392	0.41	27923	1	1.41	71232	2.28
Indonesia	9879	10.26	23880	1	1.21	4674	5.54
Danish International Ship Register	566	0.59	22444	1	1.14	41717	15.86
Norwegian International Ship Register	611	0.63	19758	1	1	32550	1.08
Madeira	465	0.48	19107	1	0.97	41179	-1.14
India	1731	1.8	17354	1	0.88	10633	-6.41
United Kingdonm	1031	1.07	17041	1	0.86	19930	1.64
Italy	1353	1.41	13409	1	0.68	12015	-11.82
Saudi Arabia	374	0.39	13128	1	0.66	45583	-2.97
Republic of Korea	1880	1.95	13029	1	0.66	7915	-6.65
United States	3671	3.81	11810	1	0.6	6373	-1.03
Belgium	201	0.21	10471	1	0.53	60180	18.88
Malaysia	1748	1.82	10162	1	0.51	7202	1.45
Russian Federation	2739	2.84	9132	0	0.46	3416	5.05

Bermuda	148	0.15	9088	0	0.46	62245	-15.62
Germany	609	0.63	8470	0	0.43	16607	-16.74
Vietnam	1868	1.94	8469	0	0.43	4844	3.27
Antigua and Barbuda	780	0.81	7501	0	0.38	9715	-13.88
Turkey	1234	1.28	7489	0	0.38	7866	-5.76
Netherlands	1217	1.26	7192	0	0.36	7016	-1.78
Cayman Islands	170	0.18	6743	0	0.34	42678	8.76
Registre International francais	94	0.1	6231	0	0.32	66287	3.91
Taiwan Province of China	389	0.4	5751	0	0.29	19105	19.35
Thailand	825	0.86	732	0	0.29	8367	-8.66

자료: UNCTAD secretariat calculations, based on data from Clarksons Research

이 최초였다. 선주가 편의치적을 하는 데는 몇 가지 이유가 있다.

① 영업이익에 대한 부과세/법인세 등이 낮음

② 선원고용에 제한요건이 없음

③ 자유무역에 대한 정치적 규제가 없음

④ 선박단위로 제한책임을 짐

⑤ 신축적인 선대운영, 즉 국내법에 의한 선박검사 등의 신축성이 있음

이상과 같은 이유 등을 고려해서 편의치적을 정의한다면, 선주가 자국에 선박을 등록할 경우 받게 되는 세금 등과 같은 경제적 규제를 탈피하고 엄격한 선원고용조건 등을 회피함으로써 이윤을 극대화함과 동시에 비용을 최소화하고자 선주의 선박을 자기가 거주하고 있지 않은 제3국에 등록하는 것이다.

현재 대표적인 편의치적국은 파나마, 라이베리아, 마샬군도 등이다.

1) 선주와 운항업자

장점은 첫째, 적은 세금부담 혹은 세금면제혜택 둘째, 실소유주 은폐로 제재회피 셋째, 전시동원 회피가 가능하다는 점이 있다. 단점은 첫째, 금융지원 혜택상실 둘째, 연안운송의 제한 셋째, 편의치적 국가의 외교력 부족 등이 있다.

2) 실질 경영주와 실질 소유국가

장점으로는 첫째, 낮은 선원임금 둘째, 선원규모의 축소가능 셋째, 낮은 운항비 등으로 효율적인 운영이 가능하다. 단점은 첫째, 자국의 해운산업 붕괴 둘

째, 국내선박과의 경쟁이 불가피함 셋째, 국제법상 문제 등이 있다.

3) 편의치적 등록국가

장점은 첫째, 자국 등록세금 증대와 고용 증대 둘째, 해운선진국의 선진해운 기술 이전효과 등이 있다. 단점은 관련 국내법규가 느슨하기 때문에 자국 고용민이 열악한 환경에 놓이게 된다는 점이 있다.

4) 국제해운단체

장점은 첫째, 관광, 선박보수, 구조사업, 주유 등 해운관련 부수사업 창출 둘째, 국제해상운송의 효율성 제고 셋째, 안정적이고 저렴한 운임으로 수출입 물품 제공 넷째, 경기침체 방지 및 최소화로 해운사업의 안정화 기여 등이 있다. 단점은 선박사고 발생 개연성이 높아져서 해양오염 등 국제해양문제 발생 가능성이 높아진다는 점이 대표적이다.

2-4 제2 선적제도(Second Register)

1980년대 초 노르웨이가 자국선대의 경쟁력을 확보하기 위하여 베르겐(Bergen)항에 제2선적의 취득이 가능하게 하여 외국선원을 고용할 수 있도록 했다. 선박의 안전관리 등은 엄격하게 관리하는 것을 원칙으로 했다. 정부, 노조, 선주, 선박관리자 등의 협의하에 생성되었는데 이것을 일명 NIS(the norweigan international ship register)라고 한다. 덴마크, 독일, 포르투갈, 영국 등이 유사 제도를 도입하여 고임금으로 국제경쟁력이 상실되는 것을 방지하고 국내법에 저촉문제나, 국제적으로 비난을 받고 있는 편의치적을 방지하여 자국선대의 국적이탈(flagging out)을 예방하자는 데 목적이 있다.

2-5 제주선박등록제도

선박의 국적은 선박이 어느 나라에 속하는가를 나타내는 것으로 이에 대해 국가는 선박에게 국가적 성격을 부여하며, 선박은 그 국가의 제재와 권한에 종속된다. 선박의 국적은 그 선박이 누리는 특권뿐만 아니라 국제법, 행정법 및 상법상 중요한 의의가 있다. 선박의 국적을 증명하는 방법으로 오래전부터 선박등록제도를 각국이 시행하여 왔다.

현재 우리나라에는 '국적선박 등록제도' 외에 제2선적제도로 '국제선박 등록제도'와 '제주선박등록특구제도'가 있으며, 선박은 이들 3개 제도에 중복 등록할 수 있다. 이 중 제주선박등록특구제도는 국적선사 보유 선박의 해외치적 방지 및 해운산업 국제경쟁력 제고와 지역 간 균형발전 유도를 위한 전략의 하나로 제주도를 해운물류의 새로운 거점으로 육성하기 위한 기존 선박등록제도와는 다른 선박등록특구제도라 할 수 있다. 제주선박등록특구제도의 법률적 기반은 2002년 1월 제주국제자유화특별법에 지원근거를 마련하고, 2002년 5월 해양수산부의 제주선박등록특구운영지침을 통해 시행하게 되었다.

제주선박등록특구제도는 특구에 등록한 선박에 대해서 취득세, 재산세, 교육세 등 지방세와 농특세를 면제받을 수 있으며, 대상선박은 국제선박등록법에 의해 국제선박으로 등록된 선박 중 제주도 내 개항(제주항, 서귀포항)을 선적항으로 하는 한국선박과 국적취득조건부나용선(BBC/HP: bare boat charter hire purchase) 선박으로 하고 있다.

C·H·A·P·T·E·R

03 해운서비스 형태

INTERNATIONAL TRANSPORTATION

해운경영의 주체는 해운기업이다. 해운기업은 주식회사를 개인이 소유할 수 있으며, 또한 조합이라는 특수형태도 있는데 국가가 해운업을 직접 경영하는 사회주의국가, 즉 구소련이나 중국의 국유상선대가 바로 그것이다. 그러나 자본주의국가에서는 국가가 해운경영의 주체가 되는 경우는 드물다. 해운경영자는 일반적으로 선주란 의미로 받아들여진다. 그러나 선주란 선박의 소유자를 의미하며, 반드시 해운경영의 주체라고 말할 수 없다. 협의로 선주란 화주와 직접 수송계약을 맺고 타 해운기업과 용선계약에 의해서 해운경영을 맡고 있는 선주(ship owner)를 가리키는 것이다. 이에 대하여 화주와 직접 수송계약을 맺어 선박운항을 맡는 해운기업을 운항업자(operator)라고 한다.

운항업자는 반드시 선주라고는 할 수 없는데, 그것은 선박을 소유하지 않고 용선하여 해운업을 경영하는 해운기업도 얼마든지 있기 때문이다. 그러나 일반적으로 선주가 운항업자가 되는 경우가 많다.

해운경영을 분리하는 방법으로는 선박운항을 어떤 형태로 하느냐에 따라 분류할 수 있고 연안해운(coastal shipping), 근해해운(short-sea shipping) 및 원양해운(deep-sea shipping)으로 분리되며, 또한 화물 및 승객운송으로도 구분할 수 있다. 그러나 본서에서는 가장 표준적인 기준으로 선박운항 형태에 따라 해운서비스업을 다음과 같이 구분하였다.

① 운항형태에 따른 분류

② 화물확보에 따른 분류

19세기 이전의 해운업은 무역에 수반되어 자기의 상품을 운송할 목적으로 선박을 운항했었으나, 산업혁명 이후 무역업으로부터 독립한 해운업은 타인의 상품을 운송하고 그 대가로서 운임을 취득할 목적으로 선박을 운항하게 되었다. 또한 무역업에서 분리·독립된 해운업은 정해진 항로를 규칙적으로 반복운항하는 정기선(Liner)과, 화물의 수송수요에 따라 화주가 원하는 시기와 항로에 선복을 제공하고 화물을 운송하는 부정기선(Tramper)으로 구분 발전되어 왔다.

원래 해운업의 초기 형태는 부정기선 경영형태였으나 국제간의 무역이 크게 늘어나고 조선술과 항해기술이 발달함에 따라 정기선을 운항하게 되었고, 오늘날은 컨테이너선의 출현으로 정기선 경영이 세계 해운의 주류를 이루다시피 하고 있다. 그러나 정기선과 부정기선은 그 운용 면에서 각각 차이점을 갖고 있으며 동시에 나름대로의 활동분야를 갖고 있어 상호 보완성이 강해 현대 해운의 기본 형태로서 병존하고 있다.

01 정기선 서비스

1-1 정기선 서비스의 개요

(1) 정기선 서비스 개념

정기해운에 투입된 선박을 정기선이라고 한다. 정기선은 주로 공업제품 등의 잡화를 해상운송의 대상으로 해서 사전에 확립된 운항일정(schedule)에 의해 일정량의 선복을 공시된 운임률(tariff)을 적용해서 장기적이고 안정적으로 화주에게 운송서비스를 제공하는 것을 목적으로 하고 있다. 정기선업자는 취항항로, 기항지, 소요기간 등의 운항일정을 사전에 확정하여 이를 해사관계 신문이나 간행물에 공시하거나 화주들에게 직접 안내서를 보내기도 한다.

이와 같은 서비스를 이용함으로써 화주는 운송수단의 수요공급상의 급격한 변동이나 운송비의 변화 등 예측할 수 없는 위험부담을 면하고 본연의 무역업무를 능률적이고 계획적으로 수행할 수 있다. 정기선은 세계무역의 발전과, 경제의 글로벌화로 국제간 화물이동이 확대되는 데 기여하고 있다. 동시에 국가적 측면에서 볼 때도 자국의 해상수송 능력을 강화함으로써 국가 경제 이익을 옹호하는 데 기여하고 있으며, 전시 등 긴급사태 발발시 이른바 “merchant navy”로서의 기능을 수행할 수 있다. 정기선이 취항하고 있는 항로는 수출입 교역이 활발한 항로와 특수사정에 따라 배선되고 있는 이른바 정책항로로 나눌 수 있으며, 우리나라의 경우 한일항로, 동남아항로, 미주항로(동서해안) 및 구주항로가 그 대표적이다. 교역의존도가 높아지는 중국을 중심으로 한·중항로 한·러항로도 중요시되고 있다.

전 세계적으로는 수많은 정기항로가 개설되어 있으나 이들은 그 지역에 따라 북미의 모든 항과 구라파지역을 연결하는 북대서양항로(North Atlantic Route), 지중해~아시아~오스트레일리아 지역을 운항하는 수에즈운하항로(Suez Canal Route), 북미와 남미를 연결하는 남미항로(South American Route), 파나마 이북의 카리브연안주변항로(Caribean Sea Route), 태평양을 중심으로 한 북태평양항로(North Pacific Route), 남태평양항로(South Pacific Route), 구주항로로 대별할 수 있다.

(2) 정기선 서비스의 특징

정기선을 배선할 경우에는 화물의 종류, 수량, 항만사정 등을 감안하여 가장 적합한 선형 그리고 서비스의 빈도(frequency)를 결정하며, 지속적이고 안정된 서비스를 제공하기 위해서는 적정수준으로 책정된 공시운임의 설정 및 적용이 화주나 선박회사의 상호이익에 반드시 필요하다. 정기선화물의 운임은 불특정 다수의 화주와 수천 가지 종류에 이르는 상품을 대상으로 운송거리에 따라 산정되나 기본적으로 선사측의 운송에 요하는 필요경비와 화물의 운임부담능력 그리고 국제시장에서의 경쟁력을 토대로 결정되기 마련이다.

정기선서비스의 특징은 운항형태, 화물, 운임 그리고 조직 등과 관련하여 다음과 같이 요약할 수 있다.

반복되는 항해(repeated sailing) 정기선은 일정한 간격(regular interval)을 유지하며 사전에 지정되어 공표된 여러 항구(designated ports)를 순차적으로 기항, 주기적으로 항해하며 운송서비스를 제공한다.

공공서비스(common carrier)의 제공 밀수품, 전시 금수품 등이 아닌 적법화물(legal cargoes)을 대상으로 해서, 어느 특정화주 또는 제한된 화물만을 운송하기 위한 것이 아니며, 불특정 다수 화물을 대상으로 하는 대중운송서비스(public carrier)를 제공한다.

고가서비스(higher value) 정기선은 대체적으로 그 성격상 부정기선에 비해 고가선일 뿐만 아니라 운송화물 자체가 완제품 내지는 반제품이 주종인 관계로 원자재나 농·광산물로 구성된 부정기선 화물에 비해 비싼 편이며, 물론 운임 역시 부정기선 운임에 비해 수준이 높다.

표준화된 계약(standard contract) 부정기선 화물은 화물의 종류, 수량에 따라 개개의 운송계약이 체결되나 정기선 운항에서는 화물의 크기, 종류에 무관하게 정형화된 계약, 즉 통일된 운송계약(uniform contract or B/L)이 사용된다.

운임률표(freight tariff) 정기선 항로에서는 서비스 자체가 공공성을 띠고 있기 때문에 운임률표를 작성, 이를 공시하도록 하고 있으며 관계당국이 필요하다고 판단될 때에는 이를 조정할 수도 있다. 동일항로를 취항하는 선박회사들이 동맹을 결성하고 운임률을 협정, 운임을 결정하고 있다.

대형조직(large organization) 정기선의 경우에는 불특정 다수인을 대상으로 다양한 화물을 취급할 뿐만 아니라 여러 항구를 기항하므로 본사 이외에 취항하는 각국에 해외 지점을 두지 않을 수 없다. 따라서 본사 및 해외 지점의 전체 조직망이 부정기선에 비해 훨씬 크며 광범위하다.

위험도가 높은 사업(risk business) 정기선은 화물이 있든 없든 정기적으로 일정에 맞추어 운항해야 하기 때문에 일정항로를 서비스하기 위해서는 많은 선박이 필요하며 다량의 자본을 요하는 위험도가 높은 사업이다.

(3) 컨테이너 정기선 서비스

컨테이너 정기선 서비스를 위해서는 막대한 자본과 Service Network 투자가 필요한 반면, 선사 간에 과도한 경쟁이 촉발될 경우 최소한의 이윤도 보장받기 어렵다. 그래서 특정한 항로에 취항하고 있는 둘 이상의 선사들이 기업 상호 간의 독립성을 유지하면서 선사들 간의 과당경쟁을 방지하고 안정적 운임수준을 유지하기 위해 운송에 관한 각종 기본조건(운임률, 기항지, 취항횟수, 화물의 종류 및 수량)들에 대해 협정을 체결하는 일종의 국제적 카르텔(Cartel)인 해운동맹을 결성하게 되었다.

1875년 최초로 영국/캘커타동맹(UK/Calcutta Conference)이 결성된 이래로 해운동맹은 100여 년 이상 지속되었다. 그러나 2000년대 들어 운임상승 담합, 동맹 미가입 선사에 대한 진입장벽 등 여러 가지 폐단이 지적되면서 각종 해운동맹의 해체 필요성이 제기되었고, 2008년 들어 유럽연합이 해운동맹의 반독점법면제특권을 해제키로 결정함에 따라 세계 주요 해운동맹 중 하나인 구주운임동맹(FEFC: Far Eastern Freight Conference)이 2008년 10월 18일부로 공식 해체되었다. 최근 태평양노선안정화협의체(TSA: Transpacific Stabilization Agreement)마저 미국의 2010년 신해운법 발의와 맞물려 해체 또는 협의체의 주요 기능을 친환경, 환경보호 등과 같은 공익적인 목적으로 전환할 가능성이 높아지고 있다.

한편, 1990년대 중반 대형 선사를 중심으로 전략적 제휴(Strategic Alliance)를 통한 경영혁신 및 Global화 전략을 추진하였고, 참여선사들이 선단·터미널·장비를 공동사용함으로써 각 사 단독운영 시보다 낮은 비용으로 전 세계에 걸친 해상 및 육상 물류서비스망을 확장시키고 서비스를 강화하는 데 중점을 두고 있다. 특정 한 개 노선이 아닌 모든 노선을 대상으로 하면서도 Alliance Standard Tariff를 협의항목으로 다루지 않는다는 점은 동일항로를 운항하는 선사들의 카르텔(Cartel)인 해운동맹과 크게 다른 점이다.

이러한 컨테이너 정기선 서비스의 일반적인 특징은 다음과 같다.

– 막대한 자본이 소요되고 초기 진입비용이 막대하여 진입한 기업수가 적

고, 진입장벽이 높다.

- 큰 기업들에 의해 좌우되는 경쟁적 과점시장이다.
- 선사 간 과당경쟁 회피 및 이익추구를 위한 항로 및 운임에 대한 해운동맹은 와해되는 추세이고, 선사 간 제휴가 강화되고 있다.
- 화주에게 장기적이고 안정적인 운임을 보장할 수 있다.

(4) 컨테이너 정기선 해운의 전략적 제휴

세계 경제가 개별국가 및 지역경제의 개방과 자유무역화의 확산에 의하여 점차 거대한 단일시장으로 발전하고, 대부분의 기업은 제품 생산 및 판매를 포함한 제 활동이 글로벌화(Globalization)되면서 물류에 있어서는 그 영역이 전 세계로 확대되고 기능도 화물의 단순한 이동뿐만 아니라 보관·가공 등 까지도 포함하여 종합화되었으며, 물류의 중요한 부분을 차지하는 해운의 서비스도 필연적으로 종합화 및 글로벌화할 수밖에 없었다. 그러나 컨테이너화물의 해상운송을 담당하는 중요 정기선사들은 단시일에 전 세계에 걸친 서비스망을 구축하기가 불가능하기 때문에 타선사와의 전략적 제휴에 의하여 이를 조기에 달성하는 방안을 추진하게 되었다.

1995년 이후 세계 정기선 해운분야에서는 기존의 단순한 선복임차(Space Charter), 공동배선(Joint Operation)과 같은 공동운항(Joint Operation)형태의 컨소시엄과는 다른 새로운 형태의 전략적 제휴(Strategic Alliance)를 모색하게 되었는데 이로 인해 시장에는 글로벌 얼라이언스(Global Alliance)가 출현하게 되었다. 특히 1996년 4월 이후 가동된 거대 3개의 컨소시엄인 뉴월드 얼라이언스(TNWA: The New World Alliance), 그랜드 얼라이언스(GA: Grand Alliance) 및 CKYH 더 그린 얼라이언스(CKYH The Green Alliance)는 진정한 의미의 전략적 제휴 또는 글로벌 제휴라 부를 수 있는 이유는 과거에는 항로별·서비스 권역별로 공동운항 파트너가 제각기 달랐으나, 새로이 결성된 3대 컨소시엄 선사들은 세계 규모로 광역·복수의 항로에서 제휴할 뿐 아니라, 이들 파트너기업끼리 공동운항, 상호선복임대차, 운항스케줄 및 기항지 조정 등에 걸쳐 광범위하게 제휴하기로 하는 등 제휴의 강도를 높였기 때문이다.

그리고 이와 같은 장기적인 전략적 제휴로 인해 협력범위는 해상운송에 한정되지 않고 터미널의 상호이용 등 육상부문의 광범위한 제휴도 수반되는 특징을 갖게 되었다. 종래 단순한 선복의 공동이용에 그치지 않고 내륙운송, 선박의

그림 3-1 컨테이너 선사의 얼라이언스

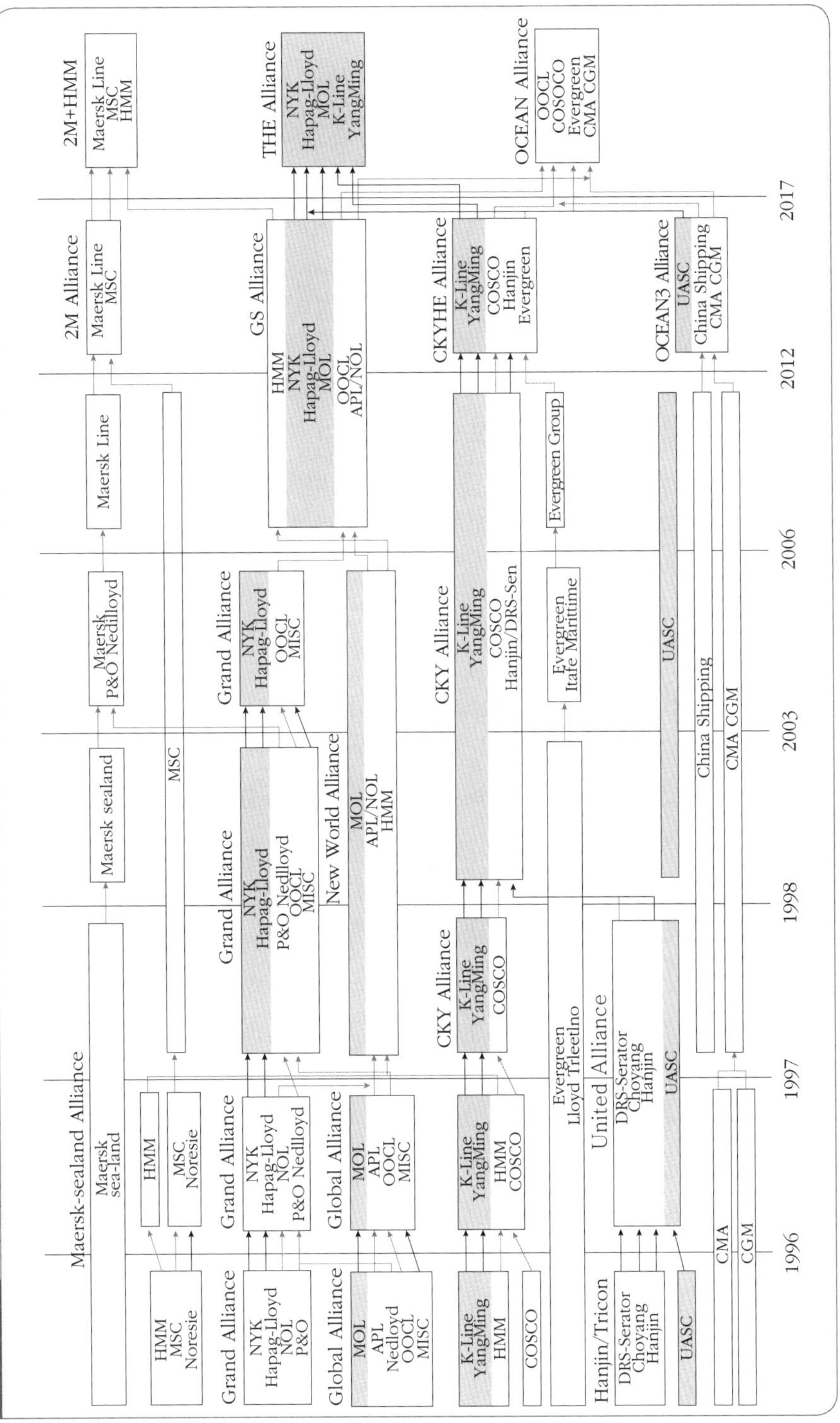

Maersk-sealand Alliance
Maersk sea-land
Maersk sealand
Maersk P&O Nedilloyd
Maersk Line
2M Alliance
Maersk Line MSC
2M+HMM
Maersk Line MSC HMM
HMM MSC Noresie
HMM
MSC Noresie
MSC
Grand Alliance
NYK Hapag-Lloyd NOL P&O
Grand Alliance
NYK Hapag-Lloyd NOL P&O Nedlloyd
Grand Alliance
NYK Hapag-Lloyd P&O Nedlloyd OOCL MISC
Grand Alliance
NYK Hapag-Lloyd OOCL MISC
GS Alliance
HMM NYK Hapag-Lloyd MOL OOCL APL/NOL
THE Alliance
NYK Hapag-Lloyd MOL K-Line YangMing
Global Alliance
MOL APL Nedlloyd OOCL MISC
Global Alliance
MOL APL OOCL MISC
New World Alliance
MOL APL/NOL HMM
K-Line YangMing HMM
K-Line YangMing HMM COSCO
CKY Alliance
K-Line YangMing COSCO
CKY Alliance
K-Line YangMing COSCO Hanjin/DRS-Sen
CKYHE Alliance
K-Line YangMing COSCO Hanjin Evergreen
COSCO
Evergreen Lloyd Trleetlno
Evergreen Itafe Marittime
Evergreen Group
OCEAN Alliance
OOCL COSOCO Evergreen CMA CGM
Hanjin/Tricon
DRS-Serator Choyang Hanjin
United Alliance
DRS-Serator Choyang Hanjin UASC
UASC
UASC
OCEAN3 Alliance
UASC China Shipping CMA CGM
China Shipping
CMA
CGM
CMA CGM
1996 1997 1998 2003 2006 2012 2017

공동 활용, 정보시스템의 공동개발 등에서도 제휴가 확대되는 경향을 보이고 있다. 또한 전략적 제휴의 확대 과정에서 인적 교류의 양상도 종래 선박배선 및 영업부문에 국한되었던 것과는 달리 터미널부문, 정보시스템부문, 컨테이너박스 관리부문, 경리부문 등 광범위한 부문에서 이루어지게 되었다.

이와 같은 선사들의 노력은, 화주들이 요구하는 해운물류망을 구축함에 있어서 추가적인 투자를 최소화하는 한편 비용은 절감하여 경제적인 효과를 극대화하며, 단시일에 전 세계에 걸친 서비스망을 구축하면서 운송영역 확대와 운송기간 단축의 효과를 거두는 방향으로 추진되었고, 한편 서비스 체제의 구축이 제휴그룹 단위로 진행되어 감에 따라 경쟁 역시 개별선사 간의 경쟁체제에서 전략적 제휴그룹 간의 경쟁으로 전환되었다.

최근에는 한진해운의 파산 및 컨테이너 정기선 선사가 M&A로 인하여 2017년에 얼라이언스가 새롭게 재편되게 되었다.

1-2 컨테이너 정기선의 계약

수송계약에는 주로 대형화물을 대상으로 선박단위당 항해용선계약과 소량화물 수송시 체결하는 개품운송계약방식이 있다. 개품운송계약(COA: contract of affreightment)은 사실상 서류가 작성되지는 않지만 그 내용은 선하증권(bill of lading)에 기재되기 때문에 실제적으로 선하증권으로 대행하게 되는 것이다.

(1) 선하증권의 성격과 규칙

선사의 선적서류(shipping documents)에는 여러 종류가 사용되고 있는데 그 중에서 가장 중요한 서류가 선하증권(bill of lading)이다. 선하증권이란 특정선박에 특정화물이 적재되었다는 것을 선주, 선장 또는 선주의 대리인에 의해 서명된 문서를 뜻한다. 이것의 법적 의의는 첫째, 선하증권의 소유자나 그의 배서인이 선하증권이 대표하는 상품의 인수를 주장할 수 있는 권리증권(document of title)이며, 둘째, 상품이 선박에 인도되었음을 증명하는 영수증(receipt for goods)이고, 셋째, 송하인과 선주 간에 계약이 체결된 것을 증명하는 계약증서(evidence of contract)이다. 또한 선하증권은 그 성질상 요인증권, 요식증권, 대표증권, 문언증권, 지시증권, 채권증권, 처분증권, 유통증권, 상환증권, 인도증권을 내포하고 있다. 선하증권에 포함되어야 할 법정 기재사항은 다음과 같다. ①

상품의 명세(description of commodity), ② 화물의 기호(marks), ③ 선박명, 국적 및 톤수(name of the ship, nationality and tonnage), ④ 선장명(name of the master of vessel), ⑤ 송하인의 성명(name of the shipper), ⑥ 수하인의 성명(name of the consignee), ⑦ 선적항(port of loading), ⑧ 양하항(port of discharge), ⑨ 운송비(freight), ⑩ 작성지 및 연월일(place and date of B/L issued), ⑪ 작성통수(number of B/L issued).

이상의 사항 이외에 임의기재사항이 있다. 선하증권은 각 선사가 고정된 양식(form)을 만들어 사용하는데 이에 대한 국제통일조약은 1924년 성립된 '선하증권에 관한 규칙의 통일을 위한 국제조약'(International Convention for the Unification of Certain Rules to Bills of Lading)이며, 일명 헤이그 룰(Hague rule)이라고 불린다. 본조약의 개정안이 1968년 Visby시에서 서명되었다고 하여 Hague-Visby Rules로 명명되었으며, 그 후 개도국 화주들이 주축이 되어 Hague Rules과 Hague-Visby Rules의 문제점을 보완하고 새로운 환경변화에 순응하기 위한 국제해상운송규칙의 전면적 개편을 시도하여 1978년 함부르크에서 UN 해상물건운송회의(united nations conference on the carriage of goods by Sea)가 개최되어 "국제연합 해상물건운송조약(united nations convention on the carriage of goods by Sea 1978)"이라고 불리는 함부르크규칙이 마련되었다. 그러나 그 규칙은 비준국이 20개국이 넘어야만 발효되도록 규정되어 있는데, 1991년 10월 7일 잠비아(Zambia)의 가입으로 발효요건인 가입국 20개국을 충족시킴으로써 1년 뒤인 1992년 11월 1일부로 정식발효되었다. 이러한 조약들에는 선주와 화주의 책임과 의무사항에 관한 내용이 중점적으로 다루어지고 있다.

(2) 선하증권의 종류

선하증권 특성에 따라서 다양하게 구분된다. 그러나 실제 무역관행상 본선도 무사고선하증권(shipped and clean B/L)을 요구하고 있고, 복합운송에 이용되는 선하증권은 통선하증권(through B/L)이 사용된다. 그러나 선하증권의 발행형태와 증권상 허용되는 내용과 특성에 따라 다음과 같이 구분된다. ① 선적선하증권(shipped or on board B/L)과 수취선하증권(received B/L), ② 무사고선하증권(shipped and clean B/L)과 사고부선하증권(foul or dirty B/L), ③ 기명식선하증권(straight B/L)과 지시식선하증권(order B/L), ④ 유통선하증권(negotiable B/L), 유통불능선하증권(non-negotiable B/L), ⑤ 환적선하증권(transhipment B/L), ⑥ 통선하증권(through B/L)과 복합운송증권(multimodal transport B/L), ⑦ FIATA (international federation of forwarding agent's assocation B/L), JIFFA(janpanese international freight forwarding association B/L), ⑧ 적색선하증권(red B/L), ⑨ 집단선하증권(groupage B/L)과 ⑩ 지연선하증권(stale B/L) 등 다양하다.

(3) 선하증권 작성요령

① **Shipper** 송하인의 성명 또는 상호를 기재하며 혼동이 예상될 때는 주소를 명기하여 명확히 하는 것이 좋다.

② **Consignee** 물건을 받을 주체로 신용장에 명기된 대로 기재한다.

③ **Notify Party** 대개 신용장에 Notify Accountee라 기재되어 신용장 개설의뢰인, 즉 수입업자 또는 수입업자가 지정하는 대리인이 통지처로 기재된다.

④ **Pre-Carriage By** 화물 인수지에서 선적지까지의 운송을 담당한 운송인 또는 운송수단을 기재한다.

⑤ **Ocean Vessel** 화물을 수송하는 해상운송 선박명이 기재된다.

⑥ **Port of Loading** 화물을 선적하는 항구명 및 국명이 표시된다.

예) "Busan, Korea", "Incheon, Korea"

⑦ **Place of Receipt** 송하인으로부터 운송인이 화물을 수취하는 장소로 "Busan, CY", "Busan C.F.S" 등으로 표기한다.

⑧ **Voyage No.** 운송선박의 운송회수로 선박회사가 임의로 정한 일련번호가 기재되는데 1항차는 출발항에서 목적항을 거쳐 출발항에 회항하는 것으로 하며 수출, 수입을 구별하기 위하여 East(E), West(W), South(S), North(N) 등을 표기한다.

⑨ **Port of Discharge** 화물의 양륙항 및 국명이 기재된다.

⑩ **B/L No.** 선사가 임의로 규정한 표시번호를 기재한다. 통산 선적항과 양륙항의 알파벳 두문자를 이용하고 번호는 일련번호로 쓴다. "BO-5001": Busan-Osaka, "HMBU-9001": Hamburg-Busan 등이 표시된다.

⑪ **Flag** 선박의 등록국적 등을 나타낸다. 해상사고 시는 국제적 관례인 기국주의에 의한다.

⑫ **Final Destination** 화물의 최종목적지를 표시하나 선하증권에 운임이 계산되어 있지 않은 경우는 운송인의 운송운임이 없고 단지 참조사항에 불과하며 또는 복합운송이 아닌 경우에는 기재되지 않는 경우가 많다.

서식 3-1 선하증권

BILL OF LADING

① Shipper

② Consignee

③ Notify Party

K

Korea Marine Transport Co., Ltd.

RECEIVED by the Carrier from the Shipper in apparent good order and condition unless otherwise indicated herein, the Goods, or the container(s) or package(s) said to contain the cargo herein mentioned, to be carried subject to all the terms and conditions provided for on the face and back of this Bill of Lading by the vessel named herein or any substitute at the Carrier's option and/or other means of transport, from the place of receipt or the port of loading to the port of discharge or the place of delivery shown herein and there to be delivered unto order or assigns.

If required by the Carrier, this Bill of Lading duly endorsed must be surrendered in exchange for the Goods or delivery order.

In accepting this Bill of Lading, the Merchant agrees to be bound by all the stipulations, exceptions, terms and conditions on the face and back hereof, whether written, typed, stamped or printed, as fully as if signed by the Merchant, any local custom or privilege to the contrary notwithstanding, and agrees that all agreements or freight engagements for and in connection with carriage of the Goods are superseded by this Bill of Lading.

In witness wherof, the undersigned, on behalf of Korea Marine Transport Co., Ltd. the Master and the owner of the Vessel, has signed the number of Bill(s) of Lading stated under, all of this tenor and date, one of which being accomplished, the others to stand void.

(Terms continued on back here of)

⑩ B/L No.

④ Pre-carriage by

⑦ Place of Receipt

⑤ Ocean Vessel

⑧ Voyage No.

⑪ Flag

⑬ Place of Delivery

⑥ Port of Loading

⑨ Port of Discharge

⑫ Final Destination

⑭ Container No.	⑮ Seal No. Marks & Nos.	⑯ No. of Containers or Pkgs.	⑰ Description of Goods	⑱ Gross Weight	⑲ Measurement

NON-NEGOTIABLE

NON-NEGOTIABLE

⑳ Total Number of Containers or Packages (in words)

㉑ Freight & Charges	㉒ Revenue Tons	㉓ Rate	㉔ Per	㉕ Prepaid	㉖ Collect

㉗ Freight Prepaid at	㉙ Freight Payable at	㉛ Place of Issue
㉘ Total Prepaid in	㉚ No. of Original B/L	㉜ Date of Issue

Laden on Board the Vessel

㉝ Date

㉞ By ______________________

㉟ **Korea Marine Transport Co., Ltd.**

By ______________________

for Master

서식 3-1-1 선하증권 약관

LINER BILL OF LADING

Page 1

(Liner terms approved by The Baltic and International Maritime Conference)
Code Name: "CONLINEBILL"

Amended January 1st, 1950, August 1st, 1952, January 1st, 1973, July 1st, 1974, August 1st, 1976, January 1st, 1978.

1. **Definition.**
Wherever the term "Merchant" is used in this Bill of Lading, it shall be deemed to include the Shipper, the Receiver, the Consignee, the Holder of the Bill of Lading and the Owner of the cargo.

2. **General Paramount Clause**
The Hague Rules contained in the International Convention for the Unification of certain rules relating to Bills of Lading, dated Brussels the 25th August 1924 as enacted in the country of shipment shall apply to this contract. When no such enactment is in force in the country of shipment, the corresponding legislation of the country of destination shall apply, but in respect of shipments to which no such enactments are compulsorily applicable, the terms of the said Convention shall apply.
Trades where Hague-Visby Rules apply.
In trades where the International Brussels Convention 1924 as amended by the Protocol signed at Brussels on February 23rd 1968. The Hague-Visby Rules apply compulsorily, the provisions of the respective legislation shall be considered incorporated in this Bill of Lading. The Carrier takes all reservations possible under such applicable legislation, relating to the period before loading and after discharging and while the goods are in the charge of another Carrier, and to deck cargo and live animals.

3. **Jurisdiction.**
Any dispute arising under this Bill of Lading shall be decided in the country where the carrier has his principal place of business, and the law of such country shall apply except as provided elsewhere herein.

4. **Period of Responsibility.**
The Carrier or his Agent shall not be liable for loss of or damage to the goods during the period before loading and after discharge from the vessel, howsoever such loss or damage arises.

5. **The Scope of Voyage.**
As the vessel is engaged in liner service the intended voyage shall not be limited to the direct route but shall be deemed to include any proceeding or returning to or stopping or slowing down at or off any ports or places for any reasonable purpose connected with the service including maintenance of vessel and crew.

6. **Substitution of Vessel, Transhipment and Forwarding.**
Whether expressly arranged beforehand or otherwise, the Carrier shall be at liberty to carry the goods to their port of destination by the said or other vessel or vessels either belonging to the Carrier or others, or by other means of transport, proceeding either directly or indirectly to such port and to carry the goods or part of them beyond their port of destination, and to tranship, lighter, land and store the goods either on shore or afloat and reship and forward the same at Carrier's expense but at Merchant's risk.

vessel's arrival there. In the absence of such declaration the Carrier may elect to discharge at the first or any other optional port and the contract of carriage shall then be considered as having been fulfilled. Any option can be exercised for the total quantity under this Bill of Lading only.

11. **Freight and Charges.**
(a) Prepayable freight, whether actually paid or not, shall be considered as fully earned upon loading and non-returnable in any event. The Carrier's claim for any charges under this contract shall be considered definitely payable in like manner as soon as the charges have been incurred.
Interest at 5 per cent., shall run from the date when freight and charges are due.
(b) The Merchant shall be liable for expenses of fumigation and of gathering and sorting loose cargo and of weighing onboard and expenses incurred in repairing damage to and replacing of packing due to excepted causes and for all expenses caused by extra handling of the cargo for any of the aforementioned reasons.
(c) Any dues, duties, taxes and charges which under any denomination may be levied on any basis such as amount of freight, weight of cargo or tonnage of the vessel shall be paid by the Merchant.
(d) The Merchant shall be liable for all fines and/or losses which the Carrier, vessel or cargo may incur through non-observance of Custom House and/or import or export regulations.
(e) The Carrier is entitled in case of incorrect declaration of contents, weights, measurements or value of the goods to claim double the amount of freight which would have been due if such declaration had been correctly given. For the purpose of ascertaining the actual facts, the Carrier reserves the right to obtain from the Merchant the original invoice and to have the contents inspected and the weight, measurement or value verified.

12. **Lien.**
The Carrier shall have a lien for any amount due under this contract and costs of recovering same and shall be entitled to sell the goods privately or by auction to cover any claims.

13. **Delay.**
The Carrier shall not be responsible for any loss sustained by the Merchant through delay of the goods unless caused by the Carrier's personal gross negligence.

14. **General Average and Salvage.**
General Average to be adjusted at any port or place at Carrier's option and to be settled according to the York-Antwerp Rules 1974. In the event of accident, danger, damage or disaster before or after

the cargo at port of loading or any other safe and convenient port.
(d) The discharge under the provisions of this clause of any cargo for which a Bill of Lading has been issued shall be deemed due fulfilment of the contract. If in connection with the exercise of any liberty under this clause any extra expenses are incurred, they shall be paid by the Merchant in addition to the freight, together with return freight if any and a reasonable compensation for any extra services rendered to the goods.
(e) If any situation referred to in this clause may be anticipated, or if for any such reason the vessel cannot safely and without delay reach or enter the loading port or must undergo repairs, the Carrier may cancel the contract before the Bill of Lading is issued.
(f) The Merchant shall be informed if possible.

17. **Identity of Carrier.**
The Contract evidenced by this Bill of Lading is between the Merchant and the Owner of the vessel named herein (or substitute) and it is therefore agreed that said Shipowner only shall be liable for any damage or loss due to any breach or non-performance of any obligation arising out of the contract of carriage, whether or not relating to the vessel's seaworthiness. If, despite the foregoing, it is adjudged that any other is the Carrier and/or bailee of the goods shipped hereunder, all limitations of, and exonerations from, liability provided for by law or by this Bill of Lading shall be available to such other.
It is further understood and agreed that as the Line, Company or Agents who has executed this Bill of Lading for and on behalf of the Master is not a principal in the transaction, said Line, Company or Agents shall not be under any liability arising out of the contract of carriage, nor as Carrier nor bailee of the goods.

18. **Exemptions and Immunities of all servants and agents of the Carrier.**
It is hereby expressly agreed that no servant or agent of the Carrier (including every independent contractor from time to time employed by the Carrier) shall in any circumstances whatsoever be under any liability whatsoever to the Merchant for any loss, damage or delay arising or resulting directly or indirectly from any act, neglect or default on his part while acting in the course of or in connection with his employment and, but without prejudice to the generality of the foregoing provisions in this clause, every exemption, limitation, condition and liberty herein contained and every right, exemption from liability, defence and immunity of whatsoever nature

ceeding either directly or indirectly to such port and to carry the goods or part of them beyond their port of destination, and to tranship, land and store the goods either on shore or afloat and reship and forward the same at Carrier's expense but at Merchant's risk. When the ultimate destination at which the Carrier may have engaged to deliver the goods is other than the vessel's port of discharge, the Carrier acts as Forwarding Agent only.
The responsibility of the Carrier shall be limited to the part of the transport performed by him on vessels under his management and no claim will be acknowledged by the Carrier for damage or loss arising during any other part of the transport even though the freight for the whole transport has been collected by him.

7. **Lighterage.**
Any lightering in or off ports of loading or ports of discharge to be for the account of the Merchant.

8. **Loading, Discharging and Delivery**
of the cargo shall be arranged by the Carrier's Agent unless otherwise agreed.
Landing, storing and delivery shall be for the Merchant's account.
Loading and discharging may commence without previous notice.
The Merchant or his Assign shall tender the goods when the vessel is ready to load and as fast as the vessel can receive and - but only if required by the Carrier - also outside ordinary working hours notwithstanding any custom of the port. Otherwise the Carrier shall be relieved of any obligation to load such cargo and the vessel may leave the port without further notice and deadfreight is to be paid.
The Merchant or his Assign shall take delivery of the goods and continue to receive the goods as fast as the vessel can deliver and - but only if required by the Carrier - also outside ordinary working hours notwithstanding any custom of the port. Otherwise the Carrier shall be at liberty to discharge the goods and any discharge to be deemed a true fulfilment of the contract, or alternatively to act under Clause 16.
The Merchant shall bear all overtime charges in connection with tendering and taking delivery of the goods as above.
If the goods are not applied for within a reasonable time, the Carrier may sell the same privately or by auction.
The Merchant shall accept his reasonable proportion of unidentified loose cargo.

9. **Live Animals and Deck Cargo**
shall be carried subject to the Hague Rules as referred to in Clause 2 hereof with the exception that notwithstanding anything contained in Clause 19 the Carrier shall not be liable for any loss or damage resulting from any act, neglect or default of his servants in the management of such animals and deck cargo.

10. **Options.**
The port of discharge for optional cargo must be declared to the vessel's Agents at the first of the optional ports not later than 48 hours before the commencement of the voyage resulting from any cause whatsoever, whether due to negligence or not, for which or for the consequence of which the Carrier is not responsible by statute, contract or otherwise, the Merchant shall contribute with the Carrier in General Average to the payment of any sacrifice, losses or expenses of a General Average nature that may be made or incurred, and shall pay salvage and special charges incurred in respect of the goods. If a salving vessel is owned or operated by the Carrier, salvage shall be paid for as fully as if the salving vessel or vessels belonged to strangers.

15. **Both-to-Blame Collision Clause.** (This clause to remain in effect even if unenforcible in the Courts of the United States of America).
If the vessel comes into collision with another vessel as a result of the negligence of the other vessel and any act, negligence or default of the Master, Mariner, Pilot or the servants of the Carrier in the navigation or in the management of the vessel, the Merchant will indemnify the Carrier against all loss or liability to the other or non-carrying vessel or her Owner in so far as such loss or liability represents loss of or damage to or any claim whatsoever of the owner of the said goods paid or payable by the other or non-carrying vessel or her Owner to the owner of said cargo and set-off, or recouped or recovered by the other or non-carrying vessel or her Owner as part of his claim against the carrying vessel or Carrier. The foregoing provisions shall also apply where the Owner, operator or those in charge of any vessel or vessels or objects other than, or in addition to, the colliding vessels or objects are at fault in respect of a collision or contact.

16. **Government directions, War, Epidemics, Ice, Strikes, etc.**
(a) The Master and the Carrier shall have liberty to comply with any order or directions or recommendations in connection with the transport under this contract given by any Government or Authority, or anybody acting or purporting to act on behalf of such Government or Authority, or having under the terms of the insurance on the vessel the right to give such orders or directions or recommendations.
(b) Should it appear that the performance of the transport would expose the vessel or any goods onboard to risk of seizure or damage or delay, resulting from war, warlike operations, blockade, riots, civil commotions or piracy, or any person onboard to the risk of loss of life or freedom, or that any such risk has increased, the Master may discharge the cargo at port of loading or any other safe and convenient port.
(c) Should it appear that epidemics, quarantine, ice - labour troubles, labour obstructions, strikes, lockouts, any of which onboard or on shore - difficulties in loading or discharging would prevent the vessel from leaving the port of loading or reaching or entering the port of discharge or there discharging in the usual manner and leaving again, all of which safely and without delay, the Master may discharge applicable to the Carrier or to which the Carrier is entitled hereunder shall also be available and shall extend to protect every such servant or agent of the Carrier acting as aforesaid and for the purpose of all the foregoing provisions of this clause the Carrier is or shall be deemed to be acting as agent or trustee on behalf of and for the benefit of all persons who are or might be his servants or agents from time to time (including independent contractors as aforesaid) and all such persons shall to this extent be or be deemed to be parties to the contract evidenced by this Bill of Lading.
The Carrier shall be entitled to be paid by the Merchant on demand any sum recovered or recoverable by the Merchant or any other from such servant or agent of the Carrier for any such loss, damage or delay or otherwise.

19. **Optional Stowage. Unitization.**
(a) Goods may be stowed by the Carrier as received, or, at Carrier's option, by means of containers, or similar articles of transport used to consolidate goods.
(b) Containers, trailers and transportable tanks, whether stowed by the Carrier or received by him in a stowed condition from the Merchant, may be carried on or under deck without notice to the Merchant.
(c) The Carrier's liability for cargo stowed as aforesaid shall be governed by the Hague Rules as defined above notwithstanding the fact that the goods are being carried on deck and the goods shall contribute to general average and shall receive compensation in general average.

ADDITIONAL CLAUSES

(To be added if required in the contemplated trade).

A. Demurrage.
The Carrier shall be paid demurrage at the daily rate per ton of the vessel's gross register tonnage as indicated on Page 2 if the vessel is not loaded or discharged with the dispatch set out in Clause 8, any delay in waiting for berth at or off port to count. Provided that if the delay is due to causes beyond the control of the Merchant, 24 hours shall be deducted from the time on demurrage.
Each Merchant shall be liable towards the Carrier for a proportionate part of the total demurrage due, based upon the total freight on the goods to be loaded or discharged at the port in question.
No Merchant shall be liable in demurrage for any delay arisen only in connection with goods belonging to other Merchants.
The demurrage in respect of each parcel shall not exceed its freight.
(This Clause shall only apply if the Demurrage Box on Page 2 is filled in).

B. U.S. Trade. Period of Responsibility.
In case the Contract evidenced by this Bill of Lading is subject to the U.S. Carriage of Goods by Sea Act, then the provisions stated in said Act shall govern before loading and after discharge and throughout the entire time the goods are in the Carrier's custody.

⑬ **Place of Delivery** 운송인이 책임지고 운송하여 수하인에게 인도하여 주는 장소를 명기한다.

⑭ **Container No.** 화물이 적재되는 Container No.를 표기한다.

⑮ **Seal No. Container** 적재된 화물에 봉인을 한 Seal No.를 표기한다.

⑯ **No. of Containers or Pkgs** 운송인이 인수할 화물의 외형상의 수량을 표기하며, CY 인수조건의 화물인 경우에는 컨테이너 종류와 수량(예: 1×40')을 표기한다.

⑰ **Description of Goods** 포장명세서 및 송장에 기재된 상품의 내용을 열거 기재한다.

⑱, ⑲ **Gross Weight, Measurement** 등록검량 회사에서 검측된 중량 및 용적이 명기되며 포장명세서, 송장과 일치되지 않는 경우 remark를 부기하여야 하고 화물에 이상이 있으면 송하인에게 파손화물보상장(L/I: letter of indemnity)을 첨부시킨다. 수출입의 경우 포장명세서와 B/L이 상이한 경우 통관되지 아니하므로 세심히 작성되어야 한다.

⑳ **Total Number of Container or Packagess** 상품의 수량 또는 full container의 개수를 영문으로 표시하여 명백히 나타내며 in words의 의미는 선하증권 발행자가 직접 상품을 확인하지 못하고 발행하므로 수량이 틀림없을 것이라는 추측의 의미로 삽입된 단어이다.

㉑ **Freight and Charge** 상품의 운송에 따른 제반비용의 명세로 freight, CAF, CFS charge, wharfage 등이 통상 표시되며 through B/L인 경우에는 inland charge가 표시된다.

㉒ **Revenue Tons** 중량과 용적 중에서 운임이 높게 계산되는 편을 택하여 표시한다. 즉 총 중량과 총 용적에 각각의 운임단가를 곱하여 총 중량의 운임이 총 용적보다 클 경우는 "K/T"를, 총 용적이 클 경우는 "CBM"을 표시한다.

㉓ **Rate** revenue ton당의 운임단가 및 C.F.S charge, wharfage, B.A.F(bunker adjustment factor), C.A.F(curruncy adjustment factor)의 percent 등이 표시된다. wharfage의 경우 국내에서는 톤 이하는 무조건 올림으로 산정하고 있어, 만일 7.001CBM이라면 8CBM으로 계산한다.

㉔ **Per** 용적당 또는 중량당, full Container의 경우는 Van당을 표시한다.

㉕, ㉖ **Prepaid, Collect** C.I.F. 조건의 수출일 경우는 prepaid란에 운임을 계산하여 표시하며, F.O.B 조건의 수출일 경우는 collect란에 계산 표시한

다. 또한 운임의 지불조건은 description of goods란에 "freight prepaid", "freight Collect"라고 통상 표시되므로 혼동은 되지 않으나 간혹 기재되지 않는 경우도 있으므로 구별하여 각각의 난에 기재하는 것이 좋다. 또한 복합운송의 경우는 각 구간마다 운임을 표시하여 계산하는 것이 복합운송을 명백히 표시하는 것으로 구간표시를 하고 구간운임계산을 나타내는 것이 좋다.

㉗ **Freight Prepaid At** C.I.F. 수출조건인 경우 운임이 지불되는 장소를 나타낸다. 즉 화물이 부산에서 운송되어도 서울에서 운임이 지불되는 경우는 "Seoul, Korea"라고 기재한다. freight prepaid의 경우 운임이 지불되지 않으면 B/L발행자는 특별한 상거래가 없는한 B/L을 발행 교부하지 않는다.

㉘ **Total Prepaid In** 선적지 통화기준 선복운임 및 비용합계, 즉 외화표시운임에 환율을 곱하여 선적지 통화운임액을 산출하고 여기에 선적지 비용을 합하여(부가세는 제외함) 총액을 표시한다.

㉙ **Freight Payable At** F.O.B. 수출조건으로 운임이 수하인 부담인 경우 수하인의 운임 지불장소가 기재되며 운임이 지불되지 않으면 운송인 또는 대리점은 화물인도지시서(D/O: Delivery Order)를 발행 교부하지 않는다.

㉚ **No. of Original B/L** original B/L의 발행통수를 기재한다. original B/L은 통상 3통을 한 세트로 발행하는데 그 숫자에는 제한이 없다. original B/L에는 "original", "duplicate", "triplicate" 등의 문구가 있고 은행과의 거래를 위하여 "negotiable"이라는 문구도 표시된다.

original B/L의 경우는 발행통수에 관계없이 그 한 장이라도 회수되면 나머지는 유가증권으로서의 효력을 상실한다(상법 제816조). B/L copy의 경우는 "copy non-negotiable"이라 기재되며 B/L copy는 유가증권으로서의 효력이 없고 단지 참조적인 서류에 불과하다.

㉛ **Place of Issue** B/L의 발행 장소가 기재된다.

㉜ **Date of Issue** B/L의 발급일자를 기재해야 하나, 보통 선적일자를 기재하는 경우가 많다.

㉝ **Date** B/L에 선적일이 기재되며, 일자는 보통 발행일과 일치되며, 발행일이 선적일보다 늦을 수는 있으나 빠른 경우는 B/L의 선발행이 되므로 은행에서 매입을 거절당한다. 선적일의 하단에는 B/L 발행자의 날인이 있어야 한다. 일단 발행권자가 서명한 후에 B/L을 수정할 경우에는 재발급을 하든가 또는 "correction" 도장을 날인한 후에 서명하여야 한다. 그러나 중량 및 용적 등 상품

의 가격에 영향을 미치지 않는 부분에는 Correction 도장만 날인해도 유효하다.

㉞ **By** 운송인의 이름을 적는데 대리점이 발행할 경우에는 "agent name as agent of carrier"라고 표기한다. 은행에 따라서 화환신용장통일규칙 및 관행(UCP) 제25조 d항에 의거 운송인의 이름 앞에 "acting as a carrier"를 명기할 것을 요구하는 경우도 있다.

02 부정기선 서비스

2-1 부정기선 서비스의 개요

(1) 부정기선 서비스 개념

부정기해운은 역사적으로 자연력에 의존해서 선주상인을 중심으로 불규칙하게 이루어졌었다. 그러나 기술의 진보로 산업화가 급속히 진전됨으로써 국제무역도 급속히 발전하였다. 이러한 진보로 말미암아 바다와 대양으로 분리된 영토 간의 유일한 운송수단인 해상운송의 수요가 증대되었다. 비교적 작고 속도가 느린 범선으로서는 더 이상 이러한 수요증가에 부응할 수 없었고 그때 증기선과 철선이 등장하였다. 견고한 선박이 건조되고 대형화되면서 중간항을 거치지 않고도 원거리를 항해할 수 있어서 해상운송의 구조도 변화하였다. 단위당 비용(unit cost)이 절감되어 비교적 저렴한 원료로 장거리를 운송할 수 있게 되었으며, 반면에 선진 공업국들은 해외시장으로 많은 소비재를 수출하게 되었다. 이러한 해상수송의 증가로 상인과 선주가 분리되었으며, 이 두 기능을 결합시키는 일은 더 이상 불가능하였다.

전통적인 부정기선 개념은 다음 네 가지 요소에 근거를 두고 있다.

① 부정기선이란 불특정항로 및 화물과 연계된다.

② 살화물이든 일반화물이든 건화물을 수송할 수 있는 다목적선으로 주요 대상 화물은 철광석(iron ore), 석탄(coal), 양곡(grain), 보크사이트와 알루미늄(bauxite & aluminium), 인광석(phosphate) 등이다.

③ 부정기선은 일반적으로 10,000~20,000 DWT 급 선박의 선호도가 높으며, 수요자의 요구나 수송화물 규모에 따라 선박크기는 다양하다.

④ 운송계약체결이 일반적으로 부정기선 항해에 선행하여 이루어진다. 부정기해운에 대한 전통적인 개념이 최근 들어 변화되고 있는데, 그 이유는 다음과 같다.

▶ 다른 유형의 해운발전

▶ 선박의 전문화 및 전용화

▶ 각국 정부의 보호주의에 의한 화물취급 제한

▶ 독립 선주와 장기정기용선(time charter)협정을 체결하는 경향

현재 장기운송계약에 의한 탱커나 살화물선을 제외한 세계 선박의 약 20%가 부정기 해운경영에 관여하고 있다.

부정기선 영업은 정해진 스케줄에 맞추어 정해진 지역을 반복 운항하는 컨테이너선 영업과 반대되는 의미로서, 화주가 선적 가능한 화물, 운항 가능한 항로, 그리고 적절한 운임만 제시한다면 선주는 선적항·양하항의 위치와 관계없이 운송계약과 함께 화주의 화물을 운송하는 것을 말한다.

즉, 일정한 항로와 화주를 한정하지 않고 화물수요에 따라 화주가 요구하는 시기와 항로에 선복을 제공하여 화물을 해상운송하는 형태로서, 부정기선의 화물은 대체로 원유·석유제품·석탄·곡물·비료 등 운임부담능력이 상대적으로 약한 화물이 대부분이다. 이러한 화물은 운송수요가 시간적·지역적으로 불규칙하고 불안정하여 수시로 항로를 바꿔야 하므로 전 세계가 부정기선 영업의 활동 범위가 된다. 부정기선 해운시장은 주로 벌크선(Bulk Vessel)을 항로와 화물, 배선에 구애받지 않고 수송수요에 따라 수시로 배선 및 운항하는 해운시장을 말하며, 이는 유조선·전용선·산적화물선·겸용선 등으로 세분할 수 있다.

부정기선 사업의 화물들은 주로 국가 기간산업에 필수적인 원재료이거나 원유·가스·석탄 및 곡물 등의 필수품으로 일본·한국과 유럽의 예에서 볼 수 있듯이 원재료의 해외의존적인 산업구조를 갖고 있는 국가에서는 부정기선 해운업이 그 나라 산업 전반에 매우 중요한 위치를 차지하고 있는 것이 오늘날의 일반적 추세이다.

보통 부정기선은 선박 전체에 한 종류의 화물을 선적하고 항해용선계약(Voyage Charter)하에서 만선 운항하는 선박으로서, 대량화물 운송에 전문화되어 있다고 할 수 있다. 그러나 "One Ship, One Cargo"라는 원칙을 엄격하게 따르지 않고, 계약조건과 선사의 선대운영방법 혹은 수익성에 따라 간혹 선창(Hold)을 분리하거나 선창에 따라서 한 선박에 여러 화물을 싣는 경우도 있다.

부정기선 시장에서 선주는 일단 계약이 성립되었으면 화주가 원하는 속도, 안정성, 신뢰도, 그리고 화주가 지불하고자 하는 운임으로 선적항으로부터 양하항까지 화물의 물리적 이동과 관련된 운송서비스를 제공하게 된다. 화물에 따라 선원들의 화물관리업무가 달라지며, 따라서 요구되는 서비스 형태는 선적되는 화물의 종류에 따라 다르게 나타난다.

운임은 화주와 선주 간 톤당 운임형태가 일반적이며, 저가의 대량화물은 운송의 특성상 신속성보다는 상대적으로 저렴한 운임이 주요 요소가 된다. 하지만 부정기선 영업의 특성상 전 세계를 단일시장으로 단독기업이 독점하기는 어려우며, 정기선 시장과 같이 동맹 등 카르텔을 형성하기도 어렵기 때문에 수요와 공급에 의해 운임의 수준이 결정되는 완전경쟁시장에 가까운 시장이라 할 수 있다. [그림 3-2]와 같이 부정기해운 시장의 연도별 시황을 MRI 지표에 근거해서 환경변화와 전망을 예측해 볼 수 있다.

(2) 부정기선 시장

부정기선 시장은 다수의 선주가 다수 화주의 화물을 운송하기 위해 경쟁하는 완전경쟁시장이라고 할 수 있다. 시장에는 소규모의 선주들이 많은데, 그들은 운임만 만족스럽다면 항로나 화물의 성질에 개의치 않는다. 그 운임은 화물·화물량·황로·기항항구·계절 등 여러 요소들을 고려하여 결정되기도 하나, 가장 결정적인 요소는 수요와 공급의 원칙을 가장 정확하게 반영하는 시장이므로 수요와 공급의 증감에 따라 운임 등락의 변동성이 심하게 나타난다.

또한 높은 위험(Risk)과 국제성이 요구되기 때문에 용선자, 운항자 모두 여러 가지 요소에 민첩하게 반응해야 한다. 예를 들어, 용선자는 선박의 이용가능성(Availability of Ships), 운임률과 시장의 연속적인 변동에 대해 많은 정보를 갖고 있어야 하며, 또한 다양한 항로와 특정년도의 시기에 따라 같은 화물의 운임률이 어떻게 변화하는지도 조사해야 한다.

용선활동에 관련된 모든 사람들은 정보의 수집가, 분석가 및 제공자로서 활동하며, 전 세계적인 선박 및 화물 확보계약과 관련된 보고서를 작성하게 된다. 즉, 정보교환은 용선행위에 필수적이므로 정보를 통해 선주·용선중개인·화주는 해상운송 서비스의 수요와 공급을 알게 되고, 정보의 연속적 흐름, 취득 및 분석은 부정기선 시장의 경향과 상황을 판단하는 데 있어서 필수적인 조건이 된다고 할 수 있다.

그림 3-2 부정기선 해운환경변화

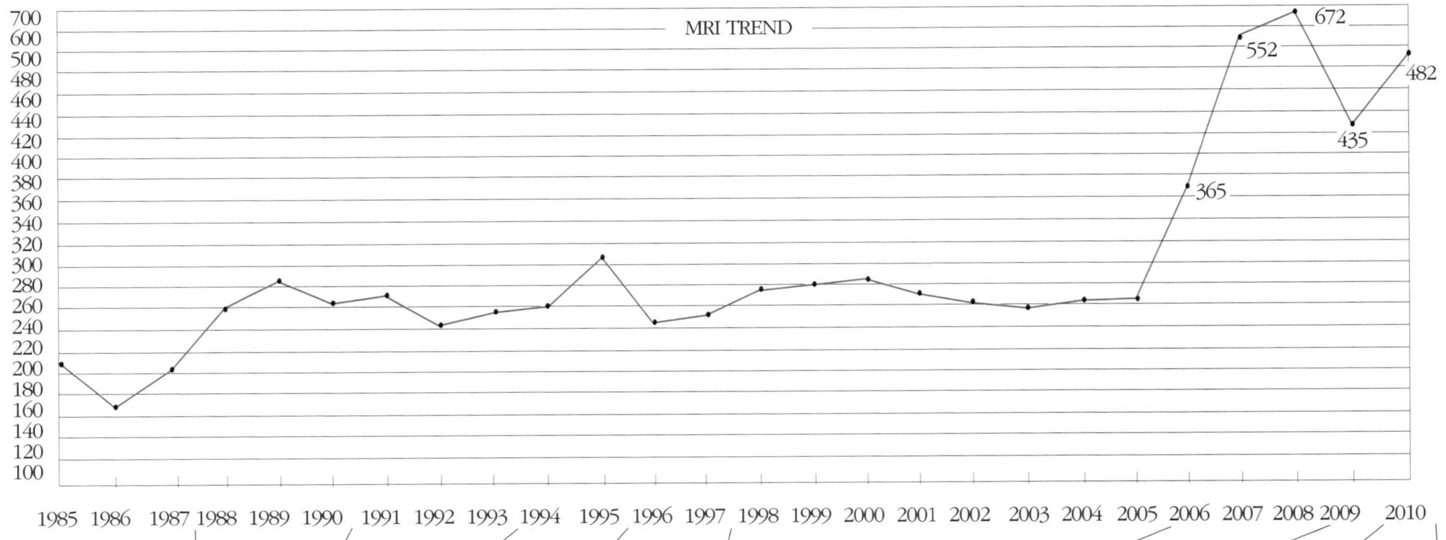

MRI TREND

700 600 500 480 460 440 420 400 380 360 340 320 300 280 260 240 220 200 180 160 140 120 100

672 552 482 435 365

1985 1986 1987 1988 1989 1990 1991 1992 1993 1994 1995 1996 1997 1998 1999 2000 2001 2002 2003 2004 2005 2006 2007 2008 2009 2010

구분	불황기 (81~87년)	호황기 (88~90년)	불황기 (91~93년)	호황기 (94~95년)	불황기 (96~97년)	침체기 (98~2005)	초호황기 (2006~2008년)	침체기 (2009년)	회복기 (2010~)
주요환경	–미국 대 소련 곡물금지 해제 –파나마 운하 흘수 제한 –OPEC 가격 통일 –중동항 연안 탱커 공격 강화 –구소련 곡물 구매 감소	–조강생산 회복 –구소련 곡물매입 증가 –이란/이라크 정전 –OPEC 증산	–구소련 연방 붕괴 –세계 경기 저조	–일본 한신 대지진 발생 –중국 미국산 곡물 대량 구입 –엔고 급등 –세계 기상이변으로 곡물 작황 저조 –세계 경제 고성장 전망	–중동 평화 진전 –신조선박 대량 인도 –세계 곡물 작황 호조 –유럽, 일본 경기 회복 지연 –엔저, 달러화 강세 –경기회복세가 강함	–환율인상, 인하에 따른 기업위험요소 증가 –해운경기 순환주기 단기간화 –IMO(국제해사기구)의 선박해양 오염 규제 강화 –기준미달선에 대한 항만국 통제(PSC) 강화 –세계 이상기후 현상 빈발로 곡물생산 불확실 –대체 에너지 개발 –석유제품 운반선 수요 증가	–경쟁적인 신조선박발주 –중고선가 상승 –세계경기호황으로 인한 물량증가 –원자재가격 상승 –곡물가격상승	–글로벌금융위기로 인한 경기침체 –선박인도로 인한 공급 증가 –계선량 증가 –유가상승	–선박공급량 조절 –해운경기 상승기대감 형성 –유류가격 안정화 –경기회복기대감에 따른 재고량증가

이러한 정보는 여러 방식을 통해 취득할 수 있는데, 대표적으로 시장보고서 및 정보망 등을 들 수 있다.

① 시장보고서(Market Report)

주로 용선중개인들이 선주 및 화주 등에게 제공하는 시장보고서는 그 날 또는 그 주 동안의 시장 상황에 대한 정보를 제공한다. 여기에는 건화물선과 탱커 시장에 관한 정보뿐만 아니라 선박의 구입과 매각(Sale&Purchases)에 대한 정보도 포함되며, 보통 지역별(태평양, 대서양, 대양주 등), 화물별(Oil, 철광석, 곡물, 석탄 등), 그리고 선박종류별(VLCC/Suezmax/Aframax, Cape/Panamax/Handymax/Handys 등)로 시장의 변화 상황을 제공한다. 이러한 보고서들은 단편적인 한 건의 계약정보 등을 담고 있기도 하지만 이러한 개별적인 정보를 통합적으로 보는 시각에 따라 시장에 접근하는 전략에 변화가 있을 수 있다.

② 정보망(Information Network)

해운시장의 시시각각 변화하는 상황을 즉각적으로 수집하는 데 중요한 역할을 하므로 선주, 화주, 브로커 등에 대한 네트워크를 구축해야 한다. 특히 화주별 또는 선주별로 각각 선호하는 용선중개인(Brokers)과 밀접한 네트워크를 구축하는 것이 중요하다.

(3) 부정기선 시장의 참여자

부정기선 시장에는 다양한 이해관계를 지닌 다수의 관계자가 존재하는데, 이들 중에서 구체적으로 시장에서 주도적인 역할을 수행하는 당사자들은 다음과 같다.

① 선주

선박을 소유하며 항해용선계약을 통해 화물을 운송하는 선주는, 한 척의 선박을 소유·운항하는 영세선주로부터 수십 척을 소유·관리하는 대형선사에 이르기까지 다양한 형태의 선주가 존재한다. 선주는 시장에서 운송할 화물을 확보해야 하므로 특정위치에서 어떤 종류의 화물이 운송수요가 있는지 항상 파악하고, 민첩하게 움직일 준비를 해야 한다. 이들은 선박의 구매·매각, 선박건조 주문, 장기용선계약에 관한 의사 결정 등을 내리며, 운임, 선박건조가, 중고선 매매가격 등 미래시장을 예측하여 영업을 수행한다.

② 화주

화물을 소유 혹은 구매하거나 중간매매에 관계된 자로서 화물 수출업자, 수입업자, 또는 Trader 등이 이에 속한다. 때로는 선사가 화물을 운송할 목적으로 화물을 확보한 후, 시황의 변동 혹은 가용선박의 미확보 등으로 이 계약을 다른 선사에게 되파는 형식(Voyage-Relet)을 취하기도 하는데, 이때에는 선사가 화주의 역할을 하기도 한다. 화주는 수요와 공급의 변동을 예측하고 대처하기 위해 선박 필요시기와 적정선박 보유여부, 가용선박 보유비율 등을 파악하고 있어야 한다.

③ Operator

Operator는 선박을 직접 소유하지는 않으나 1년 내지 2년 장기로 용선하여 그들의 통제하에 화물을 확보 · 운송하는 자들로서, 해운시장에서 선주와 동일한 역할을 수행한다. 그러나 보통 자본력이 약하고 영세규모로 운영되므로 해운 불황기에 직면하면 쉽게 도산하기도 한다. 과거와 달리 최근 선박을 소유하고 있는 선사조차도 사업 확장 또는 영업계획에 따라 그들이 직접 소유한 선박뿐만 아니라 시장에서 용선하여 영업을 수행하기도 하는데, 이처럼 소유한 선박과 용선선박을 동시에 관리하는 회사를 Owners&Operator라고 부른다.

④ 용선중개인(Broker)

부정기선 해운시장에서 선주와 선주, 선주와 화주를 연계시키는 역할을 하는 이들을 시장에서 정기용선계약 · 항해용선계약의 중간자로서, 양당사자의 이해관계를 조정한다. 보편적으로 알려진 이들의 주요 기능은 양 계약당사자(일명 화주와 선주) 사이의 계약을 체결시키는 것이다. 보통 화주나 선주는 상황에 따라 선박확보 또는 화물운송수요를 용선중개인을 통하여 파악하고 해운시장에 들어가게 된다. 용선중개인은 현재 시황에 대한 조언과 함께 양 당사자의 이해관계를 조정하여 그들에게 적합한 선박이나 화물을 찾아 계약체결을 유도하고 성약시킨다. 이 경우 이러한 역할은 선주와 선주, 혹은 선주와 화주가 직접 계약을 시도하는 것보다 시간이 절감되고 계약도 효과적으로 체결된다. 이들은 거래를 형성시킨 대가로 중개수수료(Brokerage)를 받게 되는데, 통상적으로 운임 · 용선료 · 체선료 등에 대한 일정비율을 선주가 지급한다. 이들은 화물운송 또는 용선계약에 대한 모든 조항이 합의되었을 때 계선료 송급 · 수취 등의 Post-Fixture 관리업무도 수행한다. 또한 용선중개인들은 선박의 건조와 해체를 포함하여 매각 및 매입(Sale&Purchase), 구조(Salvages)와 Fradging 같은 특정사업 분야에의 선박의 투입 거래, 그리고 기타 해운관련 분야에서도 활동한다.

(4) 부정기선 시장의 특성

부정기선 시장의 운임은 완전자유경쟁시장 모델에 근접하게 움직이고 있기 때문에 운임이 수요와 공급의 균형점에서 결정되는 일반 경제원리에 따라 설명될 수 있다. 즉, 특정한 시점에서 성립되는 선박별, 항로별 다양한 운임들은 매우 불규칙한 분포에도 불구하고 수요와 공급 간 균형상태에서 결정되는 법칙에 따라 상호 밀접한 관계성을 유지하며 성립된다. 이와 같은 현상을 반영하여 살펴본 부정기선 해운시장의 특징은 다음과 같다.

① 다양한 선주와 화주

수많은 선주가 화물운송계약을 체결, 운송하는 영업활동을 수행하고 있으나, 부정기선 해운시장에는 주로 한두 척의 선박을 소유하고 있는 소형선주들이 전체 시장의 상당 부분을 차지하고 있으며, 운임만 만족스럽다면 항로나 화물의 성질을 중요시하지 않고 운항하므로 운임은 수요와 공급의 결과로서 변동성이 심하게 나타난다. 수요측면에서도 특정시기에만 화물의 운송수요가 있는 소형화주로부터 지속적으로 화물의 수입·수출을 담당하는 대기업에 이르기까지 다양하게 존재한다.

② 운임 통제력

부정기 선사들은 전체 해운시장에서 각자의 지분이 매우 미미하며, 영세한 기업주고 그들 상호 간의 통합능력 부족으로 인해 전체 시장경쟁에 영향을 끼칠 수도, 가격을 통제할 수도 없다. 따라서 정기선식의 카르텔 형성이 어렵고, 필연적으로 단일시장에서의 자유경쟁이 전개되어 운임과 용선료 등의 시장가격이 시장기능에 따라 다변적으로 변동하는 타율성이 강한 특성을 보이고 있다. 그러나 최근에는 부정기 선사들간에 Pool제도를 도입하여 한 관리체제하에서 대규모 선대를 운영하는 경영방식으로 변화함에 따라 전체 시장을 움직일 수 있는 규모의 Pool도 존재하게 되었다.

③ 시장 진입/퇴출 장벽

정기선사와 같은 발달된 조직구조나 제도가 없기 때문에 부정기선 시장의 진입장벽은 상대적으로 낮다고 할 수 있다. 부정기선사는 신조선박이나 중고선박을 구입할 자금을 소유하고 있거나 용선할 수만 있다면 부정기선을 운영할 수 있으므로, 한편으로는 해운선사를 운영할 수 있는 전문지식이나 자본기반도 없기 때문에 쉽게 파산하기도 하여 진입장벽이 높다.

④ **제도적 장치**

주로 원자재를 운송하는 부정기선은 정기선 해운에 비해 화물의 단가나 가치가 낮고, 선적·운송 가능 화물에 대한 제한이 거의 없으며, 원료의 CIF가격에서 운임이 상당 부분을 차지하므로 화주의 입장에서 운임을 낮추는 것이 상당히 중요하다. 부정기선 시장에서는 차별화된 서비스를 기대하기 어려우므로 화주는 전 세계 선사를 상대로 가장 낮은 운임을 제시하는 선사를 선호하는 경향이 있다. 이와 같이 시장경쟁 원리의 지배를 받는 부정기선 시장은 제도적으로 자유경쟁체제를 제한하는 장치를 세우기가 어려우나, 국가의 상선 유지정책과 유치산업 보호를 위해 때로는 화물유보제도(Waiver)나 자국상선 보호주의 같은 보호주의 정책을 채택하는 국가도 있다.

2-2 화물 확보 유형에 따른 분류

(1) 연속항해용선계약(CVC: Consecutive Voyage Contract)

항해용선계약을 연속적으로 수행하는 계약으로, 계약된 선박이 중단되지 않고 약정된 항차를 연속적으로 수행하는 것을 말한다. 화주 입장에서는 안정적인 선복 확보, 선주 입장에는 일정기간 화물 확보라는 의미가 있다. 운임수준의 결정은 단기(몇 항차)계약의 경우에는 시장수준으로 결정되는 경우가 많고, 전용선계약의 경우에는 원가보상을 기준으로 결정되는 경우가 많다. 운임·체선료 및 조출료가 매 항차 지급되며, 계약에 따라서는 유류할증료(BAP: Bunker Adjustment Factor) 및 통화할증료(CAF: Currency Adjustment Factor)를 포함하여 선주의 연료유가격 및 환차손 리스크를 회피하기도 한다.

(2) 장기화물운송계약(COA: Contract of Affreightment)

투입된 선박에 관계없이 일정기간(최소 1~2년에서 최대 4~5년) 동안 일정량의 화물을 여러 항차에 걸쳐 특정구간에 수송하고, 그 대가로 일정운임을 받는 계약을 말한다. 화주는 계약에 의해 화물수송에 필요한 시기를 약정된 기일 전(15~30일)에 선주에게 알리고(Cargo Nomination), 선주는 자사선 또는 용선선 중 화주의 화물운송이 가능한 선박을 배선하여 운송하면 된다. 선주는 특정선박을 지정하지 않는 배선의 융통성을 가지며 화주와 계약된 화물수송을 보장받고, 화주는 전용선과 다릴 원가보상을 고려하지 않고 입찰 또는 수의계약을 통하여 운임수준을 결정하고 안정적 화물수송을 보장받게 된다. 최근에는 Index-Linked 운임으로 결정되는 경우도 종종 있다.

장기화물운송계약도 항해용선계약과 같이 운임·체선료 및 조출료는 매 항차 정산하고, 계약에 따라서는 유류할증료(BAF) 및 통화할증료(CAF)를 포함하여 선주의 연료유가격 및 환차손 리스크를 회피하기도 한다.

장기화물운송계약의 운영에 있어 계약상 배선간격이 월 1회, 격월 1회 또는 분기 1회 등 일정하게 Spread되어 있으나 화주는 경기의 변동에 따라, 선주는 시황의 변동에 따라 변경을 요구하는 경우가 있어서 분쟁이 발생하기도 한다. 선주의 입장에서는 운임수준이 정해져 있는 운송계약의 특성상 시황이 급등하는 경우 많은 손실을 입을 수 있는 가능성이 있으므로 많은 주의가 요구된다.

일반적으로 자사선, 나용선 및 정기용선 등 지배선대가 충분히 많은 경우 선대운영의 안정성과 효율성을 갖기 위하여 포트폴리오 차원의 장기화물운송계약을 체결하는 경우가 많다.. 전략적으로는 시황 하락이 예상되는 경우 미리 장기화물운송계약을 확보하여 전체지배선대 중 장기화물운송계약 수행 비율을 높이고 Spot에서 단기용선계약(Voyage Charter of Trip Charter)을 최소화시키고 시황 상승이 예상되는 경우는 가능한 장기화물운송계약 비율을 낮추고 단기용선계약(Voyage Charter of Trip Charter) 비중을 높여서 시황 상승효과를 최대한 이용할 수 있다. 다만, 시황예측의 불확실성이 존재하는바 Risk 감내 능력을 고려하여 적절한 Portfolio를 유지하는 것이 중요하다.

CHAPTER 04 용선관리

01 용선계약의 기초개념

1-1 용선의 개념과 주요 용어

(1) 용선의 개념

용선이란 선주나 운송업자가 선박을 이용하는 자를 위하여 선박의 전부 또는 일부를 빌려 주어 이용하도록 하는 것을 말한다. 선복의 확보, 공여행위이므로 해당 선박이 정기선 운항이든 부정기선 운항이든 무관하다. 대부분의 용선은 부정기선 운항을 위해서 성약(fixture)되고, 부정기선박은 용선을 통해서 해상수송에 임하게 되므로 부정기선 영업행위는 용선활동인 것으로 이해된다. 용선형태에 따라 항해용선(voyage charter), 정기용선(time charter), 선체용선(bareboat or demise charter) 등으로 구분된다.

(2) 주요 용어

1) 용선자

용선자(charterer)란 선주(ship owner)로부터 선박을 빌려 타인을 위하여 화물과 여객을 운송하는 자를 의미한다. 여기에는 용선자와 용선자로부터 다시 용선하는 재용선자(sub-charterer)가 있다. 대개의 경우, ① 해운업자가 자기 소유의 선박에 화물을 모두 적재할 수 없었을 때, ② 대화주가 자기 화물수송을 목적으로 용선할 때 용선자로부터 재용선하든지, 선박 임대인으로부터 재임차한다. 선주는 원칙적으로 화물의 적재비용을 부담하므로 용선자는 선적지에서 화물을 본선에 인도하면 된다. 양륙지에서 본선의 선측에서 화물을 인수하는 것이 용선자의 의무이다.

2) 용선중개인

용선중개인(chartering broker)이란 선적할 화물을 구하고 있는 선주와 선복을 구하고 있는 용선자 사이에 중개인으로서 활동하는 브로커를 용선중개인이라고 한다. 이 중개인 중에는 선주를 위해 활동하는 선주중개인과 용선자를 위한 용선자중개인이 있다. 자신의 고객을 위하여 용선계약의 상담에 임하며 이를 주된 업무로 하는 전문가로 용선브로커라고도 부른다.

3) 용선료

용선료(charterage, charter hire)란 용선의 대가로 용선자로부터 선주에게 지불되는 것이며, 선주측에서 보면 선박임대료이다. 선주가 부담하는 선박의 경상비와 용선자가 부담하는 항해비로 구성되는 원가를 최저기준으로 하여 여기에 선복수요의 실제 시세가 반영되어 정해진다.

정기용선에서는 중량 1톤당 1개월 기준으로 하고 있으며, 항해용선에서도 채산기준을 정할 때에는 이것으로 환산하고 있다. 따라서 용선료를 계산하는 기초인 charter base는 1톤당이 된다. 정기용선의 일종으로 용선료를 월 단위로 하지 않고 1일에 얼마로 정하는 일당용선료 제도도 있다. 항해용선의 일종으로 용선료를 톤당으로 하지 않고, 1항해당 얼마로 일괄하여 정하는 일괄 선복용선(lumpsum charter)도 있다.

4) 용선대리점

용선대리점(chartering agents)이란 화물수송에 필요한 선복을 획득하기 위하여 큰 무역회사가 특별히 지정한 중개인을 말한다. 용선대리점으로 지정된 경우 선복에 대한 문의는 다른 중개인에게 일체 정보를 제공하지 않고, 용선대리점에 독점으로 정보를 제공한다.

5) 용선자대리점

용선계약상 용선자의 책임으로 적·양하비용을 부담해야 할 경우, 본선의 대리점 업무를 수행하는 용선자대리점(charterer's agent)을 지정한다. 용선자는 자기의 대리점을 본선대리점으로 지정하여 선주와 용선자 사이에 최대의 협력이 가능하다고 생각하지만, 선주의 입장에서 볼 때에는 이러한 조건은 유익하지 않을 수 있다. 용선자와 선주의 이해가 대립하는 경우, 용선자대리점은 용선자의 이익을 우선적으로 도모할 수밖에 없기 때문이다.

이러한 경우 선주로서는 자기의 이익을 옹호하기 위하여 선장에게 공평한 조언을 해 주는 감독대리점(supervisory agents)을 임명하는 방식으로 대응한다. 선주는 이중의 대리점료를 부담해야 하지만 추가비용을 부담해도 이익이 발생한 사례가 많다.

6) 용선료보험

용선자가 수령하는 용선료에 대한 용선료보험(charterage insurance)을 가입할 수 있다. 선주가 자기소유 선박을 다른 사람에게 용선해 주었을 때에 당해 용선기한을 보험기간으로 하여 그 기간 중 매월 받게 되는 용선료 총액을 보험가액으로 부보하는 보험을 말한다.

7) 용선계약부 선하증권

용선계약부 선하증권(charter party B/L)이란 화물의 운송이 용선계약에 의하여 행하여지는 경우에 용선자가 발행하는 선하증권을 말하며, 이를 용선계약부 선하증권이라고 한다. 용선계약서는 계약성립 시에 작성되어 선적 시에 선하증권이 발행되는데, 선하증권 이면에 charter party와의 관계를 나타내는 문언(예컨대, freight and all other conditions as per charter party)이 추가된다. 선하증권 형태는 일반적으로 표면약관이 생략된 short form에 charter party와의 관계를 나타내는 전기의 문구가 포함되어 있는 경우가 많다.

용선계약부 선하증권은 용선계약이 되어 있다는 사실을 전제로 하여 발행되는 것이므로 내용상으로 상반되는 것은 허용되지 않는다. 해석상 차이가 있더라도 계약의 요소에 관해서 선하증권에 의거한 요소에 저촉되지 않을 때는 계약 당사자의 의사를 참작하여 중재인이 판단한다. 1984년 개정 신용장 통일규칙(UCP 400)에서는 신용장에 특별히 허용되어 있지 않는 한 이러한 선하증권은 수리 · 거절된다고 규정되었으나 석탄, 목재, 유류 등 벌크화물의 운송에 용선계약부 선하증권이 사용된 실무관행을 반영하여 신용장통일규칙 제6차 개정(UCP 600)의 제22조 용선계약부 선하증권을 신설하여 신용장에서 별도로 규정하지 않는 한 신용장이 용선계약부 선하증권을 요구할 경우 수리할 수 있도록 규정하였다.

8) 용선자의 하역인(charterer's stevedore)

용선자에 의하여 특별히 지정된 하역인(하역회사)을 의미한다. 용선자(화주) 측에서 화물의 특성에 적합한 하역인을 지정한다. 육상에서 본선으로 적재될 때까지 모든 선적작업, 또는 선창으로부터 양하작업이 완료될 때까지의 모든 양륙작업을 용선자의 위험과 비용으로 그의 하역인부에 의해 수행하는 자를 말한다.

1-2 용선계약의 종류

선주가 용선할 선박정보와 화주나 용선자가 운송될 화물에 대한 정보를 용선시장에 제공하여 용선계약이 체결될 수 있다. 이러한 정보를 가지고 있는 중개인(brokers/agents)은 거래가 이루어지도록 중개역할을 수행한다. 거래는 런던의 해운거래소(baltic exchange)에서 이루어지거나, 당사자 간 직접 연락을 통하여 체결되는 경우도 있다.

필요에 따라서 거래가 성약(fixture)되면 계약서가 작성되는데, 용선계약 내용에 따라 종류를 대별하면 네 가지로 나눌 수 있다. 용선계약서(charter party)는 선주 또는 선주와 같은 입장에 있는 자가 용선료를 받는 대신에 화물을 운송해 주거나 선복(ship's space)을 제공하는 취지를 합의하고 작성한다. 용선계약은 용선형태에 따라 ① 항해용선계약(voyage charter party), ② 개품운송계약(contract of affreightment), ③ 정기용선계약서(time charter party), ④ 선체용선계약 혹은 선박임대차계약(bareboat or demise charter party)으로 구분된다. 개품운송계약과 항해용선계약은 일정항해를 계약의 내용으로 하고, 정기용선과 선체용선은 일정기간을 기초로 하여 계약이 이루어진다.

(1) 항해용선계약(Voyage Charter)

항해용선이란 한 항구에서 다른 항구까지 화물수송을 의뢰한 화주(charterer)와 운항자(operator) 간 체결된 운송계약을 말한다. 어느 한 항구 혹은 여러 항구로부터 다른 한 항구 혹은 특정한 범위의 한 항구 혹은 여러 항구로 상호 간에 협정한 운임조건으로 만재화물(full cargo) 혹은 부분화물(part cargo)을 운송하기 위하여 선주가 용선자에게 자유로이 본선선복의 사용을 허용하는 계약이다. 예를 들어 한국의 무역상이 캐나다 Cartier항으로부터 물품을 수입하기로 되어 있는데, 어떤 운임으로 어떻게 운송할 것인가를 중개인을 통하여 의뢰한다. 통상 톤당 운임을 정하여 거래가 이루어지고 이러한 내용을 항해용선계약서에 포함시킨다. 용선 조건에 따라 항해용선계약 형태를 몇 가지로 나눌 수 있다. 계약 내용대로 항해가 이루어지지 않거나, 하역작업에 따라 업무가 추진되지 않을 경우 조출료(despatch money), 체선료(demurrage), 체박손해금(detention charge) 등이 발생한다. 항해용선계약 내용에 따라 용선형태를 다섯 가지로 나누면 다음과 같다.

1) Gross Terms

항해용선 형태 중 가장 일반적인 것으로 선주가 항해비용을 포함해서 항만비용, 하역비용 등을 책임지는 것으로 용선료에 모든 비용이 포함되는 경우를 말한다.

서식 4-1 용선계약서

I.6 GENCON CHARTERPARTY

Adopted by the Documentary Committee of the General Council of British Shipping, London and the Documentary Committee of The Japan Shipping Exchange, Inc., Tokyo

1. Shipbroker	RECOMMENDED THE BALTIC AND INTERNATIONAL MARITIME CONFERENCE UNIFORM GENERAL CHARTER (AS REVISED 1922 and 1976) INCLUDING "F.I.O." ALTERNATIVE, ETC. (To be used for trades for which no approved form is in force) CODE NAME: "GENCON" Part I
	2. Place and date
3. Owners/Place of business (Cl. 1)	4. Charterers/Place of business (Cl. 1)
5. Vessel's name (Cl. 1)	6. GRT/NRT (Cl. 1)
7. Deadweight cargo carrying capacity in tons (abt.) (Cl. 1)	8. Present position (Cl. 1)
9. Expected ready to load (abt.) (Cl. 1)	
10. Loading port or place (Cl. 1)	11. Discharging port or place (Cl. 1)
12. Cargo (also state quantity and margin in Owners' option, if agreed; if full and complete cargo not agreed state "part cargo") (Cl. 1)	
13. Freight rate (also state if payable on delivered or intaken quantity) (Cl. 1)	14. Freight payment (state currency and method of payment; also beneficiary and bank account) (Cl. 4)
15. Loading and discharging costs (state alternative (a) or (b) of Cl. 5; also indicate if vessel is gearless)	16. Laytime (if seperate laytime for load. and disch. is agreed, fill in a) and b). If total laytime for load. and disch., fill in c) only) (Cl. 6) a) Laytime for loading
17. Shippers (state name and address) (Cl. 6)	b) Laytime for discharging c) Total laytime for loading and discharging
18. Demurrage rate (loading and discharging) (Cl. 7)	19. Cancelling date (Cl. 10)
20. Brokerage commission and to whom payable (Cl. 14)	
21. Additional clauses covering special provisions, if agreed.	

It is mutually agreed that this Contract shall be performed subject to the conditions contained in this Charter which shall include Part I as well as Part II. In the event of a conflict of conditions, the provisions of Part I shall prevail over those of Part II to the extent of such conflict.

PART II

"Gencon" Charter(As Revised 1922, 1976 and 1994)

1. It is agreed between the party mentioned in Box 3 as the Owners of the Vessel named in Box 5, of the GT/NT indicated in Box 6 and carrying about the number of metric tons of deadweight capacity all told on summer loadline stated in Box 7, now in position as stated in Box 8 and expected ready to load under this Charter Party about the date indicated in Box 9, and the party mentioned as the Charterers in Box 4 that:

The said Vessel shall, as soon as her prior commitments have been completed, proceed to the loading port(s) or place(s) stated in Box 10 or so near thereto as she may safely get and lie always afloat, and there load a full and complete cargo (if shipment of deck cargo agreed same to be at the Charterers' risk and responsibility) as stated in Box 12, which the Charterers bind themselves to ship, and being so loaded the Vessel shall proceed to the discharging port(s) or place(s) stated in Box 11 as ordered on signing Bills of Lading, or so near thereto as she may safely get and lie always afloat, and there deliver the cargo.

2. Owners' Responsibility Clause

The Owners are to be responsible for loss of or damage to the goods or for delay in delivery of the goods only in case the loss, damage or delay has been caused by personal want of due diligence on the part of the Owners or their Manager to make the Vessel in all respects seaworthy and to secure that she is properly manned, equipped and supplied, or by the personal act or default of the Owners or their Manager.

And the Owners are not responsible for loss, damage or delay arising from any other cause whatsoever, even from the neglect or default of the Master or crew or some other person employed by the Owners on board or ashore for whose acts they would, but for this Clause, be responsible, or from unseaworthiness of the Vessel on loading or commencement of the voyage or at any time whatsoever.

3. Deviation Clause

The Vessel has liberty to call at any port or ports in any order, for any purpose, to sail without pilots, to tow and/or assist Vessels in all situations, and also to deviate for the purpose of saving life and/or property.

4. Payment of Freight

(a) The freight at the rate stated in Box 13 shall be paid in cash calculated on the intaken quantity of cargo.

(b) Prepaid. If according to Box 13 freight is to be paid on shipment, it shall be deemed earned and non-returnable, Vessel and/or cargo lost or not lost.

Neither the Owners nor their agents shall be required to sign or endorse bills of lading showing freight prepaid unless the freight due to the Owners has actually been paid.

(c) On delivery. If according to Box 13 freight, or part thereof, is payable at destination it shall not be deemed earned until the cargo is thus delivered. Notwithstanding the provisions under (a), if freight or part thereof is payable on delivery of the cargo the Charterers shall have the option of paying the freight on delivered weight/quantity provided such option is declared before breaking bulk and the weight/quantity can be ascertained by official weighing machine, joint draft survey or tally.

Cash for Vessel's ordinary disbursements at the port of loading to be advanced by the Charterers, if required, at highest current rate of exchange, subject to two (2) per cent to cover insurance and other expenses.

5. Loading/Discharging

(a) Costs/Risks

The cargo shall be brought into the holds, loaded, stowed and/or trimmed, tallied, lashed and/or secured and taken from the holds and discharged by the Charterers, free of any risk, liability and expense whatsoever to the Owners. The Charterers shall provide and lay all dunnage material as required for the proper stowage and protection of the cargo on board, the Owners allowing the use of all dunnage available on board. The Charterers shall be responsible for and pay the cost of removing their dunnage after discharge of the cargo under this Charter Party and time to count until dunnage has been removed.

(b) Cargo Handling Gear

Unless the Vessel is gearless or unless it has been agreed between the parties that the Vessel's gear shall not be used and stated as such in Box 15, the Owners shall throughout the duration of loading/discharging give free use of the Vessel's cargo handling gear and of sufficient motive power to operate all such cargo handling gear. All such equipment to be in good working order. Unless caused by negligence of the stevedores, time lost by breakdown of the Vessel's cargo handling gear or motive power – pro rata the total number of cranes/winches required at that time for the loading/discharging of cargo under this Charter Party – shall not count as laytime or time on demurrage.

On request the Owners shall provide free of charge cranemen/winchmen from the crew to operate the Vessel's cargo handling gear, unless local regulations prohibit this, in which latter event shore labourers shall be for the account of the Charterers. Cranemen/winchmen shall be under the Charterers' risk and responsibility and as stevedores to be deemed as their servants but shall always work under the supervision of the Master.

(c) Stevedore Damage

The Charterers shall be responsible for damage (beyond ordinary wear and tear) to any part of the Vessel caused by Stevedores. Such damage shall be notified as soon as reasonably possible by the Master to the Charterers or their agents and to their Stevedores, failing which the Charterers shall not be held responsible. The Master shall endeavour to obtain the Stevedores' written acknowledgement of liability.

The Charterers are obliged to repair any stevedore damage prior to completion of the voyage, but must repair stevedore damage affecting the Vessel's seaworthiness or class before the Vessel sails from the port where such damage was caused or found. All additional expenses incurred shall be for the account of the Charterers and any time lost shall be for the account of and shall be paid to the Owners by the Charterers at the demurrage rate.

6. Laytime

* *(a) Separate laytime for loading and discharging*

The cargo shall be loaded within the number of running days/hours as indicated in Box 16, weather permitting, Sundays and holidays excepted, unless used, in which event time used shall count.

The cargo shall be discharged within the number of running days/hours as indicated in Box 16, weather permitting, Sundays and holidays excepted, unless used, in which event time used shall count.

* *(b) Total laytime for loading and discharging*

The cargo shall be loaded and discharged within the number of total running days/hours as indicated in Box 16, weather permitting, Sundays and holidays excepted, unless used, in which event time used shall count.

(c) Commencement of laytime (loading and discharging)

Laytime for loading and discharging shall commence at 13.00 hours, if notice of readiness is given up to and including 12.00 hours, and at 06.00 hours next working day if notice given during office hours after 12.00 hours. Notice of readiness at loading port to be given to the Shippers named in Box 17 or if not named, to the Charterers or their agents named in Box 18. Notice of readiness at the discharging port to be given to the Receivers or, if not known, to the Charterers or their agents named in Box 19.

If the loading/discharging berth is not available on the Vessel's arrival at or off the port of loading/discharging, the Vessel shall be entitled to give notice of readiness within ordinary office hours on arrival there, whether in free pratique or not, whether customs cleared or not. Laytime or time on demurrage shall then count as if she were in berth and in all respects ready for loading/discharging provided that the Master warrants that she is in fact ready in all respects. Time used in moving from the place of waiting to the loading/discharging berth shall not count as laytime.

If, after inspection, the Vessel is found not to be ready in all respects to load/discharge time lost after the discovery thereof until the Vessel is again ready to load/discharge shall not count as laytime.

Time used before commencement of laytime shall count.

* *Indicate alternative (a) or (b) as agreed, in Box 16.*

7. Demurrage

Demurrage at the loading and discharging port is payable by the Charterers at the rate stated in Box 20 in the manner stated in Box 20 per day or pro rata for any part of a day. Demurrage shall fall due day by day and shall be payable upon receipt of the Owners' invoice.

In the event the demurrage is not paid in accordance with the above, the Owners shall give the Charterers 96 running hours written notice to rectify the failure. If the demurrage is not paid at the expiration of this time limit and if the vessel is in or at the loading port, the Owners are entitled at any time to terminate the Charter Party and claim damages for any losses caused thereby.

8. Lien Clause

The Owners shall have a lien on the cargo and on all sub-freights payable in respect of the cargo, for freight, deadfreight, demurrage, claims for damages and for all other amounts due under this Charter Party including costs of recovering same.

9. Cancelling Clause

(a) Should the Vessel not be ready to load (whether in berth or not) on the cancelling date indicated in Box 21, the Charterers shall have the option of cancelling this Charter Party.

(b) Should the Owners anticipate that, despite the exercise of due diligence, the Vessel will not be ready to load by the cancelling date, they shall notify the Charterers thereof without delay stating the expected date of the Vessel's readiness to load and asking whether the Charterers will exercise their option of cancelling the Charter Party, or agree to a new cancelling date.

Such option must be declared by the Charterers within 48 running hours after the receipt of the Owners' notice. If the Charterers do not exercise their option of cancelling, then this Charter Party shall be deemed to be amended such that the seventh day after the new readiness date stated in the Owners' notification to the Charterers shall be the new cancelling date.

The provisions of sub-clause (b) of this Clause shall operate only once, and in case of the Vessel's further delay, the Charterers shall have the option of cancelling the Charter Party as per sub-clause (a) of this Clause.

10. Bills of Lading

Bills of Lading shall be presented and signed by the Master as per the "Congenbill" Bill of Lading form, Edition 1994, without prejudice to this Charter Party, or by the Owners' agents provided written authority has been given by Owners to the agents, a copy of which is to be furnished to the Charterers. The Charterers shall indemnify the Owners against all consequences or liabilities that may arise from the signing of bills of lading as presented to the extent that the terms or contents of such bills of lading impose or result in the imposition of more onerous liabilities upon the Owners than those assumed by the Owners under this Charter Party.

11. Both-to-Blame Collision Clause

If the Vessel comes into collision with another vessel as a result of the negligence of the other vessel and any act, neglect or default of the Master, Mariner, Pilot or the servants of the Owners in the navigation or in the management of the Vessel, the owners of the cargo carried hereunder will indemnify the Owners against all loss or liability to the other or non-carrying vessel or her owners in so far as such loss or liability represents loss of, or damage to, or any claim whatsoever of the owners of said cargo, paid or payable by the other or non-carrying vessel or her owners to the owners of said cargo and set-off, recouped or recovered by the other or non-carrying vessel or her owners as part of their claim against the carrying Vessel or the Owners.

The foregoing provisions shall also apply where the owners, operators or those in charge of any vessel or vessels or objects other than, or in addition to, the colliding vessels or objects are at fault in respect of a collision or contact.

12. General Average and New Jason Clause

General Average shall be adjusted in London unless otherwise agreed in Box 22 according to York-Antwerp Rules 1994 and any subsequent modification thereof. Proprietors of cargo to pay the cargo's share in the general expenses even if same have been necessitated through neglect or default of the Owners' servants (see Clause 2).

If General Average is to be adjusted in accordance with the law and practice of the United States of America, the following Clause shall apply: "In the event of accident, danger, damage or disaster before or after the commencement of the voyage, resulting from any cause whatsoever, whether due to negligence or not, for which, or for the consequence of which, the Owners are not responsible, by statute, contract or otherwise, the cargo shippers, consignees or the owners of the cargo shall contribute with the Owners in General Average to the payment of any sacrifices, losses or expenses of a General Average nature that may be made or incurred and shall pay salvage and special charges incurred in respect of the cargo. If a salving vessel is owned or operated by the Owners, salvage shall be paid for as fully as if the said salving vessel or vessels belonged to strangers. Such deposit as the Owners, or their agents, may deem sufficient to cover the estimated contribution of the goods and any salvage and special charges thereon shall, if required, be made by the cargo, shippers, consignees or owners of the goods to the Owners before delivery.".

13. Taxes and Dues Clause

(a) On Vessel -The Owners shall pay all dues, charges and taxes customarily levied on the Vessel, howsoever the amount thereof may be assessed.

(b) On cargo -The Charterers shall pay all dues, charges, duties and taxes customarily levied on the cargo, howsoever the amount thereof may be assessed.

(c) On freight -Unless otherwise agreed in Box 23, taxes levied on the freight shall be for the Charterers' account.

PART II

"Gencon" Charter(As Revised 1922, 1976 and 1994)

14. Agency 207
In every case the Owners shall appoint their own Agent both at the port of 208
loading and the port of discharge. 209

15. Brokerage 210
A brokerage commission at the rate stated in Box 24 on the freight, dead-freight 211
and demurrage earned is due to the party mentioned in Box 24. 212
In case of non-execution 1/3 of the brokerage on the estimated amount of 213
freight to be paid by the party responsible for such non-execution to the 214
Brokers as indemnity for the latter's expenses and work. In case of more 215
voyages the amount of indemnity to be agreed. 216

16. General Strike Clause 217
(a) If there is a strike or lock-out affecting or preventing the actual loading of the 218
cargo, or any part of it, when the Vessel is ready to proceed from her last port or 219
at any time during the voyage to the port or ports of loading or after her arrival 220
there, the Master or the Owners may ask the Charterers to declare, that they 221
agree to reckon the laydays as if there were no strike or lock-out. Unless the 222
Charterers have given such declaration in writing (by telegram, if necessary) 223
within 24 hours, the Owners shall have the option of cancelling this Charter 224
Party. If part cargo has already been loaded, the Owners must proceed with 225
same, (freight payable on loaded quantity only) having liberty to complete with 226
other cargo on the way for their own account. 227
(b) If there is a strike or lock-out affecting or preventing the actual discharging 228
of the cargo on or after the Vessel's arrival at or off port of discharge and same 229
has not been settled within 48 hours, the Charterers shall have the option of 230
keeping the Vessel waiting until such strike or lock-out is at an end against 231
paying half demurrage after expiration of the time provided for discharging 232
until the strike or lock-out terminates and thereafter full demurrage shall be 233
payable until the completion of discharging, or of ordering the Vessel to a safe 234
port where she can safely discharge without risk of being detained by strike or 235
lock-out. Such orders to be given within 48 hours after the Master or the 236
Owners have given notice to the Charterers of the strike or lock-out affecting 237
the discharge. On delivery of the cargo at such port, all conditions of this 238
Charter Party and of the Bill of Lading shall apply and the Vessel shall receive 239
the same freight as if she had discharged at the original port of destination, 240
except that if the distance to the substituted port exceeds 100 nautical miles, 241
the freight on the cargo delivered at the substituted port to be increased in 242
proportion. 243
(c) Except for the obligations described above, neither the Charterers nor the 244
Owners shall be responsible for the consequences of any strikes or lock-outs 245
preventing or affecting the actual loading or discharging of the cargo. 246

17. War Risks ("Voywar 1993") 247
(1) For the purpose of this Clause, the words: 248
(a) The "Owners" shall include the shipowners, bareboat charterers, 249
disponent owners, managers or other operators who are charged with the 250
management of the Vessel, and the Master; and 251
(b) "War Risks" shall include any war (whether actual or threatened), act of 252
war, civil war, hostilities, revolution, rebellion, civil commotion, warlike 253
operations, the laying of mines (whether actual or reported), acts of piracy, 254
acts of terrorists, acts of hostility or malicious damage, blockades 255
(whether imposed against all Vessels or imposed selectively against 256
Vessels of certain flags or ownership, or against certain cargoes or crews 257
or otherwise howsoever), by any person, body, terrorist or political group, 258
or the Government of any state whatsoever, which, in the reasonable 259
judgement of the Master and/or the Owners, may be dangerous or are 260
likely to be or to become dangerous to the Vessel, her cargo, crew or other 261
persons on board the Vessel. 262
(2) If at any time before the Vessel commences loading, it appears that, in the 263
reasonable judgement of the Master and/or the Owners, performance of 264
the Contract of Carriage, or any part of it, may expose, or is likely to expose, 265
the Vessel, her cargo, crew or other persons on board the Vessel to War 266
Risks, the Owners may give notice to the Charterers cancelling this 267
Contract of Carriage, or may refuse to perform such part of it as may 268
expose, or may be likely to expose, the Vessel, her cargo, crew or other 269
persons on board the Vessel to War Risks; provided always that if this 270
Contract of Carriage provides that loading or discharging is to take place 271
within a range of ports, and at the port or ports nominated by the Charterers 272
the Vessel, her cargo, crew, or other persons onboard the Vessel may be 273
exposed, or may be likely to be exposed, to War Risks, the Owners shall 274
first require the Charterers to nominate any other safe port which lies 275
within the range for loading or discharging, and may only cancel this 276
Contract of Carriage if the Charterers shall not have nominated such safe 277
port or ports within 48 hours of receipt of notice of such requirement. 278
(3) The Owners shall not be required to continue to load cargo for any voyage, 279
or to sign Bills of Lading for any port or place, or to proceed or continue on 280
any voyage, or on any part thereof, or to proceed through any canal or 281
waterway, or to proceed to or remain at any port or place whatsoever, 282
where it appears, either after the loading of the cargo commences, or at 283
any stage of the voyage thereafter before the discharge of the cargo is 284
completed, that, in the reasonable judgement of the Master and/or the 285
Owners, the Vessel, her cargo (or any part thereof), crew or other persons 286
on board the Vessel (or any one or more of them) may be, or are likely to be, 287
exposed to War Risks. If it should so appear, the Owners may by notice 288
request the Charterers to nominate a safe port for the discharge of the 289
cargo or any part thereof, and if within 48 hours of the receipt of such 290
notice, the Charterers shall not have nominated such a port, the Owners 291
may discharge the cargo at any safe port of their choice (including the port 292
of loading) in complete fulfilment of the Contract of Carriage. The Owners 293
shall be entitled to recover from the Charterers the extra expenses of such 294
discharge and, if the discharge takes place at any port other than the 295
loading port, to receive the full freight as though the cargo had been 296
carried to the discharging port and if the extra distance exceeds 100 miles, 297
to additional freight which shall be the same percentage of the freight 298
contracted for as the percentage which the extra distance represents to 299
the distance of the normal and customary route, the Owners having a lien 300
on the cargo for such expenses and freight. 301
(4) If at any stage of the voyage after the loading of the cargo commences, it 302
appears that, in the reasonable judgement of the Master and/or the 303
Owners, the Vessel, her cargo, crew or other persons on board the Vessel 304
may be, or are likely to be, exposed to War Risks on any part of the route 305
(including any canal or waterway) which is normally and customarily used 306
in a voyage of the nature contracted for, and there is another longer route 307
to the discharging port, the Owners shall give notice to the Charterers that 308
this route will be taken. In this event the Owners shall be entitled, if the total 309
extra distance exceeds 100 miles, to additional freight which shall be the 310
same percentage of the freight contracted for as the percentage which the 311
extra distance represents to the distance of the normal and customary 312
route. 313
(5) The Vessel shall have liberty:- 314
(a) to comply with all orders, directions, recommendations or advice as to 315
departure, arrival, routes, sailing in convoy, ports of call, stoppages, 316
destinations, discharge of cargo, delivery or in any way whatsoever which 317
are given by the Government of the Nation under whose flag the Vessel 318
sails, or other Government to whose laws the Owners are subject, or any 319
other Government which so requires, or any body or group acting with the 320
power to compel compliance with their orders or directions; 321
(b) to comply with the orders, directions or recommendations of any war 322
risks underwriters who have the authority to give the same under the terms 323
of the war risks insurance; 324
(c) to comply with the terms of any resolution of the Security Council of the 325
United Nations, any directives of the European Community, the effective 326
orders of any other Supranational body which has the right to issue and 327
give the same, and with national laws aimed at enforcing the same to which 328
the Owners are subject, and to obey the orders and directions of those who 329
are charged with their enforcement; 330
(d) to discharge at any other port any cargo or part thereof which may 331
render the Vessel liable to confiscation as a contraband carrier; 332
(e) to call at any other port to change the crew or any part thereof or other 333
persons on board the Vessel when there is reason to believe that they may 334
be subject to internment, imprisonment or other sanctions; 335
(f) where cargo has not been loaded or has been discharged by the 336
Owners under any provisions of this Clause, to load other cargo for the 337
Owners' own benefit and carry it to any other port or ports whatsoever, 338
whether backwards or forwards or in a contrary direction to the ordinary or 339
customary route. 340
(6) If in compliance with any of the provisions of sub-clauses (2) to (5) of this 341
Clause anything is done or not done, such shall not be deemed to be a 342
deviation, but shall be considered as due fulfilment of the Contract of 343
Carriage. 344

18. General Ice Clause 345
Port of loading 346
(a) In the event of the loading port being inaccessible by reason of ice when the 347
Vessel is ready to proceed from her last port or at any time during the voyage or 348
on the Vessel's arrival or in case frost sets in after the Vessel's arrival, the 349
Master for fear of being frozen in is at liberty to leave without cargo, and this 350
Charter Party shall be null and void. 351
(b) If during loading the Master, for fear of the Vessel being frozen in, deems it 352
advisable to leave, he has liberty to do so with what cargo he has on board and 353
to proceed to any other port or ports with option of completing cargo for the 354
Owners' benefit for any port or ports including port of discharge. Any part 355
cargo thus loaded under this Charter Party to be forwarded to destination at the 356
Vessel's expense but against payment of freight, provided that no extra 357
expenses be thereby caused to the Charterers, freight being paid on quantity 358
delivered (in proportion if lumpsum), all other conditions as per this Charter 359
Party. 360
(c) In case of more than one loading port, and if one or more of the ports are 361
closed by ice, the Master or the Owners to be at liberty either to load the part 362
cargo at the open port and fill up elsewhere for their own account as under 363
section (b) or to declare the Charter Party null and void unless the Charterers 364
agree to load full cargo at the open port. 365
Port of discharge 366
(a) Should ice prevent the Vessel from reaching port of discharge the 367
Charterers shall have the option of keeping the Vessel waiting until the re- 368
opening of navigation and paying demurrage or of ordering the Vessel to a safe 369
and immediately accessible port where she can safely discharge without risk of 370
detention by ice. Such orders to be given within 48 hours after the Master or the 371
Owners have given notice to the Charterers of the impossibility of reaching port 372
of destination. 373
(b) If during discharging the Master for fear of the Vessel being frozen in deems 374
it advisable to leave, he has liberty to do so with what cargo he has on board and 375
to proceed to the nearest accessible port where she can safely discharge. 376
(c) On delivery of the cargo at such port, all conditions of the Bill of Lading shall 377
apply and the Vessel shall receive the same freight as if she had discharged at 378
the original port of destination, except that if the distance of the substituted port 379
exceeds 100 nautical miles, the freight on the cargo delivered at the substituted 380
port to be increased in proportion. 381

19. Law and Arbitration 382
* (a) This Charter Party shall be governed by and construed in accordance with 383
English law and any dispute arising out of this Charter Party shall be referred to 384
arbitration in London in accordance with the Arbitration Acts 1950 and 1979 or 385
any statutory modification or re-enactment thereof for the time being in force. 386
Unless the parties agree upon a sole arbitrator, one arbitrator shall be 387
appointed by each party and the arbitrators so appointed shall appoint a third 388
arbitrator, the decision of the three-man tribunal thus constituted or any two of 389
them, shall be final. On the receipt by one party of the nomination in writing of 390
the other party's arbitrator, that party shall appoint their arbitrator within 391
fourteen days, failing which the decision of the single arbitrator appointed shall 392
be final. 393
For disputes where the total amount claimed by either party does not exceed 394
the amount stated in Box 25** the arbitration shall be conducted in accordance 395
with the Small Claims Procedure of the London Maritime Arbitrators 396
Association. 397
* (b) This Charter Party shall be governed by and construed in accordance with 398
Title 9 of the United States Code and the Maritime Law of the United States and 399
should any dispute arise out of this Charter Party, the matter in dispute shall be 400
referred to three persons at New York, one to be appointed by each of the 401
parties hereto, and the third by the two so chosen; their decision or that of any 402
two of them shall be final, and for purpose of enforcing any award, this 403
agreement may be made a rule of the Court. The proceedings shall be 404
conducted in accordance with the rules of the Society of Maritime Arbitrators, 405
Inc.. 406
For disputes where the total amount claimed by either party does not exceed 407
the amount stated in Box 25** the arbitration shall be conducted in accordance 408
with the Shortened Arbitration Procedure of the Society of Maritime Arbitrators, 409
Inc.. 410
* (c) Any dispute arising out of this Charter Party shall be referred to arbitration at 411
the place indicated in Box 25, subject to the procedures applicable there. The 412
laws of the place indicated in Box 25 shall govern this Charter Party. 413
(d) If Box 25 in Part I is not filled in, sub-clause (a) of this Clause shall apply. 414

* *(a), (b) and (c) are alternatives; indicate alternative agreed in Box 25.* 415

** *Where no figure is supplied in Box 25 in Part I, this provision only shall be void but* 416
the other provisions of this Clause shall have full force and remain in effect. 417

2) FIO Charter(Free in and out)

본 조건은 용선자가 화물의 선적과 양하비용을 부담해야 하고 항만비용은 선주가 부담한다.

3) Lump Sum Charter

용선자는 lump sum으로 용선료를 지불하고 선주는 해당 화물 최대중량에 적합한 약정선복을 제공한다. lump sum 기준은 gross 조건이나 FIO 조건 등 정하는 약정내용에 근거한다. 용선자는 약정된 선복을 자신에게 편리한 방식으로 화물종류에 국한되지 않고 신축성 있게 선복을 활용할 수 있다.

4) Liner Terms

용선료에 정기선에서 적용하는 운임을 기준으로 용선계약하는 경우이다.

5) Berth Terms

선주는 화물의 선적과 양하를 해당 항만사정과 관례에 따라 담당하겠다는 조건이다.

(2) 개품운송계약(Contract of Affreightment)

선주는 경우에 따라서 자기 선박을 활용하여 고정운임으로 화물을 신축성 있게 운송하기를 원하는 경우가 있다. 선박을 운항하는 입장에서 선복을 최대로 활용하기 위하여 약정된 화물을 타선박에 분산 운송할 경우도 발생한다. 화주입장에서 특정기간 동안에 로테르담에서 부산항까지, 예컨대 600,000톤의 화물을 몇 차례 나누어서 운송해야 할 필요가 있을 수 있다. 이러한 경우 화주는 하나의 계약서에 포함시키고, 단위당 운송 시 주 개품운송계약서에 근거해서 장기운송이 이루어지도록 하는 방식이다. 선주에게 선복을 활용하는 신축성을 부여하고 화주는 안정적 운송이 가능하도록 보장받는 형태의 용선계약이다. 이것은 용선자와 선주에게 신축성을 부여하는 항해용선계약에 가까운 형태이다.

(3) 정기용선(Time Charter)

용선자는 정기용선계약을 체결하여 일정기간, 선박소유자의 허용범위에서, 용선한 선박을 임의로 배선하고 계약상 제한된 화물을 제외한 모든 화물을 적재할 수 있다. 용선료는 적재화물의 종류나 양에 관계없이 본선의 적재중량톤수에 대해 지급한다. 선복의 부족을 보충하기 위해서, 장기운송계약화물에 대한 선복

표 4-1 용선계약대비표

구 분 \ 용선형태	항해용선	정기용선	선체용선
선장고용책임	선주가 선장을 임명하고 지도 감독한다.	선주가 선장을 임명하고 지도 감독한다.	임차인이 선장을 임명하고 지휘 감독한다.
책임한계	용선자는 선복을 이용하고 선주는 운송행위를 한다.	용선자는 선복을 이용하고 선주는 운송행위를 한다.	임차인이 선박을 일정한 기간 사용하며 운송행위를 한다.
운임결정기준	운임은 화물의 수량 또는 선복을 가지고 결정한다.	용선료는 원칙적으로 기간에 의하여 정한다.	임차료는 기간을 기초로 하여 결정한다.
기항담보	용선자는 재용선자에 대해 감항담보의 책임이 없다.	용선자는 재용선자에 대해 감항담보의 책임이 없다.	임차인은 화주 또는 용선자에 대해 감항담보의 책임을 진다.
비용부담기준 (선주)	선주부담비용 항목-선원급료, 식료, 음료수, 윤활유, 유지비 및 수선비, 보험료, 상각비, 연료, 항비, 하역비, 제수수료, 예선료, 도선료	선주부담비용 항목-선원급료, 식료, 음료수, 윤활유, 유지비 및 수선비, 보험료, 상각비	선주부담비용 항목-상각(보험료)
비용부담기준 (용선자)	용선자부담비용 항목-없음	용선자부담비용 항목-연료, 항비, 하역비, 제수수료, 예선료, 도선료	용선임차인부담비용 항목-항해용선 중 상각비 이외의 비용

을 확보하기 위해서, 특정항로에 특정선박을 투입하기 위한 전략 등을 감안하여 용선이 이루어진다.

선박운영에 필요한 비용은 선주로부터 용선자에게 대부분 전가된다. 선원비, 선박수리비, 보험료 등은 선주가 부담하며 용선자는 유류비, 항비 등을 부담해야 한다. 선주는 용선자에게 항해속도와 유류 소모량에 관한 정확한 지표를 제공해야 한다.

(4) 선체용선(Bare Boat Charter)

선체용선은 선주가 선박을 구매하여 모든 운영권을 용선자에게 넘기는 형태의 용선이다. 용선조건에 따라 특정기간이 경과한 후에 소유권이 용선자에게 이관되는 경우가 있다. 선주가 선박운항에 직접 관여하지 않고 선박매매에 관심이

표 4-2 용선계약상 비용분담기준표

	Bareboat Charter	Time Charter	Voyage Charter	Liner Shipping
Time risk in port (항내지연손해)	C	C	CO	O
Loading / unloading (하역비)	C	C	CO	O
Port charges (항만사용료)	C	C	O	O
Bunkers (유류비)	C	C	O	O
Time risk at sea (해상지연손해)	C	C	O	O
Consolidating for cargo (화물집하비)	C	C	O	O
Manning (선원비)	C	O	O	O
Repairs / Maintenance (수선비/유지비)	CO	O	O	O
Insurance(보험료)	CO	O	O	O
Capital costs(자본비)	O	O	O	O

주: C=Charter, O=Owner.

있는 경우에 이루어지는 용선계약이다. 용선주는 선주 뿐만 아니라 조선주(ship builder)가 되는 경우도 많다. 통상 용선자는 선박운항에 필요한 자본비를 제외한 모든 비용을 부담하게 된다.

02 용선계약 성립과 용선료

2-1 용선계약의 성립과정

(1) 용선계약 성립

용선계약을 위해서는 용선자가 희망선복, 선박의 속도, 선박형태, 항해경로와 이용항만, 용선형태, 수송할 화물형태, 선박 등록상태, 성약률 범위 등을 명시하여 용선중개인이나 직접 선주에게 조회(inquiry)한다. 조회에 대해 선주가 화주에게 유효기간을 한정하여 확정오퍼(firm offer)를 제시한 후 합의되면 성약서(fixture note)를 교환하고 성약서에 근거한 용선계약서(charter party)를 작성하는 것으로 용선계약이 이루어진다. 일반적으로 성약률이 문제가 되는데, 성약률은 당시 선복수급상태, 세계경제동향, 선박형태, 용선기간, 용선에 따른 선박비용, 선박의 명세, 운임지수 적용방식에 따라 영향을 받는다.

(2) 성약(Fixture)

용선계약을 위해서 특별한 양식이 반드시 필요한 것은 아니다. 일반 계약법상의 통상규칙으로 당사자들이 구속력 있는 계약을 체결하면 된다. 따라서 용선계약서(C/P: charter party)에 반드시 서명하지 않더라도, 합의내용이 일정서식으로 작성되어 있지 않아도 구속력을 가진다. 구두합의만이라도 확인만 되면 구속력을 갖는다. 선주, 용선주 또는 대리인이나 중개인이 용선계약의 제반 기본조건을 서신이나 전문 등에 의해서 합의했다면, 이러한 합의된 사항은 정식계약서 작성 및 서명되기 전까지는 특별히 구속력을 가질 수 없다는 의도를 명백히 표시하지 않는 한, 위의 합의는 성약(fixture)으로 간주된다. 용선계약은 성격상 각 당사자의 대가적 채무를 가지는 쌍무계약이며, 당사자의 합의만으로 성립하는 낙성계약이다.

(3) 용선계약서(C/P) 서명 전 성약효력

당사자 간 합의결과를 정식문서인 용선계약서로 남기고자 할 때, 이 용선계약서는 이전의 합의사항을 단순히 기록으로 남기고자 하는 것인지 아니면 정식 서명될 때까지는 성약 자체를 부인하는 것인지의 해석의 문제가 있다. 이 경우 유효하게 체결되었다고 주장하는 당사자가 성약근거자료(통신교환 등)를 증빙서류로 제시해야 한다. 통상적으로 계약서에 서명하기 전에 성약이 이루어진 것으로 간주하며, 때로 중요한 조건들을 계약서 작성 후까지 합의 유보하는 경우가 있으나, 이럴 경우에는 서명 전까지는 성약이 유효하지 않다는 단서조항이 반드시 따르게 된다.

단서조항(subject clause)

－Subject to open(본선 미성약 조건으로 free와 동일한 개념임)

－Subject to contract(계약서를 작성해야 충족된다는 조건)

– Subject to tender(입찰제안서를 전제로 유효함)
– Subject to government permission(정부허가를 조건으로)
– Subject to shippers approval(Receivers Approval)
– Subject to stem(선적일자에 화물이 준비되어야 함)
– Subject to details(주요사항 부속서류 첨부조건)
– Subject to logical alteration(합리적 조건변경은 수용하기로 함)

2-2 유효한 용선계약의 성립요건

(1) 성립요건

용선계약이 유효하게 성립하기 위해서는 몇 가지 요건이 충족되어야 한다. 중요한 요건은 합의의 존재와 의사표시에 하자가 없어야 한다. 첫째, 합의(agreement)는 청약(offer)과 승낙(acceptance)의 합치에 의하여 성립되는 계약의 가장 중요한 요소이다. 둘째, 성약의 과정에서 내심의 의사와 현저히 다른 표시, 즉 착오(mistake), 사기(fraud), 선의부실표시(innocent misrepresentation), 강박(duress)이 없어야 한다. 우리나라 민법에서는 착오로 인한 의사표시는 취소될 수 있고(민법 제109조) 사기 및 강박의 경우에도 취소될 수 있다.

(2) 청약과 승낙

용선계약이 성립하기 위해서는 청약과 승낙이 있어야 한다. 청약(offer)이란 상대방의 승낙(acceptance)이 있으면 계약을 성립시킨다는 확정적 의사표시로, 청약의 존속기간에 승낙이 있으면 계약은 성립된다. 청약은 통지서가 청약자(offerer)로부터 피청약자(offeree)에 도달했을 때에 효력이 발생한다. 청약은 시간의 경과, 청약의 거절, 반대 청약 등의 사유에 의하여 소멸된다.

청약은 철회될 수 없다. 청약에 승낙기간을 정했을 경우에는 해당 기간 내에 승낙하지 않으면 청약은 실효된다. 승낙(acceptance)이란 피청약자가 청약에 응하여 계약을 성립시키는 의사표시이다. 승낙은 선박, 선박의 국적, 선적시간, 용선료 등의 용선계약의 주요 내용에 관해서 청약과 합치되어야 한다. 용선계약은 승낙이 효력을 발생했을 때에 성립된다. 따라서 언제 승낙의 효력이 발생하느냐 하는 문제는 중요하다. 이 점에 관해서는 영법상 「도달주의와 발신주의」가 있어 아래와 같이 경우에 따라서 다르게 적용된다.

① **도달주의** 구두, 전화, 텔렉스 등에 의하여 즉시적으로 승낙의 의사표시가 상대방에 통지되는 경우로서 영미법의 일반원칙이다.

② **발신주의** 우편 또는 전보로 승낙을 통지하는 것이 청약자에 의하여 지정되어 있든가, 또는 그렇게 하는 것이 일반적인 경우에 적용된다. 우리나라 민법은 「격지 간의 계약성립시기」를 승낙의 통지를 발송한 때 성립한다고 규정하고 있다. 「의사표시의 효력발생시기」에 있어서는 상대방이 있는 의사표시는 그 통지가 상대방에 도달한 때로부터 그 효력이 발생한다고 규정하고 있다.

18세기 영국에서는 용선계약 체결에 날인증서를 요구하였다. 19세기 초기부터 날인증서의 필요가 없어져 계약서 서면만이 요구되었다. 리젯드 대 윌리암스 판결 이후 당사자 간 합의만 있으면 서면을 필요로 하지 않고 계약이 성립된다고 인정받게 되었다. 영국법상 용선계약은 낙성 불요식의 계약이다. 미국법에서도 같다(Det Bergenske Damptskibsslskab v. Hudson trading Co. 판례; Kossick v. United Fruit Co. 판례, 1961).

용선계약서는 계약의 내용을 증명하는 증거증권에 불과하고, 서면의 작성을 필요로 하지 않는다. 구두, 합의각서(fixture memo), 청약서(offer note) 등 용선계약의 기본조건이 합의되어 있으면 그것은 유효하게 성립된 계약으로 양 당사자를 법적으로 구속한다. 조회단계에서 주고받은 내용 중 “Subject to contract”라고 하는 조건을 달아두면 용선계약에 서명하기 전까지 계약을 이행할 의무가 없다.

2-3 주요 용선계약서

용선계약은 용선형태 및 화물, 항로에 따라서 표준서식이 각각 다르다. 현재 영국해운회의소(the chamber of shipping of the united kingdom)가 공인한 서식도 50여 종이다. 가장 보편화되어 있는 표준서식은 GENCON(uniform general charter)서식이다. 이것은 발틱국제해운동맹(BIMCO: the baltic and international maritime conference)의 전신인 발틱해운동맹(the baltic and white sea conference)이 1922년에 제정하고 영국해운회의소에 의해서 채택된 서식이며, 1950년에 개정되어 현재 사용되고 있다.

본서에서는 GENCON Form을 중심으로 계약서의 주요 내용을 살펴보고자 한다. 용선계약 내용은 사용하는 용선계약서에 따라 상이하며 통일된 조항이나 규칙은 없다. 따라서 표준화된 사항들을 중심으로 설명하고자 한다.

(1) 계약 당사자의 명칭

운항자와 화주의 성명을 기재한다. C/P의 표시는 선주가 되나, 운항자가 타 선주로부터 용선한 선박을 운항하는 경우에는 chartered owner 또는 disponent owner가 된다.

(2) 선박의 표시

선박의 국적(nationality of vessel), 톤수(tonnage), 선급(classification of vessel) 등을 기재해야 한다.

(3) 선박의 동정과 선적준비완료 예정일

1) 선박동정

계약체결 당시의 본선위치, 목적지로 항해하는 선박의 위치를 기록하는 것이며, 운항 중일 때는 'now trading'으로 표시할 수 있다.

2) 선적준비완료 예정일

본선이 선적지에 도착하여 화물선적 준비를 완료하는 선적개시가능 예정일을 말한다. 화주는 예정일에 맞추어 선적되도록 출하수배를 하게 된다.

3) Not Before Clause

선박운항에 있어서는 흔히 도착예정일보다 지연되거나 조기에 도착하는 경우를 많이 볼 수 있다. 이때는 부선료나 하역대기료 등 화주에게 손실이 발생하게 되며, 또 이러한 손실 때문에 하역수배 등 지장을 받을 염려가 있을 때 본선이 선적준비완료 예정일 이전에 도착하여도 하역을 하지 않는다는 내용이다.

(4) 선적항과 양하항(Loading and Discharging Port)

적양지에 대하여 간단히 항명만 기재하는 경우에 적하·양하 장소는 그 항구의 관습에 따라 정해진다. 그러나 적하·양하항은 화물적재선이 항해상으로 볼 때나 치안상으로 볼 때 안전항(safe port)이어야 하며, 본선의 흘수와 관련하여 정해진 정박장소에서 행해져야 한다.

(5) 화물 및 수량표시

1) Cargo Description

선주에게 매우 중요한 것으로 본선하역작업에 도움이 되어 최대량을 선적하도록 가능한 상세히 기술함이 타당하다.

2) Cargo Quantity

화물의 수량표시는 다양한 표현이 있다. 예컨대 A tons, about A tons, between A and B tons, not less than A tons 등이다. 여기에 다양한 option, 즉 in owners option, in masters option, in charterers option 등이 사용된다. 신용장통일규칙 제6차 개정(UCP 600)에 따르면 수량의 '약'(about, approximately)은 대체로 10% 정도의 가감으로 해석한다.

3) Full and Complete Cargo

만선화물이란 본선의 재화중량이나 용적을 최대한으로 사용하여 선적할 경우를 말한다. 동 조건에 "Subject to minimum/maximum B q'ty"로 명시되어 있으면 Full and complete cargo max q'ty(quantity) 중에서 적은 쪽 이상만 선적하면 충족된 것으로 간주한다.

4) 부적운임(dead freight)

특별한 규정이 없으면 선장의 최종 적부계획(stowage plan)상의 declared q'ty 기준으로 계산한다. 부적운임(不積運賃) 청구를 위해서 선주는 통상 ① 용선주의 부적확인, ② 양하 전 여유용적 증빙, ③ B/L상에 부적내용 기재(유치권확보를 위해) 등을 준비해야 한다.

(6) 운임지불조건

1) 지불조건

실선적량 단위당 운임률과 일괄총액운임(lump sum) 중 하나를 기준으로 운임을 부과한다. 실선적량 기준 시 선적수량(intaken or B/L quantity) 기준과 양하인도 시 수량(outturn or delivered quantity) 중 하나를 운임기준으로 하지만 통상 전자방식이 통용된다. 지불시기는 선적 시(on loading)나 인도 시(on delivery)이다. 선적 시는 선불(prepaid)을 말하며, 인도 시는 착지불 혹은 후불(collect)이다. Gencon C/P에는 후불로 되어 있으나 통상 합의사항이다.

"Without discount, Whether vessel/cargo lost or not lost" 문구를 삽입하는데 이것은 화물멸실 여부와 무관하게 일단 B/L이 발급된 화물의 운임취득권을 인정해 준다. 여기의 "Discount"는 선불을 뜻하고 할인을 해 주지 않는 것이 일반적이다. 원래 운임을 취득할 권리는 양륙지까지 화물이 도착하여, 수하인에게 인도한 시점이어야 하나, 용선계약서마다 다르며, 나라에 따라 법적으로 다양하여 선적항 출항 후 중도에 사고가 난 경우는 거리비례운임(소위 distance freight 또는 prorate freight)을 채택하기도 한다.

2) 수수료(Commission)

중개수수료는 통상운임에 대한 백분율로 표시한다. 체선료(demurrage), 체박손해금(damage for detention)에 대해서는 특약이 없는 한 징수하지 않는다. 부적운임은 통상운임과 같이 취급하여 지불대상이 되며 수수료는 선주 측이 부담한다.

3) 환부수수료(address commission)

일종의 운임(용선료)할인으로 수수료의 성격과 다르며, 동 수수료가 없는 경우의 성약은 'Free of address'라 칭한다.

(7) 적 · 양하 시의 비용부담조건

선주와 용선자 간에 하역비를 누가 부담하느냐를 규정하는 조건으로 가능한 구체적인 명기가 필요하다. 항해용선계약의 경우 적하, 양하의 비용부담이 문제가 될 수 있다. 이에 대한 대표적인 조건은 Berth term 혹은 Liner term, FIO(free in and out), FI(free in)와 FO(free out) 등이 있다.

1) Berth Term(liner term)

Berth term 또는 Liner term이라 불리는 하역운임조건은 화주가 자기의 책임과 비용으로 선측까지 화물을 운반하면, 본선은 tackle에 걸어서 선창에 선적하면서부터 발생하는 하역비와 이로 인해 발생하는 화물손상 등을 책임지게 된다. FIO 또는 FI 조건보다는 하역비 부담이 화주측에 적게 발생하게 되며, 정기선의 운임조건은 대부분 이 조건으로 운임이 책정되기 때문에 통상 이를 Liner term이라 한다. 만약 화물을 FI 또는 FIO 조건으로 선적한다면 B/T 기준 운임에서 하역비에 상당하는 비용을 감하여 주는데, 대개의 정기선료율은 이러한 조건의 선적 때 적용할 하역비 공제액을 따로 계산해 놓고 있다.

2) Free In(FI 조건)

화물을 선측에서 선내까지 적재하는 과정의 비용 및 손상은 선주에게 책임이 없으며, 목적지에 도착하여 본선에서 부두로 양하할 때만 선주책임으로 한다.

3) Free Out(FO 조건)

선적한 화물을 도착지항에서 하역할 때 본선으로부터 부두에 양하하는 비용은 선주에게 책임이 없고, 모든 위험과 비용은 화주부담조건으로 하는 것이다. 선적지에서 발생하는 비용은 선주책임이다.

4) Free In & Out(FIO 조건)

본선으로 적하하거나 본선으로부터 양하하는 데 따른 모든 위험과 비용으로부터 선주는 면제된다. 화주가 적하, 양하 비용을 부담한다.

(8) Laytime과 체선료 및 조출료 조항

정박기간(Laytime)이란 항해용선계약 시 당사자 간에 하역에 필요한 기간을 의미한다. 용선된 선박이 항만에서 하역서비스를 받아야 할 때, 서비스를 받지 못함으로써 항해가 지연되거나, 정박기간(laytime)이 약정기간 이상으로 길어지면 불필요한 비용이 발생하게 된다. 항해용선의 경우 이런 불필요한 비용을 보상받기 위해 선주는 체선료(demurrage)제도를 두고 있다. 약정된 정박기간 전에 하역작업이 끝난 경우 용선자는 선주로부터 일정조건에 따라 보상을 받는 조출료(despatch money)제도가 있다.

1) Laytime(정박기간)

laytime의 종료시점이 demurrage 발생시점이므로 laytime이 어떻게 계산되고 개시되는가가 선결문제이다.

① **laytime 기간 조건** 적 · 양하 허용일수나 일당 하역률로 표시하고 아래 조건 중의 하나로 하며 일반적으로 1일 작업시간은 12시간으로 간주한다.

- Running Lay Days: 계속기간이므로 Stoppage, Interruption, 일요일, 공휴일에 무관하게 계속적으로 정박기간으로 계산하는 방식
- Working Days(하역일): Running Days와 달리 일요일, 공휴일 제외, 평상일 1일 24시간 계산
- Weather Days, Weather Permitting: 정상작업시간 12시간 기준, 악천후 제외, 단지, 실제작업 방해분만 제외

- Weather Working Days: 정상작업 12시간을 위와 같이 24시간으로 간주, 4시간 작업은 8시간으로 인정한다. 정상작업 12시간 내의 악천후만 감안한다.
- Working Days of 24 Consecutive Hours, Weather Permiting: 1일 24시간 기준, 악천후 시간 중 실제작업 방해시간만 제외
- Weather Working Days of 24 Consecutive Hours(연속청천하역일): 1일 24시간 기준, laytime 개시 이후의 악천후 시간은 모두 제외한다. 가장 보편적으로 사용된다.
- Weather Working Day, Sundays and Holidays Excepted(청천하역일, 단 일요일, 공휴일은 제외): 일요일이나 휴일에 대해서도 항구에 따라 제외하는 기준이 상이하기 때문에 많은 분쟁이 있다. 이러한 분쟁을 피하기 위해서 Working Day Sunday and Holiday Excepted(SHEX)라고 정하기도 한다.
- Weather Working Days, Sundays and Holidays Excepted Unless Used(WWDSHEXUU): 일요일, 공휴일에 하역을 하게 되면 하역을 한 것으로 간주하는 조건으로 많이 이용되는 조건이다.

② **관습적 조속하역(CQD: customary quick despatch)** 항만의 관습에 따라 정박기간을 산정하는 방식이며, 가능한 신속한 하역을 실시한다는 것을 의미한다. 관습적 하역방식은 항구의 부두특성, 화물종류 및 선박구조에 따라 상이하다. 관습적으로 통용되는 하역능력을 다 하지 못하고 정박기간을 지연시키는 경우는 체선료에 관한 분쟁이 야기되므로 CQD 조건인 경우에는 특별한 약정을 해 둘 필요가 있다.

③ **Laytime Reversible** 양하가 완료되어야 조출료·체선료가 규정되므로 그때까지 선주가 선적항의 체선료를 청구할 수 없으므로 용선주에게 유리하다. 반대로 별도계산은 non reversible이라 하며 보편적이다.

④ **Strike 및 기타 Exceptions** strike나 force majeure(불가항력) 시에는 "Beyond all parties concerned"로서 Laytime no count이다. 그러나 일단 체선 상태에서는 예외가 되지 않는다(once on demurrage, always on demurrage).

⑤ **Laytime 개시** 정박기간이 개시되기 위해서는 세 가지 선행조건이 충족되어야 한다. 첫째, 도착선(arrived ship)일 것, 둘째, 하역준비완료통지(notice of readiness)가 용선주 또는 지정인에게 전달되어야 할 것, 셋째, 본선이 화물을 인수 혹은 양하할 제반의 준비(in every way)가 실제로 되어 있을 것이다.

㉠ 도착선(arrived ship) 대우: 지정항의 통상항계(commercial area) 내에 도착할 것 < Port charter / Berth charter

㉡ N/R(notice of readiness): N/R, 즉 화물 하역준비 완료통지는 통상 도착 즉시 또는 C/P에 따라서는 영업시간 내에 검역 및 통관 후 선장을 대신해서 현지의 선주대리점이 송하인, 수하인에게 제시(tender, give)하게 된다. N/R은 선박도착 통보의 요건이며, N/R Tender 시에 본선은 화물창구(hatch)를 개방한 상태이어야 하고, 선창(hold)은 C/P 요구대로 청소가 되어 있어야 한다. 이로써 앞의 세 번째 조건이 충족된다. 송하인이나 수하인 측의 사전 작업조(gang) 준비를 위해서, 통상 C/P상에 본선의 도착 전 예정도착시간(expected time of arrival: ETA) 통보의무를 부과하고, 통상 출항 시 입항전 5일, 2일, 1일(이때는 definite date) 전에 통보해야 하며 선적항에서는 1회 정도의 적부계획(stowage plan)이 통보되어야 한다는 것을 C/P에 명시하기도 한다.

㉢ Laytime Count 개시: C/P에 따라 다르나 통상 N/R 즉시 개시한다. N/R 오전이면 당일 13시, N/R 오후면 다음 영업일 8시 개시, N/R 후 일정시간 후(12·24 시간, 이를 turn time이라 함)에 개시되는 것 등이다. N/R이 즉시 개시될 때 이를 Free of Turn이라 한다. N/R은 승낙여부에 관계없이 제시기준이며 하자 시에는 다시 제시하게 된다.

2) Demurrage(체선료)

약정된 정박기간이 하역완료 전에 종료되면 본선은 그 시점에서 체선상태(on demurrage)가 되며, 일단 체선되면 선주의 단독과실(bunkering, deviation 등)이 없는 한 상시체선(once on dem, always on dem)으로 간주한다. 체선계속시간에 대해서 C/P에 의거 규제를 가하는 것이 현재의 경향이다. 따라서 일정 체선일수 이후 본선의 출항권을 인정(잔량은 dead freight 대상)하거나, 지체보상금 또는 체박손해금(damage for detention) 등으로 실비보상을 명시한다. 이 경우의 체선율로는 통상 본선의 일당선비가 충당되지 못하기 때문이며, 법적 근거는 체선을 일종의 계약위반(breach of contract)으로 간주하는 것이 관례이다. 따라서 선주는 체선료나 지체보상금을 운임수입의 하나로 합계처리한다. 체선료는 통상 항별, 화물별, 선형별로 다양하며 3~5년 기간으로 조정되고 C/P의 기본사항이므로 선주·용선주 간에 중요한 합의사항이다. 체선율은 대략 정기용선료의

60~80%에 해당된다.

3) Despatch Money(조출료)

조출료는 체선료의 반대개념으로 용선계약상 허용 정박기간 이전에 하역이 완료되었을 때 절약된 기간에 대해 선주가 용선자에게 주는 보상금이다. 본선의 회항시간 단축으로 인한 장려금 성격을 가진다. 작업이 허용정박시간 종료 전에 완료되었을 때, 해당 기간에 대해서 관습적으로 체선료의 1/2을 지불하며 "For woking time saved"와 "For all time saved"가 통상 삽입된다. 전자는 실작업이 이루어졌더라도 공휴일 기타 제외시간에는 청구하지 못하므로 용선주에게 불리하다.

4) 체박손해금(damages for detention)

체선료(demurrage)와 비슷하나 선주가 예상하지 못했던 지연을 보상받기 위해서 있는 규정이다. 체선료로 지연을 보상받는 일정기간이 한정되어 있는 경우에 그 이상으로 지연이 계속되었을 경우 체박손해금(滯泊損害金)을 부과한다. 용선계약서에 일정기간이 명기되지 않았을 경우 허용정박기간이 초과되는 날짜를 기준으로 체박손해금을 부과한다. 체선료(demurrage)란 표현대신 사용하는 것이다. 체선료의 법적 성질은 약정손해배상액(約定損害賠償額: agreed damages)으로서 선박소유자는 그 손해의 발생에 대한 사실을 입증할 필요 없이 당연히 배상을 받을 수 있지만, 체박손해금의 법적 성질은 불확정손해배상액(不確定損害賠償額: unliquidated damages)으로서 선박소유자는 실손해를 입증하여 실손해액 전부를 배상받을 수 있다. 실제관행상 체선료와 같은 금액이 보상되는 것이 통념이다.

(9) B/L의 발행

C/P를 작성한 조건을 기준으로 화물선적이 완료되면 화주의 요청에 의해 화물수취증에 따라 인환(引換)증권인 선하증권이 발행된다. 이때 발행되는 선하증권은 정기화물선에서 발행되는 선하증권(shipped B/L 및 컨테이너 화물의 received B/L)과는 달리 charter party bill of lading이라고 부른다.

(10) 대리점(Agency)

적하·양하지에서의 입출항 수속과 하역수배 등은 운항자 대리점에서 수행하거나 화주의 대리점인 용선자 대리점(charterer's agent)에서 수행한다.

(11) 중개료(Brokerage, Commission)

중개료는 수입운임(freight earned)에 대하여 일정비율을 지불하도록 되어 있다. 특약에 의하여 용선계약서의 서명 시나 선적완료 시에 지불하도록 약정하는 수도 있으며, 계약불이행 시나 선박상실 시에 대한 약정도 하게 된다.

(12) 유치권(Lien)조항

유치권은 운송계약에 있어서 화주가 운임, 기타의 부대비용을 지불하지 않을 경우, 선주는 해당 화물을 유치할 수 있다는 권한이다. 영국법에서는 보통법상의 권리로서 명시의 합의를 근거로 하지 않는다. 계약상에 명시규정이 없어도 존립할 수 있는 권리이다. 그러므로 용선계약에 있어서는 그 용선운임, 즉 용선료는 선박의 선적지 항해에 대한 비용을 포함하므로 선하증권에 의한 운임과는 약간의 차이가 있다. 유치권은 운임이 화물수량기준이든 lump sum이든 간에 용선계약의 명시규정으로부터 독립하여 발생된다.

(13) 공동해손조항

공동해손의 발생은 준거법에 규정하고 있다. 여기서는 주로 York Antwerp 규칙(1994년)에 따라 준거된다.

(14) 위약금(Penalty, Indemnity)조항

용선위약금은 불가항력 이외의 사유로 용선계약을 위반했을 때 위약당사자가 그 상대방에게 지불하는 위약금을 말하며, 내용에 따라서는 배상금(indemnity)이라고도 한다. 위약금 액수는 견적운임의 총액을 초과하지 않는 범위로 제한되고 있는 것이 통례이며, 계약서에 명시된다. gencon form에서도 용선계약의 불이행에 대하여 배상금이 운임견적액을 초과하지 않는 한도 내에서 증명손해액으로 규정하고 있다.

(15) Laydays/Cancelling Date(LAY/CAN)

1) 정 의

정박기간(laydays)이란 화물의 적·양하를 위하여 허용된 일수(laytime)의 의미와 본선이 적하를 준비해야 될 기간의 의미를 가지며, 여기에서는 후자의 의미로서 laydays의 최종일을 해약일(cancelling date)이라 한다. 선적항에서

laydays 개시일과 해약일 사이의 기간을 합의된 정박기간이라 하며, 선주는 delay risk를 감안, 장시간을 요구하는 반면 용선자는 단기간을 요구한다.

2) Cancelling Date(해약기일)

해약기일이란 용선계약에 있어서 본선이 약정된 입항일보다 지연될 경우 계약을 해약할 수 있도록 C/P상에 기재하는 기일을 의미한다. 해약기일은 예정 입항일로부터 10~20일 여유를 두고 약정되는 것이 일반적이다. 본선이 해약기일보다 지연될 경우 용선자는 용선계약의 해약이 가능하다. 본선이 해약일 전에 도착하는 것이 거의 불가능하더라도 원인이 선주의 지배력을 초월한 사정(circumstances beyond owner's control)－이럴 때 운송계약은 자동적으로 해지된다－에 의한 경우가 아니면 선사는 해약이 예상되더라도 본선을 선적항을 향해 항진해야 한다. 용선주의 해약 여부 결정과 통보는 하역준비 완료통지(N/R)가 용선자에게 도착한 후 정식으로 제출된 후에 행해지게 된다. C/P에 따라 해약 여부의 통지제한 시간을 두기도 하나 희소하다. 해약 후 용선자는 선자의 고의적 사기가 아닌 한 손해보상청구를 할 수 없다.

(16) 면책(Exceptions)조항

면책이란 용선계약서와 선하증권 기타 운송계약서의 약관 중 일정 종류의 위험, 우발사고 또는 태만에 대한 책임을 운송인에게 면책하는 약관이다. 통상 보통약관 중에 삽입되는 경우가 많으나, 일반적으로는 법률상 또는 그 해석상 면책사항에 대한 분쟁을 피하기 위하여 특별히 기재해야 한다.

1) 전쟁조항(war clause)

gencon form에서도 general war clause를 설정하고 선박의 게양기 소속국이 참전하는 경우, 화물이 전시 금수품일 때에는 당사자가 임의해약을 할 수 있게 하였다. 봉쇄항에서의 선적계약은 무효이며, 봉쇄항에서의 양하에 대한 선하증권 발행도 하지 않는다는 규정을 두고 있다. 이것은 전쟁상태에 대한 규정문언이 상업적 해석에 기준을 두고 있기 때문이다.

2) 스트라이크 조항(strike clause)

파업이 발생하는 경우를 대비하여 노동분쟁 또는 그 결과에 대한 책임부담의 취지를 strike clause에 삽입하고 있다. gencon form에서는 general strike clause에서 스트라이크 및 Lock out의 결과 계약상 의무수행의 저해 및 지연되는 것은 당사자에게 책임이 없다. 따라서 선적지에서 선적에 방해를 받게 되면 선장 및 운항자(operator)가 화주에 대하여 계약상의 정박기간 계산의 확인을 구하려고 할 때, 24시간 이내에 화주의 확답을 구해야 하는 동시에 해약의 선택권을 주어야 한다. 양륙지에서 스트라이크나 Lock out으로 인하여 양하가 방해받으면 소정의 정박기간 경과 후에 체선료의 반액을 지불하고 대기한다고 규정하고 있다.

3) 결빙조항(ice clause)

gencon에서는 general ice clause를 설정하고 선적지에서 결빙의 경우 계약은 무효이며, 양륙지에서 결빙은 체선료를 지불하고 재항해시까지 대기한다든지 혹은 안전 대체항으로의 회항명령은 화주의 선택권에 둔다고 규정하고 있다.

4) 선주면책조항

해상위험의 특수성에 따라 선주에게는 면책특약을 인정하고 있다. 이 같은 면책조항은 B/L에도 상술되고 있지만, C/P에도 똑같은 면책조항을 삽입하고 있다. gencon에서는 owner's responsibility clause를 설정하고, 화물의 멸실·손해 및 인도지연에 대한 선주책임을 ① 적부불량, ② 감항력 담보 등에서 선주가 상당한 주의(due diligence)의 결여로 인한 과실 등의 경우로 한정한다. 따라서 선장이나 타사용인(정기용선자 및 임차인)의 과실과 태만으로 선박이 불기항한 경우에 선주는 책임을 지지 않는다고 규정하고 있다.

5) 이로조항(deviation clause)

본선이 정하여진 항로에서 이탈하거나 또는 정해진 항로를 변경하는 것을 이로(deviation)라고 부른다. 해상보험법(Marine Insurance Act, 1906) 제46조의 이로약관(deviation clause)에는 이로를 다음과 같이 규정하고 있다. ① 항로가 보험증권에 특별히 지정되었을 경우, 지정 항로를 떠났을 때, ② 항로가 보험증권에 특별히 지정되지 않았을 경우에는 통상 관습상의 항로를 떠날 때 등이다. 선박이 적법한 이유 없이 보험증권에 정하여진 항해로부터 이탈하였을 때 보험자는 이로 발생시부터 책임이 해제된다고 규정하고 있다.

2-4 용선료 지급

정기용선계약에 있어서의 운임, 즉 용선료는 선박의 용역에 대한 용선자의 용선기간을 기준으로 하여 계산된다. 영미 해운실무상 정기운임 또는 기간운임(time freight)이라고도 한다. 용선자는 다음의 경우를 제외하고 계약의 전기간을 통하여 용선료를 지급할 의무가 있다.

① 용선계약의 명시규정(예컨대, 휴지약관)에 의하여 그 채무가 중단되는 경우

② 선주가 계약상의 의무를 위반하여 용역의 제공을 게을리하는 경우 (Sea and land Securities v. William Dickinson 사건, 1942: A/S Tankepress v. Compagnie Financiére Belge des Petroles 1949)

③ 용선계약이 계약불이행(frustration)이 된 경우, 환언하면 명시의 합의가 없으면, 봉쇄침범(breach of blockade), 입출항금지(embargo), 황천(bad weather), 수리(repairs)에 의한 체류기간이라 할지라도 그 지연이 계약불이행에 해당할 정도로 긴 것이 아닌 한, 용선료를 지급하여야만 한다.

파업(strikes) 또는 「군주에 의한 억류」(restraints of prince)와 같은 면책사유에 대해서도 상호면책이라고 명기되어 있을 경우에도 용선자는 이것을 이유로 선박을 사용하지 못한 기간의 용선료 지급을 면할 수는 없다. 용선료는 정해진 기일까지 지체 없이 지급되어야만 한다. 그리고 용선자가 이 의무를 이행하지 않을 때 선주는 그 용선계약상의 의무(service)로부터 선박을 회수할 수 있다는 취지를 약정하는 것이 보통이다.

다음에 설명하는 용선료 지급지연과 선박회수권이 크게 문제되는 것은 시황이 나쁠 때 정기용선계약이 성약되어, 그 계약기간 중에 시황이 급등하는 것과 같은 때이다. 그것은 고율의 시장용선료를 취득하고 싶은 선주가 용선자의 작은 실수에 의한 용선료의 지급지연을 이유로 선박을 회수하여 다른 용선자와 보다 유리한 계약을 체결하는 사례도 있다.

1) 회수권 행사의 시기

선주는 본선 회수권행사의 통지를 합리적 기간 내에 하지 않으면 안 된다. 무엇이 합리적 기간인가 하는 것은 중재인이 인정해야 할 문제이지만 그것은 일반적으로 짧은 기간이다. 선주가 용선자의 불이행을 알고 지시를 행하는 데 합리적으로 필요한 최단의 시간이어야 한다.

2) 지체된 용선료의 지급

선주가 통지를 발송하기 전에 용선자가 기한을 경과한 용선료를 제공하여도 그것만으로는 선주의 회수권이 소멸되지 않는다. 기한이 경과된 이상 그것만으

로 채무불이행이 되므로 경과 후에 지급하여도 불이행의 사실에는 변함이 없다.

3) 회수권의 포기

선주는 지급기한이 경과된 용선료를 약정기일에 지급된 것과 같이 받을 수가 있다. 이 경우 선주는 용선자가 용선료를 약정기일에 지급하지 않은 것을 이유로 본선을 회수할 권리를 상실한다. 본선회수의 통지를 내지 않고 선주나 그 거래은행이 제공된 용선료를 합리적 기간을 초과하여 보유하고 있을 경우에 선주는 회수권을 포기한 것으로 인식된다.

4) 유효한 지급

용선료는 현금(in cash)으로 지급되어야 한다. 다만 용선계약에서 '현금'이라 할 때에 이 말의 의미는 오늘날의 상거래상의 관행에 따라 해석되어야 한다. 그것은 화폐만을 의미하는 것이 아니고 일반의 상거래 관계에서 이용되는 지급송금방법으로서, 지급결과 그 지급수단(화폐, 수표 등)을 곧바로 사용할 권한이 수령인에게 제공되는 지급방법도 포함된다. 일반의 상거래관계에서 이용되는 지급방법에는, 첫째로 송금수표(bank cheque) 또는 송금환어음(demand draft), 둘째로 보통송금 또는 우편환(mail transfer), 셋째로 전신환(telegraphic transfer) 방식, 넷째로 전자자금이체(electronic funds transfer: EFT)가 이용될 수도 있다.

C·H·A·P·T·E·R

05 선박 취득

INTERNATIONAL TRANSPORTATION

01 선박 취득

1-1 선박 투자의 의사결정

(1) 선박 투자 결정요인

선박은 해운경영에서 가장 기본적인 요소이다. 해운기업은 선박을 확보하여 해운서비스를 생산하여 판매함으로써 효용을 창출한다. 즉, 경제성 있는 선박을 적절한 화물 운송하고 적절한 항로에 투입함으로써 운임의 효익을 최대한 창출한다는 것이다.

해운기업에 있어서 선박투자의 의사결정은 다양한 요인에 의해 결정된다. 크게 보면 해운시장에 의한 영업환경을 고려하고 선박 건조 기술 변화에 따라 대형화 및 경제적 선형을 분석하며 투하자본을 고려하고 외부로부터 차입이 필요하기 때문에 금융시장의 안정성 역시 중요한 요인이다.

(2) 선박의 확보

해운기업은 기업 내외적 다양한 분석을 통해 선박을 확보해야 하는지 아니면 처분해야 하는지 결정하게 된다. 이러한 결정 중 자사선을 확보하는 방법으

그림 5-1 선박투자 결정요인

선박 투자 결정요인

외적 요인	내적 요인
- 해운시황(해상물동량, 선복공급량, 운임시황)	- 경영요인(상업적 요인, 항로 등)
- 각종 규제(각국정부 및 해운단체)	- 재무상태(자금조달능력 및 보유자금)
- 선박 가격(신조선가, 중고선가)	- 기업의 수익성(투자수익률)
- 건조 능력(기술력)	- 기존 선대와의 적합성(선형, 선종)
- 금융환경	- 기업의 현재 및 미래의 경쟁력
	- 투기적 VS 안정적(타이밍)

그림 5-2 선박의 확보

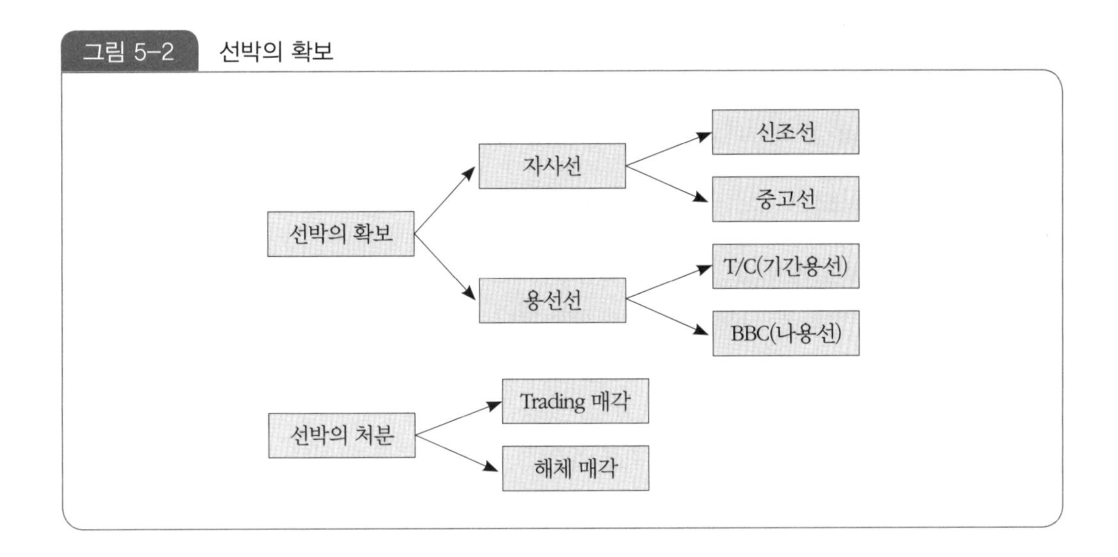

로 신조선을 할 건지 아니면 중고선인지 구분된다.

자사선은 높은 자본비(On Balance)가 필요하며, 시황 및 영업여건 변화에 둔감하지만 운항원가가 저렴하며 강한 시장 지배력을 가질 수 있고 선박에 대한 통제가 용이하다. 이에 반해 용선선의 경우 자본비가 없으며 시황 및 영업환경 변화에 신속 대응이 가능하지만 운항원가가 고가이며 확보가능 선종 및 선형이 제한적이다. 또한 선박에 대한 통제가 제한적이다.

자사선을 확보하는 경우 신조선을 새로이 발주하는 것과 중고선을 구입하는 경우가 있다. 그 밖의 보유선박의 개조도 있지만 이것은 특수하고 드물기 때문

표 5-1 신조선과 중고선의 경영상의 비교

	신조선	중고선
선가	비싸다.	저렴하다.
자본비	금리부담과 상각비가 많다.	금리부담과 상각비가 적다.
운항수입	능률이 좋기 때문에 수입이 많다.	저성능이기 때문에 수입이 적다.
호황 시	투자자본에 비해서 수익률이 중고선에 비하여 상대적으로 매우 높다.	투자자본이 적기 때문에 수익률이 높다.
불황 시	최저수익을 얻을 수 있다.	결손이 된다.
계선점	낮다.	높다.
경영	안정적	투기적

에 통상 선박취득은 중고선의 매입과 신조선의 발주이다. 이와 같은 두 가지 방식에 대한 경영상 비교는 [표 5-1]과 같다.

1-2 자사선 확보

신조선이냐 중고선이냐의 결정은 경제성이 높은 선형, 영업상 필요 사양 및 선박관리의 용이성을 고려하여 결정한다.

(1) 신조선 구매 흐름

신조선의 발주는 해운업무 중에서 극히 중요한 것이다. 즉 해운영업조건은 대부분 선박을 취득할 때에 결정되지만, 신조선의 경우에는 특히 그런 성격이 강하다. 신조선의 건조에 따라 운항능률을 높이고 우수한 선박을 취득함으로써 영업성적이 향상되는 것이다.

신조선의 발주에 대해서는 선형 및 선박건조조건 등 여러 요인을 고려해야 하기 때문에 충분한 연구검토가 있어야 한다. 통상 신조선이 건조될 때는 해운시황이 양호하고 조선발주가 많을 때이다. 이럴 경우 조선소는 유리한 위치에 있게 되며 선가가 높다는 점을 염두에 두어야 한다.

선박발주는 세계적으로 몇 개의 조선소를 선정하여 견적을 받아야 하는데, 이때는 선종 및 선형(ship's type), 수송화물, 속력, 총톤수(gross tonne: GT), 중량톤수(dead weight tonne: DWT), 주기관, 양하기, 선박용적 등 선박의 주요점을

그림 5-3 선박 확보 Flow

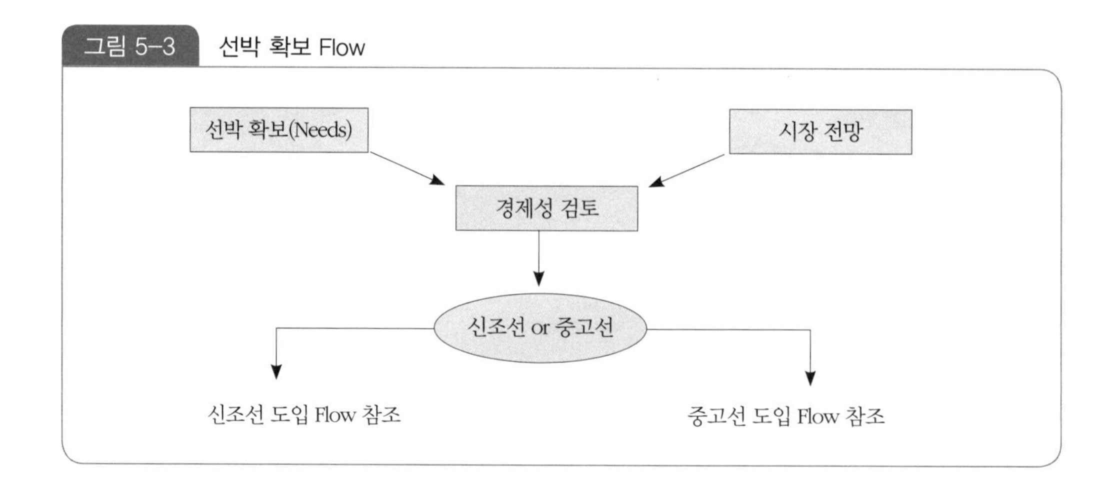

제시하여 그것에 적합한 견적을 받아야 한다. 이에 대해서 조선소는 선박설계도와 명세서(specification), 선가 및 납기, 선가의 지불방법 등에 대해 선주에게 제시한다. 선주는 이러한 견적을 중심으로 평가하여 조선소를 선정해야 한다. 그러나 국가마다 타국에서 발주할 경우 중과세를 부과하여, 자국의 조선소를 보호하는 경우가 많다. 우리나라 역시 자국 조선소를 보호하는 정책을 실시하고 있어 외국에서 신조선을 발주하는 예는 많지 않다.

조선발주의 합의가 이루어지면 선박건조계약은 다음과 같은 내용이 포함되어 작성된다.

① **건조선의 명세** 설계도와 명세서(specification), GT수, DWT수, 길이(length), 폭(width), 흘수(draft), 주기관 및 보기, 속력 등이 기록된다.

② **건조시기** 시공시기와 준공시기

③ **선박대가의 지불** 일반적으로 계약, 기공, 진수, 준공으로 분할해서 선박건조대금을 지불하게 된다. 이러한 비율은 일정하지 않고 계약에 따라 상이하다. 최근에는 준공 후 장기간에 걸쳐 분할 지불하는 방법도 있다. 수출선의 경우 선가의 80%까지 일정기간 분할상환제도를 두어 자국의 조선소를 보호해 주

표 5-2 신조선 도입

구분	주요 내용	비고
조선소 선정	• 건조능력, 선가, Capa/Slots(slipway), 선형/Spec/인도일	
조선계약 기본합의(LOI)	• 발주자/조선소 • 선종 및 선형/Specifications/인도 시기 • 계약선가/선가지불 방법 및 일자 • 계약 발효조건/유효기간 • 추가계약 선택권	
자금차입 기본합의 (L.O.I/M.O.A)	• 차입 총액/선가 지급방법 및 일자 • 기준통화/나용선 기간/나용선료 지급방법 • 이자율/세금/금융부대비 등의 부담 • 조기매입 선택권 및 가격/계약이행 보증	
본계약	• 기본계약서(Loan Agreement) • 건조계약서 • 국적취득조건부 나용선 계약서 • 건조 감리계약서 • 선주의 계약이행 보증서 • 양도 계약 등	

는 경향이 있다.

④ **보상** 선박인도 후 선박에 하자가 있을 경우, 조선소는 이것을 보상하지 않으면 안 된다. 일반적으로 하자 보수기간은 인도 후 1년으로 정해져 있다.

(2) 중고선 구매 흐름

중고선의 구입과 자사선의 매각도 해운업무의 일종이며 매우 중요하다. 선박매매를 위한 거래 조건의 조회는 특정 기업 간에 특수거래라기보다는 일반시장에서 거래조건의 조회 등으로 이루어진다. 국제간에 거래가 많이 이루어지고 있으며 우리나라는 사전 허가를 받게 되어 있어 업무의 신축성과 시장성에 적합하게 대처해 나가는 데 어려움이 있다.

선박매매계약서에는 일반적으로 다음과 같은 내용이 포함된다.

① **선박의 명세** 선명, GT수, DWT수, 속력(speed), 연료소비량, 보조 기계, 무전설비 및 정기검사 시기 등도 기재된다.

표 5-3 중고선 도입

구분	주요 내용	비고
적격선 선정	• 매입대상선 Circulation • Broker 지정 • Basic Data 입수 • Spec Review • Physical Inspection	
계약	• Purchase Offer • Main/Price Term and Condition Nego • M.O.A. 체결 • 계약금 송금 • 금융선 확보	
인수도 준비	• 인수지침 통보 • Representative 파견 • 선박 인수전 검사 • 보험부보	
등록/등기	• 선박 등기 • 수입/통관 • 국적증서/무선국허가 등 제반 증서 취득	
인수	• 인수도 서명/Document 확보 • 선가 잔금 송부	

② **성능 · 인수도상태** 감항성(seaworthiness)의 보증과 기타 현재상태를 설명하는 내용이 포함되어야 한다. 단 해체(scrap)할 선박은 그렇지 않다.

③ **인수시기 및 장소**

④ **선박대가의 지불방법**

⑤ **중재조항** 분쟁 시 국제적으로 공인된 중재조항이 포함된다.

02 선박금융의 개요

2-1 선박금융

(1) 선박금융의 개념

선박금융이란 선주가 은행을 비롯한 여러 가지 형태의 자금 제공자(금융 기관)로부터 신조선 발주, 중고선 매입, 선박수리나 개조 등을 위한 신규자금 및 재금융(Refinancing)을 조달하는 것을 의미한다.

선박금융은 선박 자체의 자산가치 및 선박으로부터의 미래 수익을 담보로 이루어지는 대표적인 자산담보 형태의 금융으로 채무자의 신용 및 일반 자산을 기반으로 하여 채권회수를 도모하는 기업금융(Corparate Financing)과는 달리 특정 선박을 운용하여 발생하는 수익(용선료)을 재원으로 대출원금을 회수하는 금융제도(Mortgage Financing)이다.

다시 말해서 선박금융이란 선박 용선자, 명목상의 선주이자 차주(SPC: Special Purpose Company), 은행, 조선소 등의 참여사로 구성되며 세제혜택 및 담보선박 처분의 용이함 등의 목적으로 이용되고, 대출자는 차주사 또는 용선사(Charterer)의 일반재산으로부터 채권회수를 하는 것이 아니라 소유 또는 나용선한 선박을 운용하여 발생한 수익으로부터 대출 원리금을 회수할 것을 근간으로 하고 있다.

(2) 선박금융의 특징

1) 대출금 규모의 거대화

전 세계 무역의 90% 이상을 차지하는 해상운송의 운송주체인 선박의 가격은 수천만 불 이상으로 책정되며, 특히 초대형 유조선(VLCC)이나 LNG 수송선 같은 경우 1~2억 불 이상의 자금이 필요하다. 또한 여러 척이 동시에 수주되는 경우가 많아 금융액의 규모가 매우 큰 특성을 지니고 있다.

2) 금융기간의 장기화(원금분할상환 구조)

선박의 수익구조에 따라 다르지만 통상 7년에서 최장 14년 이상의 금융 기간을 갖고 있으며 신조선의 경우 2~3년의 선박건조기간을 포함하는 것이 통상적이다. 10년 이상 대출기간이 가능하지만 최근에는 7년 이하의 단기금융이 선호되고 있다.

3) 선박별로 독립된 소유구조를 통한 금융

통상 조세피난처에 설립되는 차주(SPC)를 통해 금융이 이루어지며, 담보선박 매각 용이성 등의 이유로 1사 1척을 원칙으로 한다.

대출은행은 SPC와 체결되는 금융계약을 통해 SPC를 지배하게 된다.

4) 용선계약의 종류에 따른 금융조건의 다양화

소유취득조건부 나용선계약(BBCHP), 단순나용선(BBC), 정기용선(TC) 등 선박의 용선구조에 따른 금융비율, 상환조건, 이자율 등 금융조건이 다르다.

선박이 우량화주와 장기화물운송계약(COA, CVC 등)을 체결하여 안정적인 운항수입이 예상되는 경우보다 완화된 조건의 금융이 가능하다.

5) 선수급환급보증서(Refund Guarantee)를 통한 선박건조위험 방지

선박건조사의 건조능력이 상실되거나 선박인도가 특정기일 이상 지연되는 경우 채권단은 선수금환급보증서 발급은행으로부터 기인출된 원금과 이자를 환급받게 된다.

6) 계약의 복잡성

해외에 등록되는 명목상 선주(SPC), 용선사, 대출권자, 담보권자, 화주 등 다수의 이해당사자와 거래의 복잡성으로 인해 상대적으로 계약구조가 복잡하다.

선박담보 및 해상보험 등 명목상 선주의 권리를 대출권자 앞으로 양도하는 계약 등 다수의 부소계약에 대한 이해 및 관리가 필요하다.

7) 리스거래의 활용

파나마 등에 설립되는 차주(SPC)는 설비(선박)를 구매하여 임차인인 해상운송기업 앞으로 설비를 임대하는 리스계약의 구조를 이용하여 금융이 이루어진다.

리스설비의 소유권이 SPC에 있기 때문에 임차인인 해상운송기업의 파산위험이나 임차인 소재 국가의 신용위험 등으로부터 분리되는 장점을 활용할 수 있다.

2-2 선박금융의 형태

선박을 운용하는 해상운송기업은 일반적으로 은행이나 금융기관, 리스회사 등으로부터 선박자금을 조달하는 경우가 대부분이다. 소유권 취득조건부 나용선(BBCHP, Bareboat Charter Hire Purchase)을 활용한 금융리스 또는 나용선(BBC, Bareboat Charter)을 활용한 운용리스의 형태를 취하는 것이 일반적인 금융의 형태이다. 선박금융을 위한 조달의 형태는 여러 가지로 분류될 수 있지만 크게 금융기관(은행) 주도 선박금융, 리스회사, 선박투자회사제도, 그리고 정부주도 선박금융을 통한 선박금융으로 대별할 수 있다.

(1) 자금조달방법에 의한 분류

1970년대 이래 은행들은 선박금융의 주요 공급원이 되어 왔다. 종전에는 해상운송기업들이 자기자본으로 선박을 구매하였으나, 선박의 규모가 대형화되고 선박의 가격이 상승하면서 자기자본만으로 선박구매하기가 어려워졌다. 주로 미국, 유럽, 일본 등 선진국의 대형은행들이 주축이 된 국제상업은행들과 각국의 국내은행들이 중심이 된 상업은행들이 융통성 있는 금융상품들을 많이 개발하여 적용하고 있다.

은행을 통해 선박금융을 조달하는 가장 일반화된 기법은 해상운송기업이 선가의 일부(통상적으로 30%이내)를 자기부담하고 나머지 금액에 대하여 선순위 대출과 후순위 대출을 신디케이션(Syndication)형태로 조달하는 방식이다.

Syndication Loan은 선박의 가격이 수천만 불에서 수억 불 이상의 금액으로 거래되며 여러 척이 동시에 한 건으로 수주되어 금융조달되는 경우가 많아 여러 은행들이 공동으로 차관단을 구성하여 금융주선이 이루어지게 된다. 즉, 금융기관들이 차관단을 구성하여 공통의 조건으로 일정금액을 융자하여 주는 Group 또는 Joint Lending의 일종이다. 특정주간은행(Lead Manager 또는 Manager)은 사업주로부터 기채의뢰서(Mandate)를 받게 되면 차관단을 구성하여 대출하는 방법으로, 전통적인 상업은행의 대출기능과 투자은행의 인수기능이 복합된 것이라 할 수 있다.

표 5-4 자금조달방법에 의한 분류

구분	확보 방법	비고
Bank Loans	• 은행 순수 융자(Commercial Loan)	• 50~60% 수준
Leasing 1 (Finance, 금융리스)	• 협조 융자(Syndicated Loan)	• 일련의 금융기관/차관단 구성
Leasing 1 (Operating, 운용리스)	• Lease 회사 • 선사(Owner)	• 국제금융시장-자금조달 • 선주선사의 잉여선복
Equity Funding (주식시장)	• 증시상장/유상 증가(BOND)	• 자본의 안정화
Subsidies and Shipyard Credit	• 한국수출입은행 지원융자(Export Credits) • 자국 선주 지원(Home Credit Scheme)	• 연불 수출금융 • 세제혜택/계획조선제도
Non-Bank Lending (민간신용제도)	• 종합상사(일본), GE Capital	• 금융리스와 유사

(2) 선박도입형태에 의한 분류

선박도입형태에 따라서는 자사선, 나용선, 정기용선 후 인수하는 방법이 있다. 일반적으로 리스회사를 통한 나용선의 이용이 많다.

금융기관(은행) 주도 선박금융은 대부분 단순나용선 또는 소유권이전 조건부 나용선(BBCHP) 거래형태를 취하는 반면에, 리스회사는 주로 단순나용선리스계약(BBC) 형태로 취급한다.

리스사는 주로 운용리스를 활용하는데, 운용리스란 리스회사가 리스자산의

표 5-5 선박도입형태에 의한 분류

구분	확보 방법	비고
자사선	• 내부 유보자금 • 증시 상장/유상증자	• 현금 유동성 압박
국적취득 조건부 나용선 (BBCHP)	• 자국 선주지원제도 • 금융선	• 금융리스 • Financing: 70%~80% • Equity: 20%~30% • 기간 종료 시 Ownership 취득
나용선	• 단순 나용선 • 선박매입 선택부 나용선	• 기간 종료 시 반선 • 기간 종료 시 매입 옵션
T/C & P/O	• 선박매입 선택부 기간용선	• 기간 용선 종료 시 매입 옵션

표 5-6 BBCHP와 BBC의 실무상 차이점

구분	국적취득부 나용선(BBCHP)	단순나용선(BBC)
개념	용선기간 중 임대료 형태의 선가를 지급하고, 임대기간이 만료되면 소유권 이전이 약정된 방식	임차기간 종료 시 선박소유권이 그대로 선박소유자에게 남아 있기로 약정된 방식
임차 기간	선박내용연수와 담보가치로 판단, 보통 내용연수보다 길거나 같음.	선박내용연수보다 짧음.
	*법인세법 시행규칙상 선박기준 내용연수는 20년(하한 15년, 상한 25년)	
선박 소유권	리스기간 종료 시 자동 또는 명목상 금액 지급조건으로 임차인 앞 이전.	리스기간 종료 시에도 소유권 이전이 안 됨.
외국환 거래법	한국은행 신고사항	한국은행 신고사항
	(외국환거래규정상, US$3천만불 이하 시에는 외국환은행 신고)	
선원법	국내선원법 적용	선원법 미적용(내항선 제외)
원천세	연불취득으로 보아 원천세 없음.	비거주자에 대한 원천징수대상으로, 임대료에 대해 2% 원천세 징수.

그림 5-4 BBCHP의 자금 흐름

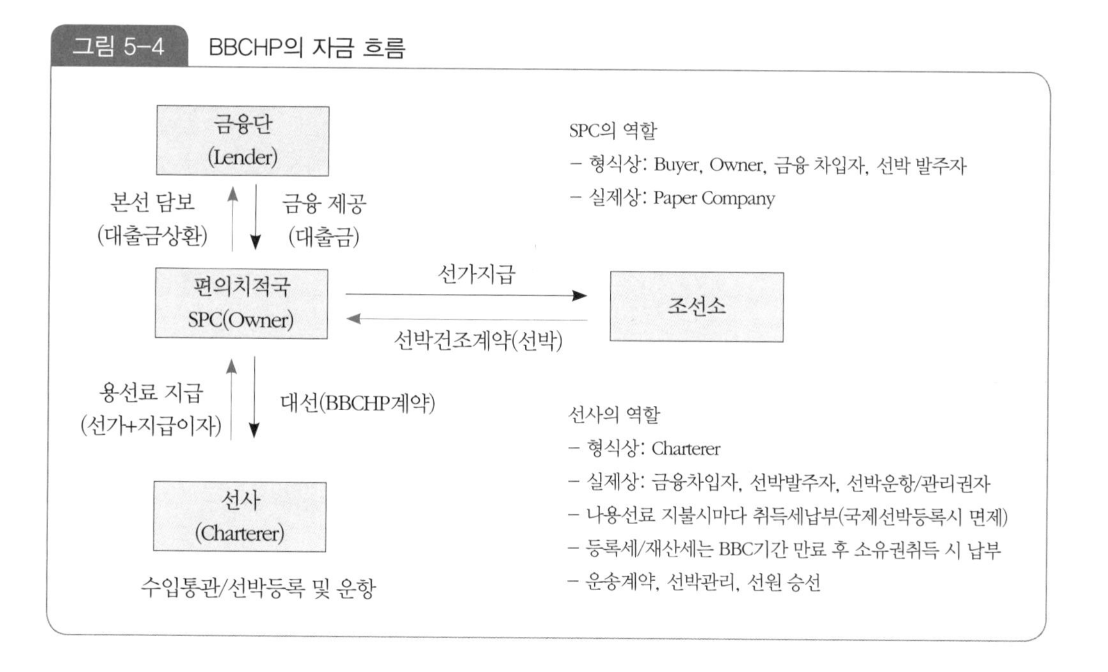

소유권, 위험, 효익을 리스이용자에게 이전하지 않는 리스계약으로 금융 리스와 달리 임대인이 리스자산의 유지 및 관리의무를 지며, 리스기간이 자산의 내용연

수에 비해 짧은 단기이므로, 특정기간의 임대료 수입으로는 투하 자금의 완전회수가 이루어지지 않는다. 리스회사는 리스기간 만료 시 통상 반환되는 리스자산을 시장에 매각하거나 재리스하여 이익을 실현하므로 리스자산의 잔존 가격은 임대인에게 중요한 수익원이 된다.

C·H·A·P·T·E·R

06 해운시장

INTERNATIONAL TRANSPORTATION

01 해운시장의 특성

1-1 해운시장의 의의

해운시장은 화물 또는 여객수송을 위한 선복수요와 이에 대한 선복의 공급에 따라서 성립된다. 수송거래는 화물 또는 여객 등의 수송대상과 선복과의 거래이지만, 선복과 화물과의 비율에 따라서 운임 등 기타 거래조건이 결정된다. 해운시장은 원양시장(遠洋市場), 근해시장(近海市場), 내항시장(內航市場) 등으로 나누어지고 선종에 따라서 탱커시장, 건화물시장 등으로 나누어진다. 거래형태에 따라서 장기시장, Spot시장 등으로 구분되며 배선(配船)지역에 따라서 걸프시장, 극동시장 등으로 불리기도 한다. 그러나 이러한 각 시장은 완전히 구분되는 것은 아니며, 상호 간에 영향을 미치게 되는 것이다. 예를 들면 근해시장에 선복이 부족하면 원양시장의 선대가 유입되고, 내항시장의 운임이 앙등하면 근해선이 유입되기도 한다. 탱커시장에 건화물선이 유입되는 일은 없지만 건화물선시장이 호조이면 탱커가 건화물을 수송할 수 있도록 개조하여 취항하므로 건화물시장의 수급이 균형을 이루게 된다.

1-2 해운시장의 요소

해운용역의 공급자인 재래정기선, 부정기선, 컨테이너선, 살화물선, 살화물과 유류겸용선 및 탱커선 등의 선주와 해운용역의 수용자인 잡화, 살화물 및 석유 등의 화주는 해운시장에서 세분화되어 9개의 요소시장으로 구분될 수 있다. [표 6-1]에서 살펴보면 각 요소시장은 해운용역을 공급하는 선종과 해운용역의 수요인 화물의 형태에 따라 구분된다. 선종과 화물의 종류에 관해 보충하면, 선주측에서의 6가지 종류의 선박은 각각 다음과 같은 의미를 지닌다.

① 재래정기선에는 전통적인 정기선에 semi-container선이 포함되며, ② 컨테이너선은 full-container선을 가리킨다. ③ 재래부정기선은 특정 화물수송으로 전용화나 겸용화가 되지 않은 살화물선을 가리킨다. ④ bulk carrier는 특정 살화물의 수송으로 전용화된 전용선 및 특정 살화물(구체적으로 광석, 철광석, 곡물

표 6-1 요소시장의 형성

공급자 · 수요자	일반화물화주	살화물화주	유류화주	비고
재래정기선 선주	1	2	×	정기선 해운
컨테이너선 선주	3	×	×	정기선 해운
재래부정기선 선주	×	4	×	부정기선 해운
bulk carrier 선주	×	5	×	부정기선 해운과
bulk oil carrier 선주	×	6	7	장기계약에 의한
탱커 선주	×	8	9	특수해운

주: 1) 표에서 숫자는 요소시장의 명칭을 나타낸다.
2) 표에서 × 표시는 요소시장이 성립하지 않음을 나타낸다. 단 재래 부정기선 선주와 잡화물 화주 간의 요소시장은 극히 적은 양이 관계되므로 무시한다.
3) 재래 정기선 선주와 컨테이너 선주는 각각 동맹선주와 맹외선주에 의해 구성되나 표에서는 구별하지 않았다.

등)의 수송에 이용되는 겸용선을 가리킨다. ⑤ bulk와 oil 겸용선은 구체적으로 철광석·석유 겸용선, 석탄·석유 겸용선, 철광석 및 곡물·석유 겸용선을 가리킨다. ⑥ 탱커는 석유겸용선이지만 곡물을 수송하는 기능도 가지고 있다.

화주의 경우 세 가지 유형은, ① 일반화물은 운임부담력이 높은 완제품 및 반제품을 가리키며, ② 살화물은 곡물·석탄·철광석과 같이 적재율이 높은 화물인 고체원료를 가리키며, ③ 유류에는 원유, 정제유 및 유류제품 등이 포함된다. 임의 변동 없이 항상 잡화를 주요 화물로서 그리고 살화물을 부차적인 화물로 수송하려 하기 때문에 여기에서는 운임수준의 변동에 따라 일반적으로 공급하고자 하는 행동(behavior)에는 큰 변화가 없다.

[표 6-1]에서 볼 수 있듯이 요소시장 1과 2는 횡적으로는 결합하지 않으며 수송영역이 분리된다. 분리된 요소시장 1은 요소시장 3과 결합된다. 왜냐하면, 잡화화주는 재래정기선 선주와 컨테이너선 선주가 해운동맹에 속해 있는 한 그들 중 어느 쪽을 선택하여도 동일한 운임률이 적용되고, 또한 어느 경우든 한쪽이 맹외선주이면 양자의 운임수준의 차이에 따라 상호 간에 수요가 대체될 수 있기 때문이다. 이러한 이유에서 요소시장의 1과 3은 잡화수송 부분이다.

요소시장 2는 요소시장의 4, 5, 6 및 8과 비교해 살화물 화주에게 있어 운임수준이 상위함에 따라 상호 간에 시장수요의 대체가 가능하다. 그러나 bulk와 oil겸용선 선주는 요소시장의 6과 7 그리고 탱커선 선주는 요소시장의 8과 9에서 각각 운임수준이 상위함에 따라 대체적 행동영역이 되고, 더구나 석유화주에 있어 요소시장의 7과 9는 운임수준이 상위함에 따라 대체적 행동영역이 된다. 따

그림 6-1 해운시장에서의 대체행동

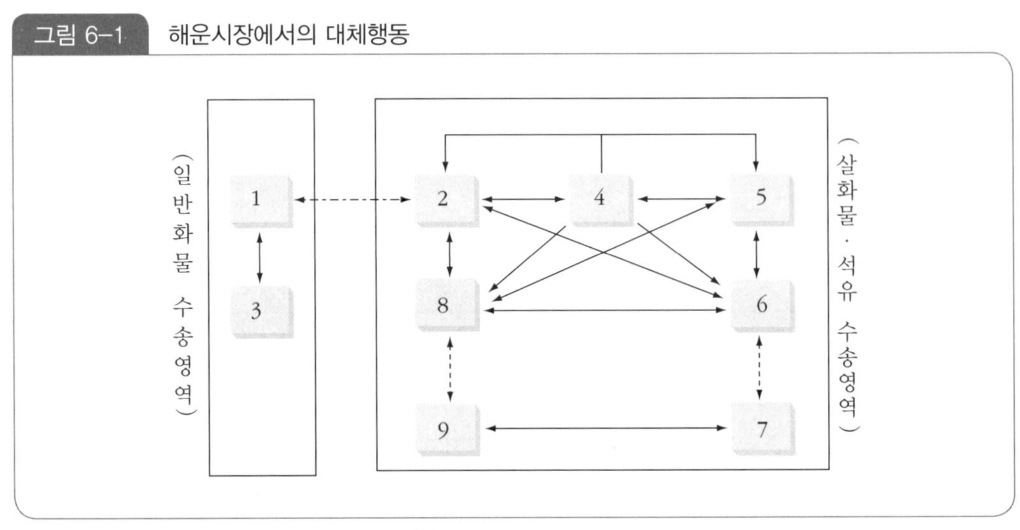

주: 1) ←→ : 운임수준의 상위에 따른 수요대체행동.
2) ←---→ : 운임수준에 따른 공급대체행동.
3) ←---→ : 운임수준의 상위에 따른 보충행동.
4) 1, 2, …,9: 요소시장의 1, 2, …,9를 나타냄. 1과 9 간의 대체행동에 대해서는 본문 참조.

라서 살화물과 석유의 수송영역에 관계되는 요소시장의 2, 4, 5, 6, 7, 8과 9가 수요와 공급의 대체행동에 의해 서로 결합되며, 여기서 이들 일곱 개의 요소시장에서 살화물 및 석유수송영역이 형성되는 것이다. 전통적 해운시장에서는 살화물과 석유수송영역이 각각 분리하여 독립적으로 고찰해 왔다. 과거 이러한 시장이 구성된 이유는 겸용선과 탱커의 요소시장 7, 8 및 9가 시장구성론의 대상으로부터 제외되었기 때문이다. 이들 요소시장을 무시하는 한 수요의 대체행동 또는 공급의 대체행동을 근거로 하여 살화물 및 석유에 대한 수송영역의 결합현상은 발생하지 않는다. 물론 양수송영역을 결합하는 시장구성이 현실적으로 적합한지는 실증적으로 검증되지 않으면 안 된다. 살화물, 석유수송영역의 결합성에 대한 검증은 가설적인 단계에 있다. 이상에서 살펴본 일반화물 수송영역과 살화물에 의한 대체행동은 [그림 6-1]과 같이 나타난다. 정기선시장은 요소시장 1과 3으로, 부정기선시장은 요소시장 2, 4, 5와 6으로, 탱커시장은 요소시장 7, 8과 9로 구분된다. 탱커시장에서 요소시장 8은 '그룹 탱커시장'이라 부르며, 요소시장 7과 9를 합하여 석유 · 탱커시장으로 구분된다.

그림 6-2 해운시장의 구조

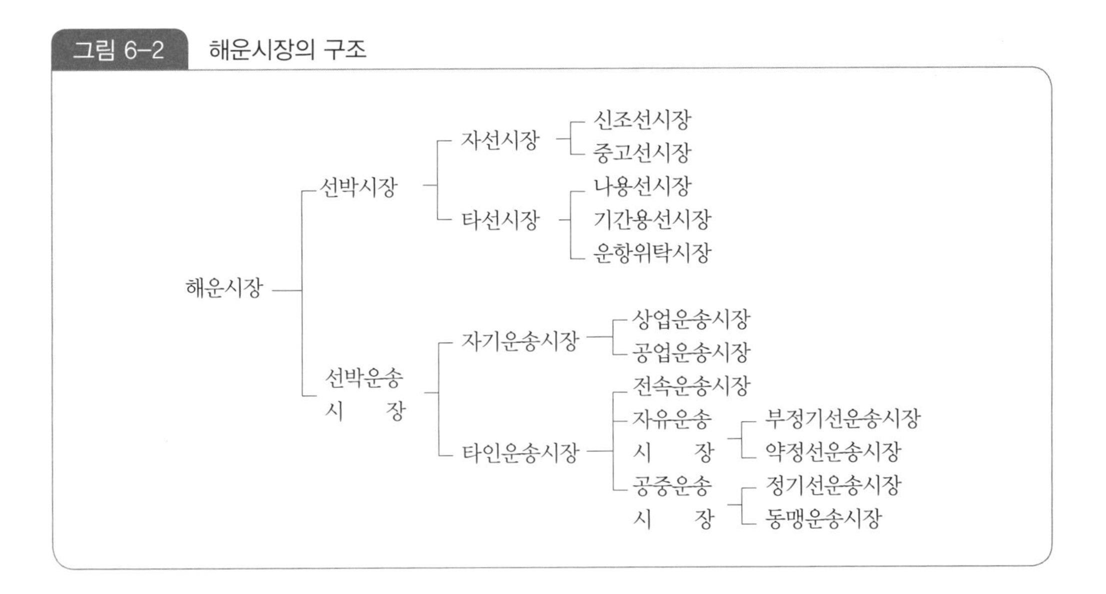

1-3 해운시장구조

해운시장구조는 범위에 따라 두 가지 측면에서 분류할 수 있다. 첫째는 광의의 개념으로 구조(structure)적인 측면에서 선박시장과 운송시장으로 구분하는 것이며, 둘째는 협의의 개념으로 서비스형태에 따라 구분하는 것이다.

(1) 광의의 해운시장구조

구조적인 측면에서 광의의 개념으로 분류하면 [그림 6-2]와 같이 선박시장과 선박운송시장으로 구분할 수 있다. 선박시장 중에서 자사선을 매매하는 것은 해운서비스와 직접 관계가 없기 때문에 해운시장 범위에 포함되지 않는다. 그러나 타사선을 용선하는 것은 선박 자체 매매보다는 해운서비스를 생산하는 공급원으로서의 의미가 크기 때문에 운송시장에 포함된다. 선박운송시장은 모두 해운서비스를 중심으로 성립하는 시장이다. 자기운송시장은 자기의 화물을 자기의 선박으로 운송하므로 운임수입이 선박운항의 목적이 아니기 때문에 무운임시장인 것이다. 전속운송시장, 자유운송시장 그리고 공중운송시장은 모두 운임수입을 목적으로 하는 운임시장을 형성한다. 그러므로 해운시장을 구성하는 모든 요소 가운데 객관적인 경제분석의 대상이 되는 시장은 용선시장과 운임시장이다.

시장분석에서 유의할 점은 수요와 공급의 대상이 되는 해운서비스의 차이가 문제가 되는 것이 아니라, 이 해운서비스의 공급자와 수요자의 성격이 전혀 다른 점이다. 운임시장에 있어서 수요자는 무역업자 또는 이에 준하는 정부나 공공기업이지만 이에 반해 용선시장에 있어서는 운항업자 또는 투기적 기업인에 한정된다. 한편 운임시장에 있어서 공급자는 선주 또는 운항업자이지만 용선시장에서는 선주 또는 투기업자에 한정된다.

(2) 협의의 해운시장구조

실제적으로 해운시장을 대표하는 것은 협의의 개념으로 해운서비스 패턴에 따라 정기선, 부정기선 및 탱커시장으로 구분하여 설명할 수 있다.

1) 정기선시장의 구조

현재 전 세계적으로 거의 모든 정기선 항로에는 기능이 약화되었지만 해운얼라이언스가 결성되어 있다. 해운동맹의 해체로 서로 다른 선사들이 모여 만든 전략적 제휴그룹인 얼라이언스를 통해 해운시장에서 경쟁을 하고 있다.

정기선 선주는 항로개설 시 자본설비와 서비스망의 확립을 고려하지 않으면 안 된다. 정기선해운업의 참여장벽은 기본적으로 1척의 선박을 보유하여 경영활동을 개시할 수 있는 부정기선이나 탱커산업과는 비교할 수 없을 정도로 높은 것이다. 이러한 것은 정기선해운업을 운영할 수 있는 선주의 수가 필연적으로 제한되며, 얼라이언스를 형성시키는 요인이 된다. 더욱이 선주가 참여조건이 충족된다 해도, 구체적으로 정기선시장에 참여하려 할 경우 기존 해운동맹이 여기에 대해 어떠한 태도를 취할 것인가도 문제가 되는 것이다.

정기선시장은 기본적으로 공급측에서 시장을 지배하여 공급과점적 시장구조를 가지고 있지만, 컨테이너선이 출현된 이래 개별선사가 대형화되면서 정기선해운업의 해운동맹이 약화되고 있는 것을 볼 수 있다.

항로별 정기선시장에 존재하는 공급자와 수요자의 행동은 각 동맹이 본래 가지고 있는 공통된 제도적 행동원칙에 의해 지배되며, 이러한 원칙에 따라 항로별 정기선시장에서 어떤 그룹화가 이루어질 수 있는 것이라고 볼 수 있다. 다시 말하면 각 항로의 상황을 살펴볼 때, 신규 참여자가 비교적 많이 나타나는 항로별 정기선 시장그룹과 그렇지 않은 항로별 정기선 시장그룹이 있다. 전자의 그룹은 개방형동맹(open conference)이 존재하는 항로별 정기선시장에서 많이 나타나며, 후자의 그룹은 모든 폐쇄형동맹(closed conference)이 존재하는 항로별 정기선시장에서 일반적으로 나타난다.

이러한 관점에서 세계적으로 존재하는 많은 항로별 정기선시장을 개방적 동맹에 속하는 항로별 정기선시장의 집합체와 폐쇄적 동맹에 속하는 그것의 집합체의 양자로 대별될 수 있다. 설령 동맹에 속해 있지 않은 맹외선사도 타동맹 혹은 선사와 항해일정이나 운임협정 등에 의해 시장이 형성되어 공급자가 주도하는 공급자 과점형태가 정기선시장 구조라고 할 수 있다. 정기선시장에서 경쟁을 줄이고 자원을 최대로 활용하기 위하여 그룹화현상으로 space charter system, congromerite, joint service system 등이 있다.

2) 부정기선시장의 구조

부정기선시장의 공급 측에서 어떤 협정 없이 동맹이 성립된 경우도 있는데, 그 대표적인 것이 발틱·백해 동맹(the baltic and white sea conference)이다. 이 동맹은 1905년 스칸디나비아와 러시아의 목재를 영국으로 수송하면서 형성되었고, 그 구성원은 해당 항로에서 관습적으로 운항하고 있던 선주였다. 그러나 살화물 수송에서 부정기선 선주의 동맹은 설령 일시적인 성공을 거두었다 하여도 붕괴될 수밖에 없다.

부정기선시장에 의해 공급업자의 결합의 한계요인으로 다음과 같이 요약할 수 있다. ① 공급자는 특정 시장형태에서 가장 수익성 높은 항로에서 이윤극대화 행동을 취한다. ② 공급자는 정기선 수송에서와 같이 주도면밀한 집화기구를 요하지 않으며, 수송 수요의 발생에 따라 항로가 결정된다. ③ 경영규모가 작은 공급자가 다수이며, 경우에 따라서는 1척의 선박만을 소유하는 경우도 있다. ④ 공급자, 즉 소규모 부정기선 선주가 너무나 많다. 이처럼 다양한 국적을 가지고 비교적 소규모의 다수 공급자가 수송수요의 발생에 의해 세계적 규모의 시장에서 행동함으로써 공급자가 공동행위를 전제로 하는 카르텔의 형성을 불가능하게 하는 것이다. 따라서 공급측의 시장집중도는 극히 낮고, 이러한 사정은 수요측에서도 마찬가지이다. 그 때문에 부정기선 시장에 있어 공급자와 수요자가 단독으로 어떠한 행동을 취했다 해도 그것이 이 시장의 운임에 영향을 미치는 일은 거의 없다. 그 결과 그들은 일반적으로 시장에서 결정된 운임에 따라 행동하며, 그를 위한 정보는 해운거래소에서 중개인의 활동을 통해 제공된다. 또한 이 시장으로의 진입과 탈퇴를 방해하는 제도적 요인은 없다.

부정기선시장이 완전경쟁적인 구조를 갖는 것은 상기된 이유에서 확실하다. 완전경쟁적인 구조라는 것은 엄격한 의미를 지니는 것은 아니며, 완전경쟁에 가

그림 6-3 해운시장의 관련성

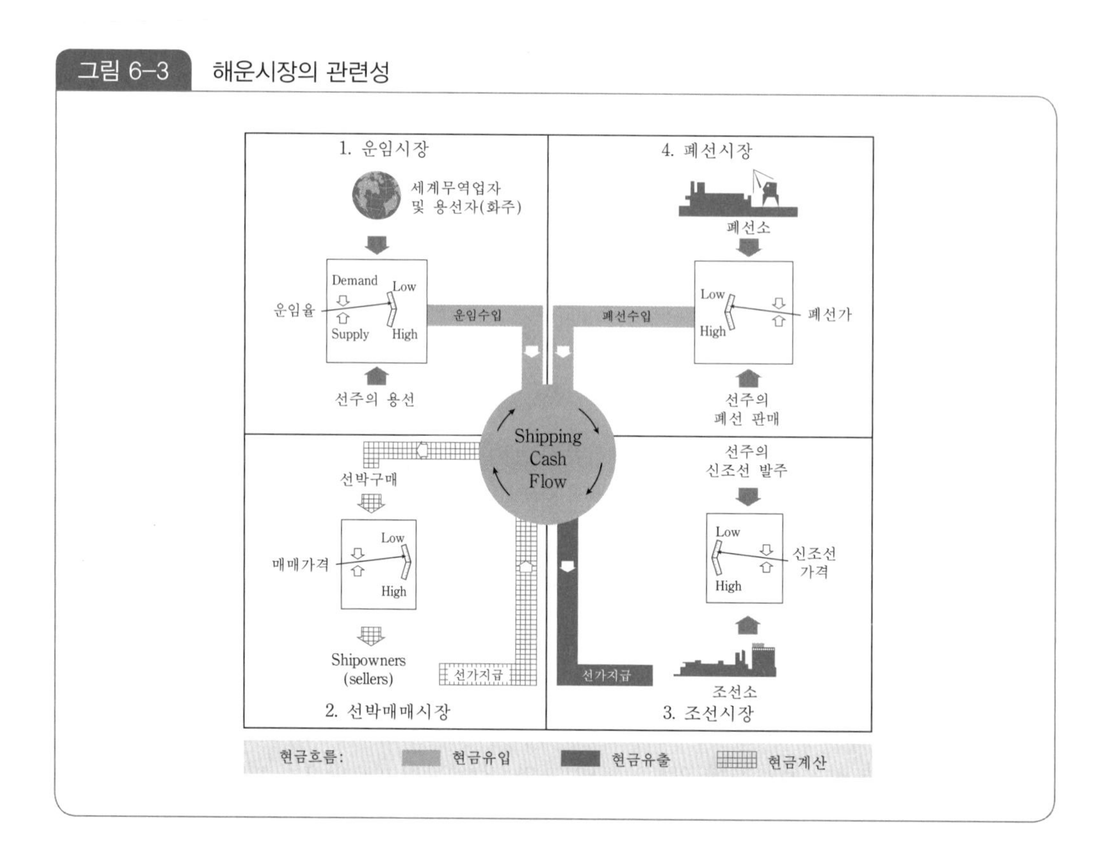

까운 구조를 가리킨다. 그 이유는 만일 이 시장에서 성립하는 운임(즉, 톤·마일당 운임)은 항상 동일한 가치를 지녀야 하지만, 현실적으로는 그렇지 않다. 특정시점에서의 화물별, 항로별 및 선형별 운임이 일치하지 않기 때문에 부정기선시장의 기본적인 구조를 불완전경쟁이라고 하는 것은 잘못된 것이다. 화물별 및 항로별의 운임의 상위(相違)는 선박이 특정항로상에 있어 특정화물의 수송활동에서 더욱 유리한 다른 화물의 운송수요가 발생한 다른 항로로 이동하는 데에는 시간이 필요하다. 화물별, 항로별 운임의 불일치는 선박이 불리한 지역시장에서 유리한 지역시장으로 전환하는 데 필요한 시간이 소요되어 운임균등화 현상이 나타나며, 이런 과정은 한계선박 이윤이 0이 될 때까지 계속된다. 즉 화물별, 항로별 운임의 차이는 장기적으로 완전경쟁을 전제로 하는 교환경제가 균형화되는 과정이 출현하는 현상이다. 또한 선종별 운임의 차이도 부정기선시장의 완전경쟁성을 기본적으로 부정하는 것이 아니며, 선형별 수송비용의 차가 운임에 반영된 것이다. 선형별 부정기선 수송서비스의 톤당 생산비가 달라 운임의 차이가 생기는 한, 다양한 선형을 가진 선주는 상대적으로 이윤균등화하는 데 유리한 위치에 있다. 이것은 모든 선형의 선박수송에서 완전경쟁이 이루어지고 있는 증거이다. 따라서 부정기선시장에서 공급자와 수요자는 특정시점에서 성립하는 유일한 운임기준으로부터 그들의 행동을 결정하지는 않으며, 특정시점에 있어 다양하고 높은 운임수준에 따라 행동한다고 말할 수 있는 것이다. 종합적으로 예외적인 사항이 있기는 하지만 부정기선 시장구조는 완전경쟁적 특성을 가지고 있다.

부정기선 시장에 영향을 주는 요소로는 수요에 영향을 끼치는 요소와 공급에 영향을 끼치는 요소로 구분될 수 있다.

① 수요에 영향을 끼치는 요소

운송은 상품을 다른 장소로 이동시킴으로써 상품의 한계효용과 최종소비지에서의 가치를 향상시키므로 소비자의 물품수요가 높으면 높을수록 이를 충족시키기 위해 운송수요가 증가하는 바와 같이, 해상운송 수요도 독립적으로 발생되는 것이 아니라 상품의 수요와 함께 발행하게 되며, 주로 외부 경제동향인 세계경제동향, 상품 무역 수요, 그리고 톤마일과 운임에 의해 영향을 받는다.

▶ 세계 경제 동향

세계 경제성장은 제조업체의 원자재 수입과 완제품의 수출과 같은 해상운송 수요를 야기하므로 세계 경제발전 동향과 해운시장은 긴밀한 연관이 있다. 아울러 유가 상승, 국지적인 전쟁 등의 특정 사건들로 인해 특정 시기 동안 상당히 큰 영향력을 주는 경우도 있다.

▶ 해상물동량

해상운송 수요에 대한 개별 상품무역의 영향은 단기적이라 할 수 있는 계절적 영향과 장기적이라 할 수 있는 해상운송의 중장기적 수요로 나눌 수 있다.

▶ 평균 운항거리(average haul)

해상운송수요는 ton miles로 측정되는데, 운송되는 화물량과 운송되는 거리를 곱하여 산출한다. 선박 항차당 평균운항기간이 증가하면, 그 비율만큼 시장에서 가용선박이 감소하기 때문에 수요가 공급을 초과하는 현상을 보이게 된다.

▶ 운송비용(transport cost)

원료는 화주가 해상운송비용을 받아들일 만한 수준이거나 화주의 주요 생산이윤이 제품 품질에서 얻어질 수 있다면 먼 거리에서라도 운송할 것이다.

② 공급에 영향을 끼치는 요소

해운시장에의 공급은, 선박건조 시 걸리는 시간이 길기 때문에 선박수요의 증가로 인해 시황이 호황기가 지속됨에도 불구하고, 선사는 즉각적으로 선박을 시장에 투입시키지 못해 수요 증가에 대처하지 못하며, 높은 탄력성을 가지고 있는 해운 수요기능에 비해, 그 탄력성이 낮다.

▶ 선대량(merchant fleet)

가용 선박량을 말하며, 해체와 신조선 인도가 선박의 증감율을 결정하는데, 선박의 평균 경제적 수명이 길고, 매년 단지 작은 비율만 해체되기 때문에 시장에서의 변화/조정 단계는 몇 달 단위가 아니라 몇십 년 단위로 측정한다.

▶ 신조선 인도량(shipbuilding output)

보통 사업주가 미래의 수요를 예측하여 선박 건조를 주문하나, 이 예측은 자주 빗나가 시장의 불황을 초래하는 원인을 제공하기도 한다. 따라서 선박 건조 시점은 해운시황의 불황기가 끝날 무렵(이때는 해운시황의 하락으로 선박 건조가도 동반 하락하므로 낮은 가격으로 선박 건조 가능) 또는 해운 시황의 회복기에 건조 주문하여 호황기에 선박을 인도받아 최고의 시황을 향유할 수 있다.

(3) 해운시장 4요소의 관계성

해운시장상황은 주요 시장인 운임시장, 선박매매시장, 폐선시장, 조선시장으로 구성되어 각 시장의 상황에 따라 기업의 현금흐름이 상이할 수 있다. 해운 관련 현금흐름에 따라 광의의 해운시장의 포괄적인 상황을 설명할 수 있다.

02 해운시장의 거래형태 및 성약

2-1 발틱해운거래소

역사적으로 세계해운시장의 중심이 되어 온 곳은 런던이다. 이곳에서 해운거래의 중심은 발틱해운거래소(the baltic merchantile and shipping exchange Ltd.)이다. 이 거래소의 기원은 Lloyd's와 같이 커피점이고 17세기에 시작되었다.

현재 발틱해운거래소는 세계 각국의 선주·선박중계업·무역업자 등 2,000

여 명의 회원으로 구성되어 있으며, 화물수송, 선박의 매매 등과 같은 거래가 이루어지도록 하고 있다. 그 거래조건 및 성약(成約)은 전 세계에 보도되어 각지의 해운거래의 표준이 되고 있다. 런던 이외 지역으로는 2차대전 후 미국의 화물이 증가하여 화주 중심의 뉴욕시장이 성립되었다. 뉴욕에도 해운거래소(maritime exchange)가 설치되어 있지만, 런던의 발틱해운거래소와는 달리 공개거래가 실시되는 것은 아니다. 뉴욕거래는 해운중개업자가 화주와 선주와의 거래조건을 알선함으로써 이루어지고 있다. 기타 지역인 동경, 홍콩, 오슬로, 싱가포르 등지도 이와 같은 형태의 시장이 형성되고 있다.

2-2 일반시장성약

거래소에서의 계약과 중개인에 의해서 성립하는 거래를 일반시장성약이라고 말한다. 일반시장성약은 Spot이라고 말하며, 대체로 1회 항해만의 수송계약이 대부분이지만 연속항해와 장기간의 수송계약도 시장거래조건으로 하고 있다. 건화물에 대한 일반시장성약은 전체의 해상화물의 5~6% 정도인데, 화물이 증가해서 선복이 부족한 연도는 그 비율이 높고, 불황으로 선복이 과잉된 경우에는 그 비율이 낮다. 화물이 증가하고 선복이 이러한 증가율에 미치지 못하면, 시장거래조건에 의해서 선복을 구하게 되고 이에 따라 당연히 운임이 상승하게 된다. 운임이 상승하게 됨에 따라 계선된 선박이 운항되고 선복거래가 이루어지기도 한다. 이에 반하여 화물이 적을 때는 시장에서 선복을 구할 필요가 적고, 중개 거래상대와 성약하게 된다. 그럴 경우 시장은 위축되고 해운불황으로 몰고가는 수도 있다. 시장성약이 많은 것은 곡물이며, 전체의 50%를 점하고 있다. 철광석은 장기계약 등의 특수성약이 많고, 시장성약은 적다. 시장성약에는 항해용선계약과 정기용선계약도 포함된다. 용선계약에 관한 자세한 내용은 후술한다. 시장성약은 이와 같이 전체 수송량과 비교하면 소량이지만, 시장에서 자유운임을 형성하기 때문에 해운거래소 전반의 지표가 되는 것이다.

2-3 특수성약

일반시장성약 이외의 것은 특수성약이다. 이것은 화주와 선주 간에 직접 이루어지는 거래이다. 거래관계가 있는 화주와 선주 사이의 거래는 통상 거래소나 중개인을 이용하지 않고 직접 성약된다. 화주와 선주 사이가 직간접적인 계열회사인 경우에는 특히 그러하다. 장기계약이 체결되는 경우에는 통상 시장을 경유하지 않고 직접 이루어지는 일이 많다. 또 인수계약으로서 연간 수송량과 운임수준을 관련시켜 결정하는 경우도 특수계약 형태이다. 예컨대 우리나라의 경우는 포항제철이 해운회사와 계약하는 형태이다. 석유의 경우에는 화주의 자사 혹은 계열회사의 선박으로 수송하는 경우도 많지만, 그렇지 않을 경우 거래량을 어느 정도 한정시키는 경우가 많다. 그러나 때로는 완전한 경쟁입찰에 의해서 장기계약을 하는 경우도 있다.

2-4 예측계약과 재용선

해상운송계약은 선주와 화주 간에 맺어지는 것이 원칙이지만 그렇지 않은 경우도 있다. 예를 들면 운임이 올라갈 것을 예측하여 일정기간의 정기용선계약을 맺고 그 후 시장에서 화물을 구해 운임차익을 얻으려는 방법이다. 예측계약은 일종의 선물환거래(先物換去來)에 해당한다. 그 반대로 선박을 갖지 않고 수송계약만 성약하고 차후에 싼 선복을 수배하는 방법도 있다. 그러나 이것은 손실위험이 따르고, 계약이 되지 않는 경우도 있다. 자사의 사정으로 타사에 대선(貸船)해 주는 일도 있는데, 이것을 재용선이라고 한다. 석유회사와 철강회사와 같은 화주가 계약한 선복을 재용선을 하는 경우도 있다.

03 해운시장변동

해운시장변동은 단기적으로 산발적 변동(sporadic changes)과 계절적 변동(seasonal fluctuation) 및 주기적 변동(cyclical fluctuation)으로 구분하여 설명할 수 있다.

3-1 산발적 · 계절적 변동

산발적 변동은 비정규적 변동이라고 하며, 단기적으로 운임이 변동한다. 이러한 변동양상은 2~3개월 이상 지속되지 않는 변동이며, 원인은 정치적 또는 투기적일 경우가 많다. 계절적 변동은 기후조건에 따라 동계에너지 수요나 수확 계절, 흉년에 의한 곡물이동 등이 시장을 변화시키는 것이다. 또한 상업거래의 성격에 따라 회계연도 말에 수송물량이 급속히 증가함에 따라 시장에 영향을 준다. 이러한 계절적 변동은 선주의 선박투자를 유도할 수 있다. 선주는 계절적 수요에 대응하기 위해 화물성격에 따라 고도의 탄력성을 가지는 다목적용 선박을 확보하는 경향이 있다. 계절적 변동은 탄력적 경영정책을 갖고 있는 선주들에게 유리하고 고도의 전용선을 확보하고 있는 선주로서 시장변동에 신속히 적응할 수 없는 선주에게는 불리하다.

3-2 주기적 변동

경기순환(business cycle, 장기, 중기 또는 단기)은 생산, 고용, 신용 및 가격과 같은 기본적 경기변수가 주기적으로 반복되는 진동이다. 그들의 상호관계에도 불구하고 주기적 변동은 산발적 및 계절적 변동과 구별된다. 경기순환이론은 일반적으로 세 개의 기본적 cycle로 구별된다.

— 50년 주기의 장기적 cycle은 Kondratiev의 cycle이라고도 한다. 그것은 20년의 팽창기, 10년의 절항기 그리고 20년의 후퇴기로 구별된다.

— 10년 주기의 Juglar의 cycle은 투자 cycle이라고도 하며,

— 3~4년 주기의 Kitchin의 cycle은 상업 cycle로서 간주된다.

해운 및 조선산업에서의 경기순환이론은 비교적 생소하며 객관화되어 있는 연구실적이 없다. 그러나 주기적 변동은 두 개의 주요 국면인 성장과 침체로 구분되며 그 기간을 중심으로 장·단기순환으로 설명할 수 있다. 해운에 있어서 성장은 해운수요의 증가로 선복(shipping space)의 증가가 요구되기 때문에 새로운 선박이 필요하다. 이에 따라 신조선의 발주가 증가하고 신조선건조가가 상승한다. 발주가 증가되고 신조선이 확대되면 세계 해운시장은 공급과잉상태에 들어가 성장기는 정점에서 하향하여 침체기를 거쳐 최저점으로 된다. 신조선 발주는 감소하고 고용도 역시 감소되고 해운경기는 극히 나쁜 상태에 직면하는 순환이 계속된다. 이러한 개념으로 해운경기가 변동하는 것을 예측하여 투자관리와 해운기업경영을 하는 것은 매우 중요하다.

(1) 단기순환

해운시장에서는 3~4년의 규칙적인 경기순환을 하고 있다는 단기순환론이 일반적으로 통용되어 왔다. 단기순환은 [그림 6-4]에서 보듯이 경기변동주기와 비슷한 형태인 성장기와 침체기로 구성된다. 성장기는 해운시황이 불황국면에 있을 때, 최저점으로부터 시작하여 경제 여건의 개선에 따라 물동량 증가, 운임 상승 등을 거치면서 점차 정점으로 향하여 가는 과정이다. 운임상승은 선주들의 수입을 증가시켜 주고 중고선 매입과 신조선 발주를 자극하게 된다. 정점에 도달될 때까지 신조선 발주는 계속되고 해운시장의 확대국면은 지속된다. 그러나 해운경기가 일단 정점에 도달되면 경제의 성장세가 둔화되는 등 경제 여건이 악화되면서 경기가 하락하기 시작한다. 이러한 하향국면의 해운시장에 신조선이 계속 인도됨으로써, 해운서비스의 과잉현상이 심화된다. 이에 따라 운임은 급격히 떨어지게 되어 선박의 계선 및 해체량이 증가되고 신조선 발주도 격감된다. 시간이 지남에 따라 과잉현상이 시정되고 수요와 공급도 점차 균형점에 접근하게 되어 해운시장은 또다시 성장기를 맞이하게 된다. 그러나 단기순환은 3~4년의 규칙적인 순환을 보이지 않는 경우도 있다. 탱커해운의 경우, 1973년 정점을 기록한 이래로 20여 년 이상 침체국면이 지속되고 있고, 건화물시황도 1980~1981년을 정점으로 하여 그 후 10여 년 이상 불황이 지속되고 있다. 즉 단기순환의 이론을 현실이 충분히 뒷받침해 주지 못하고 있다.

(2) 장기순환

제2차 세계대전 이후 해운시황(부정기선 해운)의 변동은 단기순환과 장기순

그림 6-4 해운의 단기순환

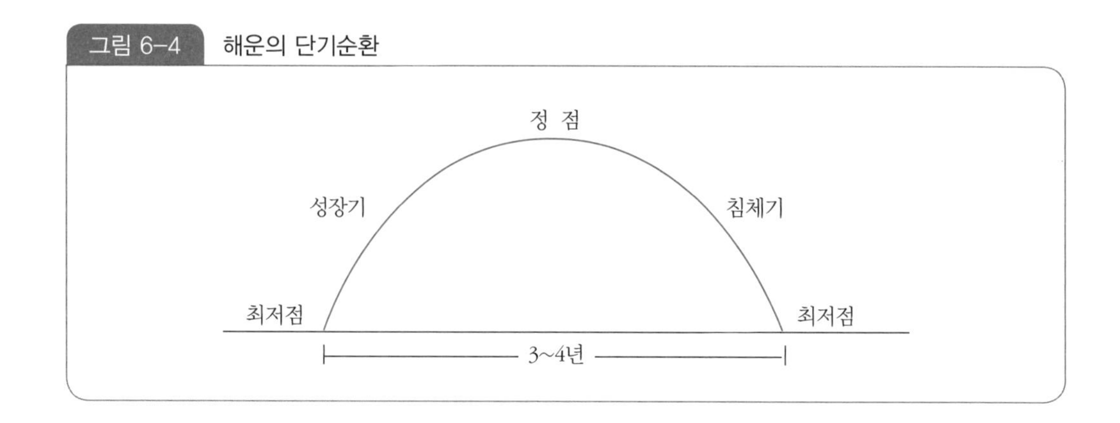

환이 공존하는 것으로 분석되고 있다. 단기순환에는 세계경제 동향과 선주들의 행동이 주요 변수로 작용하지만, 장기순환에는 이외에도 금융기관, 조선소, 각국의 정책동향도 변수로 작용하고 있다. 장기순환은 20년 주기의 확장기와 조정기로 구성된다.

확장기(build-up phase)는 3~4년 주기의 단기순환 3개로 구성되어 있으며 점차 최고정점을 향해 올라가는 상승국면을 취하고 있다. 확장기에는 단기순환의 규칙성과 운임의 상승세가 시장 참여자들을 고무시켜서 시장은 확대의 길을 걷게 된다. 정점 2 이후부터는 신조선 발주가 증가되고 운임이 정점 3에 접근함에 따라 선주들은 낙관론 속에서 조선소나 은행의 자금지원에 힘입어 선대확장에 열을 올리게 된다. 특히 이 시기에는 전혀 예측할 수 없는 전쟁 등 정치·사회적 요인까지 겹쳐 운임상승을 부채질한다. 조정기(correction phase)는 정점 3을 지나면서 확장기에 이루어진 선복증가와 경제불황에 의한 수요감퇴로 선복과잉현상이 현저해지고 운임은 급격한 하락세를 보이게 된다. 운임급락에 따라 규칙적인 운임회복을 기대했던 선주들은 공급을 감축하게 되는데 계선량이 증가하면서 일시적인 운임상승이 나타난다. 그러나 이 경우 운임상승폭은 적고 단기에 그친다. 이때 선주들은 여전히 운임회복을 기대하면서 신조선 발주를 하기도 한다. 최고정점기에 발주했던 선박들이 인도되고 계선선박들이 운항되면서 운임은 다시 하락한다. 시장 참여자들은 낙관론을 버리고 불황하의 시장현실을 직시하게 된다. 중고선가는 바닥세를 기록하고 은행도 자금지원을 꺼리게 되어 선주들은 심한 자금압박을 받게 된다. 선박의 과잉현상이 뚜렷하여 해체선가와 중고

그림 6-5 해운시황의 장기순환

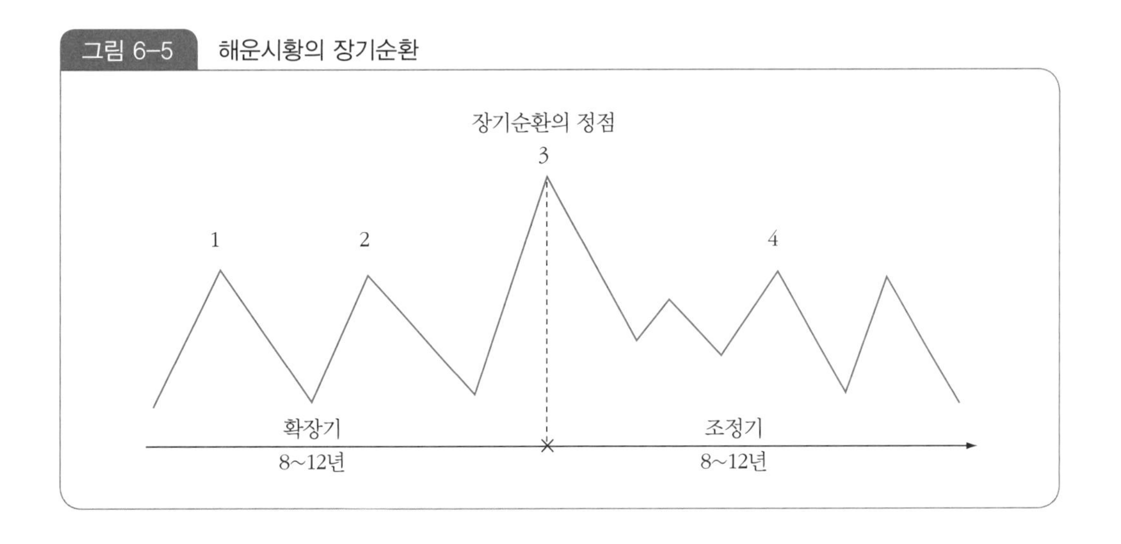

선가의 차이가 거의 없어지면 시황회복기까지 긴 시간이 소요될 것이기 때문에 선박해체를 늘리게 된다.

그 후 신조선 발주를 줄이고 선박해체 및 계선을 늘리는 가운데 세계 경제회복 등에 기인하여 수요가 증가되면 운임은 정점 4로 다시 상승한다. 이 시기에는 선박의 대량인도가 없어 운임이 상당히 높은 수준까지 상승한다. 그러나 전반적으로 만성화된 선복과잉이 해소되지 않았기 때문에 미미한 파동을 거치며 균형점에 접근하게 되면, 만연했던 비관론도 사라지고 운임이 다시 상승하는 등 새로운 확장기로 접어든다. 해운산업의 경기순환 특성을 다음과 같이 요약할 수 있다.

① 장기 및 중기 cycle은 세계경제에서 전형적이고 간접적으로 해운에 영향을 미친다.

② 국제무역을 포함하는 단기 cycle은 해운에 직접적인 영향을 미친다.

③ 한편에서는 세계경제와 해운, 다른 한편에서는 해운과 조선에서의 경기순환 간에는 밀접한 상관관계가 있다. 그러나 어떤 경우에는 cycle이 유사하지가 않다. 조선에서의 불황은 조선소가 이전에 수주된 주문으로 일할 수 있기 때문에 해운의 위기와 관련하여 지연될 수도 있으며, 반대로 해운의 회복은 초기단계에서 계선된 선박이 전가동될 것이기 때문에 새로운 선박의 주문을 자동적으로 증가시킬 필요가 없다.

④ 발전추세의 과정을 왜곡시킬 수도 있는 각기 다른 장·단기적인 cycle의 중복이 있어, 분석을 더욱 복잡하게 만든다.

⑤ 해운 및 관련산업(특히 조선)에서의 경기순환이론은 충분히 개발되지 못했다. 이것은 현대 해운경제학의 핵심문제 중 하나가 될 것이라고 본다.

C·H·A·P·T·E·R

07 해운기업 운영과 해상운임

01 해운기업의 운영과 주요 업무

1-1 해운기업의 운영

해운경영의 주체는 해운기업이다. 해운기업은 주식회사 형태가 주종을 이루지만 개인이나 조합 등의 특수형태도 있으며, 정부에서 직접 해운업을 경영하는 경우도 있다. 화주와 직접 수송계약을 체결하고 선박운항을 맡는 해운기업을 운항업자(operator)라고 한다. 운항업자는 용선자일 경우도 있고 직접 선주일 경우도 있다. 선주 이외에 해운에 부수되는 업무를 경영하는 기업도 넓은 의미로 해운기업 범주에 포함시키는 일이 있다. 우리나라 해운법에서 해운업을 해상여객운송사업, 해상화물운송사업, 해운중개업, 해운대리점업, 선박대여업 및 선박관리업으로 정의하고 있다(해운법 제2조 제1항).

해운경영의 주체로서 해운기업은 해운을 전문으로 하는 형태와 해운업을 부수적 또는 겸업형태로 영위하는 경우로 나눌 수 있다. 현재와 같이 독립된 해운경영 형태가 출현한 것은 19세기 후반 이후부터이고, 그 이전에는 부수업 혹은 겸업형태로 상인이 자기소유 화물을 자기소유 선박으로 수송하기 위하여 상선운송인(private carrier 또는 merchant carrier)이 등장하였다.

화주와 선주가 분리되어 일반운항업자와 일반운송인으로 발전하게 되었으며, 산업사회가 발전하고 대량생산이 가능한 기업들이 상품생산에 필요한 원료를 직접 수입하여 수송비를 절감시키려고 하는 노력이 두드러지게 되었다. 석유회사가 탱커를 소유하기도 하고, 철강회사가 철광석 전용선회사를 만드는 경향이 높아지기 시작했다. 산업체 전용선으로 가장 많은 것은 탱커이다. 세계의 탱커 중 40%와 철광석선의 40~50%를 석유회사나 철강회사가 소유하고 있다.

1-2 해운기업의 주요 업무

(1) 선박취득

선박은 해운경영에서 선원과 더불어 가장 기본적인 요소이다. 그러나 선박을 소유하지 않고 용선에 의해서 해운업을 경영하는 것도 가능하다. 이 경우는

표 7-1 신조선과 중고선의 경영상의 비교

	신조선	중고선
선가	비싸다.	저렴하다.
자본비	금리부담과 상각비가 많다.	금리부담과 상각비가 적다.
운항수입	능률이 좋기 때문에 수입이 많다.	저성능이기 때문에 수입이 적다.
호황시	투자자본에 비해서 수익률이 중고선에 비하여 상대적으로 매우 높다.	투자자본이 적기 때문에 수익률이 높다.
불황시	최저수익을 얻을 수 있다.	결손이 된다.
계선점	낮다.	높다.
경영	안정적	투기적

선주가 선박을 취득(또는 구입) 관리하고 운항업무만을 타사에 분담시키는 것이므로 선박의 적절하고 경제적인 취득은 해운회사경영의 기초가 된다. 선박취득방법은 신조선을 새로이 발주하는 것과 중고선을 구입하는 경우가 있다.

선박취득가는 해운업경영에 중요한 요소이다. 같은 선형·선종의 선박일지라도 매매시기에 따라서 선가는 변동한다. 모든 상품의 가격이 변동함에 따라 선박의 가격도 변동하겠지만, 원재료, 노임, 기술혁신에 의한 비용의 변동에 크게 반응한다. 해운시황 또는 투기적인 선박매매 등에 따라서도 변동하게 된다.

신조선 발주는 해운기업의 중요한 의사결정과정에서 선정된다. 신조선의 건조에 따라 운항능률을 높이고 우수한 선박을 취득함으로써 영업성적이 향상되는 것이다. 신조선 발주는 선형 및 선박건조조건 등 여러 요인을 고려해야 하기 때문에 충분한 검토가 선행되어야 한다.

중고선의 구입과 자사선의 매각도 해운업무의 일종이다. 선박매매를 위한 거래조건의 조회는 일반시장에서 거래조건의 조회 등으로 이루어진다. 국제간에 거래가 많이 이루어지고 있다.

한 선박의 소유는 반드시 단독으로 이루어질 필요는 없으며, 두 개 이상의 기업이 공유하는 경우도 있다. 기업의 제휴 및 합자투자 등에 의한 선박의 공동소유개념이 적용되고 있다. 화주와 해운업자가 선박을 공동소유하려는 목적은 선박운항 이익을 상호 간에 공유하는 데 있으며 선주상호 간에 협력하여 기업이윤을 최대화하는 데 있다.

(2) 선박의 용선

선박을 직접 취득하여 운항하는 이외에도 용선에 의해 선복을 취득하여 수송업무를 행하는 방법도 있는데, 수송행위를 하청하는 것이다. 자사의 수송대상 화물은 유동적이어서 특정 시기에 화물수요가 많아 보유선박으로는 수요에 대응할 수 없다. 이러한 경우 용선에 의해서 서비스를 제공한다. 선박을 용선하여 자국에 선박등록을 하지 않고 타국에 등록하여 편의치적방식으로 영업하는 경우도 있다.

(3) 선박금융

선박금융이란 선주가 은행을 비롯한 여러 가지 형태의 자금 제공자(금융기관)로부터 신조선 발주, 중고선 매입, 선박수리나 개조 등을 위한 신규자금 및 재금융(Refinancing)을 조달하는 것을 의미한다. 선박금융은 선박 자체의 자산가치 및 선박의 미래 수익을 담보로 이루어지는 대표적인 자산담보 형태의 금융이다. 특정 선박을 운용하여 발생하는 수익(용선료)을 재원으로 대출원리금을 회수하는 금융제도(Mortgage Financing)이다.

(4) 선원배승

선박을 취득하면 이것을 운항할 선원이 필요하다. 신조선의 경우는 준공에 앞서 진수시부터 상당수의 선원, 의장(艤裝) 등의 감독과 선원의 승선도 해운업무의 하나이다. 선원의 고용은 한 선박을 단위로 승선할 때마다 고용하는 제도와 선사단위의 계속적 고용제도가 있다. 과거 부정기선은 전자의 방법을 취하였으며 현재에도 외국선에는 그 제도가 많다. 우리나라의 선원법에는 선원이 승하선(乘下船)할 때마다 고용과 해지수속을 하기로 되어 있지만 이것은 형식에 불과하며 실제로는 관습에 의해 행해진다.

선원의 임금수준도 중요하지만 선원의 역량이 중요하다. 우수한 선원은 운항능률을 향상시키고 선박의 유지관리를 효율적으로 수행하여 높은 운항이익을 성취하는 데 크게 기여한다. 임금부담보다는 운항실적에 관심을 가져야 할 필요성이 요구된다. 우리나라의 고급 선원 교육은 해양대학과 해양전문대학에서 이루어지고 있으며, 하급선원 교육은 해양고등학교에서 이루어지고 있는데 세계적으로 수준 높은 선원국으로 평가받고 있다.

(5) 집화와 물류관리

해운기업 업무 중 화물을 확보하는 것이 중요하다. 집화에는 정기선 항로와 같이 다수의 소량화물을 모으는 방법과 선박단위로 대단위화물을 찾는 방법이 있다. 후자의 경우에는 특정 선박의 수송화물을 장기간에 걸쳐 계약하는 방법이 있다. 장기계약을 할 때는 가장 많은 화물이 보장되고 지속적으로 화물이 확보된 상태에서 이루어진다. 계약의 대상이 되는 선박도 대형선이 많고, 기간이 장기적이므로 항해횟수도 많은 것이 보편적이다. 한번 계약이 되면 집화의 필요성이 없기 때문에 그만큼 성약이 어렵다.

해운업도 화물을 집화하기 위해서는 시장을 확보해야 되고 판매촉진기능을 최대화하기 위해서는 문전에서 문전까지 물류서비스를 제공해야 한다. 화물정보를 받아 화물을 확보하고 수송 및 보관, 포장 등을 원활히 하여 경제적인 운송을 함으로써 효율적인 물류관리를 수행하는 것이다.

그림 7-1 해운업의 운송믹스(Mix)

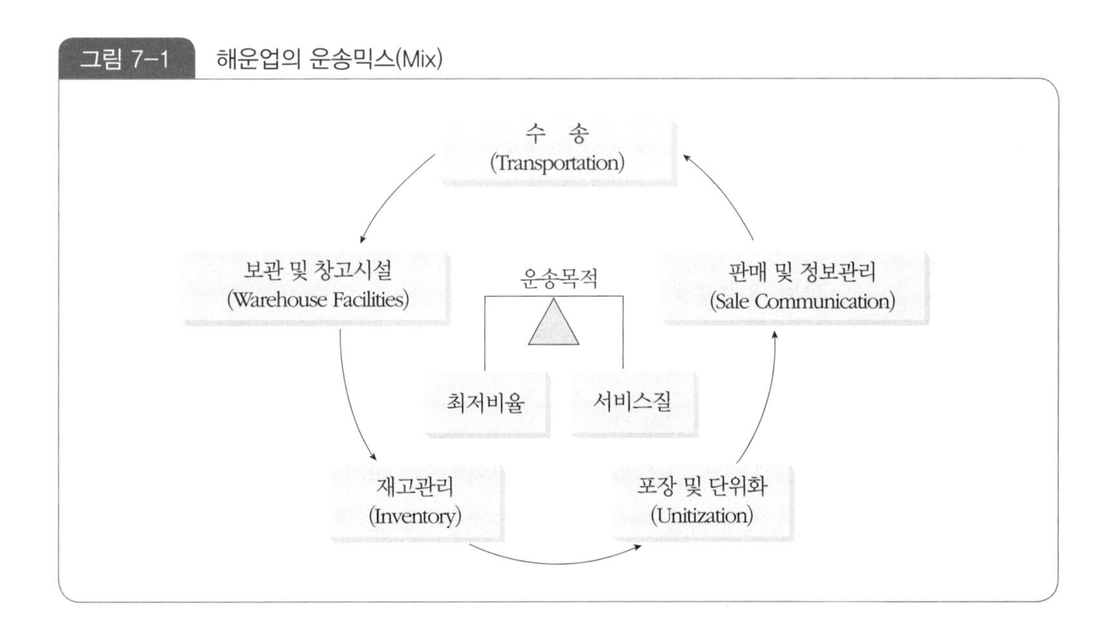

(6) 수송계약과 선하증권발행

수송계약에는 주로 대형화물을 대상으로 선박단위당 항해용선계약과 소량화물 수송시 체결하는 개품운송계약방식이 있다. 항해용선계약방식과 계약내용은 제3장을 참조하기 바란다. 개품운송계약(COA: contract of affreightment)은 사실상 서류가 작성되지는 않지만 선하증권(bill of lading)에 기재되기 때문에 실제적으로 선하증권으로 대행한다.

(7) 항해 및 입출항업무

해상수송은 화물의 선적에서 시작된다. 하역작업은 계약에 따라 책임당사자가 결정된다. 선주의 책임은 선측에서 시작되며, 창고보관료 및 화물을 선측까지 이송하는 데 드는 비용은 화주가 부담해야 한다.

출항 후 선장의 지휘하에 항해일정에 적합하게 목적항에 도착해야 한다. 정기선의 경우 정해진 기일에 도착해야 하며 부정기선의 경우 운항일수의 단축은 영업성적의 향상으로 나타난다. 항해와 관련해서는 선박의 속력이 중요하다. 속력과 운항비관계, 특히 유류비를 고려하여 속력을 조정한다.

국제해상물품운송법에 근거하여 용선계약서나 선하증권에서 선주의 책임이 면제되는 사항은 다음과 같다.

① 불가항력에 기인한 손해

② 정부법에 의한 출항정지, 항해제한차압 기타 검역 등에 의한 손해

③ 폭동, 내란, 파업 등에 의한 손해

④ 화물의 성질 또는 하자에 의해서 생기는 손해

⑤ 선원 기타 사용인에 의한 항해과실

⑥ 선주 자신의 고의과실에 의하지 않은 화재에 기인한 손해

⑦ 송하인의 과실에서 생긴 손해

⑧ 송하인이 허위신고를 했을 경우

⑨ 기타 선주와 선원의 고의, 과실에 의하지 않은 손해

선박이 입항하는 경우에는 선주와 대리점은 미리 선박입항 전에 그 항만의 규칙에 따라 입항수속을 밟아야 한다. 수속이 완료, 입항하게 되면 검역착지에서 검역관의 검사를 받은 뒤 항만관리자의 지정에 따라서 지정된 선석(船席)에 접안하게 된다. 필요에 따라 도선을 의뢰해야 되고 세관과 출입국관리사무소의 수속이 끝나면 항만당국과 협조하여 하역작업이 시작된다.

(8) 수출입업무

수출업무는 해운회사나 수출업자로부터 선복을 예약받으면서 개시되며, 선적업무가 수행된다. 수입업무에서 해운회사는 선박이 입항하기 전에 수입화물을 파악하여 선박이 입항한 후 화주에게 화물을 인도해 주어야 한다.

(9) 선박의 유지 및 수리

선박은 해상을 항해하기 때문에 안전하고 능률을 유지할 수 있도록 선체 및 기관, 기구가 정비되어야 하고 각국의 선박안전법과 IMO 규칙에 적합하도록 선박이 유지되어야 하며 선박은 선박안전법에 근거해서 정기검사, 중간검사, 기타 검사 등으로 구분하여 실시된다. 선박에 대한 보수는 검사에 맞추어 Dock에 입거할 때 선체의 청소, 녹제거, 도장 등을 실시하게 된다. 동시에 기관과 속구, 비품 등도 정비하게 된다. 선체의 입거수리는 최소한 1년에 1회는 실시해야 한다.

(10) 해난과 해손처리

선박은 해상을 항해하기 때문에 황천, 조류, 암초, 다른 선박 등으로 인해 충돌, 침수, 침몰, 표류, 좌초, 손상 등의 해난이 불가피하다. 선박은 항해 중 해난이 발생하지 않도록 주의하지 않으면 안 되며, 해난에 대한 대비도 해야 한다. 해난에 의한 손해는 단독해손(particular average)과 공동해손(general average)으로 나누어진다.

(11) 해상보험업무

해상사업에 관련해서 발생가능한 손해에 대하여 담보하기 위한 해상보험제도가 있다. 해상보험이 선박과 화물에 해난을 제거할 수는 없지만 손해를 분산시킬 수는 있다. 선주 및 화주 전체로서는 해손금액보다 다액의 보험료를 지불하고 있지만, 개개 선주와 화주로서는 해손을 입었을 경우, 손해의 집중을 막을 수가 있다. 보험회사는 계약에 의해서 인수한 보험을 재보험으로서 타보험사와 계약하여 보험은 사실상 전보험회사가 공동으로 인수하는 성격을 지니고 있다.

보험은 크게 나누어 선박과 적하보험으로 나누어진다. 선박보험인 선체보험, 선비보험, 불가동보험, 건조보험, 선주책임보험 등이 있다. 적하보험은 화물에 대한 해난보험으로 화주가 무역조건에 따라 부보(付保)하게 된다. 화물보험 범위는 하역, 화재, 침몰, 좌초에서 해적, 강도, 선원의 불법행위 등 광범위하여 선박범위보다 넓다. 이러한 해손의 정의·보상·면책사항 등을 규정하는 약관인 ICC(institute cargo clause)와 ITCH(institute time clauses hulls)는 1982년에 새로이 개정되어 사용되고 있다.

(12) 해운업의 수지계산

이상의 업무에 의해서 영업이 실시되며 이에 관한 평가방식으로 수지계산이 필요하다. 해운업의 수지를 결정짓는 것은 운임, 용선료와 이에 대응하는 경비와 운항비 및 선비이다.

(13) 컴퓨터시스템 관리

해운회사는 컴퓨터시스템을 활용하며 조직을 운영하고 있다. 주요 업무를 보면 선용품관리, 청구서관리, 예약관리, 선박의 설계 및 사양선박의 적정 속력관리, 경영정보관리, 급여관리, 선박일정, 컨테이너 재고관리, 통관 및 선박유지관리, 서류관리 등을 컴퓨터 처리하고 있다.

02 해상운임의 결정원리와 실제

2-1 해상운임

해운기업의 주된 수익은 해상운임수익이다. 본 절에서 해상운임의 결정원리와 실제에 대하여 살펴보고자 한다. 운임(freight)이란 수송요금으로서 운송업체가 제공하는 운송용역에 대하여 고객이 지불하는 보수인 단위당 가격을 의미한다. 안전한 운송 및 물품의 인도에 대해 운송인에게 지불하는 대가로서 운송 중에 물품이 멸실되었다면 운임의 지불은 없다. 따라서 운임은 안전한 운송과 완전한 운송물의 인도에 의해서만 지불될 수 있다.

운임수준(rate level)은 특정운송요금을 산출하는 기준이 되며, 특정용역의 가격범위 또는 수준을 나타내는 것이다. 따라서 운임은 제공하는 운송용역의 단위당 가격으로 용역의 형태에 따라 여러 종류의 요금을 일정한 순서로 작성한 운임률표 또는 요금률표라고 부른다. 운임이 개별적으로 계약될 때에는 자유운임이라 하며, 동종의 다수 운송기관이 조직적으로 요금표를 작성하여 미리 공포한 것을 공정운임(tariff)이라고 하며, 대개 해운이나 항공업계에 많이 이용되는 운임형태이다.

(1) 운임학설

운송용역의 대가인 운임은 일반상품의 가격을 결정할 때와 거의 같은 원리에 따라 결정된다. 일반상품의 가격이 생산가격, 독점가격 또는 그 양자의 절충가격 등 세 종류로 이론상·실제상 구분되어 있는 것과 마찬가지로, 수송용역에 대한 대가로서의 운임도 산업가격에 따른 자유가격(자유운임), 독점가격으로서의 독점운임과 양자의 절충인 정책운임으로 구분하여 생각할 수 있다. 각종 운임의 결정방법의 이론적인 기초로서는 생산비설, 용역가치설 또는 부담력설 및 그 절충설로 대별된다.

운임에 관한 생산비설은 원가주의이론(cost of service principle), 생산가격설 또는 비용가격설이라고도 한다. 운임의 결정은 최종적으로 생산비에 의거한다는 주장이다. 생산비설에서의 생산비란 회계적 비용(accounting cost)에다 기회비용(opportunity cost)과 사회일반의 평균이윤 혹은 정상이윤을 포함한 경제학적 비용을 말하며, 여기서 정상이윤이란 수송업자가 계속하여 수송에 종사하게 할 수 있는 정도의 이윤을 말한다. 생산비의 존재는 운임형성의 근본적 기초로서 받아들일 수는 있으나, 실제로 운임을 산출하는 데는 생산비 이외의 요소가 고려되어야 한다고 받아들여지고 있다.

용역가치설(value of service principle)은 제공하는 수송용역의 대가이므로 용역제공으로 발생하는 부가가치에 따라 가격이 결정된다는 이론이다. 수요자 측에서 주관적으로 인정하는 수송용역에 대한 가치평가와 여객 또는 화물에 따라 상이하며, 만일에 동일 수송구간, 수송량일지라도 수송의 가치는 상이할 수 있으므로 그 가치변화에 따라 운임도 변화하여야 한다. 수송기관의 이용자 측면에서 볼 때, 용역가치설에 의한 운임은 이용자가 부담할 수 있는 최고한도이기 때문에 이용자는 그 이하의 부담을 해야만 이익을 얻게 되므로 운임은 용역가치설보다는 부담능력설에 귀착되는 것이다.

부담능력설(Charging what the traffic will bear)은 운임을 특정 수송용역의 가치와 이용자 측의 운임부담능력을 한도로 하여 결정하여야 한다는 학설로서 차별운임(differential rate) 또는 등급운임(class rate)을 기준으로 한다. 부담력의 차이에 의하여 표정운임(表定運賃)을 여러 등급(class)으로 분류하고 높은 등급일수록 높은 운임을 부과하는 것이다. 여객수송에 있어서 여객의 부담능력을 측정하기는 곤란하지만 1등급, 2등급, 3등급 등으로 여객수송용역을 분류하고 등급이 높을수록 높은 운임을 부과하는 것은 부담력을 기준으로 한 차별운임이라 할 수 있다. 화물수송에 있어서도 저가의 물품일수록 부담력이 낮다는 전제하에 낮은 운임을 부과하는 식으로 수송되는 화물을 등급으로 분류하여 등급요율을 부과한다. 이 학설의 결점은 요율결정 기준이 명확하지 않고, 대량수송되는 화물에 할인을 해 주지 않고, 수송기관이 독점일 때 화물의 부담력을 이용자가 아니라 수송용역의 공급자가 일방적으로 결정하는 강제성을 지니고 있다는 점이 반영되지 않았다.

절충설에 따르면 운임의 최고한도는 부담능력에 있고 최저한도는 수송비용에 있다. 수송업자가 실제로 요금을 부과할 때는 부담능력과 수송비용의 어느 중간을 택하게 될 것이다. 이것이 생산비설과 부담능력설의 중간입장을 취하는 절충설이다. 이론적으로 보아서 운임은 생산비설과 부담력설의 조건 내에서 최대이익을 목표로 결정될 것이라고 생각되나, 실질적으로는 국가의 경제정책, 사회정책, 군사, 정치, 무역, 국제관계 등을 정부통제기관이 고려하여 운임을 정책적으로 결정하는 경우가 많기 때문에 절충에 의한 운임은 정책운임(administered price or rate)이라고도 부른다.

일반적으로 운임을 새로 제정하거나 현재 운임률을 개정할 때에는 수송비용, 수송용역가치, 수송시장의 경쟁 정도, 정부기관의 수송기관에 대한 경제적 통제 및 수송수요의 탄력성의 다섯 가지 요소가 고려되어야 한다.

(2) 해상운임결정의 일반원칙

해상운임은 해운서비스에 대하여 이용자가 지불하는 가격이다. 가격은 생산원가, 수요자에 대한 생산물의 효용가치와 부담능력 등을 고려하여 결정된다. 가격은 수요와 공급이 균형되는 점에서 결정된다. 해상운임도 해운서비스에 대한 수요와 공급이 균형되는 점에서 결정된다. 운임수준을 결정하는 요인(factor)은 해운서비스 생산에 소요된 해운원가, 경쟁관계(해운기업 상호 간 뿐만 아니라 철도나 항공 등 다른 수송수단과의 경쟁), 화물의 수량과 가격, 하역, 적재조건 등이 있다. 이외에도 화물의 출발지와 도착지의 항만사정, 운송에 소요되는 추가시설(하역장비 및 냉동시설 등), 환율과 유가(油價), 운항보조금의 지급 등 정책적인 요인들이 운임수준에 영향을 미친다. 경제외적 요인으로는 전쟁이나 사변 등을 들 수 있다.

운임은 단기적으로 보면, 화주와 선주 간에 대립적인 이해관계를 반영하지만, 장기적으로는 대립관계가 아니다. 선주는 장기적인 이익확보를 위하여 해운서비스의 수량과 품질 그리고 운임을 화주의 요구수준에 맞추어 나가지 않으면 안 된다. 한편 화주도 컨테이너선, 부정기선 등 각종 해운서비스를 가장 경제적이고 안정적으로 제공받기를 원한다. 이와 같이 장기에 걸쳐 안정된 해운서비스의 제공과 확보라고 하는 선주와 화주의 이해관계는 대립하지 않고 상호보완적 관계이다.

운임은 원칙적으로 해운서비스의 수요 측면에서 보면, 운임부담능력이 최고한계가 되고 공급 측면에서 보면 공급원가를 최저한계로 정해지며, 이 운임을 중심으로 수요량과 공급량이 결정된다. 해상운임은 수요자의 운임부담능력을 상한으로 공급자의 해운원가를 하한으로 하여 이 범위 내에서 현실의 수요와 공급의 균형에 의하여 정해진다. 운임의 하한은 계선점(繫船點)으로 총운임수입이 총변동비(운송원가)와 같아지는 점이 된다. 단기적으로는 운임수준의 최저한도인 운송원가보다 낮더라도 운항에 따른 손실이 계선에 소요되는 비용보다 적으면, 운항을 계속하는 것이 선주에게 유리하기 때문에 선박의 운항을 계속하게 된다.

2-2 해상운임시장과 운임결정

해상운임시장은 일반적으로 해운서비스의 생산수단인 선박이나 해운서비스의 수요와 공급에 따라, 거래대상에 대한 가격이 결정되는 곳이다. 시장에서는 언제나 서로 상반된 이해관계, 즉 공급자와 수요자 사이뿐만 아니라 공급자와 공급자 사이, 수요자와 수요자 사이의 경쟁관계하에서 각 개체는 최선의 조건을 얻고자 한다. 시장참여자 상호 간에는 이해관계의 충돌과 경쟁이 계속된다. 자유경쟁을 전제로 한 시장원리는 개개의 경쟁관계가 조화를 이루면서 모든 시장참여자에게 이익을 가져다 준다. 해운시장은 시장에 참가하는 해운기업과 화주의 수, 해운서비스의 동질성, 시장진입과 탈퇴의 자유, 기업의 행동 등 요인에 의해서 형태가 구분된다.

(1) 자유경쟁 운임시장

부정기선 해운의 운임시장은 자유경쟁시장 형태에 가장 가깝다. 첫째, 수많은 화주의 화물에 대하여 경쟁하는 수많은 선주가 있다. 둘째, 선주나 화주 어느 편에서도 시장을 움직일 만큼 크지 않다. 셋째, 시장 진입이 상대적으로 용이하다. 넷째, 경쟁을 제한시키는 제도적 장벽이 정기선 해운이나 탱커해운에서보다 적고 약하다. 오늘날 부정기선 해운의 상당 부분이 대단위 생산업체에 의해서 지배되고 있기 때문에 자유경쟁원리가 상당히 퇴색되고 있다.

(2) 불완전경쟁 운임시장

일반적으로 정기선과 탱커서비스를 위해 가격이 불완전경쟁하에서 운임이 결정되는데, 불완전경쟁하에서의 운임시장을 고찰해 보고자 한다. 완전경쟁이 성립되기 위한 조건으로는 ① 거래되는 재화의 동질성, ② 다수의 공급자와 수요자, ③ 시장 참여와 탈퇴의 자유, ④ 정보의 완전성, ⑤ 거래비용의 부재 등이다. 현실적으로 이러한 조건이 완전히 충족되는 경우가 거의 없다. 완전경쟁보다는 불완전경쟁이 지배적인 시장형태이다. 해운시장의 성격상 완전독점은 이루어질 수 없다는 것이 일반적인 견해다. 불완전경쟁하에서 운임시장성격은 현실적으로 과점과 같은 특성을 지닌다. 탱커해운은 특수해운(special shipping 또는 industrial shipping)이 주종을 이루고 나머지 부분은 자유경쟁원리가 적용된다.

독점은 동질의 재화를 단일기업에서 공급하기 때문에 가격에 대한 영향력이 상당한 정도에 미치는 경우이다. 전기나 수도, 철도, 항공 등 공익적 기간산업에서 많이 나타나고 있다. 공익사업의 경우에는 가격에 대하여 정부의 규제가 있는 것이 일반적이다. 과점은 소수의 공급자가 경쟁하고 있는 시장상태를 의미한다. 경쟁자의 수가 적기 때문에 개별 공급자는 경쟁관계에 있는 다른 기업들의 반응을 고려하며 행동하게 된다.

운임시장에서 자유경쟁은 부정기선 해운에서 전형적으로 나타나고 있다. 정기선 해운에서는 해운서비스의 공급이 소수의 해운기업에서 지배하는 과점에 가깝다. 과점적 운임시장의 형성조건은 다음과 같다. 첫째, 해운서비스의 공급이 정기선로에 취항하는 소수의 해운기업으로 대표된다. 둘째, 각 기업은 규모나 시장점유율을 고려할 때, 가격수준에 상당한 영향력을 미칠 수 있다. 셋째, 기업 간 경쟁은 파멸적이 되므로 전적으로 철폐되거나 가격화합(협정)이 이루어진다. 넷째, 과점시장에 있어서는 항상 새로운 기업의 진입이 가능하므로 시장 내 기업은 외부 해운기업에 대하여 공동보조를 취하여 시장참가를 방지하거나 제한한다.

(3) 해상운임의 결정

일반운임결정의 본질은 생산비설과 부담력설이 설득력이 있다. 그러나 해상운임의 경우는 양설의 성질을 포함하고 있지만, 일반운임이론과는 상이한 면이 있다. ① 불황 시의 부정기용선운임은 생산비에 의해서 결정된다. 그 경우 운임은 운항비와 직접선비를 합한 것보다 낮은 수준이 되기 때문에 생산비만이 운임결정의 조건이 되고, 화물의 운임부담력은 그다지 관계가 없다. ② 정기선의 운임은 부담력에 의해서 결정되는 성질이 상당히 강하다. ③ 부정기선 운임은 호황일 경우 생산비는 그다지 영향을 미치지 않는다. ④ 장기계약일 경우는 쌍방의 성질을 가지고 있지만 생산비의 성질 쪽이 보다 강하다.

2-3 해상운임률의 구성과 종류

(1) 운임률의 구성요소

운임의 범위는 운송계약에 따라서 상이한데, 내륙운송운임 등 수송에 따른 부대비용과 부과금에 따라 상이하다. 문전에서 문전까지 수송과정에서 수반되는 서비스에 대한 모든 비용 등이 포괄적인 운임률에 포함된다.

① **화물운임률(tariff cargo rate)** 항만에서 항만까지 해당하는 운임률을 말한다. 이러한 기준은 용선선박이나 항공기에도 적용될 수 있다.

② **통관비용(customs clearance charge)** 통관비용은 국내항만 당국이나 세관당국이 상품가격이나 운임에 근거해서 부과한다.

③ **운송주선업자 수수료(freight forwarders' commission)** 소규모의 수출입업자들이 물품의 분배·집화를 위하여 운송주선업자의 서비스를 이용한다. 이에 대한 수수료는 통상 총운임의 약 5% 정도이다.

④ **관세(customs duty)** 관세는 상품의 명세에 따라서 다르며, 수입화물에 부과하는 것이 일반적이다. 이것은 수입국의 관세율표에 따라 상이하다.

⑤ **기타 선비(disbursements)** 운송서비스비, 통신요금, 통화할증료(currency surcharge), 연료부과금(bunker surcharge) 등과 같은 다양한 종류가 포함된다.

⑥ **화물보험료(cargo insurance premium)** 화물운송방식이나 무역루트 등에 따라 보험료는 상이하며, 요율수준은 화물의 수송거리, 중량, 용적 등에 따

라 결정된다. 경우에 따라서 보험료는 통운임(through rate)에 포함되는 경우도 있다.

⑦ **인도·집화비용(delivery/collectoin charge)** 화물의 인도·집화비용은 통상 육상운송의 경우에 발생한다. 화물의 중량과 용적에 관련된다.

⑧ **환적료(transhipment charge)** 운송 중에 이루어지는 환적의 양·적하비를 환적료라 한다. 일괄운임에 포함되는 것이 원칙이나, 계약방식과 화물의 특성에 따라 추가운임이 부과되는 경우가 있다.

⑨ **서류작성비(documentation charge)** 수입국의 통관규정에 따라 물품의 원산지 증명서, 영사송장 등이 요구되는 경우 제증명서의 발급비용이다. 무역계약조건에 따라 다르기는 하지만 통상 수출업자가 발급하는 것이 관례이다.

⑩ **체화료(cargo demurrage)** 공장, 항만, 내륙통관기지에 지정된 기간을 초과하여 화물이 보관되어 있을 때, 화물 단위 별로 체화료를 부과하게 된다.

⑪ **화물취급료(handling cost)** 화물터미널에서 화물을 취급하는 데 발생하는 비용이다. 컨테이너 운송의 경우 일괄운임에 포함된다. 일반잡화와 벌크화물 등은 계약방식에 따라 화물취급료를 운임과 별도로 부과하는 경우가 있다.

⑫ **화물입항료(wharfage charge)** 특정국가의 항구를 이용할 때 항만당국이 부과하는 항만시설 사용료이며 대개 수입화물에만 부과한다.

(2) 운임수준에 영향을 주는 요소

① **항해거리** 해상운임결정의 제1요소는 항해거리이다. 이것은 항해거리의 장단(長短)이 소요연료의 양과 항해일수에 비례하기 때문이다.

② **항만사정** 수송에 필요한 소요일수는 항해거리 외에도 하역작업 일수를 고려해야 한다. 양호한 항만조건으로 양하와 적하일수가 적으면 운임은 낮아지며, 항만사정이 나쁘면 체항시간이 길어져 운임이 높아지는 경향이 있다. 항만사정이 나쁜 경우에는 항만체증료(port congestion surcharge)를 적용하여 운임률에 일정비율로 추가요금을 징수하는 제도가 있다.

③ **화물의 성격** 위험화물과 취급하기가 어려운 특수화물, 중량화물, 갑판적화물 등은 할증운임이 부과된다. 화물에 대한 포장과 성질, 운송단위의 일반적 적재성, 운송형태, 화물훼손과 도난의 정도, 화물의 취급을 위한 특수한 장비의 필요성 등에 따라 실제 적용료율에 차이가 있다.

④ **보험조건** 항로에 특별한 위험이 있거나 화물 성격상 특별한 보험을

들어야 할 화물의 경우는 할증료율이 적용된다.

⑤ **왕복항로의 적취율** 취항하는 항로에 수입·수출이 균등하게 이루어지는 경우는 수송단위당 운임은 저렴하지만 왕복항해에 균등한 화물이 없을 경우 일정선박은 편도공선항해를 하게 된다.

⑥ **타선사와 경쟁적인 요인** 운임시장 상태, 타사의 운임 등의 경쟁적인 요인들이 요율수준을 결정하는 중요한 요인이 될 수 있다.

⑦ **정책적인 요인** 정부의 통제 및 운영보조비 지급과 국가 간 차별운임 정책 등이 있다. 화주협의회 활동 등도 운임수준에 영향을 줄 수 있다.

⑧ **기 타** 유가의 변화, 화폐가치의 변화 등에 따라 할증료(surcharge)가 징수될 때 자동적으로 운임수준이 변화된다.

(3) 해상운임의 종류

해상운임은 중량(weight ton)에 의해서 부과하는 것이 일반적이다. 영국에서는 long ton(2,240pound를 1ton으로 계산)을 사용하며, 미국에서는 short ton (2,000pound를 1ton으로 사용)을 사용하며, 유럽대륙 등지에서는 medium ton (2,204pound를 1ton으로 사용) 등으로 표시한다. 그 외에도 metric ton, kilo ton 등이 쓰인다. 목재와 같은 화물은 용적톤(measurement ton)으로 운임이 부과되며, 귀금속과 같은 고가품은 물품의 가격에 따라 운임을 산정하는 종가운임 (advalorem freight) 등이 있다.

운임은 ① 수송기관의 종류, ② 수송객체, ③ 계산방법, ④ 운임부담력과 비용, ⑤ 지역 및 거리, ⑥ 정책적 목적, ⑦ 특별우대, ⑧ 운송완성도와 지급시기 등에 따라 여러 가지 형태로 분류할 수 있다.

1) 수송기관의 종류

운임은 수송기관의 종류에 따라 육상운임(철도운임, 자동차운임), 해상운임(재래정기선운임, 컨테이너선운임, 부정기선운임), 항공운임 등으로 구분할 수 있다.

2) 수송객체

화물운임(freight rate)과 여객운임(passenger fare)으로 나눌 수 있다.

3) 계산방법에 따른 분류

① **등급운임(class rate)** 운송물의 가치에 따라 등급을 매기고 이에 따라 운임을 부과하는 일종의 종가운임이다.

② **비례운임(equal mileage rate)** 운송물의 중량단위를 기준하여 단위거리당 운임을 결정한 다음 그 가격과 수송거리를 곱하여 계산하는 운임이다.

③ **체감운임(tapering rate)** 수송거리가 증가함에 따라 단위거리당 운임이 체감하는 운임이다.

④ **최저운임(minimum freight)** 해상운임 과징 시 그 최저기준은 톤(ton)으로 되어 있는데, 어떤 화물이 1톤 미만일 경우에도 톤의 운임으로 산정한다.

⑤ **자유운임(open rate)** 일반적으로 정기선운임은 고정요율표에 의해서 운임이 계산되는데, 특정품목에 대해서는 타 경쟁사와 경쟁하기 위하여 품목별 요율을 정해 놓지 않고 상황에 따라 요율 수준을 변경시키는 운임형태이다.

⑥ **일괄운임(lump sum freight)** 화물의 수량에 관계없이 화물운송에 대하여 미리 협정한 운임이다. 이 운임은 화물을 운송하거나 인도한 물량에 관계없이 지불된다.

⑦ **종가운임(ad-valorem rate)** 귀금속 등 고가품목은 운송과정에서 특별한 관리와 주의를 요하며, 손상이 발생한 경우 배상액이 크기 때문에 보통 운임도 그 가격을 기준으로 부과하는 방식이다.

⑧ **지역운임(zone rate)** 출발지와 도착지를 한 지역으로 광역화시켜 어떤 특정지역에서 어떤 특정지역으로의 운송은 동일한 운임을 부과하는 제도이다.

⑨ **균일운임(uniform rate)** 특정 운송수단이 운행하는 지역전반에 걸쳐 화물수송에 동일하게 또는 균일하게 부과하는 운임이다.

4) 수송지역과 거리

운임은 수송지역과 거리에 따라 지방운임(local rate)과 연결 또는 통운임(connection or through rate)으로 구분된다. 지방운임은 발착지 간의 수송이 자기 수송기관에 의해 직통으로 수송될 때 적용되는 운임이며, 연결 또는 통운임은 발착지 간에 두 개 이상의 동일한 수송기관 또는 다른 수송기관으로 연계되어 운송될 때 적용되는 운임이다.

5) 운임부담력과 비용

운임은 운임부담력과 비용에 따라 차별운임(discrimination)과 품목무차별운임(FAK rate: freight all kind rate)으로 구분된다. 차별운임이란 화물, 화주, 장소에 따라 운임을 차별적으로 적용하는 방식이다. 무차별운임은 화물, 화주, 장소에 따라 차별화하지 않고 운송단위 또는 운송거리를 기준으로 일률적으로 부과되는 운임으로서 철도, 도로, 항공운송에 많이 적용된다.

6) 정책적 목적에 따른 분류

① **만재운임(carload rate)** 화물의 중량과 용적을 운임률 형성의 기초로 하고 1개의 컨테이너나 화차를 화물의 대소에 불문하고 단독으로 이용할 때 지불하는 운임이며, 비만재화물(LCL cargo)에는 비만재운임이 적용된다.

② **일반운임(general rate)** 일반적으로 표준이 되는 기본운임이다.

③ **예외운임(exception rate)** 공정운임의 적용상 예외적 조치로서 장기간 낮은 운임률을 적용하는 형태이다.

7) 특별우대에 따른 분류

운임은 특별우대에 따른 할인운임(rebate rate), 거치할인운임(deferred rebate rate)으로 구분된다. 할인운임은 특정산업을 보호하고 영업목적을 이유로 운임을 할인해 주는 것을 의미하며, 국제운송 시 특정 장기계약화주에게 운임을 적용하는데 dual rate 또는 royalty rate라고도 한다.

8) 운송의 완성도에 따른 분류

① **비례운임(prorata rate)** 비례운임은 거리당 운임(distance freight)으로 항해 중 선박이 불가항력 또는 다른 원인에 의하여 항해를 계속할 수 없게 되어 물품을 인도할 경우, 운송계약은 일부만을 이행한 상태가 되며, 이때 선주는 전구간에서 그 지점까지의 거리를 비율로 계산하여 운임을 부과한다.

② **반송운임(back freight)** 화물의 양하항에서 인수가 거절되어 화물을 반송함에 따라 부과되는 운임이다. 화주가 보낸 화물은 수하인이 인수를 거절하여 선주가 운임을 받지 못한 때는 유치권을 행사하거나 화물을 매각하거나 화주에게 이를 돌려 줄 수밖에 없다. 화주는 반송된 경우에 추가적인 운임을 지불하게 되는데 이를 반송운임이라 한다.

③ **부적운임(dead freight)** 공간을 예약하였지만 화물을 적재하지 않아 사용하지 않은 부분에 대한 운임이다. 용선계약에 의거 특정량의 화물선적을 위한 공간을 예약하였으나, 화주가 합의된 전체 물량을 채우지 못하였을 때에 선주는 채워지지 않은 공적에 대하여 부적운임(dead freight)을 요구하게 된다. 선주는 그가 화물을 운송하였을 경우 받을 수 있는 실제운임보다 적은 부적운임을 받기 때문에 수입 면으로 보아 더 나은 결과가 되는 것은 아니다. 따라서 부적운임의 계산은 합의된 화물운송요금에서 화물의 운송과정에서 선주에 의하여 발

생하는 비용인 적하료 및 양하료 등을 공제한 요금으로 계산된다.

9) 운임수급시기에 따른 분류

① **선급운임(freight prepaid)** 선급 또는 현지지불조건의 운임으로서 화물의 선적자, 수출업자가 선적 현지에서 지불하는 조건이다. 무역거래조건에 따르게 된다.

② **후급운임(freight to collect)** 선급운임과는 반대로 화물을 선적하여 목적지에 도착한 때에 수하인 또는 그 대리인이 지급하는 운임제도로서 착불운임(着拂運賃)이라 한다. 운임을 지급받지 못할 경우를 대비하여 운임보험에 들기도 한다.

10) 기 타

① **장려운임(promotional freight rate)** 화주는 시장여건에 따라 운송인이 공시한 운임보다 낮은 수준으로 서비스 받기를 원하게 되는데 바로 이러한 여건 등을 고려하여 적용되는 운임을 말한다.

② **프로젝트운임(project rate)** 플랜트수출의 경우 종합적으로 운임을 설정하여 특수운임률을 적용하는 경우를 말한다.

(4) 할증운임

해상운송운임은 정기선의 경우 일정한 기본운임(base rate)과 할증운임(surcharge)으로 구성된다.

① **Bunkering or Fuel Surcharge** 선주는 연료비의 변동을 예측하기가 어렵고, 미달러 환율의 변동에 따라 연료비의 정확한 운임구성비율을 반영하기가 어렵기 때문에 fuel surcharge를 책정하게 되었다.

② **currency surcharge** 운임의 환율변동으로 인해 선박회사가 입을 수 있는 손해를 최소화시키기 위해 부과되는 할증운임이다.

③ **중량할증운임(heavy lift surcharge)** 화물 한 단위(package or unit)가 일정한 중량을 초과할 때에는 기본요금의 몇 %로 표시된 할증료를 지불해야 한다.

④ **용적 및 장적할증운임(bulky or lengthy surcharge)** 화물 한 단위가 일정한 용적을 초과할 때와 길이 또는 높이가 일정기준을 초과할 때 부과되는 할증료이다.

⑤ **optional charge** 본선 출항시까지 화물의 양륙지를 지정하지 못하거

나 양륙항이 수개항일 때 그 항구 수의 증가에 비례하여 할증료를 부과한다.

2-4 운임시장의 평가

운임시장은 운임지수라는 측정수단에 의해 평가된다. 운임지수산정의 목적은 특정 운임시장의 상태 등을 운임변화도 형태로 제공하는 것이다. 운송량(중량)이라는 것은 총화물량에서 해당 화물량에 의해서 얻어진 총운임수입과 특정 형태의 화물량의 구성비에 의해서 구해진다.

건화물선 운임지수인 BDI(Baltic Dry Index)지수와 HRCI(Howe Robinson Container Index) 등의 신뢰도가 높게 평가되고 있으며, 우리나라의 경우 한국해양수산개발원의 KMI지수가 제공되고 있다.

03 해상비용과 채산

3-1 해운비용의 구분과 특성

해상운송서비스를 제공하기 위한 비용 혹은 해운업원가는 해운서비스의 가격(정기선 해운의 운임, 부정기선 해운의 용선료)을 결정하는 주요한 요소다. 고정비용은 고정된 경상비 혹은 간접비용으로 서비스 생산량의 수준에 영향을 받지 않는 것이며, 변동비용은 생산량에 영향을 받는 비용이다.

이러한 비용들은 다음과 같은 세 가지 요인에 크게 의존하게 된다. 첫째, 선박 자체의 유류 소모량과 선원수에 관련될 뿐만 아니라 선박상태에 따라 수선·유지비 등이 상이하다. 둘째, 각국의 물가와 관련한 임금수준, 유류가 및 선박수선비 수준 등에 영향을 받게 된다. 셋째, 선박을 효율적으로 운항관리하는지 여부와 일반관리비에 따라서 비용이 영향을 받게 된다. 그러나 세계적으로 통일된 해운원가구조는 없으며 개별회사의 회계처리방식에 따라 다소 차이가 있다.

(1) 자본비

자본비는 감가상각비와 선박취득을 위한 자금조달비용(설비금리)으로 구성되는데 선가에 비례하므로 대형고성능선 또는 신조선일수록 커진다. 감가상각비는 내용연수가 끝날 때까지 그리고 금리는 차입금의 상환이 완료될 때까지 고정적으로 발생하므로, 합리화 등에 의한 절약의 여지가 없다. 감가상각비는 선박취득가격에, 금리부담은 취득선가와 자기자본비율 및 금리수준에 따라 결정되므로 이 모두가 취득시점에서 결정되는 요소이다. 따라서 비용 면에서 경쟁력을 확보하기 위해서는 저선가로 선박을 취득하여, 자기자본비율을 높이고 저금리자금을 확보해야 한다.

금리부담은 자기자본비율과 차입금의 금리수준에 의하여 결정된다. 전자의 자기자본비율은 선박의 취득가격과 기업의 각종 적립금 또는 준비금 등에 의한 내부유보의 정도에 따라 달라진다. 취득선가가 적으면 그만큼 자기자본비율을 높일 수 있기 때문에 이러한 점에서도 저선가취득이 긴요하다. 후자의 금리수준은 국가지원금융인가, 일반시중금융인가, 외국의 수출선금융인가에 따라 다르며 일반시중금융이 국가의 지원금융이나 조선수출금융보다 불리함은 물론이다.

(2) 운항준비비(Operation Cost)

운항준비비는 선박의 취득 후 특정항로에 배선운항하기까지의 준비단계 및 운항 중 취항항로 여하에 따라 변동을 보이지 않는 선원비, 선박수선비, 선용품비 및 윤활유비, 보험료 그리고 일반관리비로 구성된다.

1) 선원비

선원비는 선원에게 지급되는 급여, 선내급식비, 복리후생비, 승하선교대비 등 선원의 고용에 따른 비용(선원관리조직의 운영유지비는 일반관리비에 포함됨)이며, 선원임금의 수준, 승무정원과 예비원율에 의하여 결정된다. 해운기업이 자국선원만 고용하고 있는 것이 아니라 임금이 저렴한 개도국의 선원을 충분히 활용할 수 있다. 선원비는 급여, 여행비, 기타 등으로 구성되어 있다.

2) 선박수선 · 유지비

선박은 감항성을 유지하고, 선급유지를 위하여 수리보수 및 일정한 선박검사가 필요하다. 사고로 인하여 예기치 않은 수선을 하는 경우도 있다. 선원의 기술과 수리공작 설비도구에 의하여 보수가능한 것은 본선작업으로 행하여지므로 별도의 수리비가 들지 않으나, 본선작업으로 불가능한 일이 많으면 적지 않은 수리비가 발생한다. 선원의 자질능력, 평소의 정비상황, 취항항로, 선령 등에 따라 선박당 수리비의 차가 생긴다. 수리비는 선박수리조선소에 따라 단가의 차가 있을 수 있다.

선박의 선령에 따라 수선·유지비는 차이가 크며, 일정한 기간이 지나면 선박 수리비가 너무 높아 선박을 해체하는 것이 더 경제적일 경우가 생길 것이다. 선박형태에 따라 내용연수가 상이하겠지만 10년 이상되는 선박은 수선·유지비가 급격히 상승한다.

3) 선용품 및 윤활유비

선용품비 및 윤활유비는 선박의 운항에 필요한 모든 소모품, 부속 및 윤활유비를 포함한다.

4) 보험료

보험료지불액은 선박의 가격(보험가액)과 보험료율에 의하여 결정된다. 보험료부담은 선박 및 선주마다 다르다. 대부분의 해운국에서는 국내에 해상보험시장이 형성되어 있더라도 재보험을 통하여 국제시장 시세에 강한 영향을 받으므로 국가 간의 격차는 적다. 고용선원의 능력에 따라 해난사고율이 다르고 손해율의 과거 실적에 따라 보험계약 갱신시 요율이 조정된다.

5) 일반관리비

일반관리비는 전술한 자본비 선박경비와 운항비의 항목에 들어가지 않는 비용으로서 해운경영상 필요한 육상조직의 관리활동비, 유지비 등 모든 관리비를 포괄한다.

(3) 운항비(Voyage Cost)

운항비는 화물 수송을 위하여 특정항구간을 운항할 때 발생되는 변동비적인 성격의 비용이다. 주로 연료비, 항비, 화물비로 구성된다. 항비는 선박이 항구에 입출항시 및 정박기간 중 선박에 관하여 발생하는 모든 비용을 말하며, 화물비는 화물의 선적 및 양하에 관련하여 발생하는 비용이다. 컨테이너의 경우는 운항코스트 중 하역비가 차지하는 비중이 크다. 운항비 중 가장 큰 비중을 차지하는 것은 연료비이다. 연료소모량은 선박기관 특성과 출력량에 따라 선박건조시 결정되기 때문에 선주의 선박건조시 중요한 요소이다. 고유가 시대에서 해운경쟁력을 확보하기 위해 유류 소모량이 선주 간의 원가경쟁력에 영향을 미치고 있다.

1) 화물비

화물비는 항구에서의 화물 적·양하비용, 화물중개료 기타 운송계약에 의하여 운항자가 부담하게 되는 비용을 포함한다. 화물량, 항만의 하역요금 수준, 하역방식, 하역능률 등에 따라 달라진다. 대부분이 운항자가 임의로 할 수 없으며, 선박의 국적 또는 운항자의 국적에 따라 차별이 있는 것은 아니지만 기업 간에 화물비를 줄이기 위한 노력이 경주되고 있다.

2) 연료비

연료비와 가장 밀접한 것은 추진기관이다. 선박기관은 중량과 용적이 적어야 하고, 신뢰성과 내구성이 있어야 하며, 구조가 간단하고 취급이 용이해야 한다. 동요와 진동에 대하여 견고하고 정비·검사·수리가 용이하고, 연료 및 각종 소모품비가 적게 들어야 할 것이다. 연료비는 기관의 상태에 따라서 유류소모율이 달라지며, 유가에 따라 연료비는 크게 변화된다.

3) 항　비

항만비용은 항구에 머무르는 시간, 선박의 크기, 특정항구의 요율에 따라 차이가 있다. 항만의 부두예인선, 부두사용료, 접안료, 정박료, 도선료 등에 따라 결정된다. 선박의 빠른 회항시간(fast port turn round time)을 유지하는 것이 항비를 줄이는 유일한 방법이다.

3-2 해운서비스의 수치채산

해운기업의 채산성 또는 해운거래의 경쟁력은 낮은 운송원가에 대한 높은 운임 내지 용선료의 수입에 의하여 얻을 수 있다. 해운기업의 수지채산에 있어서 해운원가 내지 비용은 성질상 적재화물이나 항로에 관계없는 일정한 선비와 직접관계있는 운항비 등 두 가지의 비용이 있다. 부정기 해운기업의 수지채산 평가방법으로 보통선박 1DWT당·1개월당의 금액으로서 표시되는 차터베이스계산과 하이어베이스계산 방식이 사용된다.

(1) 차터베이스(Charter Base: C/B)

차터베이스는 운임수입금액으로부터 선박운항에 필요한 경비를 공제하고 남은 순수입액을, 1개월(30일)당·1DWT당의 금액으로 표시되는데, 그 계산은 다음 식에 의한다. 분모는 선박의 1개월당 운항 또는 가동톤수가 되므로 차터베이스는 항해 순수입액을 1일당 가동톤수로서 나눈 것이 되는 것이다. 차터베이스는 매 항해 또는 일정기간의 수지를 기준으로 계산되기도 하고 개별선박을 기준으로 하는 계산 또는 선대계산에 의할 경우도 있다.

$$C/B = \frac{\text{운임수입} - \text{운항비}}{\text{선박 DWT} \times \text{소요일수} \times \frac{1}{30}}$$

(2) 하이어베이스(Hire Base: H/B)

하이어베이스는 선박을 항해의 유무에 관계없이 언제든지 운항시킬 수 있도록 하기 위한 상태로 유지하는 데에 필요한 선비총액을 1개월(30일)당·1DWT당의 금액으로 표시한 것인데, 그 계산은 다음 식에 의한다. 하이어베이스는 직접선비와 간접선비를 합한 데서 가동 연 톤수로 나눈 것이다. 하이어베이스는 일반적으로 반년 또는 1년간 일정기간의 선비총액을 통산하여 계산하며, 가동연톤수도 연간 가동일수로서 산출되는데, 해운원가계산에 있어서의 가동률은 90% 정도로 보는 것이 통례로 되어 있다.

$$H/B = \frac{\text{연간선비}}{\text{선박 DWT} \times \text{(연간)가동일수} \times \frac{1}{30}}$$

C/B와 H/B 비교는 수지계산의 기초가 되는 것이다. 그러나 C/B는 비교적 객관적인 계산이며, 운항능률에 의해서 상이하지만 선주의 경영내용에 따라서 좌우할 수 없는 경향이 있고, H/B는 상당히 주관적으로 달라진다. 해운채산 수지계산은 C/B와 H/B의 비교에 의하여 가능하다고 해도 C/B 쪽은 단기적으로 크게 변하지 않는다. 해운의 경쟁은 결국 H/B의 인하로 결정된다. 직접선비가 적은 우수선을 건조하는 것과 자본비를 적게 해서 H/B를 인하하는 것이 경영의 합리화이다.

(3) 계선점(Lay-Up Point)

운임이 극히 하락하여 C/B가 H/B를 밑도는 경우가 있다. C/B가 직접선비

(선원비·선박 수리비·보험료 등)조차 감당할 수 없을 때는 계선하는 편이 유리하다는 결론에 이르게 된다. 이것을 계선점 charter base라고 하며 운항과 계선의 분기점이라고 할 수 있는 것이다. 시황이 악화되어 운임수입과 총운항경비가 동일하게 되면 수익은 0이 된다. 이때는 아직 계선할 정도가 아니나 그 이상 운임이 하락하면 운항을 계속함으로써 발생하는 손실과 계선을 하더라도 소요되는 최소한의 경비가 같게 되는 운임수준이 될 때 계선점에 도달한 것으로 보아야 한다. (간접선비+직접선비+운항비)－총운임＝계선시의 직접선비＋계선 중의 간접선비라고 하면 계선점에 도달한 것으로 보아야 한다. 운임이 그 이하로 하락하면 운항을 중단하고 계선하는 편이 유리하다는 계산이 된다.

계선시에 소요되는 각종 비용을 보면 다음과 같다.

① 직접선비 중 선원비(계선 중 당직할 선원은 확보해야 한다)

② 수리비(운임이 상승하여 다시 운항을 시작할 때는 운항할 수 있는 상태를 유지하기 위함)

③ 선용품비(운항할 때에 비하여 감소됨)

④ 직접선비 중 보험료(선박보험은 계선보험으로 대체하여 감소시키며 선원보험은 불필요)

⑤ 기술검사비, 계선선박의 선원에 대한 여행비

C·H·A·P·T·E·R

08 컨테이너 운송

01 컨테이너수송의 배경과 특성

1-1 컨테이너수송의 출현배경

(1) 컨테이너의 정의

컨테이너(container)는 화물의 단위화(unitization)를 목적으로 하는 운송도구로서 육·해·공을 통한 화물운송에 있어 경제성, 신속성, 안전성의 이점을 갖고 운송·보관·포장·하역 등의 전 과정을 합리적으로 일관 운송할 수 있는 혁신적인 운송용구를 말한다.

국제표준화기구(ISO: international organization for standardization)는 컨테이너에 대하여 다음 조건을 만족하는 운송설비의 용구를 의미한다고 규정하고 있다.

- 내구성이 있고 반복사용에 적합한 충분한 강도를 지닐 것
- 운송도중 내용화물의 이적 없이 하나 또는 그 이상의 운송형태에 의해 화물의 운송을 용이하도록 설계
- 운송형태의 전환시 신속한 취급이 가능한 장치 구비
- 화물의 적입과 적출이 용이하도록 설계
- 내용적이 1입방미터(35.3ft^3) 이상일 것

위와 같은 정의를 통해 볼 때 컨테이너란 다음과 같이 요약할 수 있다.

- 일정한 크기 이상의 용적 구비
- 반복사용이 가능한 제 조건 구비
- 운송수단의 전환시 내용물의 이적 없이 안전하고, 신속한 운반 가능
- 화물의 적재, 적출시 필요한 구조 및 봉인장치 완비
- 무거운 하중에도 견딜 수 있는 충분한 강도

컨테이너화(containerization)란 컨테이너 용기에 내장화물을 적재하여 운송하는 시스템을 총괄적으로 말한다. 컨테이너의 사용은 1926년에 유럽에서 이미 이루어졌으며, 물품의 해상 운송에 본격적으로 컨테이너가 등장한 것은 제2차 세계대전 중에 미군에 의해 군수물자를 수송할 때부터이다. 민간업계에서 컨테이너수송을 본격적으로 개시하게 된 것은 1955년 미국의 철도회사가 자동차운송과 경쟁하기 위하여 컨테이너 수송방식을 도입·발전시켜 1965년 유럽과 미국

간에 컨테이너 정기선이 취항한 것이 국제운송의 시초였다. 우리나라는 1970년 Sea Land사 컨테이너선이 부산항에 입항한 이래 수출입화물이 늘어남에 따라 컨테이너 수송방식이 도입되었다.

컨테이너수송 출현의 근본적인 원인을 종합하면 ① 선복이용 증대, ② 항만 생산성 증대의 필요성, ③ 비생산적인 비용의 감소, ④ 노동집약형 탈피, ⑤ 선박회항시간 단축, ⑥ 기업이윤의 증대 필요성 등이다.

컨테이너수송은 해상운송업체가 주도했으며, 주도한 근본적인 배경은 전술한 바와 같은 항만에서 불필요한 비용을 줄이고, 선박의 체항시간을 단축하여 선박가동시간을 보다 생산적으로 사용하여 운송화물 단위 당 비용을 줄여 타 운송업체보다 경쟁우위를 확보하기 위한 것이었다.

(2) 컨테이너운송의 경제성과 한계

컨테이너의 등장은 경제성, 신속성, 안전성을 충족시켜 회주, 도로운송업자, 철도회사 등 여러 이용자에게 이점을 제공하고 있다.

1) 컨테이너화의 경제성

• 포장비의 절감: 컨테이너 자체가 화물의 외포장 역할을 수행하기 때문에 화물의 포장비가 절감된다.

• 운송비의 절감: 컨테이너운송은 운송인들에게 화물취급상의 편리함, 신속한 운송 등 다양한 장점을 제공해 주기 때문에 화주들에게 운송비의 절감효과가 있다.

• 하역비의 절감: 하역단계의 간소화에 따른 노동력의 절약과 화물의 기계하역으로 인한 하역비의 절약이다.

• 보관비의 절감: 컨테이너 자체가 보관창고의 역할을 담당하기 때문에 화물의 보관을 위한 별도의 창고 건설비용이 절감된다. 실제로 컨테이너박스는 화물의 일시보관기능을 갖고 있어 그만큼 창고료가 절약될 수 있다.

• 자금의 신속회전: 화물이동의 신속화에 따른 자금의 원활한 회전을 기대할 수 있다.

• 인건비, 사무비 등의 절감: 화물의 컨테이너화로 종래 복잡한 작업단계에서 일어나는 서류상의 복잡성을 대폭 간소화시킬 수 있다.

2) 화물운송의 지속성

컨테이너화물은 철도운송과 부대육상운송과의 연결이 원만하고 환적할 때의 지연시간 없이 해륙일관수송이 가능하므로 화물의 생산지에서부터 소비지까지의 수송기간을 단축시킬 수 있다.

컨테이너화물의 취급은 기계화되어 있어 화물운송과정에서 하역시간을 획기적으로 단축할 수 있다. 컨테이너 하역의 기계화로 하역에 참가하는 노무자의 수를 감소시키는 한편 1인당 생산성은 증대시키는 결과를 가져와 경제적 효과로 파급되는 유발력을 확보하고 있다. 고속도로 지연, 하역노무자 부족 등에 영향을 적게 받기 때문에 수송과정상의 지연이 줄어들어 규칙적인 운항이 가능해져 운송에 대한 신뢰성을 더욱 높일 수가 있다.

3) 화물운송의 안전성 확보

컨테이너 자체가 견고하고 밀폐되어 있으며 컨테이너 화물의 하역과정이 간편하기 때문에 하역과정에서 발생하기 쉬운 화물의 파손, 오손, 분실 등의 위험이 재래화물에 비해 훨씬 감소될 수 있다. 컨테이너는 임시창고로서의 기능을 가지고 있으므로 화물운송 중에 비바람, 온도, 습도 등으로부터 화물을 보호할 수 있다. 운송업체 및 화주에 대한 클레임 제기요인을 감소시키는 등 부수적 효과도 있다.

• 하역작업상의 안전: 화물의 파손, 오손, 분실 등은 하역과정에서의 취급 잘못에 기인하는 바가 크다. 컨테이너 운송의 경우 박스 자체가 견고하고 밀폐되어 있기 때문에 하역과정의 단축은 물론 화물안전에 획기적인 개선을 기할 수 있다.

• 기후상의 안전: 컨테이너 용기 자체는 임시창고의 기능을 갖고 있어 화물운송 중의 풍랑, 비, 온도 변화로부터 화물을 보호할 수 있다.

• 수송상의 안전: 컨테이너 화물의 가장 큰 장점은 수송과정에서의 안전성이다. 철도운송구간은 물론, 부대운송이라 할 수 있는 내륙연결운송에 있어서도 안정성이 확보되고 있다.

• 부수효과: 도난, 변질, 화물 대기상 제 부문에서도 컨테이너 화물은 상당한 안전성을 확보하고 있다.

컨테이너 수송은 이상에서 열거한 장점만 존재하는 것이 아니라 다소의 문제점도 동시에 내포하고 있다. 무엇보다도 컨테이너화 단독으로는 하역에 따르는 불합리화를 완전 해소할 수 없으며 박스에 적입·적출되는 화물 자체가 단위

표 8-1 컨테이너화와 pallet화의 경제적 효과 요약

컨테이너의 경제적 효과	pallet의 경제적 효과
① 하역시간의 단축과 하역경비의 절감 ② 왕복운송으로 수송시간의 단축 ③ 대형화물의 수송포장비 절감 ④ 수송 중 화물의 멸실, 손상, 누손의 발생 억제	① 하역의 기계화에 의한 보관효율 향상 ② 하역작업시간 단축으로 작업인원수의 감소 ③ 인력작업의 절감으로 노동복지의 향상 ④ 수송의 편리성과 트럭 회전율 향상 ⑤ 제품의 파손감소와 외형포장비의 절감 ⑥ 포장의 간이화, 검품 · 검량의 간이화, 작업환경의 향상

화되지 않는 한 대량, 일시 하역의 이점이 발휘될 수 없다는 점이다. 이 문제를 해결하는 유력한 수단으로서 화물자체를 pallet화해서 pallet와 컨테이너를 동시에 연계하는 것이 중요하다.

4) 컨테이너화의 실제 적용상의 문제점

일반적으로 잡화화물은 액체화물, 벌크화물과는 달리 다음과 같은 특성을 갖고 있어 물류합리화에 어려움이 발생될 수 있다.

- 화물의 중량, 내용, 포장, 화물형태에서 통일성이 없다.
- 제품의 종류는 단일품(예: 의류)을 취급하는 경우가 많다.
- 1회당의 거래단위가 비교적 소량으로 구성되어 있다.
- 발송지와 도착지가 복잡 · 다양하다.

pallet, 컨테이너화를 추진하기 위해서는 기본적으로 다음과 같은 세 가지 요건을 갖출 필요가 있다. 첫째, 단위규격의 적정화, 둘째, 단위화 작업의 원활화, 셋째, 협동일관운송체제의 구축 등이 전제되어야 한다. 인력작업으로는 한계에 직면하기 때문에 인력, 시간, 비용을 절감할 수 있는 최적방안으로 pallet, 컨테이너화가 필요하다. 인력작업과 일관 pallet화 및 컨테이너방식의 작업단계를 비교해 보면 pallet, 컨테이너 운송의 효율성을 손쉽게 확인할 수 있다. pallet를 이용한 일관운송체제의 구축은 다시 포장의 표준화를 유도할 수 있어 포장비용의 절감을 유발하는 한편 인력의 절감, 하역의 단순화에 의한 시간과 노력의 절감 및 화물파손의 감소 등 물리적 · 경제적 측면에서 적지 않은 효과가 기대된다.

(3) 컨테이너의 종류

컨테이너박스는 모양과 크기에 따라서 다양한 종류로 나누어지며, 기술이

표 8-2 전형적인 컨테이너 규격(내부)

		20ft unit		40ft unit	
		min	max	min	max
내부용적	길이(m)	5.89	5.93	12.05	12.06
	넓이(m)	2.33	2.35	2.34	2.36
	높이(m)	2.25	2.26	2.37	2.39
개폐문	넓이(m)	2.34	2.34	2.30	2.35
	높이(m)	2.13	2.15	2.26	2.27
용적(m^3)		30.00	31.00	66.50	68.10
컨테이너 중량(kg)		1.60	2.32	3.41	3.90
최대 적재 중량(kg)		18.00	18.72	27.07	27.58

발전하면서 컨테이너화가 가능치 못했던 화물도 컨테이너 수송이 가능하도록 되어 가고 있다.

유통 중인 컨테이너는 용도에 따라 표준컨테이너(standard container), 온도조절컨테이너(thermal container)와 특수컨테이너(special container)로 구분되고 있다. 표준컨테이너는 일반화물(dry cargo)의 운송에 사용되고 있으며 온도조절컨테이너는 육류, 생선류 운송을 위한 냉동컨테이너(reefer container)와 과일, 채소, 종자 등의 운송에 사용되는 냉장컨테이너(insulated container)와 통풍컨테이너(ventilated container)가 있다.

특수컨테이너는 벌크 화물용 벌크컨테이너(bulk container), 액체 화물용 탱크컨테이너(tank container), 철재 및 기계류 운반용 오픈탑(open-top), 플랫 랙(Flat rack), 플랫폼(Platform)과 유럽형 pallet 화물용 유로pallet(Europallet) 컨테이너가 있다.

① **건화물 컨테이너(dry container)** 온도조절이 필요 없는 일반잡화를 운송하기 위한 표준컨테이너로 주로 최적상품 및 적합상품을 운송하는 데 이용된다. 규격은 8′×8′×20′, 8′×8′6″×40, 6′×8′×35′의 세 종류가 있다.

② **냉동 컨테이너(reefer container 또는 refrigerated container)** 건화물 컨테이너와 규격은 같으나 냉동화물이나 과일, 야채 등의 보온 및 보냉이 필요한 화물을 운송하기 위한 컨테이너로서 −28℃에서 +26℃까지의 온도를 임의로 조절할 수 있다.

③ **천장개방형 컨테이너(open top container)** 특수컨테이너의 일종으로

일반 건화물컨테이너의 지붕과 측벽, 단벽의 상부가 개방되고 상방에서 하역이 가능하며, 개구부는 방수가 될 수 있도록 canvas 등으로 덮은 컨테이너이다. 컨테이너의 위쪽으로부터 중량물이나 장척물을 크레인으로 적재 및 하역할 수 있도록 되어 있다.

④ **플랫 랙 컨테이너(flat rack container)** 목재, 승용차, 기계류 등과 같은 중량화물을 운송하기 위한 컨테이너로 지붕과 벽을 제거하고 기둥과 버팀대만 설치하여 전후좌우, 상방에서 하역할 수 있는 특징을 갖고 있다.

⑤ **동물용 컨테이너(live stock container 또는 ventilated container)** 소나 말과 같은 살아 있는 동물을 운송하기 위하여 만들어진 컨테이너로서 통풍과 사료를 넣어주기 편리하도록 만들어져 있다.

⑥ **탱크 컨테이너(tank container)** 유류, 술, 화학품 등과 같은 액체상태의 화물을 운송하기 위해 특별히 고안하여 만들어진 컨테이너이다.

⑦ **플랫폼 컨테이너(platform container)** 중량물이나 부피가 큰 화물을 운송하기 위한 컨테이너로서 길이 6.75m, 너비 4.10m, 높이 4.50m, 중량 40톤까지의 화물을 적재할 수 있다.

⑧ **솔리드 버크 컨테이너(solid buck container)** 몰드, 소맥분, 가축사료 등과 같은 화물을 운송하기 위해 제작된 컨테이너로 대개 지름 50cm 정도의 3개의 맨홀이 있으며, 컨테이너의 내부는 청소가 용이하고 외부기온에도 견디도록 강하게 만들어져 있다.

⑨ **행어 컨테이너(hanger container)** 일반 건화물을 천장에 매달 수 있도록 만들어진 컨테이너이다.

(4) 컨테이너선의 종류

1) 선형별 분류

① **혼재형 컨테이너선(conventional ship)** 재래선의 갑판이나 선창에 일반잡화와 컨테이너화물을 혼재하여 운송하는 선박으로 엄밀한 의미로 볼 때 컨테이너선이 아니다.

② **분재형 컨테이너선(semi-container ship)** 재래선의 특정 선창에다 컨테이너 전용 선창을 설치해 놓았거나, 갑판을 개조하여 컨테이너를 적재할 수 있도록 설계된 선박이다.

③ **전용형 컨테이너선(full-container ship)** 선박을 건조할 때부터 갑판과

선창에 컨테이너만을 적재하도록 설계된 선박을 말한다.

2) 적재방식에 따른 분류

① **lo-lo(lift on/lift off)방식** 일반적인 풀 컨테이너에 적용되는 방식으로 갠트리 크레인(gantry crane)을 이용하여 수직으로 컨테이너를 선박에 적재 또는 양륙하는 것을 말한다. 이 방식을 도입하는 선박은 창구가 넓기 때문에 선창의 양현에 상형(箱形)탱크를 설치하는 동시에 cross deck beck beam(sponson beam)을 설치하고 있다.

② **ro-ro(roll on/roll off)방식** 자동차나 철도화차를 운송하는 ferry boat에서 종전부터 이용해 오던 방식으로 컨테이너에 트레일러를 부착한 채로 육상 전용의 트레일러를 선미와 현측의 현문에 설치된 램프를 거쳐 트랙터를 통하여 수평으로 끌어들이거나 끌어내리는 방식을 말한다. ro-ro방식은 lo-lo방식과 비교하여 broken space가 3-5배나 필요하기 때문에 적재량면에서 불리하나 근거리 운송시 하역시간의 단축을 통하여 하역비를 절감할 수 있으므로 feeder 서비스에 많이 이용되고 있다.

③ **lash(lighter aboard ship)방식** 압항식(押航式, pusher barge) 부선을 항내 적소에 이동시켜 대형 부선의 상당척수를 전후로 주행하는 250-500톤의 갠트리 크레인으로 선미에서 들어 올려 선상에 적재하는 방식이다. lash방식을 사용하는 선박은 single-deck, 전부거주구, 선미 또는 semiaft, 기관 등으로 구성되어 있고, 각 선창은 1-3barge cell로 구성되어 있다.

02 컨테이너화물의 유통과정

2-1 전형적인 유통시스템

컨테이너화물의 유통경로를 보면 우선 FCL 화물(full container loaded cargo), 컨테이너를 단일 화주가 채울 수 있는 화물은 화주의 공장 또는 창고라든가 영업소의 구내에서 컨테이너에 적입되어 컨테이너 내륙데포(ICD)에 반입되고 다시 컨테이너터미널(CT)을 거쳐 항구를 통해 외국으로 수송된다. LCL화물(less than container loaded cargo)은 컨테이너 1개에 단일 화주화물로 채워지지 않는 소량화물인 경우는 내륙데포에서 집화된 뒤에 목적지 및 혼재의 적부 등을 고려하여 타 화주의 화물과 혼재되어 컨테이너터미널(CT)로 수송, 항구를 거쳐 외국으로 수송된다. 컨테이너터미널은 내륙데포의 기능도 겸하고 있어 FCL화물을 접수함은 물론 컨테이너터미널에 부설되어 있는 CFS(container freight station)에서 LCL화물도 인수하여 화물 혼재업무도 하고 있다.

컨테이너터미널에 집결된 화물은 컨테이너선에 의하여 목적항까지 운송되며, 그 곳에서 다시 트럭, Unit Train 또는 항공기에 의해서 최종목적지까지 운반되는데 컨테이너를 철도화차에 적재하는 것을 피기백(piggy back) 선박에 적재하는 것을 피시백(fishy back), 항공기에 적재하는 것을 버디백(birdy back) 수송이라고 하며, 만약 대형 컨테이너선박을 충족시킬 만한 화물이 없거나 이들의 수송이 불가능한 경우는 소형 컨테이너선박에 의한 피더서비스(feeder service)가 이루어진다.

2-2 컨테이너 내륙운송체계

(1) 컨테이너 내륙운송의 특징

컨테이너 내륙수송의 특징을 간략하게 살펴보면 다음과 같다.

첫째, 컨테이너 내륙수송체제는 해상수송의 발달에 따라 필연적으로 전개되었으며, 해상수송의 연속으로 간주되었다. 둘째, 컨테이너 내륙수송체제에서는 철도와 공로의 대체적인 수송수단 간의 직접적인 경쟁이 심하며 결과적으로 양수단이 한계적인 운영을 하고 있다. 두 수송수단은 상호 보완적인 관계에 있으나, 각 수송수단의 특성 및 하부구조 요건의 만족도에 따라서 경쟁적인 관계에 있다고 할 수 있다. 셋째, 컨테이너의 내륙수송에서는 LCL화물(less than container loaded cargo)의 집화문제와 공컨테이너수송 및 보관문제가 해결되어야 한다.

FCL화물과 LCL화물의 구성비에 따라 내륙운송의 특징도 달라진다. 선진국일수록, 내륙운송시스템이 향상되고, 대량화주가 많을수록 LCL화물 비율이 낮고 FCL화물비율이 높다. FCL 비율이 높을 경우 컨테이너수송의 효율화는 높아진다.

(2) 컨테이너 내륙운송체제

철도와 공로에 의한 컨테이너수송은 경쟁적 관계와 아울러 상호 보완적 관계로 결합되고 있다. 컨테이너 내륙수송에 있어서 주운송(trunk load transport)과 지역운송(local distribution)의 실제적 구별이 없다. 그러나 내륙 컨테이너기지(ICD)의 설치로 주운송과 지역운송과의 구별이 생기게 되어 컨테이너수송의 대량화와 신속화가 가능하게 되었다. 철도수송의 신속성과 원가 면의 이점을 살려 주 운송구간에서는 철도로 운송하며, 내륙컨테이너기지(inland container depot: ICD)에서 지역운송은 공로수송에 의한 복합수송체제가 등장하게 되었다. 이 체제는 단거리 공로수송과 장거리 철도수송의 가장 좋은 특성을 결합한 경제적 체제라고 평가되고 있다.

(3) 컨테이너 철도운송체제

철도수송이 갖는 장점은 ① 컨테이너터미널 사이의 송장(invoice) 등 선적서류가 간소하다. ② 탄력적인 지급처리가 가능하다. 즉 송하인나 수하인이 수송비 중 전부 또는 일부만을 부담할 수 있다. ③ 대량의 화물을 수송하는 데 용이하며 경제성이 있다. ④ 비교적 에너지 소모가 적으므로 연료비를 절약할 수 있으며, 거리에 따른 비용이 공로수송보다 적게 증가한다. ⑤ 높은 안전성(safety)을 가지고 있다.

철도수송이 갖는 단점은, ① 경로가 한정되어 있기 때문에 운영이 비탄력적이다. ② 철도터미널에서 목적지까지 화물의 집화와 인도(collection and delivery)를 위해서 공로수송 이용에 따른 비용 및 시간이 증가된다. 장거리의 경우는 중대하게 영향을 받지 않는다. ③ 거액의 건설비가 소요된다. 컨테이너 도입은 철도수송의 장점을 강화시켰으며 단점에 대한 영향을 제거시키거나 최소한 감소시킬 수 있었다. 복합운송의 도입으로 수송형태의 분할이 이루어져 주운송은 철도수송으로 이루어지고, 그 이상은 공로수송으로 분할이용되었다.

컨테이너를 화차에 적재하고 수송하는 방식에는 크게 COFC(container on flat car)방식과 TOFC(trailer on flat car)방식이 있다.

① **COFC방식** COFC방식은 컨테이너만을 화차에 적재하는 방식으로 컨테이너를 화차에 바꿔 싣는 방향에 따라 매달아 싣는 방식, 세로이동방식, 가로이동방식, 플랙시-밴(flexi-van)방식으로 나누어진다. 대량의 컨테이너를 신속히 처리하고자 할 때는 매달아 싣는 방식이 선택되고, 비교적 취급량이 적을 때는 세로 및 가로이동방식이 선택된다. 플랙시-밴방식은 컨테이너가 화차에 특별히 설치된 회전판에 의하여 회전되어 트랙터에 직접 실리게 하는 방식으로 상당한

기동성을 발휘할 수 있다. COFC방식은 대량의 컨테이너를 신속히 취급하기에 효율적인 방식으로 컨테이너수송에 있어서 TOFC방식보다 보편화된 방식이다.

② **TOFC방식** TOFC방식은 화차 위에 고속도로용 트레일러를 함께 적재한 수송방식으로 피기백방식(piggy back system)과 캥거루방식(kangaroo system)의 두 가지가 대표적이다. 피기백방식은 화물적재 단위가 클 때 편리하게 이용할 수 있는 장점을 가지고 있으나, 화중대가 평판으로 되어 있어 세로방향의 홈과 피기 팩커(piggy packer) 등의 하역기계가 요구되는 단점을 가지고 있다. 캥거루방식은 비교적 취급 화물단위가 작은 유럽에서 많이 사용되고 있는 방식으로 터널(tunnel)의 높이나 법규정상의 차량높이에 대한 제한이 있을 경우 피기백방식보다는 높이가 상당히 낮으므로 문제가 해소될 수 있는 장점을 가지고 있다. TOFC방식은 장거리 정기노선에 있어서 수송의 효율성을 높이고 트럭에 의해 지역 간의 집화 및 인도를 신속하게 하고자 두 수송체제가 결합한 것이다. 이 방식은 정시인도(on-time delivery)와 열차배차의 규칙성, 연료의 효율성 및 하역기계의 불필요 등의 장점을 가지고 있다.

③ **영국의 프레이트 라이너(freight liner)체제** 프레이트 라이너체제는 1965년 11월에 영국에서 개발, 이듬해 런던(London)과 글라스고우(Glassgow), 리버풀(liverpool), 맨체스터(Manchester) 및 에버딘(Aberdeen) 간을 운행하는 27,000개의 컨테이너를 수송하면서 개시되었다. 프레이트 라이너회사는 터미널과 터미널 간의 요율을 시행하거나, 문전배송을 요구하는 화주에게는 철도와 공로수송을 포함한 일관요율을 적용하고 있다.

④ **미국의 피기백(piggy back)체제** 피기백체제는 공로수송에 대한 대항수단으로 철도와 트레일러를 복합시킨 TOFC의 수송방식으로, 경쟁관계에 있던 두 수송수단이 복합된 관계를 맺음으로써 상호발전을 위한 컨테이너 내륙수송체제이다. 피기백은 당초에 트럭에 없는 경제성과 트럭이 갖는 기동성을 가미한 수송방식인 TOFC의 방식을 채택하였다. 국제컨테이너수송의 발전에 따라서 트레일러의 준비 없이 이용가능한 COFC 방식도 취급한다.

피기백의 잠재적 이익은 공로수송과 비교할 때 ① 에너지를 절감할 수 있다는 점, ② 교통혼잡을 피할 수 있다는 점, ③ 천연의 장벽이나 불량한 도로 같은 장애를 극복할 수 있다는 점이다.

미국에서 철도운송의 장점을 강화하기 위해 철도운송 과제를 해결하고 있다. 첫째, 미국 내의 철도컨테이너 물동량에 대한 규제완화(deregulation) 조치가 취해짐에 따라 철도화물을 증가시키는 데 기여하고 있으며, 둘째, 비합리적인 비용을 절감하기 위해 표준평판화차의 중량감소를 위해 특수한 무개화차인 fuel-foiler를 개발했으며, 셋째, 한 화차에 2단적 컨테이너(double stack container)운송방식을 고안하여 획기적인 비용절감을 이룩하고 있다.

(4) 컨테이너 공로수송체제

공로수송과 다른 형태의 내륙수송과의 관계, 특히 철도수송과의 관계는 종속적이고 상호 보완적이다. 주 운송에 있어서는 서로 경쟁적이라 할 수 있다. 공로수송은 철도수송이 직접 연결되지 않는 송하인 또는 수하인의 화물을 최종적으로 배분 또는 집화하는 업무를 수행함으로써 철도수송을 보완한다.

공로수송의 장점을 살펴보면, ① 공로수송 본래의 특성인 수송경로의 탄력성과 사고발생시 신속한 처리가 가능한 융통성이 있기 때문에 서비스의 신축성이 높다. ② 화주가 자기소유의 차량이나 기사를 이용할 수 있기 때문에 수송비나 스케줄을 편리하게 조정할 수 있다. ③ 조직이 탄력적이다. ④ 소액의 자본금투자로 운영이 가능하다. ⑤ 소량의 컨테이너화물 수송에 적합하다. ⑥ 수송시간이 800km 이내에서는 항공수송과 비교될 만큼 짧다. 공로수송이 갖는 단점은, ① 40K/T 적재차량에 1명 내지 2명의 승무원이 필요하므로 열차당 3명 이상이 필요한 철도수송에 비해 노동집약적인 경영을 해야 한다. ② 톤·마일당 연료소모가 많다. ③ 차량당 제한된 적재량 때문에 집화하거나 수송하는 데 구속을 받는다. ④ 철도운송에 비하여 사고율이 높고 환경저해요인이 크다.

공로수송은 단거리수송이나 소화물수송의 경우는 철도수송에 비해 상대적으로 유리하며, 다른 수송수단에 대한 시작과 완료역할을 담당하고 있다. 수송비의 증가 및 정부의 법적 통제에 의해 공로수송의 증가를 위태롭게 할 수 있다.

2-3 컨테이너 내륙수송의 특징

(1) 운송수단의 특성

우리나라의 경우 컨테이너 내륙수송시스템은 철도와 도로로 대별할 수 있다. 컨테이너가 하역되어 소비지까지 운송되는 데 장애요인이 없어야 하며, 신속히 수송되고 최소한의 비용으로 수송되어야 한다. 내륙운송은 크게 철도, 도로, 내수로운송방식으로 구분된다.

표 8-3 내륙수송방식의 특성 비교

분량	철도운송	도로운송	내수로운송
장점	1. 톤 · 마일당 낮은 연료의 소모 2. 저가품의 운송에 편리 3. 장거리운송시 unit당 낮은 비용 4. 연중 서비스 가능 5. 안전도가 상당히 높다. 6. 운송절차 programming이 가능	1. 최초투자액의 규모가 작다. 2. 도착 · 출발 시간, 서비스와 운송능력의 융통성 3. 단거리운송시 빠른 속도와 단위당 비용이 낮음 4. 터미널 비용이 적게 든다. 5. Doo-to-Door 서비스 기능 6. 높은 신뢰도, 확실성과 이용의 편리함	1. 낮은 비용으로 대량화물운송 2. unit당 낮은 연료의 소비 3. 높은 안전성
단점	1. 최초 투자규모가 크다. 2. 운송능력의 비탄력성 (inflexibility) 3. 단거리 운송시 속도가 늦다. 4. 터미널 설비가 고가이다. 5. 환적비용이 많이 든다. 6. Door-to-Door 서비스 가능성이 작다.	1. 철화물과 같은 중량화물 운송시 이용도가 낮다. 2. 장거리 운송시 비용이 많이 든다. 3. 기후 또는 운송수단의 파손 등으로 인하여 운송중단 발생가능 4. 에너지의 효율성이 낮다.	1. 이미지가 부정적이다(느리고, 신뢰도가 낮다). 2. 정기적인 운송을 위해 최소한의 물량 확보가 필요 3. 지리적인 요인(내수로)에 제한 4. Door-to-Door 서비스가 거의 불가능하다.

(2) 내륙운송형태의 선택기준

1) 송하인의 운송수단 선택요인

송하인이 운송수단을 선택하는 요인에는 고정비용과 가변비용, 운송거리, 수하물의 중량과 크기, 화물의 가격, Route의 성격, 교통혼잡 정도, 서비스질(속도, 빈도, 신뢰도, 안전성, 이용의 용이성, 환적, 취급장비), 추가비용 등이 있다.

2) 고정비용과 가변비용

① 철도운송의 경우는 장비, 화차 등에 대한 투자가 높기 때문에 고정비용의 비율이 높다. 도로운송은 투자비용이 작기 때문에 고정비용의 비율이 작다. 장거리 운송은 고정비용이 총비용에 대한 비율이 85%에서 31%로 점점 떨어진다. 따라서 고정비용의 비율이 큰 철도운송은 장거리 운송에 적합하다.

② 철도운송의 경우는 톤·마일 당 가변비용이 대단히 낮지만 도로운송의 경우는 운송거리가 길어질수록 가변비용의 비율이 15%에서 69%로 증가한다. 따라서 가변비용의 비율이 큰 도로운송은 장거리운송에 적합하지 않다.

③ 운송거리와 운송비용을 비교해서 볼 때 일반적으로 200mile까지는 도로

표 8-4 자동차운송의 경우

운송 (mille)	고정비용 (mile당 pence)	가변비용	총 비용	고정비용의 비율
200	61	10	71	85%
400	30	23	53	56%
600	20	24	44	47%
800	15	23	38	40%
1,000	12	23	35	35%
1,200	10	33	33	31%

자료: Economics of Containerisation

운송이 유리하지만, 고정비용에 환적비용 및 이윤을 고려한 경우에는 150mile까지 도로운송이 비교우위에 있다. 한국해양수산개발원(KMI)의 연구에 의하면 250km가 도로와 철도운송의 분기점이라 조사분석되었다.

3) 에너지 효율성

① **철도운송** 도로운송에 비해 25~55% 정도의 연료가 절약된다. 석유가격의 상승 시 대체연료의 사용이 가능하다. 화물의 집화·인도·환적 작업을 고려하면, 단거리운송의 경우 이들 작업을 철도운송의 연료 효율성으로 상쇄시킬 수도 있지만, 장거리운송의 경우 이들 작업은 큰 중요성을 갖지 않는다.

② **내수로 운송** 연료비의 증가와 환경문제로 내수로 운송이 고려될 수 있다. 도로운송에 비해서 연료소모량이 현저히 낮고, 철도운송에 비하면 일반적으로 연료소모량은 120~130% 높다.

③ **도로운송** 연료비가 가변비용의 50%, 총비용의 33%를 차지한다. 연료비의 상승으로 경쟁력이 훨씬 낮아진다(대체연료 사용불가능).

4) 운송의 질

① **도로운송** 도로운송은 비용 면에서는 다른 운송수단에 비해 불리하지만, 서비스질 면에서는 우위에 있다.

- **운송시간:** 철도운송이나 내수로운송에서와 같은 하역작업시간이 없다. 중간에 환적·조작작업이 없이 수하인에게 직접 운송이 가능하며 속도도 빠르다. 철도운송에서도 컨테이너 전용열차를 사용하여 운송시간을 상당히 줄이고 있다.
- **신뢰성과 안전성:** 송하인은 효율적인 생산계획을 수립할 수 있다.

그림 8-1 철도/도로운송의 비교

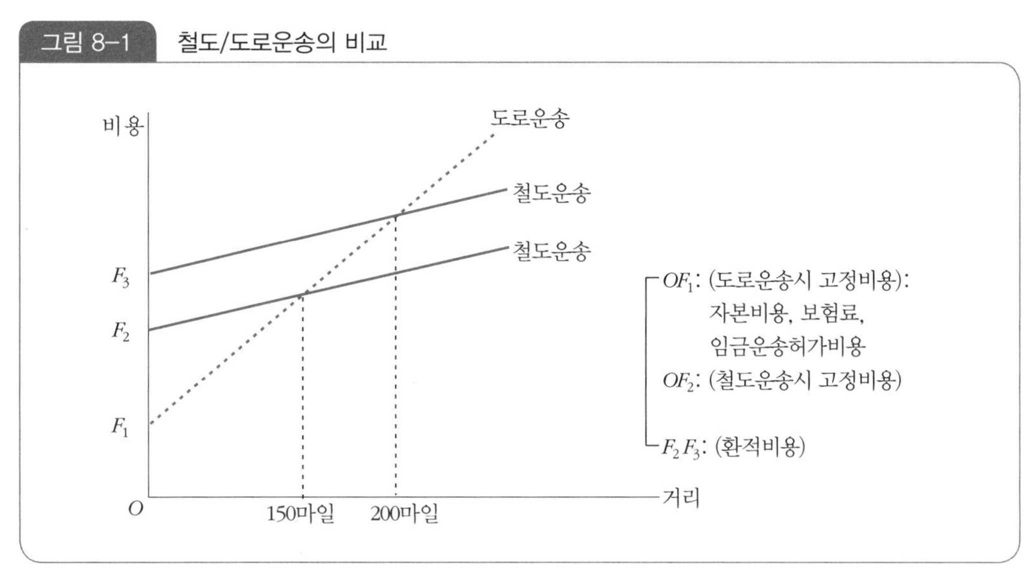

자료: Economics of Containerization.

• **탄력성과 수송수단 이용가능성:** 송하인이 요구하는 시간과 크기의 운송수단 제공가능

② **철도운송** 속도·신뢰성은 컨테이너 전용열차로 해결가능하며, 운송시간과 탄력성의 문제는 철도운송비용이 저렴하기 때문에 상쇄가능하다.

③ **내수로운송** 내수로운송은 서비스질의 수준이 상당히 낮다.

03 컨테이너화물운임의 적용

3-1 Container Tariff

• 중요 내용

① definition of ocean freight & associated charges

② 기타 요율 및 비용개념 규정(terminal handling charges, LCL service charges, inland haulages, storage 등)

③ 상품설명, 중량, 상품내용

④ 운임계산방식
⑤ 위험화물
⑥ carriers haulage
⑦ 항만사용료 및 내륙운송수수료에 대한 규정
⑧ rate class 특히 LCL & FCL에 관한 내용
⑨ 새로운 특성: shortfall freight, container maximum utilization, FAK rates(FAK), commodity box rates(CBR), TVR(or TVC), service contract(S/C) 등이 요율부과방식으로 적용됨

3-2 컨테이너화물에 적용되는 요율

(1) 컨테이너 최저이용(Container Minimum Utilization)의 경우

해상운송업자는 컨테이너당 중량이나 용적으로 최소량을 정하거나, 총적재능력(capacity)의 일정비율(%)로 규정하고 있다. 각 운송인마다 각각 다른 기준을 적용한다. MTO는 minimum utilization rate 보다 낮은 운임을 부과해서 손해를 방지해야 한다.

① **부족분운임(shortfall freight)** 중량 혹은 용적기준으로 최소 이용치(minimum utilization)에 도달되지 못했을 때 그 차이만큼 shortfall freight가 부과된다. 통상적으로 shortfall freight 부과기준은 동 컨테이너의 내장화물 중 가장 높은 운임이 된다.

② **최저상자운임률(minimum box rate)** TEU당 평균운임으로 부과해야 할 최소기준을 설정해 놓고 그것에 미치지 못하면 'surcharge' 방식에 의해 부과한다.

(2) 컨테이너 최대이용(Container Maximum Utilization)의 경우

화물을 밀집되게 적재해서(예컨대 큰 pipe 내에 작은 pipe 적재 등) 컨테이너 적재능력보다 화물용적이 많아질 경우 적용되는 요율방식이다. 내장화물이 단일품목에 단일요율이 적용되었다면 동요율을 기준하여 컨테이너 내부용적으로 부과하고, 내장화물이 단일품목이 아닐 경우에는 요율이 높은 품목요율을 기준하여 내부용적에 의해서 요율이 부과된다.

(3) 품목별 · 무차별 운임률(Freight All Kinds Rate)

모든 품목에 동일하게 부과되는 요율제도이다. 품목에 따라 입장이 달라(예를 들어 wine과 water에서 운임부담능력을 감안하여 grouping하는 것이 통례임) 선별하여 FAK를 적용하고 있다.

(4) 상자당 운임률(Commodity Box Rates)

부과단위가 Ton Base에서 Box Base로 변화되어 부과되는 요율방식이다. 동요율제도는 화주에게 유리한 서비스를 제공하기 위하여 만들어진 것이며, 수송원가에 근거한 요율부과방식이다.

(5) 기간 · 물량별 운임률(Time Volume Rate)

물량기준 환불개념으로 TVR은 일정기간과 물량을 기준으로 하여 화주에게 유리한 운임률을 제공하는 제도다. TVR 역시 일정품목으로 한정하거나 FAK를 기준으로 한다. 화물량의 기준은 TEU나 지불된 운임으로 하며 적용기간은 계약에 따라 상이하다.

(6) 대화주우대계약(Service Contract: S/C)

대화주우대계약은 기간별·물량별 운임률과 유사하지만 대화주우대계약에서 화주는 일정한 대규모 컨테이너화물을 일정기간 동안에 제공할 것을 직접 또는 화주협회를 통해서 약속하고 선사는 저렴한 운임률 뿐 아니라 선복, 운송기간 등의 운송서비스를 약속하게 된다.

S/C는 TVR과 다음과 같은 점에서 차이가 있다. 첫째, TVR에 관한 사항은 연방해사위원회(FMC)에 제출된 운임률표로 공표하여야 하기 때문에 동일한 조건의 화주에게 동일한 수준의 운임률을 제공하여야 한다. S/C에 관한 사항은 운임률표에 포함되지 않으므로 화주 간에 차등을 둘 수 있다. 대화주우대계약의 필수조건(essential terms)은 운임률표의 형식으로 연방해사위원회에 제출하여 일반인이 열람할 수 있도록 해야 한다. 특정품목을 제외하고 S/C사본을 연방해사위원회에 제출해야 한다. 둘째, TVR제도는 독자행동권의 행사가 가능하지만 S/C에서는 독자행동권의 행사를 제한할 수 있다. 셋째, TVR계약을 위반할 때에는 벌금의 대상이 되지만 S/C를 위반할 때에는 법원의 판결에 따르게 된다. S/C는 선사와 화주 간에 합의하여 요금을 결정한다.

04 수출입화물의 운송절차

4-1 수출화물 운송절차

(1) FCL(Full Container Load) 수출운송

FCL컨테이너는 내장화물화주가 단일화된 것으로 수출업자가 수출품을 생산

그림 8-2 수출 FCL의 흐름

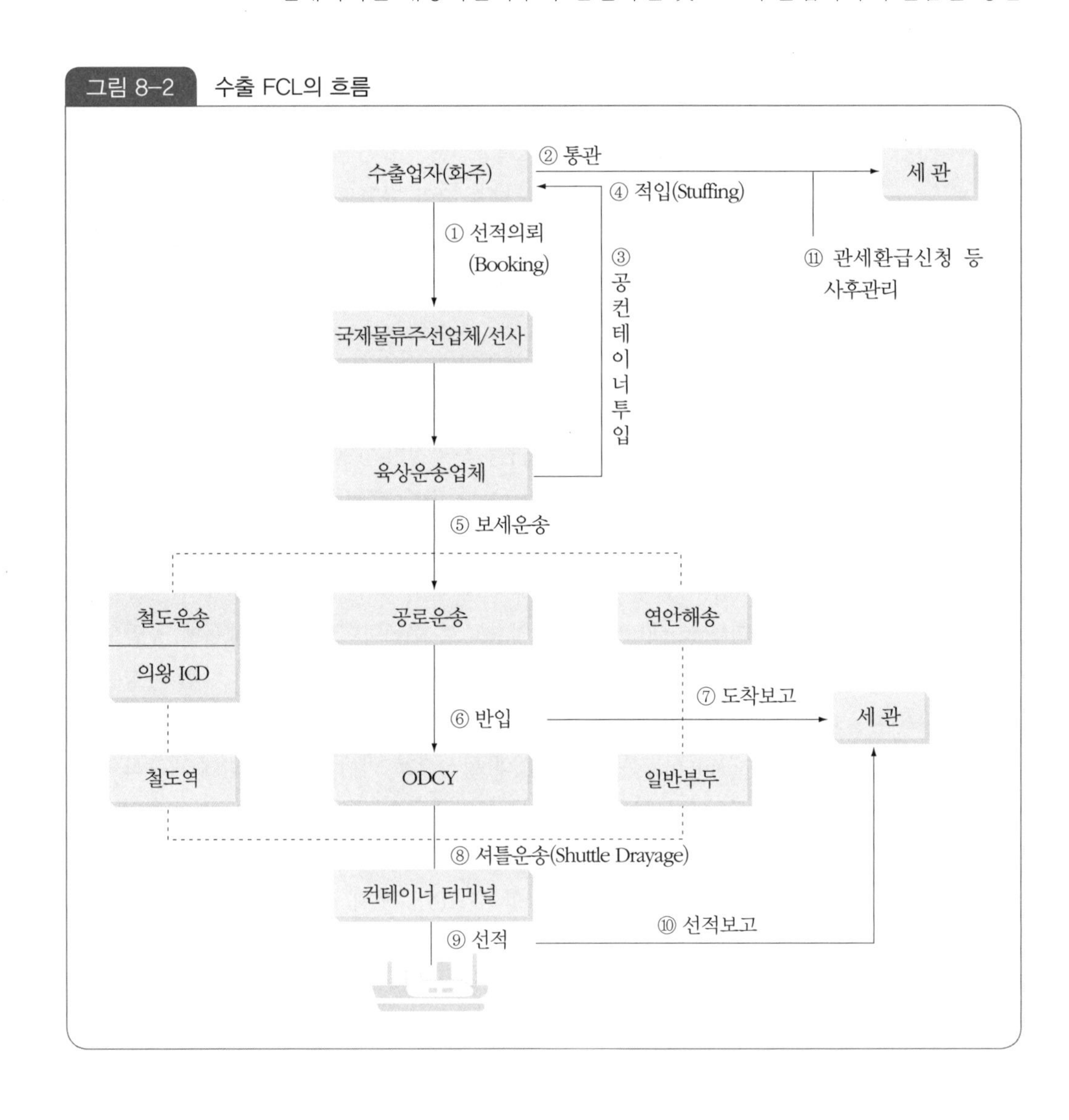

한 후 선적을 위해서는 항만까지 국내운송절차를 거치게 되는데, 이에 대한 경로는 공로(육상), 철도, 연안운송(인천항→부산항) 등에 의한다. 보통 FCL은 화주의 공장에서 수출 통관 후 보세운송형태로, 고속도로 또는 국도를 이용하여 공로(육상)운송되는 경우가 대부분이며 때로는 ICD를 통한 철도운송도 이용된다.

① 수출자는 수입업자에게 선적의뢰 시 선적요청서(shipping request: S/R)를 비롯한 포장명세서(Packing list: P/L), 상업송장(commercial invoice: C/I) 등의 서류를 제출한다. 공컨테이너(empty container) 투입요청 시 시간, 장소 등에 관해 정확히 알려주어야 한다.

② 통관(수출신고)은 원칙적으로 장치장소에 장치한 후이지만 상품 제조 전에 수출신고하고자 할 경우 제조·가공완료 예정일 기준으로 수출신고가 가능하다.

※ 구비서류
(a) 수출신고서—원본, 수출신고필증용, 대금결제용, 보세운송도착보고용,
(b) 수출승인서(export license;E/L), (c) 상업송장, (d) 포장명세서(P/L),
(e) 기타 법령에 의한 허가승인의 조건을 증명하는 서류

③ 공(Empty)컨테이너 투입장소(공장)가 보통 대전 이북지역인 경우 의왕 ICD, 대전 이남지역인 경우 부산 ODCY(off dock CY)에 장치되어 있는 컨테이너를 이용한다. CY operator가 공컨테이너를 화주에게 임대할 경우 장비기기교환증(equipment interchange receipt: EIR) 5부를 작성하여 이 중 1부를 화주에게 전달한다.

※ EIR 5부의 용도
(a) original(기사가 화주에게 전달), (b) local office copy,
(c) loading CY/CFS, (d) discharging port CY/CFS, (e) office file

④ 수출통관이 완료된 후 수출신고필증이 발급된 경우 화주는 컨테이너에 화물을 적입하고 공컨테이너 투입 시 함께 전달된 선사 봉인(carrier's seal)을 직접 컨테이너에 장착한다. 공장에서 직접 컨테이너에 화물을 적입할 수 있다. 이때 제3자의 공적기관의 검량인(tally man) 또는 공장책임자에

의해 화물의 수량이나 상태가 점검된다. 점검상태가 완전할 경우 컨테이너에 적입한다.

⑤ 보세운송은 외국으로 반출될 물품을 보세상태(통관된 상태)로 개항, 보세구역, 보세구역 외 장치 허가장소에 한하여 국내운송이 허용되는 것으로 수출의 경우 보세운송허용기간은 30일 이내이며, 보세운송신고 시 구비서류는 수출신고서이다.

⑥ 컨테이너 터미널에 직접 인도되거나 ODCY에 반입된다. 터미널 시설 등에 따라 ODCY 이용이 결정된다.

⑦ ODCY에 반입한 후 CY업자로부터 수출신고서(보세운송도착보고용)에 장치확인을 받아 관할세관에 보세화물 도착보고를 한다.

⑧ ODCY에 반입된 화물은 컨테이너 터미널에 반입이 결정되면 ODCY에 있는 각 선사의 업무담당자(line clerk)는 컨테이너와 함께 접수된 수출신고필증을 확인한 후 컨테이너 터미널 Gate에 제출한 반입계(gate-in slip)을 작성하여 해당 트럭기사에게 전달한다. 이때 ODCY에서 컨테이너 터미널 마샬링야드까지의 단거리 운송을 셔틀운송이라 하며, 보통 본선 입항 3일 전(원칙 5일 전)부터 출항 12시간전까지만 반입이 가능하다.

⑨ 컨테이너 터미널에 반입된 컨테이너는 작업절차를 거쳐서 해당선박에 선적된다.

(2) LCL(Less Than Container Load) 수출운송

LCL은 20피트 또는 40피트 컨테이너 한 화주가 1대에 채울 만한 물량을 확보하고 있지 못하기 때문에 FCL과 같이 컨테이너 문전운송(공컨테이너의 화주공장 투입)과정이 필요 없이 일반화물(loose cargo)상태로 트럭에 실려 운송인(대부분 국제물류주선업자)이 지정한 CFS로 운송된다.

화주의 수출화물이 LCL인 경우 일반적으로 화주가 직접 일반차량(트럭)을 수배하여 포워더가 지정한 CY/CFS까지 운송하고 있으나 운임상의 혜택과 동일 지역행 화물의 혼재(consolidation)를 용이하게 하기 위해 차량수배도 국제물류주선업체를 이용하는 것이 유리하다.

① 선적의뢰 시 선적요청서(shipping request: S/R)를 비롯한 포장명세서(P/L), 상업송장(C/I) 등의 서류를 제출한다.

② 화주가 직접 공로운송에 이용될 차량을 수배할 경우 국제물류주선업체로

그림 8-3 수출 LCL의 흐름

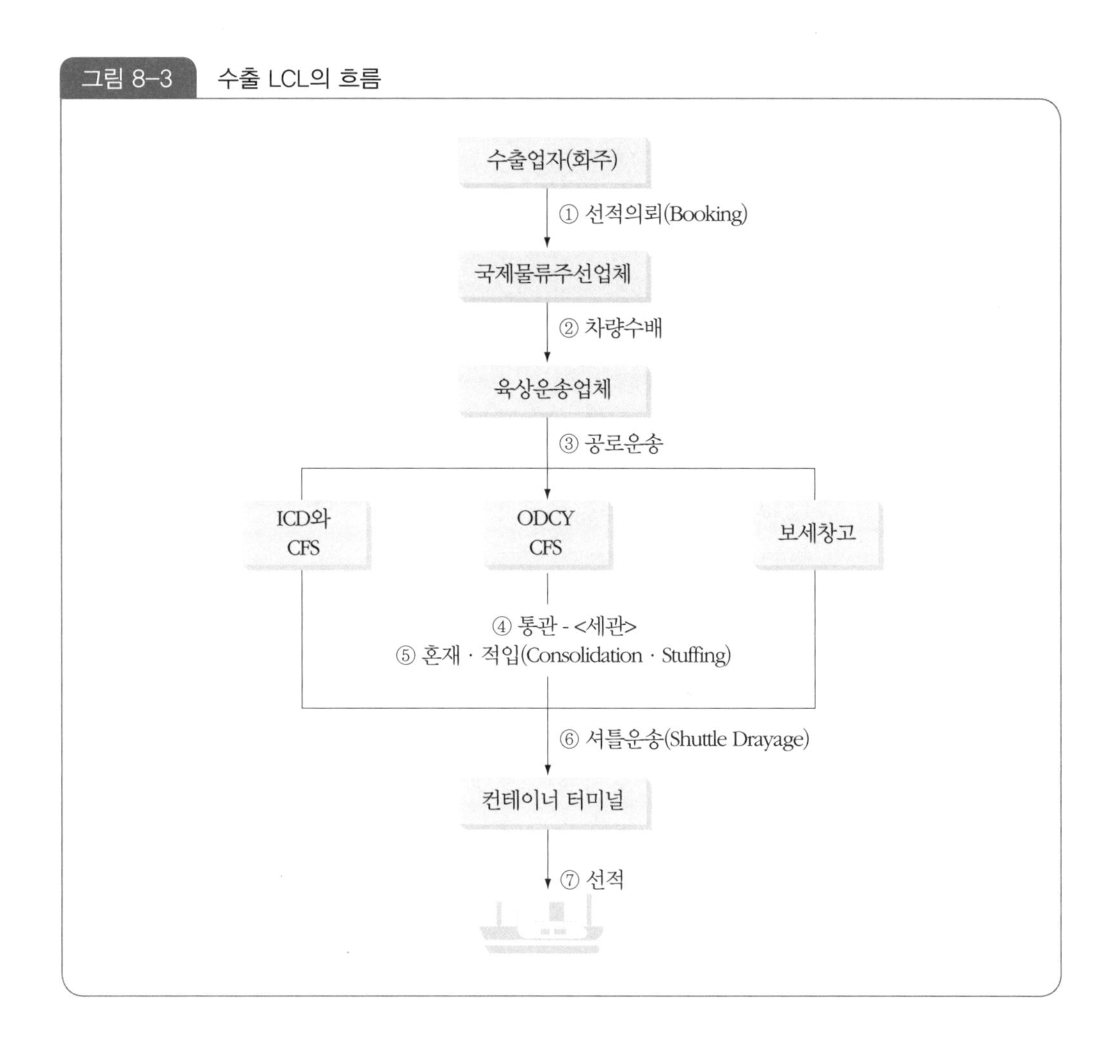

부터 CY(엄밀히 CFS) 및 관할세관을 통보받고, 사전에 트럭기사에게 화물의 입고지와 담당자를 알려준다.

③ 여러 화주의 소량화물(LCL)을 실은 트럭은 고속도로 또는 국도를 이용하여 각 화물들의 최종 목적지에 따라 여러 CFS(화주가 선적의뢰한 포워더의 사용 CFS)를 돌게 된다. 이때 화주는 반드시 포장명세서(packing list)를 트럭기사편으로 CY(CFS)담당자에게 전달해야 한다.

④ 항만의 CY에 도착한 다음 CY clerk으로부터 보세구역 장치확인을 받은 후 관세사 사무소를 통해(경우에 따라서는 통관업무를 대행해주는 국제물류주선업체를 이용) 관할세관에 수출신고를 한다.

⑤ 포워더는 사전에 선박회사에 공컨테이너 투입을 요청하고 입고된 화물에

대하여 tally, measuring, weighing 등 제반준비를 끝내고 수출신고필증(export permit: E/P)이 발급되면 CLP(container load plan: 컨테이너 내부 적부도)에 따라 화물을 적입한다.

※ CFS operation
(a) 화물의 포장상태 및 수량 확인
(b) 화물인수증 발급
(c) CFS반입
(d) 수출신고필증 발급확인
(e) 컨테이너 내의 화물반입(적입)지시서(stuffing order) 작성
(f) 공컨테이너 CY반입 요청
(g) stuffing & sorting(적입 및 분류작업)
(h) 검수인(tallyman)에 의한 검수보고서(tally sheet) 작성
(i) 선사봉인(carrier's seal) 장착
(j) 적입된 컨테이너의 선사지정 CY 또는 부두 터미널에 반출

⑥ 혼재된 컨테이너는 FCL과 마찬가지로 일시 장치된 후 셔틀운송으로 mashalling yard에서 선적을 기다리게 된다.
⑦ 컨테이너 터미널에 반입된 컨테이너는 작업절차를 거쳐서 해운회사에 의해 해당선박에 선적된다.

※ 공동선적(co-loading)업무

국제물류주선업체가 자체적으로 확보(집화)한 화물(LCL)을 혼재(consolidation)하기 부족한 경우 동일 목적지의 화물(LCL)을 보유(집화)한 타 포워더에게 공동집화(joint consolidation)를 의뢰하여 혼재·선적하는 것을 공동선적(co-loading)이라 한다.

co-loading과정은 선적의뢰받은 LCL을 자체적으로 혼재할 수 없을 경우 선적예정선박의 마감시간 1-2일 전에 같은 목적지의 혼재가 용이하고 국제물류주선업체를 선정하여 선적을 의뢰하고, 화물은 해당 국제물류주선업체가 사용하고 있는 CFS로 입고시켜 혼재 선적한 다음 이 국제물류주선업체로부터 B/L(이 경우 master B/L의 성격을 지님)을 발급받아 선적서류를 작성처리한다.

4-2 수입화물의 운송절차

수입화물이 양하항에 도착하게 되면 운송인(선사 또는 포워더의 대리점)은 수입화주에게 화물도착통지(arrival notice)를 하게 되며, 화주는 은행에 수입대금을

그림 8-4 수입화물의 흐름

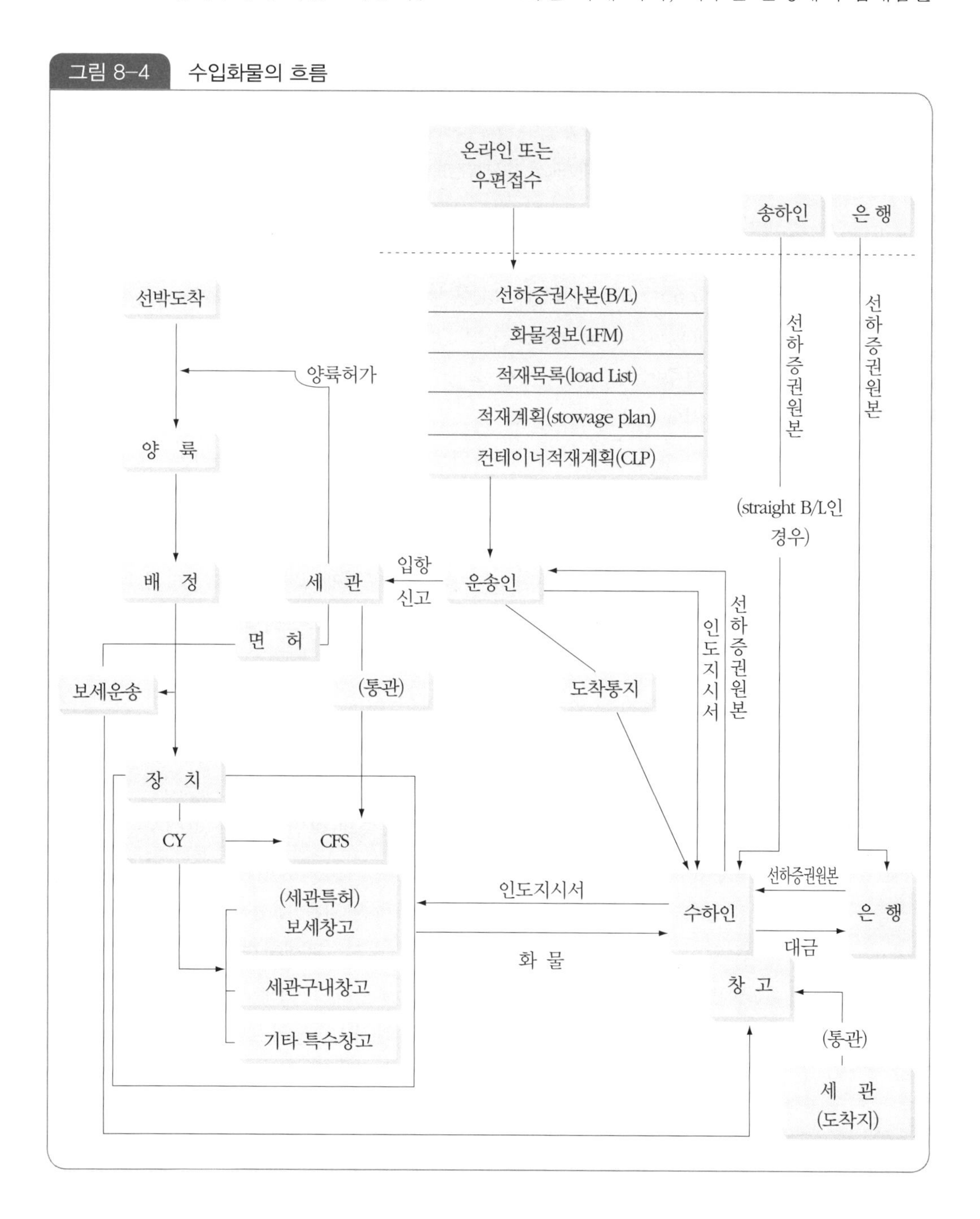

지불하고 선적서류를 인수받아 수입통관절차를 밟게 된다.

FCL은 부두에서 양하되어 수입업자의 문전(창고 또는 공장)까지 도착되는 과정은 보세운송을 통한 도착지 통관인 경우와 부두의 보세장치장에서 통관하여 일반운송되는 양하지통관과 선박도착 전에 통관수속을 완료하는 선상통관방식 등 세 가지로 나누어지며, LCL은 반드시 양하지 통관을 거쳐 일반화물상태로 화주의 문전에 도달하게 된다.

① 수출지에 있는 운송인은 목적지에 있는 운송인(선박회사 지점, 대리점 또는 포워더의 파트너)에게 선적서류(shipping documents)를 발송한다.
(a) covering letter, (b) B/L copy(국제물류주선업체의 경우 ocean carrier B/L original & copy), (c) commercial Invoice, (d) packing list, (e) CLP(container load plan)-혼재화물의 경우, (f) stowage plan, (g) IFM(inward foreign manifest), (h) credit/debit note(국제물류주선업체) etc.

② 수입화주(수하주)의 신속한 화물인수 준비를 위해 해당선박 도착 전에 도착통지(arrival notice)를 한다.

③ 도착지 운송인으로부터 화물의 도착통지를 받은 화주는 L/C 개설은행에 수입대금을 지불하고 수출지 운송인이 발행하여 수출지의 negotiating bank(매입은행)를 통해 제시된 선하증권 원본을 받는다.

④ 선하증권 원본을 회수한 화주는 운송인에게 운임(운임후불의 경우) 및 부대비용을 지불하고 선하증권 원본과 상환으로 화물인도지시서(delivery order)를 받는다.

⑤ 화물도착통지를 받은 화주는 화물이 어느 창고에 입고될 것인가를 지정하게 되며, 선사는 적하목록에 배정처를 기록하여 배정적하목록을 작성하여 세관에 입항신고를 하게 된다.

⑥ 세관으로부터 양륙허가 및 배정적하목록의 확인이 끝나면 선사는 하역회사, 운송회사와 함께 해당 배정처로 화물을 이송하게 된다. 이때 화주가 배정처를 지정하지 않을 경우 선사에서 임의로 배정하게 된다.

⑦ 수입신고(통관)는 화주, 관세사, 통관법인, 관세사법인의 명의로 하여야 하며 법에 의하여 등록된 관세사를 채용하여 관세사 명의로 수입신고를 할 수 있다. 여기에서 화주는 수입승인서(I/L)상의 수입자(수입대행의 경우 수입위탁자)를 말하며, 수입신고는 당해 수입물품을 보세구역에 장치한 후에만 가능하다.

수입신고시기는 보세구역반입일 또는 보세구역 외 장치장 허가일로부터 30일 이내이며, 보세구역의 장치기간은 보세장치장의 경우 3개월, 보세창고의 경우 외국물품인 경우 반입일로부터 2년, 내국물품인 경우 1년이다.

※ 수입신고 시 구비서류
(a) 수입신고서(보관용, 통계용, 수입신고필증 원본용)
(b) 수입승인서(import license)
(c) 가격신고서(commercial invoice 포함)
(d) 선하증권 사본(B/L copy)
(e) 포장명세서(검사대상물품에 한함)
(f) 원산지증명서(해당물품에 한함)
(g) 관세법 제145조의 규정에 의한 세관장 확인물품 및 확인방법 지정고시에 의한 구비서류

⑧ FCL을 도착지(화주 문전)에서 통관하고자 할 경우 보세운송을 통하여 이루어지는데, 수입화물의 보세운송신고 시 구비서류는 보세운송신고서 및 선하증권 사본이며 보세운송기간은 운송품의 중량, 기타 운송과정 등을 감안하여 세관장이 정한다. 관세행정규제완화정책의 일환으로 개정 관세법 138조에 보면 선박입항 전에도 수입신고 및 통관필증을 교부받을 수 있게 되었다.

보세운송절차는 [그림 8-5]와 같다.

그림 8-5 보세운송절차

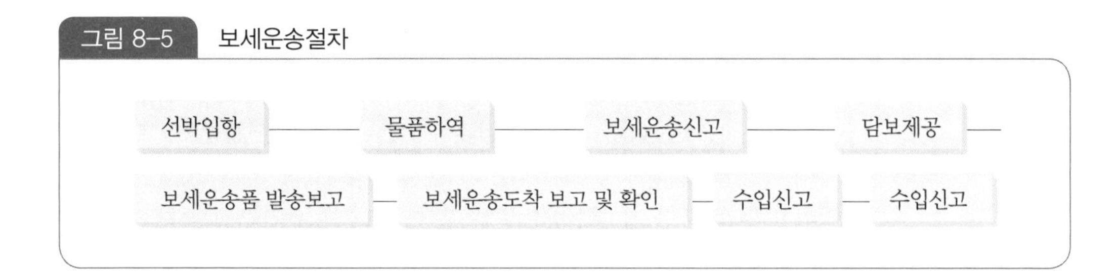

※ 사전보세운송신고제도

사전보세운송신고제도는 수입화물을 적재한 무역선이 개항(開港)에 입항하고 긴급히 화물을 운송할 필요가 있을 경우 화물하역 전이라도 사전에 보세운송을 신고하여 신고필증을 받아 하역과 동시에 부두에서 직접 운송목적지로 보세운송하는 것을 말한다.

※ 부두직통관제도

수출입화물의 유통합리화방안의 일환으로 부산항 및 인천항의 부두를 활용하여 동 부두 내에서 컨테이너 수입화물을 직접 통관 반출하여 화주가 희망하는 목적지로 운송할 수 있는 제도이다.

부두통관 대상화물은 첫째, 선박에 컨테이너화물 중 컨테이너에 들어 있는 화물전부를 1명의 화주가 소유하고 있는 컨터이너 수입화물, 둘째, 컨테이너 전용부두에서 선박에 적재되어 반출되는 컨테이너 수출화물이다.

⑨ ⑩ 수입신고를 받은 후 화주는 CY(CFS)에 D/O(화물인도지시서)를 제시하고 CY(CFS)에서는 D/O holder(수입업자)에게 화물을 인도한다.

※ 화물선취보증서(L/G)

화물이 선적서류보다 먼저 도착하는 경우에는 선적서류 사본을 이용하여 물품대금을 결제하고 물품을 먼저 찾을 수 있는데, 이러한 경우에는 해당은행에 화물선취보증서(letter of guarantee: L/G)의 발급을 신청하여 물품을 인수할 수 있다.

L/G를 발급받은 화주는 이를 선사에 제출하고 선사로부터 화물인도지시서(delivery order: D/O)를 발급받아 물품을 인수하게 된다.

L/G를 이용하는 경우에는 선적서류의 원본이 도착하지 않았으므로 은행측에 수입대금을 다소 높게 책정하고 나중에 선적서류의 원본이 도착한 후에 정확한 수입대금을 정산해 정상결제를 한다. 화주는 수출국으로부터 선적서류의 원본이 도착하는 즉시 이를 L/G를 발급해준 은행에 제출하여야 하며 수출대금을 정상결제한다.

C·H·A·P·T·E·R

09 항공운송 관리

INTERNATIONAL TRANSPORTATION

01 항공화물의 개요

1-1 항공화물의 개념과 발달

(1) 항공운송의 개념

항공운송(air transportation)이란 항공기의 선복(plane's space)에 여객과 화물을 탑재하고 국내외의 공항(airport)에서 항로(air route)로 다른 공항까지 운항하는 최근대식 운송시스템을 의미한다.

일반적으로 물품의 운송이라 하면 육상이나 해상에 의해 행해지는 것으로 인식되어 있고 실제로 대부분의 물품이 육상이나 해상운송에 크게 의존하고 있다. 그러나 괄목할 만한 항공기의 개발로 대량운송이 가능해졌고 공간개념의 축소로 세계가 동일 생활권이 됨에 따라 신속한 운송에 의한 교역의 증대와 상호보완적인 물품의 교환이 절실히 요구되고 있어 물품의 항공운송은 점차 일반화되어 가고 있다.

수출입에 있어서도 수출입화물의 대부분이 해상운송에 크게 의존하고 있음이 사실이나 시장전략과 경쟁력 증대방안의 이유로 항공운송의 점유율이 계속 높아지고 있다.

(2) 항공운송의 발달

속도를 중요시하는 현대사회에서 항공기가 운송수단으로서 크게 각광을 받게 되었고 최근에는 대형 화물전용기의 출현으로 항공화물도 항공여객수송에 이어 급속히 발달하였다. 그러나 항공화물이 초기의 아주 유치한 운송단계를 벗어나서 오늘날과 같이 화물운송분야에 있어서 독자적인 지위를 확고하게 확립하기까지에는 오랜 시간이 소요되었으며, 이는 수송수단인 항공기와 지상조업수단의 발달의 결과라고 할 수 있다.

본격적인 항공화물수송은 1965년에 DC-8F와 B-707F 등 화물전용 제트기의 등장이 계기가 되었으며, 이후 Pallet 및 컨테이너 전용기인 B-747F의 등장으로 대형화물이나 대량화물의 장거리 운송이 가능하게 되었다. B-747F의 화물 탑재력은 B-707F나 DC-8F의 거의 3배인 100여톤에 이르고 있다.

냉동컨테이너 등 각종의 전용 컨테이너가 개발되면서 수송의 질적인 면에서도 현저한 발달을 가져왔으며, 동시에 운송원가의 저하와 운임의 인하는 항공화물의 보급과 발달에 획기적인 계기를 마련하였다. 종래의 항공화물은 긴급, 고액의 물품에 대한 수송수단으로 인식되어 왔었으나 최근에는 현대사회나 산업에서 없어서는 안 될 수송수단이 되었으며, 각 기업에 물류관리가 강화되면서 항공운송의 이용가치가 더욱 더 높아지고 있다.

항공화물의 증가는 무엇보다도 수송수단인 항공기와 지상조업수단의 발달에 그 기초를 두고 있다. 항공화물 운송분야에서 운송효율을 향상시켜 원가절감을 하기 위해서는 항공기의 발달만으로는 이루어질 수 없으며 지상에서의 화물의 조업이 대단히 중요하다.

항공사에 의해 항공화물 지상조업의 기계화와 자동화, 화물의 표준화 및 컨테이너화, 그리고 근대적 시설을 갖춘 화물터미널의 건립 등이 지속적으로 추진됨에 따라 조업시간의 단축과 원가절감을 도모하게 됨으로써 항공화물의 운송분야가 발달하게 되었다.

1-2 항공화물의 특성

(1) 항공화물운송의 특성

① **편도운송** 고가의 기계를 임대차 또는 수리의 목적으로 발송한 경우 혹은 반제품으로 출하한 것이 완제품이 되어 반송될 경우에 이루어지는 왕복운송을 제외하고는 항공화물운송은 거의 대부분이 편도운송이다.

② **고정화주** 항공화물의 고객은 화물을 반복하여 계속적으로 출하하는 고정화주가 대부분이다. 따라서 항공화물운송은 여객운송과는 다른 과정을 거쳐서 발달하여 왔으며, door to door service의 제공이나 복잡한 운임체계의 설정 등으로 이루어지고 있다.

③ **지상조업의 필요** 여객과는 달리 화물은 의지가 없는 물체이며 스스로 움직일 수도 없다. 따라서 항공화물은 공항에서의 지상조업이 필요하며, 항공화물의 적하를 위해서 숙련된 작업이 요구된다.

④ **운송형태의 변화** 항공화물의 운송형태는 여객운송과는 아주 다르다. 화물의 경우 화주가 야간운송을 선호하는 경향이 강하며 오후 늦게 화물을 집화하여 야간에 항공운송을 하고 목적지에서 다음날 새벽에 배송하는 것이 가장 이

상적인 화물의 운송형태이다.

⑤ **계절변동** 특정의 화물, 예를 들면 식품, 화훼류, 농산물, 특정 의류 등은 계절에 따라 변동이 심하지만, 일반화물은 대부분이 여객에 비해 계절적인 변화가 없다.

그 외에도 많은 점에서 화물운송은 우회운송이나 경로변경 등 다소의 불편이 생기더라도 여객만큼 민감한 반응은 보이지 않지만, 일단 화주를 잃게 되면 한 사람의 여객을 잃는 것보다 심한 손해를 입기 때문에 이점에 특별히 유의할 필요가 있다.

(2) 항공운송의 이점

긴급 시나 특별한 경우에만 이용하는 수송수단으로 간주되어 왔던 항공화물운송이 오늘날 상업적으로도 그 이용도가 크게 높아지고 있으며, 일반 가정에도 버섯, 생굴, 과일 등 계절적인 물품은 물론 유행의류, 전자제품, 각종의 생산부품을 비롯하여 심지어는 이삿짐에 이르기까지 각종의 화물운송에 항공운송을 이용하기에 이르렀다.

항공화물운송은 대형 화물전용기의 개발로 수송능력의 증대, 단위당 운항원가의 절감 및 운임의 저렴화가 실현되었고, 한편으로는 종합물류원가 개념의 보급으로 기업의 물류관리의 중요성이 재인식되면서 항공화물의 이용범위도 크게 확대되었다. 특히 기업에 물류관리가 도입·강화되면서 수송원가는 단순히 운임의 저하만을 위해서가 아니고 재고비, 창고료, 보험료, 운송 중의 금리 등 운송에 관계되는 총원가의 관점에서 고려하지 않을 수 없게 되었다.

운임만을 비교하면 항공운송이 해상운송보다 훨씬 높지만, 총원가면에서 보면 항공운송이 해상운송보다 더 저렴할 수가 있기 때문에 항공을 이용하는 수요가 점차로 증가하고 있다. 항공화물운송의 이점은 신속성, 안정성, 확실성에 있지만 이외에도 항공화물의 이용으로 얻을 수 있는 경제적인 이점을 보면 다음과 같다.

① **재고수준의 저하** 항공기는 고속성을 이용하여 화물을 원거리에 있는 광범위한 지역에 신속하게 운송할 수 있기 때문에 재고량을 감소시킬 수 있을 뿐 아니라 보관비 및 창고비의 삭감을 기대할 수 있으며 또한 수익을 빨리 얻을 수 있어 투하자본의 조기회전이 가능하다.

② **경쟁력의 유지와 시장의 확대** 상품 디자인의 변화 등 시장변화에 대

하여도 항공기를 이용함으로써 신속하게 대처할 수 있어 판매의 기회를 놓치지 않고 고객을 확보할 수 있다. 유행품, 계절품과 같이 판매기간이 아주 짧은 상품도 항공운송으로 납기를 단축하면 현지의 생산자와 경쟁하여 판매할 수 있으며, 또한 해산물, 야채, 과일, 특수의약품 등도 지리적인 제약으로부터 벗어나서 광범위하게 유통될 수 있다는 점에서 시장확대를 기대할 수 있다.

③ **포장비의 삭감** 항공화물은 운송중의 안전도가 극히 높기 때문에 항공운송에 적합한 최소한의 포장만으로 운송이 가능하다. 따라서 재료비, 인건비 등 포장에 소요되는 비용이나 시간을 대폭적으로 절감할 수 있다.

④ **손상, 분실, 도난 등의 사고의 감소** 운송시간이 단축되기 때문에 다른 운송수단에 비하여 그만큼 위험을 줄일 수 있다. 또한 항공운송중에 진동이나 충격이 작으며 온도, 습도, 기타 양호한 조건하에서 운송이 이루어지고 비행 중에 항공기의 화물실과 외부의 접촉이 없기 때문에 수송화물의 손상, 분실, 도난의 위험이 거의 없다. 또한 사고가 적기 때문에 그만큼 보험료도 저렴하다.

(3) 운송품목의 특성

항공화물운송이 여객운송의 부수적인 지위에서 벗어나 점차적으로 독자적인 지위를 확보하게 되면서 항공화물 구성이 질적으로는 물론 양적으로도 크게 달라져 대형화·대량화·다양화되었다. 또한 수송수단으로서 항공화물운송의 중요성이 재인식되면서 대상수요도 긴급수송을 위해서만 이용되었던 종래의 입장에서부터 상업적인 목적으로 이용될 정도로 이용범위가 확대되었다.

1970년대 등장한 B-747F와 같은 대형 화물기는 해운에 필적할 수 있는 대형 컨테이너의 운송을 가능하게 했으며, 이를 계기로 상품의 다양화, 다각화가 한층 더 촉진되었다. 또한 여객과는 달리 화물에는 그 크기나 규격에 제한이 없기 때문에 자연히 바늘에서부터 자동차에 이르기까지 운송 대상수요가 다종다양하게 되었다.

미국의 항공운송협회(air transport association)는 항공화물의 대상이 되는 주요 품목을 아래와 같이 제시하고 있다.

- **수요의 발생이 긴급한 것:** 항공기, 자동차, 선박, 일반 기계류의 부품, 납기의 임박으로 항공운송으로 전환한 물품, 계절, 유행상품, 투기상품.
- **장기간의 수송에 의해 가치가 절감되는 것:** 생선, 식품, 생화, 생동물, 방사성물질.

- **긴급수송을 요하는 것:** 신문, 정기간행물, 뉴스필름, 원고, 입찰용 서류 및 설계서.
- **운임부담력이 큰 품목:** 모피, 미술품, 귀금속, 시계, 약품, 전기, 전자기기, 광학기기.
- **반제품으로 조립, 가공을 위해 발송하는 것:** 시계의 가동부품, 전기기기의 부품.
- **여객에 부수하여 급송을 필요로 하는 것:** 상품견본, 애완동물, 이삿짐.

02 항공화물의 운송일반

2-1 항공화물의 판매

항공회사의 항공화물이라는 상품의 판매경로는 자사영업장(own sales office), IATA(international air transport association) 대리점, 혼재업자(consolidator), 총판매대리점(general sales agent), 타항공사(interline carrier) 등 다섯 가지로 분류할 수 있다.

일반 항공사의 경우 대부분 항공화물대리점을 통한 영업을 하고 자사의 직접 영업에 의한 항공화물의 집화가 거의 이루어지지 않고 있으나 Fed-Ex와 같은 통합캐리어(integrated carrier)의 경우 자사의 영업조직에 의한 항공화물의 판매를 하고 있다.

우리나라의 경우 1991년 12월 화물유통촉진법이 제정되기 이전에는 항공법상에서 항공화물운송대리점과 항공운송주선업이 구분되어 있었으나 물류정책기본법에 의해 국제물류주선업으로 통합됨으로써 항공화물 뿐만 아니라 해상화물도 취급할 수 있는 업종으로서 국제물류주선업이 탄생하게 되었다. 따라서 법적으로는 항공화물운송대리점과 혼재업자가 구분되어 있지 않으나 실제적으로 이들 업체가 구분되어 영업활동을 수행하고 있다.

(1) 화물대리점

국제항공화물은 거의 90% 이상이 IATA에 가맹한 항공사에 의해 수송되고 있다. 그러나 항공사가 직접 판매하는 경우는 아주 적고 대부분이 IATA에 의해 인가된 화물대리점에 의해 집화, 판매되고 있다. IATA화물대리점은 IATA가맹 항공사를 대리하여 항공사가 화주에게 제공할 항공화물운송서비스라는 상품의 판매를 전문적으로 취급하는 업체라 할 수 있다.

화물대리점은 항공사의 운송약관, 요율(tariff), 스케줄을 근거로 항공화물운송의 판매, 항공화물운송장의 발행, 항공화물 운임의 징수, 화물실 공간의 예약, 화물반입의 수배 등 여러 가지 부수적인 업무를 담당하며, 항공사는 이에 대한 보수로서 일정한 판매수수료를 지급한다.

일반적으로 화물대리점은 항공사의 대리판매 업무에만 그치지 않고 화주를 대리하여 공장에서 공항까지의 육상운송이나 출국수송업무를 겸하고 있는 경우가 많다.

대리점에 유사한 것으로 총판매대리점(general sales agent)이 있다. 이것은 항공사가 특정 지역을 한정하여 특정한 업체로 하여금 포괄적인 매매를 위임하는 방식이다. 총판매대리점은 지정항공사의 영업소와 동일하게 지정된 지역 내에서 화물을 판매함과 동시에 항공사의 총대리인으로서 광고, 예약, 수입금 회수 등 총괄적 업무를 수행하고 그 보수로서 부가수수료(overriding commission)을 일반대리점수수료에 추가하여 받는다. 총대리점은 타항공사나 IATA대리점이 될 수는 있으나 혼재업자는 될 수 없다.

(2) 혼재업자

혼재업은 IATA대리점이 단독으로 또는 수 개사가 협력하여 복수의 화주로부터 복수의 화물을 집화하여 이것을 하나의 화물로서 항공사에 수송을 의뢰하여 중량할인을 받아 그 차액으로부터 이익을 얻는 사업이다. 혼재업의 장점을 살펴보면 다음과 같다.

첫째, 항공사가 소량화물을 대량으로 집화하기 위해서는 방대한 영업조직을 갖지 않으면 안 되지만 혼재업자를 이용함으로써 대량화물의 손쉬운 집화가 가능하다.

둘째, 소량화물을 가진 화주 또는 항공화물대리점이 직접 항공사에 화물을 위탁하면 중량에 따른 할인을 받을 수 없지만 혼재업자를 이용하면 중량에 따른 할인 혜택을 받을 수 있다.

셋째, 항공사를 대신하여 혼재업자가 화물의 집화나 공항에서의 수탁 및 혼재의 단일화를 수행하기 때문에 운송의 합리화를 도모할 수 있다.

넷째, 혼재업자는 화주 또는 대리점으로부터 받은 혼재요금과 항공사에 지불할 중량별 할인운임과의 차액으로 이익을 얻을 수 있다.

혼재업자에게 화물을 위탁함으로써 화주, 대리점, 혼재업자, 그리고 항공사가 모두 편의성과 이익을 얻기 때문에 혼재화물은 그 이용도가 매우 높다.

2-2 항공화물의 운송절차

항공화물의 운송절차는 일반 선박에 의한 운송절차와는 큰 차이는 없다. 단지 시간과 업무량이 단축되고 신속히 처리된다는 차이가 있을 따름이다. 생산자와 구매자 간에 매매계약이 성립되어 수출을 위한 준비단계가 완료되면 화물의 출고시간에 맞추어 해당 항공사에 예약을 하게 되는데, 이러한 절차는 포워더(국제물류주선업자)가 중간매체로서 업무를 대행하게 된다.

(1) 항공화물 운송과정의 참여자

항공화물의 운송과정은 항공화물대리점의 역할을 하는 포워더(국제물류주선업자)가 화주로부터 화물운송의 전 과정을 위임받아 자기의 책임하에 운송을 실시하고 그 운송과정에 항공사가 실제 운송인으로 참여하는 일련의 과정이다. 이러한 항공운송과정의 참여자들과 그 역할을 기술하면 다음과 같다.

① **화 주** 수출화물의 실제 송하인, 또는 수입화물의 실제 수하인이다.

② **보세운송업자** 내륙지 세관에서 통관한(할) 수출(수입)물품을 보세운송하고 공항세관에서 통관할 국내화물을 운송한다.

③ **조 업 사** 항공사의 지시를 받아 수출입화물을 보세구역에 반출입하는 업무와 화물을 항공기에 탑재, 또는 항공기로부터 하기하는 업무를 수행한다.

④ **항 공 사** 항공화물을 실제로 항공기를 이용하여 운송하는 실제 운송인의 역할을 수행한다.

⑤ **국제물류주선업자** 화주의 요구에 의하여 수출입화물을 자기 책임하에 운송, 보세구역에 반출입시키고 항공기 기적을 예약하는 등의 업무를 수행한다.

⑥ **보세창고 운영업체** 항공기에 탑재할 화물을 반입, 혼재하는 작업과 항공기로부터 입항한 화물을 보관, 국내반출하는 작업을 수행한다.

⑦ **세 관** 항공화물의 통관 업무를 수행한다.

⑧ **관 세 사** 화주를 대신하여 통관업무를 대행한다.

(2) 수출화물의 흐름

항공화물의 수출과정은 화주의 기적의뢰로부터 시작하여 예약, 장치장 반입, 통관절차, 항공기 탑재의 순으로 진행된다.

① **운송 및 기적 의뢰** 화주는 국제물류주선업체에게 화물의 운송 의뢰를 한다.

② **기적예약** 운송 의뢰를 받은 국제물류주선업체는 항공사에 기적 예약을 한다.

③ **화물반입** 국제물류주선업체는 화물을 보세장치장으로 운송한 후 weight certification이 첨부된 반출입계를 제출한다.

④ **통관절차** 국제물류주선업체는 관세사를 통해 반출입계, 수출신고서 등 관련 서류로 세관에 수출신고를 수리하고 수출신고필증을 교부함으로써 통관절차가 완료된다.

그림 9-1 항공화물의 수출과정

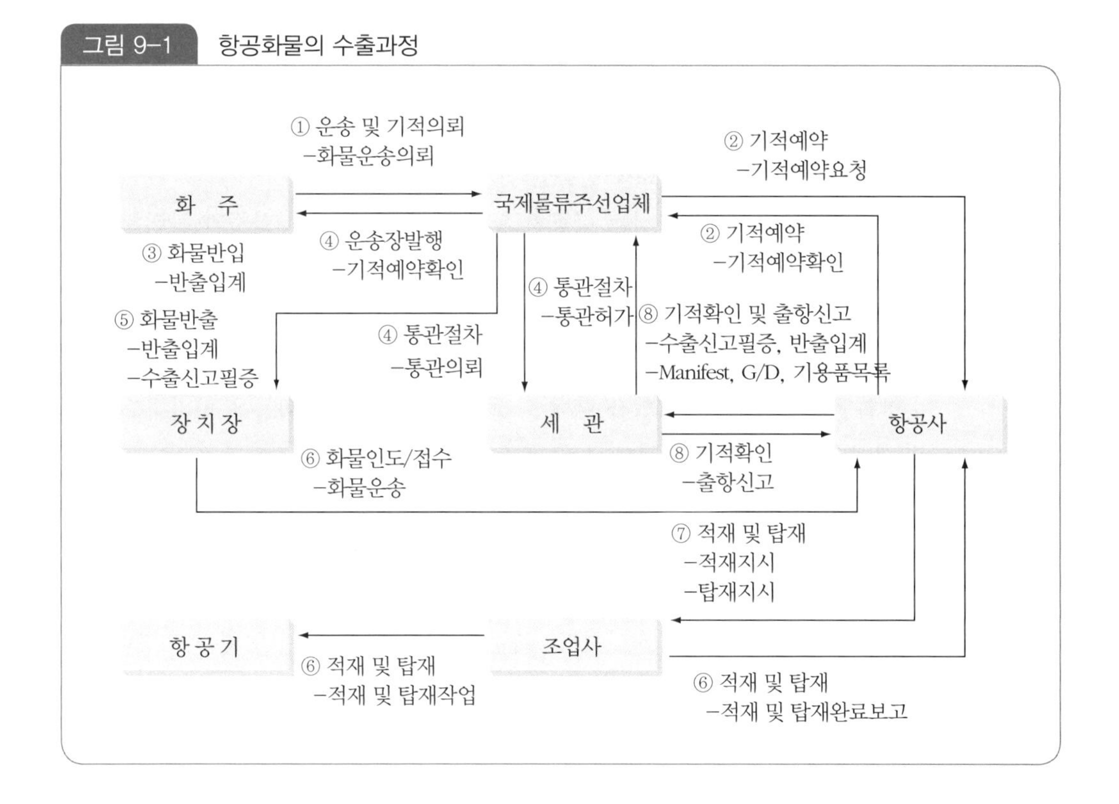

⑤ **화물반출** 국제물류주선업체는 반출입계와 수출신고필증을 제시하고 화물을 작업장으로 반출하여 적재작업을 준비한다.

⑥ **화물인도/접수** 항공사는 국제물류주선업체로부터 cargo delivery receipt를 접수한 후 지상 조업사로 하여금 화물을 인수하도록 한다.

⑦ **적재 및 탑재** 항공사는 검수받은 화물에 대해 조업사에게 항공용 컨테이너인 ULD(unit load device: 단위 탑재 용기)에 적재를 지시하고 이어 항공기의 안전운항 및 화물의 안전수송을 고려한 탑재작업을 지시하고 탑재완료 후 master manifest(항공사 적하목록)를 작성한다.

⑧ **기적확인 및 출항신고** 항공사는 세관에 수출신고필증, 반출입계를 제출하고 기적확인을 의뢰하며 이어 master manifest, general declaration, 기용품 목록 등을 세관에 제출하고 출항신고를 한다.

(3) 수입화물의 흐름

항공화물의 수입과정은 입항 도착 전 준비작업으로부터 시작하여 입항보고, 통관절차를 거쳐 화물의 화주 인도순으로 진행된다.

① **입항도착 전 준비작업** 출발지 항공사로부터 도착지 항공사로 사전정보를 전송한다. 통상적인 정보 이외에 화물기 운항 스케줄에 변동이 있을 경우, 특수화물이 있을 경우에 관련기관에 사전통보한다. 항공사는 화물 하역작업을 위해 조업사에 필요한 자료를 전송한다.

② **입항보고** 항공사는 항공기 도착후 기장으로부터 화물과 관련된 서류 일체: AWB, G/D, master manifest, house manifest 등을 인수하여 세관 승기실, 교통부 운항실, 보사부 검역소 등에 관련 서류를 제출하고 입항보고를 한다.

③ **하기 및 화물인계** 항공사는 AWB과 manifest를 대조하여 통과화물과 수입화물을 구분한다. 조업사는 내부 전송자료를 토대로 화물을 하기하고 하기된 화물을 터미널로 인계한다.

④ **서면분류작업** 통과 화물일 경우 다음 항공편으로 연결하고 도착지 화물일 경우에 항공사는 세관 보세과 서면분류실에 AWB과 master manifest, house manifest를 제출한다. 세관은 분류된 master manifest 사본을 항공사, 조업사, 보세운송업자에게 전달한다. 화주 또는 국제물류주선업체는 희망배정창고를 보세운송업자에게 서면통보하고 보세운송업자는 화주 또는 국제물류주선업체로부터 통보받은 화주 희망창고를 MFCS(manifest collecting system)에 입력

그림 9-2 항공화물의 수입과정

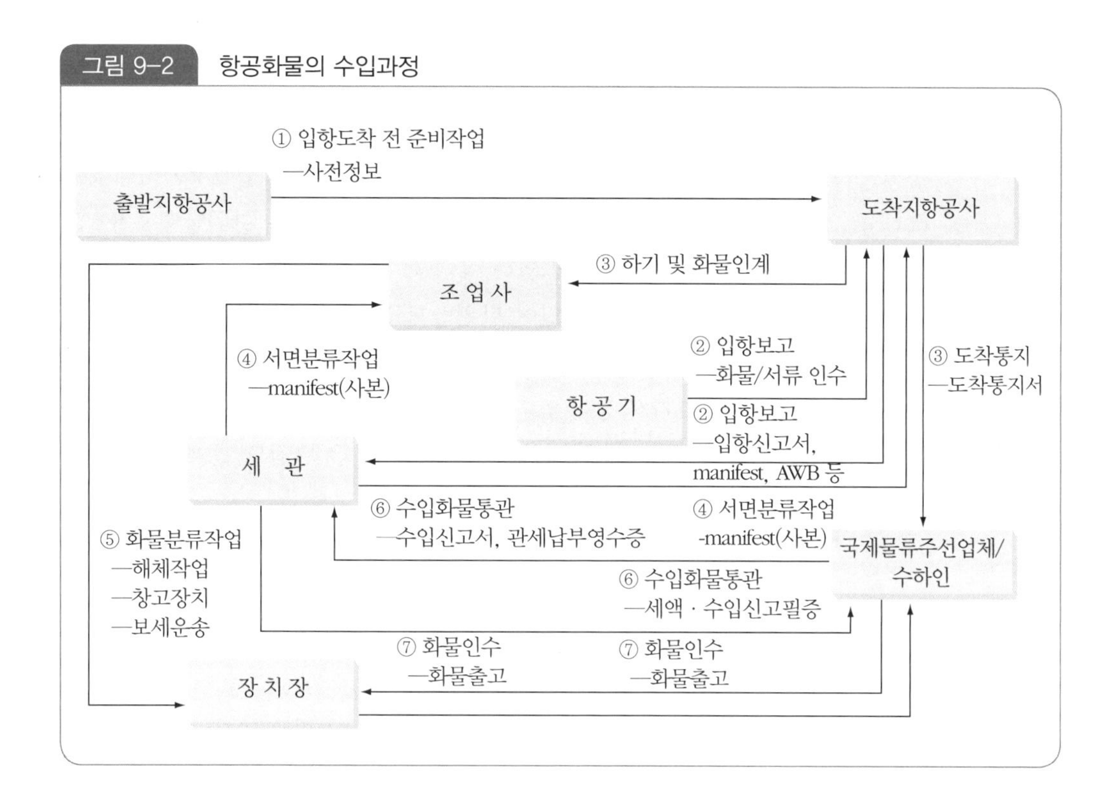

한다.

⑤ **화물분류작업** 조업사는 분류된 master manifest를 가지고 ULD별로 해체작업을 실시하고 각 창고에 장치한다. 보세운송업자는 분류된 master manifest를 가지고 보세운송을 신청한다. 보세운송업자는 출발지 세관에 보세운송목록을 제출하고, 출발지 세관은 보세운송신고필증을 보세운송업자에게 발부한다. 보세운송업자는 운송 후 도착지 세관에 보세운송목록을 신고한다.

⑥ **수입화물통관** 수하인은 수입화물의 장치를 확인하고 수입신고서를 작성하여 관련서류와 함께 세관에 신고한다. 이때 유환화물의 통관은 반드시 관세사가 하여야 하며 무환화물인 경우 화주 개인이나 관세사가 모두 가능하다. 화주는 세관에 관세를 납부하고 수입신고필증을 발급받는다.

⑦ **화물인수** 화주는 장치장에 수입신고필증을 제시하고 화물을 출고한다.

2-3 항공화물의 운송용기

항공기의 대형화, 효율적인 항공기 가동, 지상 하역작업의 기계화에 따라 항공화물의 상하역에 소요되는 시간을 단축시키기 위하여 단위탑재용기(unit load devices: ULD)가 이용되고 있다. 항공화물 운송에 이용되는 단위탑재용기로는 Pallet, 컨테이너 및 특수 ULD 등이 있다.

대량의 항공화물을 운송함에 있어 단위탑재용기를 사용함으로써 화물의 보호, 신속한 작업 및 취급, 특수화물의 수송, 조업시간 단축에 따른 항공기 가동률을 높이는 등 여러 가지 장점이 있다. 그러나 고가의 투자비용, 항공기에 미치는 자체 중량, 사용 후 회수 및 관리의 어려움 등과 같은 단점도 있다.

(1) Pallet

Pallet는 알루미늄 합금으로 제작된 평판으로 Pallet 위에 화물을 특정 항공기의 내부모양과 일치하도록 적재작업 후 그물(net)이나 줄(strap)로 고정(tie-down)할 수 있도록 고안한 장비이다. 이 시스템은 현재 항공화물 취급방식의 기초가 되고 있으며, 모든 면에서 항공화물 취급의 기본이 되고 있다.

Pallet는 컨테이너에 비해 자체중량이 낮아 항공기에 미치는 부담이 적으며, 투자 및 수리비용이 저렴하고, 보관 관리가 용이할 뿐만 아니라 대형 및 중량화물의 수송이 가능하여 폭넓게 이용되고 있다.

항공기의 화물실을 단면으로 잘라보면 그 단면은 터널형으로 되어있다. 따라서 Pallet 탑재를 할 때는 미리 최대한 적재를 할 수 있는 윤곽을 고려하여 화물을 적재하며, 만일 빈 곳이 있으면 채우는 동시에 한정된 시간에 효율적인 적재를 해야 하기 때문에 숙련된 작업이 필요하게 된다.

(2) 컨테이너(Container)

컨테이너는 화물의 단위(unit)화를 목적으로 개발된 운송용기이다. 컨테이너를 사용함으로써 다종다양한 화물의 단위화, 화물의 보호, 포장비의 절감, 하역의 편리성 등이 제고되었으며, 운송활동 전반에 걸쳐 표준화, 기계화, 안전화, 고속화가 이루어졌다.

항공화물용 컨테이너는 항공기 화물실의 단면구조를 감안하여 스페이스(space)를 최대한 활용하고, 별도 보조장비 없이 항공기 내의 화물실에 탑재 및 고정이 가능하도록 제작된다. 재질은 적재된 화물의 하중을 충분히 견딜 수 있

그림 9-3 항공화물 운송용 단위탑재용기(ULD)

IATA ID CODE	P7E, PSE, PGE	20FOOT PALLET(8'CONTOURING)
Maximum Capacity	25,000LBS	
Tare Weight	1,547LBS	
Type of Aircraft	B747F, B747M	
Usage	Heavy Cargo	

IATA ID CODE	UAK	LD-7 Container
Maximum Capacity	13,300LBS	
Tare Weight	520LBS	
Type of Aircraft	B747, B747F B747M, A300, A300F, DC-10	
Usage	General Cargo	

IATA ID CODE	AKE, RKE(R-LD-3)	LD-9(GARMENT) Container, Refrigerated
Maximum Capacity	2,830LBS 3,5000LBS(DC10)	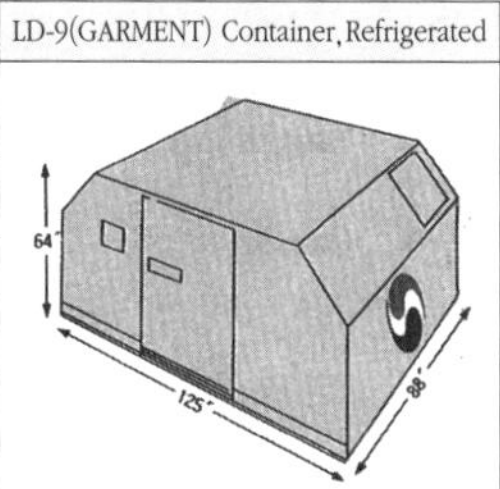
Tare Weight	270LBS, 280LBS(G-LD-3)	
Type of Aircraft	B747, B747F, B747M, A300, A300F, DC-10	
Usage	General Cargo Garment Perishable Cargo	

IATA ID CODE	AMA	GARMENT M1 Container
Maximum Capacity	15,000LBS	
Tare Weight	1,190LBS	
Type of Aircraft	B747F, A300F B747M	
Usage	General Cargo Gament	

IATA ID CODE	AFL	LD-6 Container
Maximum Capacity	7,000LBS	
Tare Weight	386LBS	
Type of Aircraft	B747, B747F B747M, A300, A300F, DC-10	
Usage	General Cargo	

IATA ID CODE	AAPSAK(G-LD-9)RAK(RLD-)	LD-3(GARMENT) Container, Refrigerated
Maximum Capacity	3,500LBS	
Tare Weight	600LBS, 1,120LBS(R-LD-9)	
Type of Aircraft	B747, B747F, B747M, A300, A300F, DC-10	
Usage	General Cargo Garment Perishable Cargo	

IATA ID CODE	PI SERIES PIP PAP	88″× 125″ Pallet
Maximum Capacity	13,000LBS	
Tare Weight	270LBS	
Type of Aircraft	B747, B747F B747M, A300, A300F, DC-10	
Usage	General Cargo	

IATA ID CODE	PI SERIES PIP PAP	96″×125″ Pallet
Maximum Capacity	15,000LBS	
Tare Weight	290LBS	
Type of Aircraft	B747, A300F, B747M,	
Usage	General Cargo	

는 강도를 가지고 있으면서도 항공기의 기체에는 손상을 주지 않는 것을 사용하고 있는데 주로 알루미늄이나 유리섬유(glass fiber)로 만들어져 있다.

컨테이너는 지상조업시 악천후로부터 화물을 보호하고, 파손 및 도난 방지, 지상 조업이 손쉬운 장점을 갖고 있으나 Pallet에 비해 고가이고, 서로 다른 기종간에 컨테이너의 호환성이 없으며, 컨테이너를 항공기에 탑재하거나 내리는 데 필요한 탑재장치에 상당한 투자가 소요된다는 점이 단점으로 지적되고 있다.

(3) 특수 ULD

화물의 특성에 따라 특별히 취급하여야 할 필요가 있는 경우를 위하여 특수장치가 된 단위탑재용기를 특수 ULD라고 한다. 특수 ULD는 생동물이나 식품류 등과 같은 특수화물의 증가추세에 따라 다양하게 개발되어 왔다.

대표적인 특수 ULD로는 어패류, 과일, 야채, 의약품 등 신선도를 유지하기 위해 저온수송을 필요로 하는 화물에 사용되는 보냉·냉동 컨테이너, 유행성 고급 의류의 주름방지를 위해 행거(hanger)를 장착한 의류(garment) 컨테이너, 소, 돼지, 말 등 가축 수송에 적합하도록 설계된 가축용(livestock) 컨테이너 등이 있다.

03 항공화물운임

3-1 항공운임의 개요

항공운임 산출 일반규칙

항공화물운임 산출의 기초가 되는 일반 규칙은 다음과 같다.

① 항공화물 요율과 관련된 규정의 적용은 운송장의 발행당일에 유효한 것을 적용하고, 요율은 출발지국의 현지통화로 설정되며, 출발지로부터 목적지까지 한 방향으로만 적용한다.

② 항공화물의 요율은 공항에서 공항까지의 운송만을 위하여 설정된 것이므로 부수적으로 발생되는 이적, 통관, 집화, 인도, 창고, 보관 혹은 그와 유사한 서비스에 대한 요금은 별도로 계산한다.

③ 별도로 규정이 설정되어 있는 경우를 제외하고는 요율과 요금은 가장 낮

은 것으로 적용하여야 하며, 운임은 출발지에서의 중량(chargeable weight)에 kg/lb당 적용요율을 곱하여 산출한다. 모든 화물요율은 kg당 요율로 설정되어 있으나 USA 출발화물의 요율은 lb(파운드)당 및 kg당 요율로 설정되어 있다.

④ 화물의 실제 운송경로는 운임산출시 근거로 한 경로와 반드시 일치할 필요는 없다.

⑤ IATA 운임조정위원회(tariff co-ordination conference)에서 결의하는 각 구간별 요율은 해당정부의 승인을 얻은 후에야 유효한 것으로 이용할 수 있다.

3-2 항공운임의 종류

IATA에서 규정하고 있는 국제항공화물운임은 크게 제품의 중량단위당 부과되는 운임(weight charge)과 제품의 가치에 따라 부과되는 종가료금(valuation charge)으로 나눌 수 있으며, 기타 비용으로 위험품 취급 수수료, 운송장 작성 수수료, 착지불 수수료 등이 있다.

중량단위당 부과되는 운임은 크게 일반화물요율(general commodity rates: GCR), 품목분류요율(commodity classification rates, class rate), 특정품목요율(specific commodity rates: SCR) 등 3종류가 있으며, 이 밖에도 단위탑재용기(unit load devices: ULD)에 적용되는 특별요율(special rates)이 있다.

(1) 일반화물요율(General Cargo Rates: GCR)

일반화물요율은 특정품목 할인요율이나 품목분류요율이 적용되는 화물을 제외하고 모든 화물의 운송에 적용된다. 중량이 45kg 이상인 화물에 대해서는 더 낮은 요율의 적용이 가능하며 대부분의 지역에서는 그보다도 더 많은 각 중량 단계별 할인요율이 설정되어 있다. 일반화물요율에는 최저운임, 45kg 미만 요율, 45kg 이상 요율, 100kg 이상 요율, 300kg 이상 요율 등으로 설정되어 있으며 대체로 중량이 많으면 많을수록 더 싼 요율이 적용되도록 규정되어 있다.

또한 같은 구간이라도 수송방향에 따라 요율에 차이가 난다. 서울과 파리 간 구간일 경우 서울 출발화물에 적용되는 요율과 파리 출발, 서울 도착화물에 적용되는 요율은 상이하며 태리프에 표시된 운임단위도 다르다. 서울 출발은 US 달러이고 파리 출발은 프랑스의 프랑으로 표기되어 있다.

어떤 화물에 대해 적용요율을 찾기 위해서는 운임부과중량(chargeable-weight)을 먼저 결정하여야 한다. 운임산출중량은 다음의 3가지 방법에 의해 결정된다.

① **실중량에 의한 방법** 화물중량의 측정은 미국 출발을 제외하고는(이 지역 출발시는 lb로 측정) kg으로 측정하며, kg과 lb 모두 0.1단위까지 정확히 실제 중량을 측정하여야 한다. 이렇게 측정된 실중량은 항공운송장의 실중량(actual gross weight)란에 기입한다. 또한 0.5kg 미만의 실중량은 0.5kg으로 절상하고, 0.6kg 이상 1kg 미만의 실중량은 1kg으로 절상하여 운송장의 운임산출중량란에 기록한다.

② **용적(부피)중량에 의한 방법** 용적계산은 '가로×세로×높이'의 방식으로 계산되나 직육면체 또는 정육면체가 아닌 경우에는 '최대 가로(greatest length)×최대 세로(greatest width)×최대 높이(greatest height)'로 계산된다. 길이단위에 있어서의 소수점의 처리는 곱셈을 하기 전에 처리되며 cm, inch 모두 사사오입을 한다.

③ **높은 중량단계에서의 낮은 운임적용 방법** 높은 중량단계의 낮은 요율을 적용하여 운임이 낮아지는 경우, 그대로 이 운임을 적용하면 된다.

(2) 품목분류요율(Commodity Classification Rates: CCR)

품목분류요율은 특정구간의 특정품목에 대하여 적용되는 요율로서 보통 일반화물요율에 대한 할증 또는 할인율로 적용된다. 품목분류요율은 일반화물요율과 비교하여 크거나 작거나 간에 일반화물보다 우선하여 적용된다. 품목분류요율이 적용되는 화물은 다음과 같다.

① **신문, 정기간행물, 책, 카탈로그, 점자책 및 그 용구** 상기품목에 대한 요율은 해당구간 일반화물요율 중 'N'표시된 요율의 50%에 해당하는 요율이 적용되며 최저요금은 해당구간 일반화물 최저요금과 할인요율에 5kg을 적용한 금액 중 큰 금액을 최저요금으로 한다. 단, 한국발 미국행 화물에 대해서는 해당 중량의 일반화물요율이 적용되며, 최저요금은 일반최저요금이 된다.

② **비동반 수화물** 비동반 수화물(단, 기계류, 보석, 카메라, 상품, 세일즈맨 샘플 등은 제외)을 항공화물로 운송할 경우에는 해당구간 일반화물요율 중 'N'으로 표시된 요율의 50%에 해당하는 할인요율이 적용되며 최저요금은 10kg에 해당하는 금액이다. 이 요율은 여객이 한국을 출발하여 IATA 제2지역과 제3지역

으로 여행할 경우에만 적용된다. 수화물은 여객의 출발 이전에 운송인에게 인도되어야 하고 모든 통관절차를 끝내야 한다.

③ **생 동 물**

④ **기타 품목분류요율** 화폐, 여행자수표, 주권, 채권, 금, 백금, 다이아몬드(공업용 다이아몬드 포함), 기타 보석류 등 귀중화물과 시체 및 유골 등에 대한 별도의 할증요율이 있다.

(3) 특정품목요율(Specific Commodity Rates: SCR)

특정품목요율은 특정구간에 계속적으로 반복하여 운송되는 품목들에 대해 일반품목보다 요율을 낮춤으로써 항공운송 이용을 촉진, 확대하는 데 목적이 있다. 또한 선박으로 수송되는 특정품목에 대해 항공운임을 할인해 줌으로써 항공수요를 개발할 목적으로 설정된 운임이다.

특정품목요율은 통상 특정구간에 특정품목에 대하여 일반화물요율보다 낮은 수준으로 설정되어 있으며 반드시 최저중량을 제한하고 있다.

특정품목요율은 품목분류요율이나 일반화물요율을 적용하여 더 낮은 요율이 산출될 시는 당해 낮은 요율의 적용이 가능한바 품목분류요율이 일반화물요율보다 더 클 경우에는 품목분류요율을 우선하여 적용하여야 한다.

(4) 단위탑재용기 운임(Bulk Unitization Charges: BUC)

단위탑재용기 요금은 출발지 공항에서 탑재되어 운송인에게 인도되고 도착지 공항에서 하기 및 배달되는 단위탑재용기 화물에 대하여 부과되는 요금이다.

이 요금은 해당운송구간의 각 용기 형태별로 설정된 최저요금과 최저중량을 초과하는 경우 그 초과된 중량에 부과하는 최저중량 초과요금을 더한 금액으로 산출된다.

한편, 운송인 소유 단위탑재용기의 경우에는 당해 용기의 중량을 공제하고, 송하인 소유 단위탑재용기의 경우에는 당해 용기의 설정된 허용공제 중량과 실제용기 중량 중 더 적은 중량을 공제한 중량을 요금부과 중량으로 한다.

04 항공화물운송장(Air Waybill)

4-1 항공화물운송장의 기능

항공화물운송장(air waybill: AWB)은 화물의 유통을 보장하는 가장 기본적인 운송서류로서 이것으로 화물은 그 수송거리의 원근에 관계없이 또한 운송에 참고하는 항공사의 수에 관계없이 나아가서 국내구간, 국제구간의 여하를 막론하고 출발지에서 목적지까지 운송되는 것을 보장한다. 운송계약은 AWB를 발행한 시점, 즉 화주 또는 그 대리인이 서명하거나, 항공사 또는 해당 항공사가 인정한 항공화물취급대리점이 AWB를 발행하는 순간부터 유효하며 AWB상에 명시된 수하인에게 화물이 인도되는 순간 소멸된다.

AWB에는 화물과 함께 보내져 화물의 출발지, 경유지, 목적지를 통하여 각 지점에서 적절한 화물취급, 이적, 인도, 청산 등의 업무가 원활하게 수행되는 데 필요한 모든 사업이 기재되어 있다. 운송장이 갖는 기능은 운송계약 체결의 증거서류, 운송물품의 수령증, 요금계산서, 송하인이 화주보험에 부보한 경우 보험증명서, 세관신고서, 화물운송의 지침서 등과 같이 매우 다양하다.

4-2 항공화물운송장의 구성

AWB는 원본 3장, 부본(dummy airway bill) 6장으로 구성되는 것을 원칙적으로 하나 항공사에 따라서 부본을 5장까지 추가할 수도 있다. 원본과 부본에는 각각 그 사용목적이 명시되어 있고, 부본은 여러 목적으로 사용될 수 있도록 별도의 화물운송장부본을 이용, 복사하여 사용할 수 있다(서식 9-1참조).

원본 1은 녹색으로 발행항공사용이며 발행항공사가 운임, 기타 회계처리를 위해 사용하며 또한 송하인과 항공사 간에 운송계약이 성립함을 증명하는 서류로서, 주로 수입금 관리용으로 사용되고 있다.

원본 2는 적색으로 수하인용이며 화물과 함께 목적지에 보내는 수하인으로 인도되는 것으로, 수하인이 도착지에서 통관용으로 사용된다.

원본 3은 청색으로 송하인용이며 출발지에서 송하인으로부터 항공사가 화물을 수취하였다는 수령증 및 운송제약을 체결하였다는 증거서류이다. 이 서류는 은행에서는 수출대금환불시에 사용된다.

부본 4는 황색으로 화물인도 항공사용이며 도착지에서 수하인이 화물인수시에 서명하고 항공사에 돌려주는 화물인도 증명서 및 운송계약을 이행했다는 증거서류로 사용된다. 이 서류는 CCR(cargo collect report)용으로 사용된다.

부본 5는 백색이며 도착지 공항용으로 사용되고, 화물과 함께 도착지 공항에 보내져 사용되고 있다.

부본 6은 백색으로 세 번째 운송항공사용이며, 운송에 참가한 항공사가 운임청산을 위하여 사용한다.

부본 7은 백색으로 두 번째 운송항공사용이며, 운송에 참가한 항공사가 운임청산을 위하여 사용한다.

부본 8은 백색으로 첫 번째 운송항공사용이며, 운송에 참가한 항공사가 운임 청산을 위하여 사용한다.

부본 9는 백색으로 발행대리점 보관용으로 사용된다.

부본 10~12는 백색으로 예비용으로 필요에 따라 사용된다.

4-3 항공화물운송장의 발행

항공화물운송장은 화주가 작성 · 제출해야 함이 원칙이나 항공사나 항공사의 권한을 위임받은 대리점에 의해 발행되는 것이 통례이다. 대리점은 화주가 가져온 상업송장 등 선적서류와 화물운송화주지시서에 의해 운송장을 발행하며 화물 전량을 인수한 후에 발행함이 원칙이다.

한편, 화주는 화물과 함께 선적에 필요한 서류를 첨부하여 제출해야 하며 특히 화물운송화주지시서(shipper letter of instruction)를 작성하여 항공사에 서면지시를 함이 원칙이나 일반적으로 구두로 하고 있다. 선적서류 중 운송장 발행에 근거가 되는 중요한 것은 신용장(L/C), 상업송장(commercial invoice), 포장명세서(packing list) 등이며 작성된 운송장의 내용은 근거서류의 내용과 일치해야 한다. 특히 수하인, 송하인, 운임지불조건(선불 또는 착지불), 출발지와 도착지 등을 잘 검토하여야 한다.

4-4 항공화물운송장의 법적 성격

항공화물운송장은 때때로 선하증권에 비유되어, 단순히 B/L이라고 불리우는 경우가 많다. 그러나, 양자의 법률적 성격은 몇 가지 중요한 점에 차이가 있다. 항공운송장의 법적 성격을 선하증권과 비교하면 다음과 같다.

(1) 양도성이 없는 비유가증권

항공운송장이나 선하증권은 다같이, 운송인과 송하인과의 사이에 운송계약이 성립되고 있음을 증빙하는 서류라고 하는 점에서 동일하다. 또한 운송인이 화물을 수취했음을 증명하는 역할에 있어서도 같다.

항공운송장은 양도성이나 유통성을 갖고 있지 않음이 선하증권과 크게 다르다. 항공운송장에는 선명히 'not negotiable'이라고 표시되고 있으며 유통이 금지된 '비유통증권'으로서만 발행된다.

운송장의 수하인용 원본은 목적지에서 화물과 함께 수하인에게 교부되는 것으로서 유통을 목적으로 하는 것이 아니며, 운송계약의 권리행사에 필요한 것이 아니므로 유가증권이 아니다.

운송인용 원본 또한, 운송계약상의 권리행사나 유통에 필요한 것이 아니므로, 마찬가지로 유가증권으로 인정되지 않는다. 송하인용 원본 역시 항공사에 수하인이 화물의 인도를 청구할 때 선하증권과는 달리 송하인에 교부된 운송장의 원본의 '제시'를 필요로 하지 않는다.

항공회사는 도착지에서 운송장의 원본에 기재된 수하인에게 화물과 함께 수하인용 원본을 인도하면 되고, 수하인이 출발지에서 송하인에게 교부된 운송장의 원본을 소지하고 있는지의 여부는 묻지 않는다. 송하인이 소지하는 운송장 원본은 송하인의 화물 처리권에만 효력이 미친다.

이처럼 항공운송장에 유가증권으로서의 자격을 부여하지 않은 이유는 항공화물이 신속하게 운송되어 수하인에게 전달되기 때문이며 해상화물은 수송에 장시간이 소요되기 때문에 상품의 매매거래를 신속하게 하기 위하여 증권 자체를 매매의 대상으로 인정해 준 것으로 생각된다.

(2) 수취식증권

선하증권은 선적식인 데 반해 항공운송장은 수취식이라 할 수 있다. 선하증권은 선적을 증명하는 증권이므로 선적이 끝나서 발행되는 것이 보통이다. 항공운송에 있어서는 발착편이 많고 화물을 운송 위탁해서 기착할 때까지 많은 시일을 요하지 않음으로써 항공사 창고에 화물이 도착하면 바로 운송장을 발행해 주고 있다.

(3) 기명식증권

항공운송장은 언제나 기명식이다. 선하증권은 선적화물의 수령증임과 동시에, 정당한 소지인에 대해서는 이와 교환조건으로 선적화물을 인도할 수 있음을 확인하는 증권이며, 동시에 배서에 의해 양도되어, 선적화물의 소유권이 이전하는 권리증권이기도 하다. 따라서 누구를 그 화물의 수하인으로 해서 발행할 것인가는 매우 중요한 일이다. 그러나 신속한 인도가 요구되고 있는 항공화물에 있어서는 항공운송장은 언제나 기명식일 뿐이다.

(4) 송하인이 작성하는 증권

법률적으로 항공운송장은 송하인이 작성해서 항공사에 교부하는 형식을 취하고 있는 데 반해, 선하증권은 반대로 선박회사가 작성해서 송하인에 교부하도록 되어 있다. 그러나 선하증권의 경우에 있어서도, 실무상으로 선박회사로부터 그 서식을 받아와 화주가 이를 기입, 이에 본선수취증(mate receipt)을 붙여 선사에 제출하면, 선사는 이에 서명하는 것이 일반적인 관례이다. 그렇다 하더라도 법률적인 성격에는 변함이 없다.

4-5 항공화물운송장의 작성요령

(1) 일반원칙

항공화물운송장에 기록되는 문자와 숫자는 라틴문자와 아라비아 숫자를 사용한다. 따라서 사용문자는 영어, 불어, 스페인어를 사용하는 것이 원칙이다. 라틴문자 외에 다른 문자를 사용하는 경우 영어를 병기하는 것이 바람직하다.

작성된 항공화물운송장의 내용을 수정하거나 추가할 때는 원본과 사본 전체에 대해서 수정 또는 추가해야 한다. 화물이 수송되는 도중이나 목적지에서 이와 같은 수정이나 추가사항이 발생하였을 경우에는 잔여분에 대한 수정이나 추가 내용이 반영되어야 한다.

항공화물운송장을 작성할 때는 typing을 하고 block letter를 사용하는 것이 원칙이며 경우에 따라서는 hand writing하기도 하는데 어떤 경우이든 원본과 사본 전체가 명확히 복사되도록 유의하여 작성해야 한다.

(2) 작성요령

① **airport of departure** 출발지도시 또는 공항의 3-Letter Code 기입

② **shipper's name and address** 송하인의 성명, 주소, 도시, 국명이 기입되며 전화번호가 있을 경우 같이 기입해 두는 것이 좋다.

③ **shipper's account number** AWB 발행 항공사의 임의로 사용된다.

④ **consignee's name and address** 수하인의 성명, 주소, 도시, 국명, 전화번호 등을 기입한다.

— 어떠한 이유로 실 수하인을 대신하여 은행이나 화물대리점이 수하인이 될 경우 실 수하인은 21번란에 Handling information을 기재되어야 한다. 이때 인도항공사는 은행이나 대리점을 유일한 수하인으로 간주하며 본란에 명시된 수하인으로부터의 지시가 없이는 타인에게 인도하지 않는다. 만약 송하인이 특정의 개인이나 회사에게도 도착 사실을 통보해줄 것을 요청하면 그 주소를 21번란에 기입하여야 한다("also notify"라는 말로 표현).

— AWB는 비양도성이기 때문에 "to order" 또는 "to order of the shipper"라고 표현해서는 안 된다.

— 수하인이 화물 인수의 편의를 위해 인도항공사나 호텔 또는 유사한 임시 거처를 주소지로 할 경우 수하인 또는 그 친척의 집 주소를 21번란에 "인도불가시의 연락처" In case of inability to deliver to consignee contact 라는 표시와 함께 기입해야 한다.

⑤ **consignee's account number** 고객 분류를 위한 부호를 기입하며, 인도(引渡)항공사의 임의로 사용된다.

⑥ **issuing carrier's agent, name and city** AWB 발행 화물대리점의 이름 및 도시명을 기입한다.

⑦ **agent's IATA code** 대리점의 IATA code를 기재한다.

⑧ **issuing carrier's agent, account number** AWB 발행 항공사의 임의로 사용한다.

⑨ **airport of departure(address of first carrier) and requested routing** 출

발지 공항과 운송구간을 기재한다. 3-letter city code의 사용도 가능하다.

⑩ **accounting information** 특별히 회계처리에 관한 내용을 기록한다. 예를 들어 운송료 지불방법(현금, 수표, MCO)이나 GBL번호, 기타 필요한 내용을 기록한다.

⑪ **routing and destination** 예약에 의한 첫 구간의 도착지와 수송항공사명을 기입한다. 이때 항공사명은 full name을 적도록 한다. 최종목적지까지의 수송에 2개 이상의 다른 항공사가 개입할 경우 각 경유지와 해당 구간을 수송하는 항공사명을 code로 기입한다. 한 도시에 2개 이상의 공항이 있을 경우는 도착지 공항의 3-letter code를 기입한다.

⑫ **currency** AWB 발행국 화폐단위 Code를 기입하며 AWB에 나타나는 모든 금액은 본란에 표시되는 화폐단위와 일치하는 것이어야 한다(단 "collect charges in destination currency"란에 표시되는 금액은 제외). 자국화폐단위 대신 UKL 또는 USD를 현지 통화로 간주하는 나라에서는 본란에 UKL 또는 USD를 표시해야 한다.

⑬ **charges code** 항공사의 임의로 사용된다.

⑭ **weight/valuation charge-prepaid/collect** 화물운임의 지불방식에 따라 선불(PPD) 또는 착지불(COLL) 란에 "×"자로 표시한다. 화물운임과 종가요금은 둘다 모두 선불이거나 또는 둘다 착지불이어야 하며 화물운임은 선불, 종가요금은 착지불 등의 형태는 불가하다. 착지불의 허용여부는 국가별로 다르므로 TACT Rule Sec.7(information by country)에서 참조하여야 한다.

⑮ **other charges at origin-prepaid/collect** 화물운임과 종가요금을 제외한 출발지에서 발생된 기타 요금을 지불 방식에 따라 선불 또는 착지불란에 "×"자로 표시한다. 출발지에서 발생한 모든 기타 요금은 전부 선불이거나 또는 전부 착지불이어야 한다. 만약 본란(14, 15)에 표시된 것과 27번 또는 28번에 표시되는 금액이 일치하지 않을 경우는 후자가 우선한다.

⑯ **declared value for carriage** 송하인의 운송신고가격을 본란에 기재한다. 화물의 분실이나 파손인 경우 동 금액은 손해배상의 기준이 되며 종가요금 산정도 동 금액을 기준으로 계산된다. 가격신고방법은 일정한 금액을 신고하는 것과 무가격 신고(no value declared, NVD로 표시함)의 2방법 중 화주가 임의로 선택할 수 있다.

⑰ **declared value for customs** 세관통관 목적을 위해 송하인의 세관신고

가격을 기록한다. NCV(no customs value)신고도 가능하다.

⑱ **airport of destination** 최종 목적지인 공항이나 도시명을 full name으로 기록한다.

⑲ **flight/date** 화주가 요청한 예약편을 기입하는 것이 아니고 항공사 임의로 사용된다. 그러나 본란에 기입된 flight가 확정된 것임을 의미하지는 않는다.

⑳ **amount of insurance** 화주가 보험에 부보하고자 하는 보험금액을 기록한다. 보험에 부보하는 금액은 대체로 운송신고가격과 일치하며 보험에 부보치 않을 때는 공백으로 남겨둔다.

㉑ **handling information** AWB의 다른 란에 표시할 수 없는 각종 사항을 나타내기 위해 사용된다. 충분한 여백이 없을 때는 별도 용지의 사용이 가능하다. 본란에 기입되는 사항은 대략 다음과 같다.

(a) 화물의 포장방법 및 포장 표면에 나타난 식별 부호, 번호
(b) 수하인 외에 화물도착 통보를 할 필요가 있는 사람의 주소, 성명
(c) AWB와 함께 동반되는 서류명
(d) non-delivery로 인한 화물의 경우 최초의 AWB번호를 기입
(e) 기타 화물운송과 관련된 제반 지시 또는 참고사항

㉒ **consignee details and rating** 화물요금에 관련된 세부사항을 기록한다. 본란에 기록되는 세부사항은 다음과 같다.

(a) number of pieces
화물의 개수를 기입하며 총개수는 아래 부분의 합계란에 표시한다.

(b) RCP(rate combination point)
요율결합지점을 표시해 줄 필요가 있을 경우 해당 도시 3-letter code를 기입한다.

(c) actual gross weight
화물의 실제 무게를 기입하며 합계중량은 아랫부분에 표시한다. BUC를 적용했을 경우에는 사용된 ULD의 자중을 화물무게 아래에 적어둔다.

(d) kg/lb
무게 단위를 기입한다(kilogram : K, pound : L로 표시).

(e) rate class
화물요율에 따라 아래 Codes 중 사용된다.

M minimum charge

N normal under 45kg(100lb) rate

Q quantity over 45kg(100lb) rate

C specific commodity rate

R class rate(less than normal rate)

S class rate(more than normal rate)

U pivot weight and applicable pivot weight charge

E weight in excess of pivot weight and applicable rate

X unit load device(as an additional line entry with one of the above)

P small package service

Y unit load device discount

(f) Commodity Item Number

— SCR이 적용될 경우 품목번호(TACT rates-book sec.2) 기재

— CCR이 적용될 경우 해당 percentage 표시(예: 150, 66, 100 등)

— BUC를 적용했을 경우 ULD의 rating type을 표시

(g) chargeable weight

— 화물의 실제중량과 부피중량 중 높은 쪽의 중량을 기입한다.

이때 소수점이 있을 경우 이를 처리하여야 한다.

— 최저운임(minimum charges)이 적용될 경우는 기재할 필요가 없다.

— BUC를 적용했을 경우에는 해당 ULD의 운임적용 최저중량을 기입한다.

(h) rate/charge

kg당 또는 lb당 적용 요율을 기입한다.

— 최저운임 적용시는 최저운임 기입

— BUD 적용 시 해당 ULD의 최저적용운임(pivot charge) 기입

— 화주소유 ULD에 대한 ULD할인 금액 기입

— over pivot rate 기입

(i) total

운임적용중량(22g) × 요율(22h) 금액을 기입한다.

서로 다른 요율이 적용되는 품목이 둘 이상일 경우의 총합계 금액은 아랫부분의 빈칸에 기입한다.

(j) nature and quantity of goods(include dimensions or volume)

— 화물의 품목을 기입한다. 필요시에는 상품의 원산국을 기입하기도 한다.

— 부피중량이 적용되는 화물 포장의 치수를 최대가로×최대세로×최대높이의 순으로 표시한다.

— BUC 적용시 사용된 ULD의 IATA Code를 기입한다.

— 본란의 여백이 부족할 경우 “extension list”를 사용할 수 있다.

㉓ **weight charge(prepaid/collect)** 운임지불방법에 따라 선불 또는 착지불란에 해당 화물의 운임을 기입한다.

㉔ **valuation charge(prepaid/collect)** 화주의 가격신고에 따라 부과되는 종가금액을 지불방법에 따라 선불 또는 착지불란에 기입한다. 화물운임과 종가요금은 양자 모두가 선불이거나 또는 착지불이어야 한다. 즉, 운임 선불, 종가요금은 착지불(着地拂) 또는 그 반대의 경우 등은 인정되지 않는다.

㉕ **other charge** 화물운임 및 종가요금을 제외한 기타 비용의 명세 및 금액을 기입한다. 명세를 표시하기 위해서는 아래의 Code가 사용된다.

AC animal container
AS assembly service fee
AW air waybill Fee
CH clearance and handling
DB disbursement fee
IN insurance premium
MO miscellaneous
PU pick up
SO storage
SU surface charge
TR transit
TX taxes
UH ULD handling

상기 Code는 금액 앞에 표시해야 하며 상기 제비용들의 귀속여부를 확실히 하기 위해, - 항공사 몫일 경우: C, - 대리점 몫일 경우: A로 표시한다. 이때 “A” 또는 “C”의 표시는 비용 code와 금액 사이에 기재한다(예, PU “C” : 35.00).

㉖ **total other charge** 출발지에서 발생하여 ㉕란에 표시된 제비용은 모두가 선불이거나 또는 착지불이어야 한다.

(a) total other charges due agent(prepaid/collect)

AWB 발생수수료가 대리점 몫일 경우 이 내용이 기입되어야 한다. 기타 출발지에서 징수되는(선불) “대리점 몫”의 제비용은 기입할 필요가 없으며, ㉕란에 표시되는 “대리점 몫”의 비용 중 착지불 금액만 표시한다.

(b) total other charges due carrier(prepaid/collect)

운임이나 종가요금을 제외하고 ㉕란에 표시되는 비용 중 “항공사 몫”에 해당하는 비용을 선불 또는 착지불란에 기재한다.

㉗ **total prepaid** 운임, 종가요금, 기타 제비용(항공사 몫, 대리점 몫 포함) 중 선불란에 표시된 금액의 합계를 기입한다.

㉘ **total collect** 운임, 종가요금, 기타 제비용 중 착지불란에 표시된 금액의 합계를 기재한다.

㉙ **shipper's certification box** 송하인 또는 그 대리인의 서명(인쇄, 서명 또는 stamp)이 표시된다.

㉚ **carrier's execution box** AWB 발행일자 및 장소, 항공사 또는 그 대리인의 서명이 표시된다. 월(月)의 표시는 영어로 full spelling 또는 약자를 사용할 수 있으나 숫자로 표시하는 것은 허용되지 않는다.

※ 항공화물운송장 번호

항공운송장 번호 상단 좌우와 하단 좌측에 명기되어 있으며 IATA carrier 3 digit code와 7단위의 일련번호 및 7진법에 의한 check digit로 구성된다.

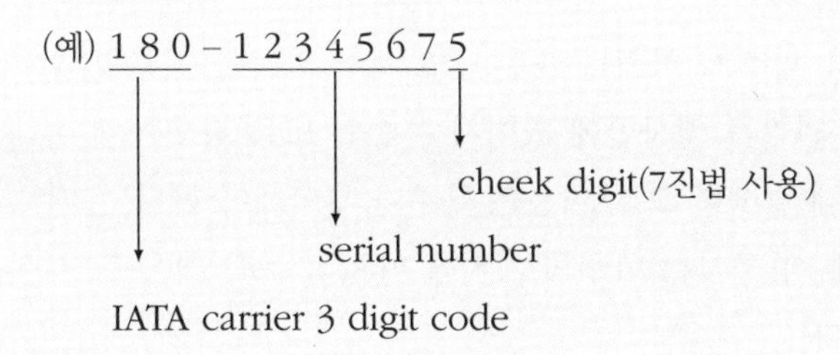

05 항공화물 클레임과 보험

5-1 항공화물운송 클레임

(1) 항공화물 운송 관련자의 권리와 의무

항공화물 운송 관련자의 권리와 의무는 몬트리올 의정서의 관련조문에서 발췌한 항공운송에 있어서 일반적인 사항으로서 동 의정서를 비준하지 않는 국가들에게는 효력이 발생하지 않는다는 한계가 있다.

1) 송하인의 의무

첫째, 송하인은 자기 또는 대리인이 기재하는 운송장의 내용이 정확해야 하고 또한 화물접수증에 기재하기 위해 운송업자에게 정확한 정보를 제공할 의무가 있다.

둘째, 본인 또는 대리인에 의해 기재된 운송장을 항공사에 신고하지 않았거나 그 내용이 불완전함으로써 손해가 발생한 경우 송하인은 운송인의 손해뿐만 아니라 그로 인해 운송업자가 부담하여야 할 타인의 손해에 대해서도 책임이 있다.

셋째, 화물접수증에 기재되는 내용의 부정확성, 불완전성에 대해서도 송하인이 책임을 진다. 운송장에 기재되는 모든 정보는 화주에 의해 제공되는데 그 정확성을 지키는 것은 화주의 의무이며 이를 어김으로써 발생되는 모든 손해는 화주가 책임을 져야 한다는 것이다.

2) 송하인의 권리

첫째, 화주는 상기의 책무를 이행하는 조건으로 화물을 찾거나 운송도중 화물수송을 멈추게 하거나 또는 중도에서 화물을 처분할 수 있는 권리를 갖는다. 다만 이 권리를 행사함에 있어서 운송인 또는 타인에게 손해를 입혀서는 안되며 그로 인해 발생한 모든 비용은 화주가 부담해야 한다.

둘째, 항공사는 화주의 지시를 따르지 못할 경우 그 사실을 화주에게 통지하여야 한다.

셋째, 항공사는 항공운송장 또는 화물접수증을 확인하지 않은 채 화주의지시에 따라 화물을 처분했을 경우 그로 인해서 정당한 AWB 소지인에게 발생될 수 있는 손해에 대해 책임을 진다. 그러나 송하인의 지시에 따라 수하인이 바뀔 수도 있다.

넷째, 송하인의 권리는 수하인의 권리가 발생되는 시점에서부터 소멸된다. 단, 수하인이 화물의 수취를 거절한다거나 수하인의 주소가 분명치 않을 경우 송하인이 화물 처분권을 갖는다. 송하인이 화물처분권을 행사함에 있어서 항공사 또는 다른 화주에게 손해를 주어서는 안 되며 그로 인한 모든 비용은 송하인이 부담해야 한다.

3) 항공운송인의 책임

첫째, 항공사는 화물의 파손, 분실, 훼손이 항공운송 중에 발생한 경우 이에

서식 9-1 항공운송증

SHIPPER'S NAME AND ADDRESS

SHIPPER'S ACCOUNT NUMBER

Not negotiable House Air Waybill (Air Consignment note)

PAN KOREA EXPRESS CO.,LTD.

Seoul, Korea

Copies 1.2 and 3 of this Air Waybill are originals and have the same Validity

CONSIGNEE'S NAME AND ADDRESS

CONSIGNEE'S ACCOUNT NUMBER

MAWB NO :

It is agreed that the goods described here in are accepted in apparent good order and condition (except as noted) for carriage SUBJECT TO THE CONDITIONS OF CONTRACT ON THE REVERSE HEREOF. THE SHIPPER'S ATTENTION IS DRAWN TO THE NOTICE CONCERNING CARRIER'S LIMITATION OF LIABILITY. Shipper may increase such limitation of liability by declaring a higher value for carriage and paying supplemental charge if required.

ISSUING CARRIER'S AGENT NAME AND CITY

PAN KOREA EXPRESS CO.,LTD. /SEL

ALSO NOTIFY NAME AND ADDRESS(OPTIONAL ACCOUNTING INFORMATION)

AGENT'S IATA CODE | ACCOUNT NO

ACCOUNTING INFORMATION

AIRPORT OF DEPARTURE (ADDR OF FIRST CARRIER)AND REQUESTED ROUTING

to	By first Carrier	Routing and Destination	to	by	to	by	CURRENCY	CHGS CODE	WT/VAL PPD	WT/VAL COLL	OTHER PPD	OTHER COLL	DECLARED VALUE FOR CARRIAGE	DECLARED VALUE FOR CUSTOMS

Airport of Destination	Flight/Date	For Carrier use only	Flight/Date	AMOUNT OF INSURANCE	INSURANCE - If Carrier offers insurance, and such insurance is requested in accordance with conditions on reverse hereof, indicate amount to be insured in figures in box marked 'mount of insurance'

HANDLING INFORMATION

NO OF PIECES RCP	GROSS WEIGHT	kg lb	RATE CLASS COMMODITY ITEM NO	CHARGEABLE WEIGHT	RATE / CHARGE	TOTAL	NATURE AND QUANTITY OF GOODS (INCL DIMENSIONS OR VOLUME)

VOID

PREPAID	WEIGHT CHARGE	COLLECT
	VALUATION CHARGE	
	TAX	
	TOTAL OTHER CHARGES DUE AGENT	
	INSURANCE PREMIUM	
	DISBURSEMENT FEE	
TOTAL PREPAID		TOTAL COLLECT
Currency Conversion Rates		cc charges in Dest. Currency
FOR CARRIERS USE ONLY AT DESTINATION	CHARGES AT DESTINATION	TOTAL COLLECT CHARGES

Other Charges

ON BOARD

CARRIER ______________

DATE ______________

SIGNATURE ______________

Shipper certifies that the particulars on the face here of are correct and that insofar as any part of the consignment contains dangerous goods, such part is properly described by name and is in proper condition for carriage by air according to the applicable Dangerous Goods Regulations.

PKE

Signature of Shipper or his Agent

PAN KOREA EXPRESS CO., LTD
AS AGENT FOR THE CARRIER

Executed on (Date) at (Place) Signature of Issuing Carrier or its Agent

PKE-

ORIGINAL 3(FOR SHIPPER)

서식 9-1-1 항공운송증

CONDITIONS OF CONTRACT

[1] As used in this contract, 'Convention' means the Convention for the Unification of Certain Rules relating to International Carriage by Air, signed at Warsaw, 12th October 1929, or that Convention as amended by the Jague Protocol, 1955 whichever may be applicable to carriage hereunder, 'air waybill' is equivalent to 'air consignment note', shipper' is equivalent to 'consignor' 'carriage' is equivalent to 'transportation' and 'Carrier' includes the air carrier issuing this air waybill and all air carriers that carry the goods hereunder or perform any other services related to such air carriage. For the purposes of the exemption from and limitation of liability provisions set forth or referred to herein, 'Carrier' includes agents, servants, or representatives of any such air carrier. Carriage to be performed hereunder by several successive carriers is regarded as a single operation

[2] [a] Carriage hereunder is subject to the rules relating established by the Convention, unless such carriage is not 'international carriage'as definded by the Convention. [See Carrier's tariffs and conditions of acrriage for such definition]

[b]. To the extent not in conflict with the foregoing, carriage hereunder and other services performed by each Carrier are subject to

[i] applicable laws[including national laws implementing the Convention], government regolations, orders and requirements

[ii] Provisions here in set forth , and

[iii] Applicable tariffs, rules, conditions of carriage, regulations and timetables[but not the times of departure and arrival therein]of such carrier, which are made part here of and which may be inspected at any of its offices and at airports from which it operates regular services.

[c] For the purpose of the Convention, the agreed stopping places [which may be altered by Carrier in case of necessity]are those places, except the place of departure and the place of destination, set forth on the face here of or shown in Carrier's timetables as scheduled stopping places for the route.

[d] in the case of carriage subject to the Convention, the shipper acknowledges that he has been given an opportunity to make a special declaration of the value of the goods at delivery and that the sum entered on the face of the air waybill as 'Shipper's/Consignor's Declared Value-For Carriage', if in excess of 250 French gold francs [consisting of 65½ miligrams of gold with a fineness of 900 thousandths]or their equivalent per kilogram constitutes such special declaration of value

[3] Insofar as any provision contained or referred to in this air waybill may be contrary to manadatory law, government regulations, orders, or requirements, such provision shall remain applicable to the extent that it is not overridden hereby The invalidity of any provision shall not affect and other part here of

[4] Except as the Convention or other applicable law may otherwise require

[a] Carrier is not liable to the shipper or to any other person for any damage, delay or loss of what so ever nature[herein collectively referred to as damage arising out of or in connection with the carriage of the goods, unless such damage is proved to have been caused by the negligence or wilful fault of Carrier and there has been no contributory negligence of the shipper, cosigness or other claimant.

[b] Carrier is not liable of any damage directly or indirectly arising out of compliance with laws, government regulations, orders or requirements or from any cause beyond Carrier's control.

[c] The charges for carriage having been based upon the value declared by shipper, it is agreed that any liability shall in no event exceed the shipper's declared value for carriage stated on the face here of, and in the absence of such declaration by shipper liability of Carrier shall not exceed 250 such French gold francs or their equivalent per kilogram of goods destroyed, lost, damaged or delayed, all claims shall be subject to proof of value.

[d] A carrier issuing an air waybill for carriage exclusively over the lines of otheres does so only as a sales agent

[5] It is agreed that no time is fixed for the completion of carriage hereunder and that Carrier may without notice substitute alternate carriers or aircraft. Carrier assumes no obligation to carry the goods by any specified air craft or over any particular route or routes or to make conection at any point according to any particular schedule, and Carrier is here by authorized to select, or deviate from the route or routes of shipment, not withsanding that the same may be stated on the face here of. The shipper guarantees payment of all charges and advances

[6] The goods, or packages said to contain the goods, described on the face here of, are accepted for carriage form their receipt at Carrier's termianal or airport office at the place of departure to the airport at the place of destination If so specifically agreed, the goods, or packages said to contain the goods, described on the face here of are also accepted for forwarding to the airport of departure and for reforwarding beyond the airport of destination. If such forwarding or reforwarding is by Carriage operated by Carrier, such carriage shall be upon the same terms as to liability as set forth in paragraphs 2 and 4 here of. In any other event, the issuing carrier and last carrier, respectively in forwarding or reforwarding the goods, shall do so only as agents of the shipper, owner, or consignee, as the case may be and shall not be liable for any damage arising out of such additional carriage, unless proved to have been caused by its own negligence or wilful fault. The shipper, owner and consignee here by authorize such carriers to do all things deemed davisable to effect such forwarding or reforwarding, including but without limitation, selection of the mearts of forwarding or reforwarding and their routes there of [unless these have been herein specified by the shipper], execution and acceptance of documents of carriage [which may include provisions exempting or limiting liability]and consingning of goods with no declaration of value notwithstanding any declaration of value in this air waybill

[7] Carrier is authorized [but shall be under no obligation]to advance any duties, taxes or charges and to make any disbursements with respect to the goods, and the shipper, owner and consignee shall be jointly and severally liable for the reimbursement there of No Carrier shall be under obligation to incur any expense or to make any davance in connection with the forwarding or reforwarding of the goods, except against repayment by the shipper. If it is necessary to make customs entry of the goods at any place, the goods shall be deemed to be consigned at such place to the person named on the face here of as customs consignessor, if no such person be named, to the carrier carrying the goods to such place or to such customs consignee, if any as such carrier may designate

[8] At the request of the Shipper, and if the appropriate premium is paid and the fact recorded on the face here of, the goods covered by this air waybill are insured on behalf of the shipper under an open policy for the amount requested by the shipper as set out on the face hereof[recovery being limited to the actual loss or damage not exceding the insured value] against all risks of physical loss or damage from any external cause whatsoever, except those arising directly or indirectly from war risks, strikes, riots, hostilities, legal seizure or delay or inheren vice, and subject to the terms and conditions of such open policy which is available for inspection by the shipper claims under such place or to such customs consignee, if any, as such carrier may designate

[9] Except as otherwise specifically provided in this contract, delivery of the goods will be made only to the consignee named on the face hereof, unless such consignee is one of the Carriers participating in the carriage, in which event delivery shall be made to the person indicated on the face here of as the person to be notified Notice of arrival of the goods will, in the absence of other instructions, be sent to the Consignee, or the person to be ordinary methods, Carrier is not liable for non-receipt or delay in receipt of such notice

[10] [a] No action shall be maintained in the case of damage to goods unless a written notice, sufficiently describing the goods concerned, the approximate date of the damage, and the details of the claim, is presented to an office of carrier within 7 days from the date of receipt there of, in the case of delay, unless presented within 14 days from the date the goods are placed at the person entitled to delivery, and in the case of loss [including nondelivery] unless presented within 120 days from the date of issue of the air waybill

[b] Any rights to damages against Carrier shall be extinguished unless an action is brought within two years after the occurrence of the events giving to the claim

[11] The shipper shall comply with all applicable laws customs and other government regulations of any country to, from, through or over which the goods may be carried, including those relating to the packing, carriage or delivery of the goods and shall furnish such information and attach such documents to this air waybill as may be necessary to comply with such laws and regulations. Carrier is not liable to the shipper or any other person for loss or expense due to shipper's failure to comply with this provision

[12] No agent, sevant or representative of Carrier has authority to alter modify or waive any provision of this contract

대한 책임을 진다. 단, 화물고유의 결함, 불완전포장, 전쟁 등의 불가항력 그리고 정부당국의 정당한 행위에 의한 손해에 대해서는 면제된다.

둘째, 연착으로 인해 발생한 손해는 항공사 또는 그 사용인이 동 손해를 방지하기 위한 조치를 취했거나 취할 수 없는 사정이었음을 입증한 경우에는 그 책임을 부담하지 않는다.

셋째, 항공사의 책임한도액은 kg당 250금 프랑(French Gold Franc)이다. 단, 운송 전에 물품가액을 신고하고 합당한 요금을 지불했을 때는 신고된 가액을 한도로 배상한다.

(2) 항공운송인에 대한 배상청구 및 소송

항공화물의 배상청구는 파손이 있을 경우 늦어도 화물의 수취일로부터 14일 이내에 운송인에 대하여 이의를 제기하여야 한다. 연착의 경우 수하인이 화물을 처분할 수 있었던 날로부터 21일 이내에 이의를 제기하지 않았을 경우 운송인에 대한 소송은 운송인에게 사기가 있을 경우를 제외하고는 수리되지 않는다. 따라서 이러한 클레임 제기기간을 경과하면 수하인은 청구권을 상실하게 되고 운송인의 배상책임은 소멸된다.

한편, 책임에 관한 소송은 도착지에의 도착일, 항공기가 도착했어야 할 날짜 또는 운송의 중지일로부터 기산하여 2년의 기간 내에 제기하여야 되고 그 기간의 경과 후에는 제기할 수가 없다. 즉, 화물의 파손, 멸실에 대한 배상청구의 소송에 관해서는 화물이 목적지에 도착한 날로부터 기산하여 2년이고 연착에 대한 배상청구의 경우 항공기가 목적지에 도착해야할 날 또는 운송중지일로부터 기산하여 2년이다.

5-2 항공화물운송 보험의 종류

(1) 항공화물보험

운송인 특히, 항공회사는 전술한 바와 같이 운송약관에 의거 과실책임주의 정신에 입각하여 유한책임을 지게 되지만, 책임을 커버하기 위한 보험에 부보하는 것이 통례적이다. 이 보험을 화물배상책임보험이라고 하며, 항공보험의 일분야로서 취급되고 있다.

화물배상책임보험은 운송 중의 화물이 우연한 사고로 인하여 멸실 또는 훼손될 때 이것이 운송인의 책임일 경우에는 운송인이 책임져야 할 배상책임액을 보험회사가 지불하기 때문에 보험에 들면 운송인은 배상금 지불이라는 불시의 배상지출을 면할 수 있다.

(2) 화물보험

화물보험이란 운송 중의 화물이 사고로 인하여 멸실, 파손된 것에 대한 송하인 또는 수하인이 받는 손해를 변상받기 위하여 송하인 또는 수하인이 보험회사와 체결하는 보험이다. 이것은 해상운송에서 말하는 해상보험과 같은 성질의 보험이다.

화물보험은 항공사와 무관하게 송하인 또는 수하인이 직접 보험회사와 보험계약을 체결하는 것이지만 사고가 발생하면 보험회사가 변상을 해준 후 항공사에 대위권을 행사하는 문제가 남는다. 따라서 가능하면 다음에 설명할 화주보험에 부보하는 것이 편리하다.

(3) 화주보험

화주보험은 상술한 화물보험의 한 분야이나 항공수송의 신속성, 간편성에 부응할 수 있도록 항공화물에 대한 부보절차를 간편하게 한 보험이다. 각 항공사 또는 화물대리점은 보험회사의 대리점으로서 언제든지 화주를 위해 이 보험을 주선할 수 있으며 대부분의 항공사는 수송화물에 대한 화주보험제도를 마련해 두고 있다.

부보방법은 항공운송장의 insurance amount란에 보험금액을 기입하고 소정의 보험료를 지불하면 보험이 성립되고 발효된다.

부보액은 무제한으로 허용되는 것이 아니고 송장 가액이나 목적지에서의 현재 가액의 110%까지 부보할 수 있고 사고가 발생했을 때 그 범위 내에서 변상받을 수 있다. 따라서 출발지에서 지나친 초과보험에 가입하더라도 사고가 발생했을 때 invoice value 수준만을 변상받을 수 있다는 의미이다.

보험은 항공사 또는 대리점이 화물을 수령하고 운송장이 발행되었을 때부터 발효되어 통상의 수송과정을 거쳐 도착지에서 화물이 수하인에게 인도되었을 때 종료된다.

화물보험은 화물종류, 포장, 수송기관, 경로, 담보조건 등에 따라서 요율이 변동되고 전문적인 보험지식이 필요하지만 화주보험에서 수속의 간소화를 위하여 항공사의 운임률에 따라 자동적으로 요율이 정해진다.

화물보험에는 1건의 신청마다 보험증권이 발행되는 것이 원칙이지만, 화주보험에 있어서는 보험증권을 발행하지 않으며, 특히 요청이 있을 경우 부보증명서(certificate of insurance)를 발행하고 있다.

CHAPTER

10 복합운송 제도의 이해

복합운송제도의 발전

1-1 복합운송의 개념

복합운송(multimodal transport, combined transport)의 개념을 파악하기 위해서는 통운송(through transport)과의 관계를 살펴보아야 하는데, 그 이유는 복합운송을 통운송의 한 종류로 보아야 하기 때문이다.

통운송이란 해상, 육상, 내수로, 항공운송수단의 연결에 의한 운송인데, 운송수단은 동종의 또는 다른 운송수단을 연결해도 관계없다. 통운송이 단일운송보다 편리한 점은 단일의 통선하증권(through bill of lading)이 발행되어 운송구간마다 별개의 운송증권을 필요로 하지 않으며, 운임률도 각 운송구간 운임률을 합해서 계산한 통운임률(through rate)이 부과된다는 것이다. 또한 각 운송구간마다 운송인이 분할해서 책임을 진다.

복합운송이란 두 개 이상의 상이한 운송수단에 의해서 단일의 복합운송인(multimodal transport operator, combined transport operator)이 복합운송증권(multimodal transport bill of lading, combined transport bill of lading)을 발행하여, 물품을 인수한 시점부터 인도할 시점까지 전운송구간에 대해서 일관책임을 지면서 단일의 복합운송운임률(multimodal through rate)에 의해서 운송되는 형태이다. 통운송과 복합운송의 상이한 점은 통운송에 있어서 운송방식의 결합형태는 동종 또는 다른 운송수단이든지 관계없으나 복합운송에서는 반드시 다른 운송수단의 결합에 의해서 이루어져야 하고 동일한 복합운송인에게 전운송구간의 책임을 집중시킬 수 있다는 것이다. 1992년부터 시행되고 있는 UNCTAD/ICC 복합운송증권규칙에 의하면 "복합운송인은 복합운송계약을 체결하고 또는 운송인으로서 그 계약이행의 채무를 부담하는 자를 의미한다."로 규정하고 있다. 복합운송인은 스스로 또는 자신을 대신한 타인을 통하여 복합운송계약을 체결하고 송하인이나 복합운송에 관여하는 운송인의 대리인이나 운송의 주체자로서 운송계약을 하고 이에 대한 채무를 부담하는 자를 의미한다.

(1) 국제복합운송의 의의와 요건

복합운송인(combined transport operator: CTO)과 복합운송증권(combined transport documents: CTD)이라는 용어개념은 이미 국제해법회나 정부 간 해사자문기구(IMO)에 의해 작성된 국제복합운송조약안에서 사용되었으며, UN조약에서는 MTO(multimodal transport operator)와 MTD(multimodal transport document)라는 용어로 국제복합운송을 컨테이너운송에 따라 단일계약 주체에 의해 일괄처리한다는 의미로 사용하고 있다. 여기서 문제가 되는 것은 특정 운송기관 중심의 기존 복합운송 관계법제와 모든 조약과의 조정과 해상운송에서의 Hague Rules 및 각국의 국내법과의 조정문제이다. 따라서 UN조약이나 이전의 조약안에서도 화물의 복합운송은 전구간운송에 의존할 것인지 구간별 운송에 의존할 것인지를 화주의 선택권에 위임하고 있다. 국제복합일관운송이 되기 위해서는 세 가지 요건, 즉 ① through rate, ② through B/L, ③ single carrier's liability가 충족되어야 한다. 여기서 가장 큰 문제는 single carrier's liability(단일운송인책임제)로서 계속 마찰이 야기되고 있는 상태에 있다. 우리나라를 기준으로 한 복합운송의 방법은 6 가지 형태로 다음과 같이 나눌 수 있다.

① 트럭/선박/트럭/철도/트럭
② 트럭/선박/트럭/항공기/트럭
③ 트럭/선박/트럭
④ 트럭/항공기/트럭
⑤ 철도/선박/철도/트럭
⑥ 도로/선박/항공기/트럭

이 같은 정형적인 방법은 얼마든지 변형시킬 수 있지만 가장 많이 이용되는 루트는 sea/land 형태이며, sea/air/land 형태는 단위선적장비(unit load devices: ULD)가 해상 및 육상용 컨테이너와 규격이 맞지 않아 아직까지 항공서비스에서는 문전에서 문전 서비스(door to door service)가 이루어지지 않고 있다.

(2) 국제복합운송의 경제적 의의

국제복합운송의 궁극적인 목적은 규격화 및 표준화된 컨테이너의 연속 또는 협동일관운송을 통해 문전에서 문전까지 수송하는 것으로 컨테이너 운송인의 장점에 따라 물적 유통상 많은 경비절감 효과를 가져오게 된다.

① **화물유통의 신속성 제고** 인도지연의 회피, 통관절차의 간소화, 화물

혼재의 가능화 등

② **화물유통의 안정성 제고** 수송중 화물손상의 감소, 밀수품의 감소, 인도불능으로 인한 Claim 회피, 오손(汚損)의 회피 등

③ **화물유통의 저렴성 확보** 상품 매입가격의 인하, 포장비의 절감, 해상보험료의 저렴화, 서류작성 및 하인 등에 필요한 비용절감, 자금 고정화를 통한 자금조달 필요성의 감소(자금회전의 신속화), 화물혼재의 가능화 등

④ **운송서류의 간소화** 서류작성과 하인(荷印)의 감소

⑤ **노동력 부족의 해결과 하역설비의 자동화** 운송비의 감소 및 하역의 신속화 등

⑥ **무역의 확대촉진** 상품 인도시 상품가격의 견적 용이화, 재고의 감소, 자금조달의 필요감소, 상품의 적부작업지역 및 환적지점(stowage operating area or transhipment place)의 분산가능화 등이다.

1-2 국제복합운송의 발전

(1) 복합운송의 생성

복합운송의 근원을 알기 위해서는 앞 장에서 기술한 컨테이너운송의 근원을 알아야 한다. 컨테이너화에 의해서 복합운송이 가능하게 되었기 때문이다. 물론 컨테이너 이외의 운송방식에 의해서도 복합운송을 할 수 있으나, 운송의 합리화를 가져온 것은 컨테이너라는 용기를 사용한 것이 가장 큰 요인이라 할 수 있다.

컨테이너 운송방식을 사용함에 따라 하역방식의 기계화가 가능해지면서 하역비 절감과 함께 정박시간을 단축할 수 있게 되어 컨테이너방식에 의한 복합운송은 지속적인 발전을 이룩하게 된 것이다. 물론 컨테이너라는 용기가 등장하기 전에도 해상과 육상을 연결하는 운송방식은 존재하고 있었으나, 환적에 따르는 시간과 비용이 과다하여 복합운송이라기보다는 서로 다른 운송수단으로의 단순한 연결에 의한 연장운송이었다고 할 수 있다. 그러나 컨테이너라는 용기가 등장함으로써 선박과 육상운송 간의 이동이 간단하고 신속하게 되어 총체적인 관점에서 운송수단별 특성이 약화된 전체운송구간에서 운송을 생각할 수 있게 되었다. 이와 같은 관점에서 복합운송은 지속적인 발전을 하고 있다.

(2) 복합운송 관련 국제조약 및 국제규칙의 발전

복합운송은 각각 상이한 운송수단을 결합 혹은 연결하여 이루어지기 때문에 이에 관련된 규칙이나 규제 등이 필요하게 되었다. 항공운송에 관하여는 1929년 바르샤바조약(Warsaw Convention)이 제정되었고, 도로운송에 관해서는 1956년의 CMR(the international convention concerning the carriage of goods by road, 국제도로운송조약), 철도운송에 관해서는 1970년의 CIM(the international convention concerning the carriage of goods by rail, 국제철도운송조약)이 제정되었다.

해상운송에 관해서는 1924년에 헤이그규칙(Hague Rules)이 제정되어 1968년에 헤이그 비스비규칙(Hague Visby Rules)으로 개정되었다. 그리고 1978년에는 함부르크규칙(Hamburg Rules)이 제정되어 단일운송을 규제하는 국제조약 및 국제규칙이 마련되었다.

이와 같은 국제조약 및 국제규칙의 규제방식은 서로 상이하게 독자적으로 발전하여 왔다. 물론 이와 같은 국제조약 및 국제규칙에도 복합운송의 발전을 예견하여 복합운송에 관해서 규정하는 조항이 있으나, 복합운송을 단일운송의 부수적인 운송으로 규정하고 있다. 따라서 국제적으로 한 개의 독립된 조약 및 규칙에 의해서 복합운송을 규제하려는 시도가 이루어졌다.

1) TCM 조약안

국제복합운송에 관하여 본격적으로 규제하려 한 것은 1948년에 ICC에 의해서 거론되었다. 이어서 국제사법통일협회(UNIDROIT: international institute for the unification of private law)는 1965년에 국제복합운송조약초안(project de convention sur le contrat de transport international combine de marchandises)을 발표하였고, 1969년에 국제해법회(committee maritime international: CMI)가 동경규칙(Tokyo Rules)을 발표하였다.

유엔 산하의 유럽경제위원회(economic commission for Europe: ECE)의 내륙운송위원회(inland transport committee)는 상기 두 개의 조약안의 내용을 통일해야 한다는 것을 절감하고 원탁회의를 소집하여 1970년 1월에 복합운송조약초안(rome draft)을 확정하였다. 이 복합운송조약초안을 심의한 정부 간 해사협의기구(inter-governmental maritime consultative organization: IMCO)는 모든 이해관계자들이 이용할 수 있는 조약안을 작성해야 한다는 결론에 도달하였다. 따라서 정부 간 해사협의기구와 유럽경제위원회의 합동위원회는 복합운송조약초안을 수정하여 1971년 11월 TCM조약안(project de convention sur le transport international combine de marchandises)을 발표하였다.

그러나 TCM조약안은 1972년 11월과 12월에 제네바에 개최된 유엔과 정부 간 해사협의기구가 공동으로 주최하는 국제컨테이너운송회의(United Nations/IMCO conference on international container traffic)에서 채택되지 않았다.

TCM조약안이 채택되지 않은 주요 이유는 다음과 같다. 첫째, 복합운송조약 초안은 해상운송업계와 육상운송업계의 의견은 반영되었으나, 항공업계가 그들의 의견이 반영되지 않았다는 이유로 조약의 채택에 반발하였기 때문이다. 항공업계는 TCM조약안이 바르샤바조약과 근본적으로 상충된다는 의견을 갖고 있었다. 둘째, 미국을 포함한 많은 국가들이 TCM조약안이 장차 복합운송에 미칠 경제적 측면에서 충분한 연구가 이루어져야 한다고 주장하였기 때문이다. 따라서 TCM조약안에서 복합운송에 관한 새로운 법률체제를 도입하였다.

즉 복합운송인이 복합운송증권을 발행하여 전운송구간에 대해서 책임을 지도록 하였다.

2) ICC 복합운송증권통일규칙

한편 ICC도 복합운송증권에 관한 통일규칙을 준비하기 시작해서 1973년에 복합운송통일규칙(ICC uniform rules for a combined transport document, publication no.273)을 발표하였다. 그러나 이 규칙은 인도지연에 관하여 운송인의 책임을 규정하고 있는데, 이 때문에 많은 국가들이 이 규칙의 채택을 거부하여 1975년에 인도지연에 대한 운송인의 책임조항을 삭제한 수정안(ICC publication no.298)이 발표되었다. 이 규칙에서 복합운송인은 복합운송증권을 발행하고 전운송구간에 대해서 책임을 진다. 따라서 이 규칙은 TCM 조약안을 기초로 해서 작성한 것이다.

또한 네트워크 시스템(network system)을 채택하여 손해발생구간이 판명된 경우와 판명되지 않은 경우를 구분하여 규제하고 있다. 이 규칙의 채택은 임의사항이어서 동규칙을 자유롭게 사용할 수 있다.

3) 유엔국제복합운송조약

1972년 TCM 조약안이 유엔과 정부 간 해사협의기구가 공동주최하는 국제컨테이너 운송회의에서 정식 복합운송조약으로 채택되지 못함으로써 UNCTAD에 정부 간 준비그룹(inter-governmental preparatory group: IPG)을 조직하게 하여 새로운 조약안 작성을 요청하게 되었다. 이 조약은 비준국의 수가 발효요건에 미달되어 시행되지 못하고 있으며, 복합운송에 관한 규제 및 적용을 위해서는 많은 국가의 비준이 있어야 한다.

기타 국제운송관련 국제규칙이 도로, 철도, 항공 및 해상운송형태에 따라 각각 책임한계 등이 상이한데 이에 대한 내용이 [표 10-1]에 요약되어 있다.

02 복합운송인의 책임제도

국제운송조약에서의 논점은 운송인의 책임문제에 있는데, 복합운송의 경우에는 특히 책임제도(system of liability)가 중요한 논란의 대상이 되고 있다. 이는 여러 가지 운송방식의 결합으로 이루어지는 복합운송의 전구간에 대하여 복합운송인의 책임을 어떠한 방식으로 정할 것인가 하는 문제가 발생한다. 이에 대한 기본원칙이 세 가지가 있다.

첫째, 전구간 단일책임의 원칙(uniform liability system), 둘째, 운송인의 각 구간 이종책임의 원칙(network liability system)이고, 셋째, 두 가지를 혼용한 형태로 절충식책임체계(flexible liability system)가 있다.

2-1 단일책임체계(Uniform Liability System)

이 제도에 의하면 복합운송인은 물건의 멸실이나 훼손 등 손해가 발생한 운송구간이나 운송방식의 여하를 묻지 않고, 발생장소가 밝혀진 손상(known damage)의 경우나, 밝혀지지 않은 손상(concealed damage)의 경우나 항상 동일한 책임원칙이 적용된다. 복합운송인은 책임원칙, 항변의 조건(terms of defence)이나 책임의 한계에 있어서 단일방식운송(unimodal transport) 운송인의 경우와는 전혀 다른 독자적인 책임제도(sui generis liability regime)에 따른다는 것이다. 이 제도는 간명하기 때문에 당사자들 사이에서 분쟁을 줄일 수 있는 것으로 평가되고 있다.

송하인 등 원고나 운송인으로서는 손해발생의 장소나 시기 등을 고려할 필요가 없으므로 불필요한 소송을 제거할 수 있다. 그러나 복합운송인으로서 여전히 하청운송인에게 구상(求償)을 해야 하는 문제가 남아 있고, 오히려 절차가 복

표 10-1 국제운송관계규칙의 비교

법률적 관점	국제육로운송협약 (CMR)	국제운송철도협약 (CIM)	Hague-Visby Rules 1971 해상물품운송법 Hamburg Rule (인준예정)	Warsaw Rules 항공운송 몬트리올개정안 (발효예정)	ICC 복합운송증권에 관한 통일규칙
당사자 간의 법률적 관계의 근거	법령적 : 1965년 철도물품운송법과 이에 의하여 제정된 국제육로협약 및 1979년 항공 및 육로운송법	계약적 : 국제철도운송협약은 철도화물수탁서의 "paramount 조항"에 삽입되어 있다.	법령적 : paramount 조항은 헤이그-비스비규칙에서는 필요 없으나 함부르크 규칙에서는 필요하다.	법령적 : 1961년 항공화물운송법에 의하여 몬트리올개정규칙은 1976년 항공 및 육로운송법을 제정하였으며 현재 발효시기를 기다리고 있다.	계약적 : 복합운송서류가 발행될 때에는 반드시 본 원규칙이 계약상 채택되고 있다.
국제운송에서 사용되는 개념	본 협약은 물품의 인수 및 인도장소가 상이한 두 국가 간에(이 중 어느 한 쪽이 본 협약 채택국이어야 함) 육로운송을 통한 운임취득을 목적으로 하는 물품계약운송에 적용된다.	최소한 둘 이상이 조약국의 지역 및 본 협약의 제59조에 수록된 철도선 구간을 통과하는 철도운송을 통한 통화물수탁서에 의하여 위탁된 물품의 운송	선하증권이 발행되고 물품이 생동물 또는 갑판적 화물이 아닌 이상 자국의 항에서 자국 또는 타국의 선박에 의한 해상물품 운송 Hamburg Rules에서의 개정내용을 참작할 것.	본협약을 인준한 국가의 두 계약당사자 간의 지역 내에서의 출발지, 도착지 간의 운송 또는 동일국 내의 두 장소의 운송이라 할지라도 계약 당사자국 여부를 불문하고 중간기착지점이 있는 경우	어느 특정국의 장소로부터 타국의 인도장소로의 최소 두 가지 이상의 상이한 운송방식에 의한 물품의 운송
운송인의 책임 범위	운송인은 인수지점과 인도지점 사이에서 발생한 물품의 전손 또는 분손에 대하여 보상책임을 진다. 단 송하인의 잘못이거나 물품의 성질상 발생하는 것이거나 또는 불가항력적인 사태로 인한 손실의 경우에는 그러하지 아니한다.	철도운송인은 인수지점과 인도지점 사이에서 발생한 물품의 전손 또는 분손에 대하여 보상책임을 진다. 단 송하인의 잘못이거나 물품의 성질상 발생한 것이거나 또는 불가항력적인 사태로 인한 손실의 경우에는 그러하지 아니하다. 운송시간은 두 가지 공식 중 한 가지에 의하여 산출된다. 만일 이 운송기간을 초과하는 경우에는 지연에 대한 책임을 진다.	선주는 감항성 있고 화물적재에 합당한 선박을 제공하기 위하여 적절한 노력을 하여야 한다. 선주는 물품을 적절히 적재, 취급, 적입, 운반, 보호 및 양하하여야 한다. 선주는 항해중 선박의 관리상의 잘못으로 인한 사태에 대하여 책임을 지지 않는다. 또한 화재, 해상위험 및 면책사항에 대해서도 책임을 지지 않는다. Hamburg Rules에서 개정내용을 참작할 것.	운송인은 물품의 항공운송 중 발생한 분실, 파손에 대하여 책임을 진다(항공기 내, 공항 내 또는 강제 착륙 경우를 불문하고). 그러나 운송인이 가능한 모든 조치를 취하였거나 또는 그러한 조치를 취할 수 없었음을 증명하는 경우에는 그러하지 아니하다. 송하인의 잘못에 의한 경우에는 면책된다(Montreal 개정안에서는 운송인의 면책사항을 확대하고 있다). 지연에 대하여 책임을 진다.	복합운송인은 물품을 인수한 시점에서 인도시점에 이르기까지 그 자신, 사용인 또는 하청인의 작위에 의하여 발생한 멸실 및 손상에 대하여 책임을 진다. 지연에 대한 책임도 진다.

공문서	CMR 화물수탁증	CIM 화물수탁증	선하증권	항공화물상환증 (1961 Act)	복합운송서류
Papamount 조항의 유무	화물수탁증에는 CMR이라는 표지와 국제운송수탁증이라는 문구가 표시되어 있다.	화물수탁증에는 CIM국제철도운송이라는 표지가 영어, 불어, 독어로 되어 있으며 그리고 본 협약채택조항이 있다.	1971년 Act에서는 Paramount 조항이 없으며, Hamburg Rule이 발효하게 될 것이다.	항공화물수탁증(1932 Act) 국제항공운송의 경우 본 협약이 적용되므로 운송인의 책임은 제한적이라는 경고문언이 있다.	통일규칙에서 "유통 가능한 복합운송서류가 복합운송에 관한 통일규칙에 의하여 발행되었음"을 또는 "유통불능복합서류" 등의 문언이 기재되어 있어야 한다고 규정하고 있다.
책임의 한계 (주①: 책임은 총가격을 초과할 수 없다. 주②: 금화 Franc은 1/100 순도 900의 금 65.5g 주③: SDR Units은 IMF에서 매일 산정한다.)	총중량 kg당 8.33 SDR Units	kg당 50금화 Franc 지급일의 환산율에 의한 통화금액	Package 당 10,000 Franc 또는 kg 당 30파운드 구협약에서 Package당 100파운드였다. Hamburg Rule에서는 Package 당 835 SDR Units 또는 총중량의 kg당 2.5 SDR로 변경되었다.	고가품이 신고되거나 추가비용이 부담되지 않는 한 kg 당 205 Gold Francs Monteal 개정안은 kg 당 17 SDR Units 및 여객 1인당 수하물 1,000 SDR Units로 되어 있다.	송하인이고 가품신고를 하지 않은 한 kg 당 30금화 Franc
재판의 관할권	재판소송은 ① 합의된 장소, ② 피고인의 거주지 · 영업지 또는 계약 성립지, ③ 운송인의 물품을 인수한 장소, ④ 인도한 장소에서 할 수 있다.	원고는 고소할 회사를 선정하여야 하며, (제43조) 그리고 그 철도의 소재지국의 법원에 고소하여야 한다.	본 협약은 재판관할권에 대하여 언급하지 않고 있다. 그러므로 법원은 사건의 심의가 가능하며 어느 법이 채택되어야 할 것인가를 결정하여야 한다. Hamburg Rule은 재판관할권에 대하여 명백히 지시하고 있다. 제21조 참조.	소송은 계약당사자의 지역 등에서 운송인의 ① 거주지, ② 영업장소, ③ 계약체결지, ④ 물품목적지 중 원고가 선정하는 장소에서 할 수 있다.	통일규칙에서 재판관할권에 대하여 언급하고 있지 않다. 그러므로 법원은 특정사건에 대하여 재판관할권을 행사할 수 있는지에 대하여 결정하여야 한다.
법률적 소송을 위한 시한	1년이다. 그러나 의도적인 악행의 가능성이 있는 경우 3년으로 연장된다.	1년이다. 그러나 의도적인 악행이 철도당국에서 강행되어 있을 가능이 있는 경우 3년으로 연장된다.	통례적으로 1년이다. 그러나 상호 합의에 의하여 연장할 수 있다.		① 물품의 인도 ② 물품이 인도되도록 약정된 일자 ③ 규칙 15조에 의해 결정된 일자(인도를 위한 적절한 시간으로부터 90일이 경과되면 물품은 분실된 것으로 간주한다.)

잡하여 비용이 증가한다는 반론이 있다. 단순화된 uniform system의 주창자들은 주로 법률가들인데, 그들은 업계가 network system의 복잡성을 과소평가하는 경향이 있으며, 단순히 상업적인 측면만 고려하여 uniform system의 법적인 장점을 무시하고 있다고 보는 견해가 있다.

이상의 두 제도를 비교할 때 이론적으로는 uniform system이 일관성이 있고 간명하며 합리적인 면이 있다. 전운송구간 대화주단일책임(single through responsibility)을 특징으로 하는 복합운송에서 화주가 운송인에게 물건의 운송을 의뢰한 경우에 그 손해발생장소의 인지·부지나 운송인이 하도급한 운송방식의 종류에 따라서 화주가 받을 배상의 내용과 금액이 달라진다는 것을 이해하기 어렵기 때문이다. 컨테이너 복합운송은 여러 나라를 통과하면서 이루어지는데, 만약 network system에 따라서 운송인의 책임을 정한다면 그 과정에서 적용될 각종의 국제조약과 국내법에 의한 책임내용을 모두 올바르게 알아야 하는데 이는 전문가나 할 수 있는 일이다. 이처럼 책임제도가 복잡하기 때문에 network system하에서는 청구사건의 해결을 위한 보험회사의 비용이 증가할 것이다.

2-2 이종책임체계(Network Liability System)

복합운송인의 책임은 운송물의 멸실 또는 훼손이 생긴 운송구간을 아는 경우(이른바 'known damage'의 경우)와 이를 알 수 없는 경우(이른바 'concealed damage'의 경우)를 나누어 살펴볼 필요가 있다. 먼저 전자의 경우를 살펴보면, 운송인의 책임은 운송물의 멸실 또는 훼손이 생긴 운송구간에 적용될 국제조약 또는 강행적인 국내법에 따라서 결정된다. 이 원칙의 기본이념은 기존 운송법상의 책임제도와 최대한도의 조화를 추구한다는 것이다. 즉 해상, 육상, 항공 등의 운송구간 또는 운송방식에 따라서 각각 고유한 법원칙이 성립되어 적용되고 있는데, 이들 법원칙을 존중하는 것이 실제에 있어서 무리가 없고, 복합운송의 이용도 원활하게 한다는 것이다. 또 모든 운송방식에 알맞은 책임원칙을 발견하기도 쉬운 일이 아니다.

한편 멸실이나 훼손 등의 손해발생구간을 알 수 없는 경우와 또는 아는 경우라 하더라도 그 구간에 적용할 조약이나 강행법규가 없는 경우 등에는 network 방식에서도 따로 일정한 책임원칙을 두지 않을 수 없다. 그리하여 가령 과실책임의 일반원칙을 두고 복합운송인이 책임을 질 경우의 배상금액 산정기준 또는 멸실·훼손된 운송물의 중량킬로그램당 일정액의 책임한도금액을 둔다는 TCM 조약안 제9조와 제10조 등에서 그 예를 찾아볼 수 있다.

이 제도에 의하면 마치 화주가 각 운송방식별 운송인과 개별적으로 계약을 체결한 것과 같이 복합운송안에 각종의 책임제도가 공존하게 되며 기존의 운송조약과 조화가 잘 되어서 복합운송상의 법칙과 기존의 다른 운송방식에 의한 운송상의 법칙과의 충돌을 방지할 수 있다. 일찍이 각종 국제단체에서 마련했던 복합운송조약의 시안 가운데도 이 network 책임방식에 의한 안이 대부분이며, 앞에서 본 바와 같이 복합운송에 관한 ICC의 통일규칙과 그리고 FIATA, BIMCO 등에서 공표한 복합운송증권이나 실제 유력한 운송인들의 운송증권들도 운송인의 책임에 관하여 network 방식에 따른 것이 대부분이다.

실무적이고 상업적인 견지에서 오히려 network system이 현실적인 것으로 환영을 받고 있으며, uniform liability system은 다분히 이상주의적인 것으로 경원시되고 있다. 그리고 오늘날 사용되고 있는 컨테이너 선하증권 내지 복합운송증권상의 책임제도가 거의 모두 network liability system에 따르고 있다. network liability system이 이용되는 이유는 이 제도가 복합 운송을 구성하는 각 운송방식에 이용되어 왔던 기존의 운송법질서에 대한 수정을 최소화하고 급격한 변화를 피하여 복합운송의 원활한 진전을 도모하기 때문이다.

2-3 절충식책임체계(Flexible Liability System)

본 제도는 network system과 uniform system을 절충한 것으로, 복합운송인의 책임체계는 일률적인 책임원칙을 따르고, 책임의 정도와 한계는 손상이 발생한 구간의 규칙에 따른다. 이 제도는 현 규칙하에서 책임의 한계가 기본책임하의 한계를 초과했을 때만이 적용될 것인지 아닌지 하는 문제가 제기된다. 일반적으로 선진국은 network system, 개도국과 일부 선진국은 uniform system을 선호하고 있어 유엔에서는 절충적 방식인 동 제도를 선호하고 있고, 세계적으로 가장 많이 활용하게 될 제도이기도 하다.

03 복합운송증권

3-1 복합운송증권의 의의

유럽경제위원회(ECE) 및 정부 간 해사자문기구(IMCO)와의 공동작업에 의한 TCM 조약안이 복합운송증권(multimodal transport document: MTD)이란 새로운 유형의 운송증권을 창안한 이후 ICC의 복합운송증권에 관한 통일규칙과 UN 국제복합운송조약 등에서도 이에 따라 선하증권과는 다른 새로운 형태인 복합운송증권에 관한 규정을 두게 되었다. 이 점에 관하여 현재의 복합운송증권에 대한 정의를 살펴보면 다음과 같다(복합운송증권 참조).

1) TCM 조약안 제2조 2항

복합운송증권이라 함은 "TCM 조약의 적용을 받는 유통성 복합운송증권" 또는 "TCM 조약의 적용을 받는 비유통성 복합운송증권"이란 머리말을 기재하고 또 해상운송, 내수로운송, 항공운송, 철도운송, 도로운송과 같이 다른 두 가지 이상의 운송방식에 의한 물품운송계약으로서 물품이 인수된 장소와 인도를 위해 지정된 장소가 다른 국가인 것을 증명하는 증권을 말한다. 컴퓨터 기타 전자식 또는 자동식 자료처리시스템에 의하여 기록된 자료도 상기의 모든 항에서 말하는 증권에 해당된다.

2) UN 조약의 정의(제1조 4항)

복합운송증권(MTD)이라 함은 복합운송인(MTO)이 자기의 보관 아래 물품을 인수하였다는 것과 복합운송계약의 내용에 따라서 운송인이 물품을 인도할 의무를 부담하는 것을 증명하는 증권을 말한다.

3) ICC의 통일규칙상의 정의(제2조 (C)항)

복합운송증권(combined transport document: CTD)이란 물품의 복합운송 이행 및 이행의 확보에 대한 계약을 증명하고 그 표면에 "negotiable combined transport document issued subject to Uniform Rules for Combined Transport Document"(ICC Brochure no. 273) 또는 "non-negotiable combined transport document issued subject to Uniform Rules for Combined Transport

Document"(ICC. Brochure no. 273)이라는 머리말을 기재하고 있는 증권을 말한다. 이상의 세 가지 정의에서 볼 때 MTD와 CTD는 동일한 개념의 증권이며 각각 정의의 규정에 별 차이가 없음을 알 수 있다.

3-2 복합운송증권의 유형

MTD는 여러 가지 기준에 의하여 분류할 수 있고 복합운송인이 부담하는 책임의 내용에 따라 책임분할형증권, 책임집중형증권으로 나눌 수 있고, 책임집중형에서 해상구간의 책임을 확장하는 형태와 network system을 취하는 것, uniform system을 취하는 것 등으로 구분할 수 있다. 또한 증권의 발행인에 따라서 해상운송인이 발행하는 MTD, 육상운송인과 항공운송인이 발행하는 MTD, 운송주선업자(freight forwarder)가 발행하는 증권으로 나눌 수 있다. 그러나 보다 중요한 분류는 MTD가 선하증권의 형식을 취하는가 아닌가, 또 유통성인가 비유통성인가 하는 유가증권적인 분류이다.

(1) 선하증권의 형태

복합운송이 육·해·공을 연결하는 새로운 형태라고는 하지만 복합운송구간 중에 실제로 해상운송이 차지하는 비중이 크기 때문에 자연히 해상운송인이 MTO로서 전운송구간에 대한 책임을 지고 그가 발행하는 운송증권은 선하증권의 형태를 취하기 마련이다. 따라서 복합운송증권이 선하증권의 연장형식인가 아닌가에 대해서는 많은 문제점이 도출된다.

예를 들어 미국의 UCC(통일상법전)에서는 B/L을 철도나 항공운송에 사용되는 운송증권에 포함시키고 있어 선하증권의 기능이 부여되는 것으로 간주된다. 그러나 우리나라를 포함하는 대륙법계에 있어서는 해상운송인이 발행하는 선하증권과 육상운송인이 발행하는 화물상환증을 명백히 구분하고 있어 해상운송인만 선하증권을 발행할 수 있다(상법 제128조)고 보기 때문에, 복합운송인이 선하증권의 형태를 취하는 복합운송증권을 발행할 수 있는가 하는 점이 의문이다. 그러나 복합운송증권을 일종의 변형된 선하증권으로 취급함으로써 선하증권의 여러 가지 기능, 즉 유통성, 화물을 대표하는 기능 등을 복합운송증권에 자동적으로 부여함으로써 법적 문제를 해결할 수 있을 것이다. 따라서 종래의 통선하증권(through B/L)도 해상운송구간이 본체를 이루고 나머지 수송구간은 단지 해

서식 10-1 복합운송증

COMBINED TRANSPORT
BILL OF LADING

Shipper	B/L No.
	Reference No.
Contract No.	
Consignee	
Notify party	

Thai National line
State Owned Enterprise

TMN

THAI MARITIME NAVIGATION CO.,LTD.

Pre-Carriage by*	Place of receipt*	Shipper's memoranda not part of Bill of Lading
Ocean Vessel Voy.No.	Port of loading	
Port of discharge	Place of delivery*	Final Destination (Merchants description only) (Forwarding Agents)

CARRIER'S RECEIPT			PARTICULARS FURNISHED BY SHIPPER-CARRIER NOT RESPONSIBLE		
Container No.	Seal No. Marks and Numbers	No. of Containers or pkgs	Kind of packages ; description of goods	Gross weight	Measurement

COPY
NON-NEGOTIABLE

Freight and Charges	Revenue Tons	Rate	Per	Prepaid	Collect

Ex.Rate	Prepaid at	Payable at	Place and date of issue
	Total prepaid in local currency	No. of original B (s) / L	THAI MARITIME NAVIGATION CO., LTD.
Laden on board the Vessel	By		By
			As Agents for the Carrier

* Applicable only when used as a Combined Transport Bill of Lading.

FM-09-03-03/REV.-00

서식 10-1-1 복합운송증

(A) Received in apparent good order and condition, unless otherwise stated herein, for transportation on board the ocean vessel mentioned herein or on board the feeder vessel or other means of transport (rail or truck) in place of receipt is named on reverse side of Bill of Lading the goods or packages or containers said to contain goods, hereinafter called "the Goods", specified herein for carriage from the port or place of receipt if mentioned herein, on a voyage as described and agreed by this Bill of Lading and discharge at the port of discharge named herein or deliver at the place of delivery if mentioned herein, such carriage, discharge or delivery being always subject to the exceptions, limitations, conditions and liberties hereinafter agreed, in like order and condition at the port of discharge or place of delivery if named as the case may be, for delivery unto the Consignee mentioned herein or to his or their assigns where the Carrier's responsibilities shall in all cases and in all circumstances whatsoever finally cease.
IN WITNESS whereof the number of original Bills of Lading stated on the frontside hereof have been signed, one of which being accomplished the other (s) to be void.

(B) Agents signing this Bill of Lading on behalf of the Company or Line by whom this Bill of Lading is issued have only the limited authority at common law of a vessel's master signing a Bill of Lading.

(C) In accepting this Bill of Lading any local customs or privileges to the contrary notwithstanding the Shipper, Consignee, and Owner of the Goods and the Holder of this Bill of Lading agree to be bound by all stipulations, exceptions and conditions stated herein whether written, printed, stamped or incorporated on the front or reverse side hereof, as fully as if they were all signed by such Shipper, Consignee, Owner or Holder.

(D) Notwithstanding the heading "Combined Transport Bill of Lading", the provisions set out and referred to in this document shall also apply, if the transport as described on the face of this Bill of Lading is performed by one mode of transport only.

1. DEFINITIONS

"Thai Maritime Navigation Co., Ltd." is the trade name of the Carrier.
"Carrier" means the party on whose behalf this Bill of Lading has been signed.
"Goods" means the cargo accepted from the shipper and includes any Container not supplied by or on behalf of the Carrier.

"Container" includes any container (including an open top container) flat rack, platform, trailer transportable tank, pallet or any other device used for the transportation of goods.

"Merchant" includes the Shipper, Holder, Consignee, the receiver of the Goods, any person owning or entitled to the possession of the Goods or this Bill of Lading and anyone acting on behalf of any such persons.

"Holder" means any person for the time being in possession of this Bill of Lading to whom the property in the Goods has passed on or by reason of the consignment of the Goods or the endorsement of this Bill of Lading or otherwise. References to the internal law of a State shall be deemed to exclude all principles of private international law applied by such State.

2. CARRIER'S TARIFF

The terms of the Carrier's applicable Tariffs are incorporated herein. Copies of the relevant provisions of the applicable Tariff are obtainable from the Carrier upon request. In the case of inconsistency between this Bill of Lading and the applicable Tariff, this Bill of Lading shall prevail.

3. SUB-CONTRACTING

(1) The Carrier shall be entitled to sub-contract on any terms the whole or any part of the carriage, loading, unloading, storing, warehousing, handling and any and all duties whatsoever undertaken by the Carrier in relation to the Goods.

(2) The Merchant undertakes that no claim or allegation shall be made against any servant, agent, stevedore or sub contractor of the Carrier which imposes or attempts to impose upon any of them or any vessel owned or chartered by any of them any liability whatsoever in connection with the Goods, and, if any such claim or allegation should nevertheless be made to indemnify the Carrier against all consequences thereof. Without prejudice to the foregoing, every such servant, agent, stevedore and sub contractor shall have the benefit of all provisions herein benefiting the Carrier as if such provisions were expressly for their benefit, and all limitations of and exonerations from liability provided to the Carrier by law and by the terms hereof shall be available to them, and, in entering into this contract the Carrier, to the extent of those provisions, does so not only on its own behalf, but also as agent and trustee for such servants, agents, stevedores and sub-contractors.

(3) The expression "sub-contractor" in this clause shall include direct and indirect sub-contractors and their respective servants and agents.

4. DELIVERY OF CARGO BEYOND PORT OF DISCHARGE OR PLACE OF DELIVERY

In the event that Consignees/Receivers of the cargo require the Carrier to deliver cargo at a port or place beyond the place of delivery originally designated in this Bill of Lading and the Carrier in its absolute discretion agrees to such further carriage, such further carriage will be undertaken on the basis that the Bill of Lading terms and conditions are to apply to such carriage as if the ultimate destination agreed with Consignees/Receivers had been included in the description of the transport on the front side of this Bill of Lading.

5. CARRIER'S RESPONSIBILITY

The Carrier undertakes responsibility from the place of receipt if named herein or from the port of loading to the port of discharge or the place of delivery if named herein as follows:-

(1) If it can be proved that the loss or damage occurred whilst the Goods were in the custody of an inland carrier the liability of the Carrier and the limitation thereof shall be determined in accordance with the inland carrier's contract of carriage or tariff or in the absence of such contract or tariff in accordance with internal law of the state where the loss or damage occurred provided that where such contract or tariff does not exist the limit shall be set out in clause 6.3.

(2) Subject to subparagraph 3 where the loss or damage has occurred between the time of receipt of the Goods by the Carrier at the port of loading and the time of delivery by the Carrier at the port of discharge, or during any prior or subsequent period of carriage by water the liability of the Carrier shall be determined in accordance with either the Hague Visby Rules where these are compulsorily applicable at the place of receipt or the port of loading where the first sea carriage in the transportation is on board the ocean vessel, or in all other cases in accordance with the International Convention for the Unification of certain rules relating to Bills of Lading dated August 25th, 1924 (the Hague Rules) (with the exception that article IX shall not apply and the limit of liability in article IV rule 5 shall be as set out in clause 6 below).

(3) Where the carriage called for commences at the port of loading and/or finishes at the port of discharge the carrier shall have no liability whatsoever for any loss or damage to the Goods while in its actual or constructive possession before loading or after discharge over ships rail, or if applicable, on the ship's ramp, however caused.

(4) Where the place where the loss or damage occurred cannot be established the loss or damage shall be presumed to have occurred during the ocean voyage and the Carriers liability shall be determined in accordance with subparagraph 2 above with the exception that the limit shall be as set out in clause 6.3.

6. THE AMOUNT OF COMPENSATION

Where the Hague Rules apply hereunder the Carrier's maximum liability shall in no event exceed £ 100 lawful money of the United Kingdom per package or unit, unless the nature or value of such Goods have been declared by the Shipper before shipment and inserted on the face of this Bill of Lading and extra freight paid.

(1) Subject to clauses 5, 7 and subparagraphs 2, 3 and 4 of this clause when the Carrier is liable for compensation in respect of loss of or damage to Goods, such compensation shall be calculated by reference to the invoice value of the Goods plus freight charges and insurance if paid.

(2) If there is no invoice value of the Goods, such compensation shall be calculated by reference to the value of such Goods at the place and time they are delivered to the Merchant in accordance with the contract or should have been so delivered. The value of the Goods shall be fixed according to the Commodity exchange price or, if there be no such price, according to the current market price or, if there be no commodity exchange price or current market price, by reference to the normal value of goods of the same kind and quality.

(3) Compensation shall not, however, exceed US$ 2.00 per kilo of gross weight of the Goods lost or damaged.

(4) Higher compensation may be claimed only when, with the consent of the Carrier, the value of the goods declared by the Shipper upon delivery to the Carrier exceeds the limits laid down in this clause has been stated in this Bill of Lading. In that case the amount of the declared value shall be substituted for that limit. Any partial loss or damage shall be adjusted pro rata on the basis of such declared value.

7. GENERAL

(1) The Carrier does not undertake that the Goods shall arrive at the port of discharge or place of delivery at any particular time or to meet any particular market or use and save as provided in Clause 6 the Carrier shall in no circumstances be liable for any indirect or consequential loss or damage caused by delay.

(2) Save as otherwise provided herein, the Carrier shall in no circumstances be liable for direct or indirect or consequential loss or damage arising from any other cause.

(3) The terms of this Bill of Lading shall govern the responsibility of the Carrier in connection with or arising out of the supply of a Container to the Merchant whether before or after the Goods are received by the Carrier for transportation or delivery to the Merchant.

8. NOTICE OF LOSS, TIME BAR

Unless notice of loss or damage and the general nature of such loss or damage be given in writing to the Carrier or his agents at the port of discharge or the place of delivery as the case may be before or at the time of removal of the goods into the custody of the merchant such removal shall be prima facie evidence of the delivery by the Carrier of the Goods as described in this Bill of Lading. If the loss or damage is not apparent, then notice must be given within three days of the delivery. In any event, the Carrier shall be discharged from any liability unless suit is brought within one year after delivery of the goods or the date when the Goods should have been delivered.

9. DEFENCE AND LIMITS FOR THE CARRIER

The defence and limits of liability provided for in this Bill of Lading shall apply in any action against the Carrier for loss of or damage to the Goods whether the action be founded in contract or in tort.

10. SHIPPER-PACKED CONTAINER

(1) If a container has not been stuffed by the Carrier, this Bill of Lading shall be a receipt only for the container(s) and the Carrier shall not be liable for loss of or damage to the contents and the Merchant shall indemnify the Carrier against any injury, loss, damage, liability or expense incurred by the Carrier if such injury, loss, damage, liability or expense has been caused by:-

(a) the manner in which the Container has been filled, packed, stuffed or loaded, or

(b) the unsuitability of the contents for carriage in Containers, or

(c) the unsuitability or defective condition of the Container which would have been apparent upon reasonable inspection by the Merchant at or prior to the time the Container was filled, packed, stuffed or loaded.

(2) The Shipper shall inspect Containers before stuffing them and the use of the Containers shall be prima facie evidence of their being sound and suitable for use.

11. INSPECTION OF GOODS

The Carrier shall be entitled, but under no obligation, to open any Package or Container at any time and to inspect the contents. If it thereupon appears that the contents or any part thereof cannot safely or properly be carried or carried further, either at all or without incurring any additional expense or taking any measures in relation to such Package or Container or its contents or any part thereof, the Carrier may abandon the transportation thereof and/or take any measures and/or incur any reasonable additional expense to carry or to continue the carriage or to store the same ashore or afloat under cover or in the open, at any place, which storage shall be deemed to constitute due delivery under this Bill of Lading. The Merchant shall indemnify the Carrier against any reasonable additional expense so incurred.

12. DESCRIPTION OF THE GOODS

(1) This Bill of Lading shall be prima facie evidence of the receipt by the Carrier in apparent good order and condition except as otherwise noted of the total number of Containers or other packages or units enumerated overleaf.

(2) No representation is made by the Carrier as to the weight, contents, measure, quantity, quality, description, condition, marks numbers or value of the Goods and the Carrier shall be under no responsibility whatsoever in respect of such description or particulars.

13. SHIPPER'S RESPONSIBILITY

(1) The Shipper warrants to the Carrier that the particulars relating to the Goods as set out overleaf have been checked by the Shipper on receipt of this Bill of Lading and that such particulars and any other particulars furnished by or on behalf of the Shipper are correct.

(2) The Shipper shall indemnify the Carrier against all loss, damage and expense arising or resulting from inaccuracies in or inadequacy of such particulars.

14. FREIGHT AND CHARGES

(1) Freight and charges shall be deemed fully earned on receipt of the Goods by the Carrier and shall be paid and be non-returnable in any event.

(2) The Merchant's attention is drawn to the stipulations concerning currency in which the freight and charges are to be paid, rate of exchange, devaluation and other contingencies relative to freight and charges in the applicable tariff.

(3) The freight has been calculated on the basis of particulars furnished by or on behalf of the Shipper. The Carrier may at any time open any container or other package or unit in order to reweigh, remeasure or revalue the contents, and if the particulars furnished by or on behalf of the Shipper are incorrect, it is agreed that a sum equal to either five times the difference between the correct freight and the freight charged or to double the correct freight less the freight charged, whichever sum is the smaller, shall be payable as liquidated damages to the Carrier.

15. LIEN

(1) The Carrier shall have a lien on the Goods and any documents relating thereto for all sums payable to the Carrier under this contract and for general average contributions to whomsoever due and for the cost of recovering the same, and for that purpose shall have the right to sell the Goods by public auction or private treaty without notice to the Merchant.

(2) If the Goods are unclaimed during a reasonable time, or whenever in the Carrier's opinion the Goods will become deteriorated, decayed or worthless, the Carrier may at his discretion and subject to his lien and without any responsibility attaching to him, sell, abandon or otherwise dispose of the Goods at the sole risk and expense of the Merchant.

16. OPTIONAL STOWAGE

(1) The Goods may be stowed by the Carrier in Containers or similar articles of transport used to consolidate Goods.

(2) Goods whether stowed in Containers or not may be carried on or under deck without notice to the Merchant. Such goods (other than livestock) whether carried on deck or under deck shall participate in general average and shall be deemed to be within the definition of goods for the purposes of the Hague Rules or the Hague Visby Rules, as the case may be.

(3) Goods (not being goods stowed in Container other than flats or pallets) which are stated herein to be carried on deck and livestock, whether or not carried on deck, are carried without responsibility on the part of the Carrier for loss or damage of whatsoever nature arising during carriage by sea whether caused by unseaworthiness or negligence or any other cause whatsoever.

17. METHODS AND ROUTES OF TRANSPORTATION

(1) The Carrier may at any time and without notice to the Merchant :-

(a) use any means of transport or storage whatsoever.

(b) transfer the Goods from one conveyance to another including trans-shipping or carrying the same on another vessel than the vessel named overleaf or on any other means of transport whatsoever and even though transhipment or forwarding of the Goods may not have been contemplated or provided for herein;

(c) sail without pilots, proceed via any route, proceed to, return to and stay at any port or place whatsoever (including the port of loading herein provided) in any order in or out of the route or in a contrary direction to or beyond the port of discharge once or oftener for bunkering or loading or discharging cargo or embarking or disembarking any person (s) whether in connection with the present, prior or subsequent voyage or any other purpose whatsoever, and before giving delivery of the Goods at the port of discharge or the place of delivery herein provided and with liberties as aforesaid leave and then return to and discharge the Goods at such port, tow or be towed, make trial trips, adjust compasses, or repair or drydock, with or without cargo onboard;

(d) load and unload the Goods at any port or place (whether or not any such port is named overleaf as the Port of Loading or Port of Dischagre) and store the Goods at any such port or place;

(e) comply with any orders or recommendations given by any government or authority or any person or body or purporting to act as or on behalf of such government or authority or having under the terms of the insurance on the conveyance employed by the Carrier the right to give orders or directions.

(2) Anything done or not done in accordance with sub-clause (1) or any delay arising therefrom shall be deemed to be within the contractual carriage and shall not be a deviation.

18. MATTERS AFFECTING PERFORMANCE

If at any time the performance of the contract evidenced by this Bill of Lading is or is likely to be affected by any hindrance, risk, delay, difficulty or disadvantage of whatsoever kind which cannot be avoided by the exercise of reasonable endeavours, the Carrier (whether or not the transport is commenced) may without notice to the Merchant treat the performance of this contract as terminated and place the Goods or any part of them at the Merchant's disposal at any place or port which the Carrier may deem safe and convenient, whereupon the responsibility of the carrier in respect of such Goods shall cease. The Carrier shall nevertheless be entitled to full freight and charges on Goods received for transportation, and the Merchant shall pay any additional costs of carriage to and delivery and storage at such place or port.

19. PERISHABLE CARGO

Goods of a perishable nature shall be carried in ordinary Containers without special protection, services or other measures unless there is noted on the face of this Bill of Lading that the Goods will be carried in a refrigerated, heated, electrically ventilated or otherwise specially equipped Container or are to receive special attention in any way.

The Merchant undertakes not to tender for transportation any Goods which require refrigeration without giving written notice of their nature and the required temperature setting of the thermostatic controls before receipt of the Goods by the Carrier. In case of refrigerated Container(s) packed by or on behalf of the Merchant, the Merchant undertakes that the Goods have been properly stowed in the Container and that the thermostatic controls have been adequately set by him before receipt of the Goods by the Carrier.

The Merchant's attention is drawn to the fact that refrigerated Containers are not designed to freeze down cargo which has not been presented for stuffing at or below its designated carrying temperature and the Carrier shall not be responsible for the consequenses of cargo presented at a higher temperature than that required for the transportation.

If the above requirements are not complied with, the Carrier shall not be liable for any loss of or damage to the Goods howsoever arising.

20. DANGEROUS GOODS

(1) The Merchant undertakes not to tender for transportation any Goods which are of a dangerous, inflammable, radio-active, or damaging nature without previously given written notice of their nature to the Carrier marking the Goods and the Container or other covering on the outside as required by any laws or regulations which may be applicable during the carriage.

(2) If the requirements of sub clause (1) are not complied with the Merchant shall indemnify the Carrier against all loss, damage or expense arising out of the Goods being tendered for transportation of handled or carried by the Carrier.

(3) Goods which are or at any time become dangerous, inflammable, radio-active or damaging may, at any time or place, be unloaded, destroyed, or rendered harmless without compensation, and if the Merchant has not given notice of their nature to the Carrier under (1) above, the Carrier shall be under no liability to make any general average contribution in respect of such goods.

21. REGULATIONS RELATING TO GOODS

The Merchant shall comply with all regulations or requirements of Customs, port and other authorities, and shall bear and pay all duties, taxes, fines, imposts, expenses or losses incurred or suffered by reason thereof or by reason of any illegal, incorrect or insufficient marking, numbering or addressing of the Goods, and indemnify the Carrier in respect thereof.

22. NOTIFICATION AND DELIVERY

(1) Any mention in this Bill of Lading of parties to be notified of the arrival of the Goods is solely for information of the Carrier, and failure to give such notification shall not involve the Carrier in any liability nor relieve the Merchant of any obligation hereunder.

(2) The Merchant shall take delivery of the Goods within the time provided for in the Carrier's applicable Tariff.

(3) If the Merchant fails to take delivery of the Goods or part of them in accordance with this Bill of Lading the Carrier may without notice unstow the Goods or that part thereof and/or store the Goods or that part thereof ashore, afloat, in the open or under cover. Such storage shall constitute due delivery hereunder, and thereupon all liability whatsoever of the Carrier in respect of the Goods or that part thereof shall cease.

(4) The Merchant's attention is drawn to the stipulations concerning free storage time and demurrage contained in the Carrier's applicable Tariff, which is incorporated in this Bill of Lading.

23. BOTH TO BLAME COLLISION

If the (carrying) ship comes into collision with another ship as a result of negligence of the other ship and any act, neglect or default in the navigation or the management of the carrying ship, the Merchant undertakes to pay the Carrier or, where the Carrier is not the owner and in possession of the carrying ship, to pay to the Carrier as trustee for the owner and/or demise charterer of the carrying ship, a sum sufficient to indemnify the Carrier and/or the owner and/or demise charterer of the carrying ship against all loss or liability to the other or non-carrying ship or her owners insofar as such loss or liability represents loss of or damage to, or any claim whatsoever of the Merchant, paid or payable by the other or non carrying ship or her owners to the Merchant and set-off, recouped or recovered by the other or non carrying ship or her owners as part of their claim against the carrying ship or her owners or demise charterer or the Carrier. The foregoing provisions shall also apply where the owners, operators, or those in charge of any ship or ships or objects, other than, or in addition to, the colliding ships or objects, are at fault in respect to a collision, contact, stranding or other accident.

24. NEW JASON CLAUSE

(1) In the event of accident, danger, damage or disaster before or after the commencement of the voyage, resulting from any cause whatsoever, whether due to negligence or not, for which or for the consequence of which the Carrier is not responsible, by statute, contract or otherwise, the Goods and the Merchant shall jointly and severally contribute with the Carrier in general average to the payment of any sacrifices, losses or expenses of a general average nature that may be made or incurred and shall pay salvage and special charges incurred in resect of the Goods.

(2) If a salving ship is owned or operated by the Carrier, salvage shall be paid for as fully as if the said salving ship belonged to strangers.

25. GENERAL AVERAGE

(1) General average to be adjusted at any port or place at the Carrier's option, and to be settled according to the York Antwerp Rules 1974, this covering all Goods, whether carried on or under deck.

(2) Such security including a cash deposit as the Carrier may deem sufficient to cover the estimated contribution of the Goods and any salvage and special charges thereof, shall, if required, be submitted to the Carrier prior to delivery of the Goods.

26. VARIATION OF THE CONTRACT, ETC.

No servant or agent of the Carrier shall have power to waive or vary any terms of this Bill of Lading unless such waiver or variation is in writing and is specifically authorized or ratified in writing by the Carrier.

27. LAW AND JURISDICTION

The contract evidenced by this Bill of Lading shall be governed by English Law, and any dispute thereunder shall be determined in England according to English Law to the exclusion of the jurisdiction of the courts of any other country.

상운송구간에 종속하는 것으로 보기 때문에 선하증권의 일종으로 간주되지만 복합운송은 전운송구간이 하나의 운송으로 인식되고 해상운송은 그 속에 종속하므로 새로운 운송형태를 포함하는 운송증권이 필요하다.

(2) 유가증권적인 분류

복합운송증권의 유통성 여부에 대하여 TCM조약과 ICC의 통일규칙에서는 유통성증권과 비유통성증권으로 구분하고 있으며, UN 조약에서는 유통증권, 비유통증권, 기계나 전자장치에 의하여 발행되는 증권의 세 가지로 구분하고 있다. 첫째로, 유통성 복합운송증권(negotiable MTD)은 유가증권이며 지시식과 무기명식 두 가지로 발행된다.

1) 지시식증권

대부분의 MTD는 지시식으로 발행된다. 지시증권에도 수하인을 특정하여 수하인 또는 그 지시인에게 물품을 인도하는 경우와 수하인을 특정하지 않고 단순히 수하인란에 "……또는 그의 지시인"(…or order)으로 표시되는 두 가지 경우가 있다. 복합운송증권이 단순히 "……또는 그의 지시인"으로 발행된 때는 증권의 발행인(MTO)에게 지시증권을 단순히 교부함으로써 인도청구권을 이전할 수 있다. 수하인이 특정한 지시증권은 그 증권이 수하인의 수중에 들어가기 전까지는 누구도 증권을 배서·교부에 의하여 양도할 수 없으므로 유통성이 제한된다고 할 수 있다. 지시식 MTO는 배서에 의하여 양도되는데(TCM 조약안 제6조 1항(b), 통일규칙 제3조 b항, UN조약 제6조 1항(b), 상법 제65조), 배서는 증권의 이면이나 이에 부착된 문서에 할 수 있다. 배서에는 정식배서와 약식배서(백지배서)가 있는데, 보통 널리 사용되는 방식은 백지배서이며, 이는 단지 배서인(보통 송하인, 수하인, 은행)의 기명날인만으로 이루어진다. 배서에 의하여 피배서인(백지배서인 경우는 최후의 소지인)은 정당한 소지인의 지위를 얻게 된다.

2) 무기명식증권

무기명식 복합운송증권은 배서 없이 양도할 수 있다(통일규칙 제3조 c항. UN조약 제6조 1항(c)). 무기명식증권에 있어서 모든 증권소지인은 정당한 소지인이 된다. 따라서 이를 분실하였을 경우 누구든지 정당한 소지인이 되기 때문에 실무적으로는 무기명식 MTD는 거의 사용되고 있지 않은 실정이다.

비유통성 복합운송증권(non-negotiable MTD)은 유가증권이 아니며 단순한 면책증권이다. 그렇지만 ICC의 통일규칙이나 UN조약은 복합운송증권이 유가증권이 아닌 비유통증권만으로 발행될 수 있음을 인정하고 있다(통일규칙 제4조, UN조약 제7조.). 복합운송증권이 비유통성증권으로 발행된 경우에는 지명된 수하인을 증권에 기재하여야 한다. 그리고 복합운송인은 그러한 증권에 지명되어 있는 수하인 또는 수하인으로부터 정당하게 지시를 받은 그 밖의 자에게 물품을 인도한 경우에는 그의 인도의무가 면제된다. 통일규칙이나 UN조약이 비유통증권을 인정하는 이유는 항공운송을 고려한 결과라고 할 수 있다. 항공운송은 신속하기 때문에 운송물이 운송증권보다 빨리 목적지에 도착하는 경우가 많은데, 이때에도 운송물을 증권과 상환으로만 인도한다면 당사자에겐 불합리한 경우가 될 것이다. 따라서 전통적으로 항공운송업계에서는 유통성증권을 기피하고 있으며, 이러한 항공업계의 요청에 의하여 비유통 MTD를 규정하게 된 것이다. 비유통성 MTD는 송하인의 동의에 의하여 기계 또는 전자장치에 의하여 발행할 수 있는데(UN조약 제5조 4항), 이로써 electronic data processing, EDI 등을 이용한 유통서류가 활용될 수 있게 되었다.

3-3 복합운송증권의 발행 및 기재

복합운송인이 물품을 인수하였을 때에는 송하인의 선택에 따라서 유통성 또는 비유통성의 형태로 복합운송증권을 발행하여야 한다. 이때 복합운송인은 이에 서명해야 하며, 서명은 육필, 프린트 고무인으로 할 수 있으며 기계나 전자장치에 의해서도 할 수 있다. 복합운송증권은 그 증권상 기재된 내용대로 복합운송인에 의하여 물품이 인수되었다는 추정적 증거(prima facie evidence)가 된다. 또한 증권이 유통성으로 발행이 되고, 또 증권상 물품에 대한 기재를 신뢰하여 선의로 행동한 제3자(수하인 포함)에게 양도되었을 경우에는 복합운송인에 의한 반증은 허용되지 아니한다(UN조약 제10조(복합운송증권 기재의 효과)).

3-4 복합운송증권의 법적 성질

우리나라 상법이 규정하고 있는 운송증권은 유가증권인 선하증권과 화물상환증의 두 종류뿐인데, 새로운 형태의 복합운송증권을 인정해야 한다면 그 근거는 무엇이며, 또 어떠한 법적 성질을 띠는 것인지 밝히지 않으면 안 될 것이다. 특히 유가증권으로서 배서·교부에 의한 양도가 가능한가가 문제가 된다.

대륙법계에서 선하증권의 유가증권적인 성질은 ① 증권상의 물품인수자격자에게 운송물을 인도하였을 때에는 운송인은 면책이 되며(면책성), ② 증권의 이전에 의하여 증권상 권리를 양도할 수 있고(지시성), ③ 증권과 상환으로만 운송물의 인도를 청구할 수 있으며(상환성), ④ 증권상의 권리의 내용이 증권의 문언만으로 정해지고 소지자가 알 수 없는 사유로써 대항받지 아니한다(문언성)는 것 등이다. 특히 영미법에서는 권리증권이라고 하는 선하증권은 인도증권으로서 이 증권의 인도가 물품의 인도와 동일한 효력을 발생하게 하는 증권이다(상법 제820조). 또한 선하증권은 운송물의 수취증(receipt)으로서 운송계약의 추정적 증거가 되는 기능을 가지고 있다. 따라서 선하증권의 이러한 특성 중 어떠한 것이 당사자 간의 계약에 의해 복합운송증권의 특성으로 도입될 수 있는가 하는 것이 문제가 된다. 특히 유가증권적 양도방법, 즉 배서·교부에 의하여 양도가 가능한가 하는 점과 복합운송증권이 운송물을 대표하는 권리증권이 될 수 있는가 하는 점이다.

(1) 유가증권으로서의 복합운송증권

독일, 스위스, 영국에서는 약간의 차이가 있지만 다같이 유가증권적인 양도방법인 배서(지시증권의 경우)나 단순한 교부(무기명증권인 경우)에 의하여 유통될 수 있는 복합운송증권을 당사자 간의 계약에 의하여 인정하고 있다. 또한 우리나라도 상법 제65조에 의하여 어음법 제12조와 민법의 지시채권, 무기명채권의 규정을 복합운송증권에 적용할 수 있다고 보기 때문에 지시식은 물론 무기명식 증권도 배서 또는 교부에 의하여 양도될 수 있다고 볼 수 있다. 또한 실무적으로는 이미 복합운송증권은 증권상의 배서·교부에 의해 유통되고 있으며, 유통성을 강화하기 위하여 현행법이 여기에 여러 가지 법적 효력을 인정하고 있으므로 복합운송증권도 다른 상법상의 유가증권이 가지는 기능이나 법적 효력이 인정된다고 할 수 있다.

(2) 권리증권으로서의 복합운송증권

복합운송증권에 권리증권성을 인정할 것인가의 문제는 선하증권이나 화물상환증의 물권적 효력을 규정한 상법 제133조, 제820조의 규정을 어떻게 해석할 것인가에 달려 있다고 하겠다. 따라서 선하증권과 화물상환증은 법규정에 의한 권리증권의 효력이 인정되나, 이러한 규정의 뒷받침이 없는 복합운송증권은 이들 상법 제133조의 규정을 민법 제190조의 예시적 규정으로 보는 견해를 취하면 복합운송증권도 바로 인도성증권 또는 권리성증권으로 인정될 수 있고, 또한 이 규정을 특별규정으로 보면 그 성질은 인정되지 못하나 민법 제190조를 적용함으로써 동일한 결론에 도달할 수 있다.

또한 ICC의 1984년 개정 신용장 통일규칙(UCP 400)에서는 제25조에서 제34조까지 운송서류에 관한 규정이 있는데 복합운송증권은 25조 b항에서 규정되었지만 제5차 개정 신용장 통일규칙(UCP 500)은 제26조에서 규정을 하고 있다. UCP 400에서는 해상선하증권, 우편수령증(post receipt) 또는 우편증명서(certificate of posting) 이외의 운송서류, 즉 복합운송증권에 관한 규정을 제25조에서 포괄적으로 규정하였지만 UCP 600에서는 제19조에서 적어도 두 가지 이상의 다른 운송방식을 표시하는 운송서류(Transport Document Covering at least two different Modes of Transport)에서 규정하고 있다.

UCP 400에서는 복합운송증권의 영문표기가 "combined transport document"였으나 INCOTERMS 1990년과 1991년 ICC가 채택한 "복합운송증권에 관한 UNCTAD/ICC 규칙"에서 복합운송증권을 "mutimodal transport document"로 표기하기 때문에 UCP 500부터는 복합운송증권의 종류를 삭제하였는데, 이는 명칭이 큰 의의를 가지는 것이 아니라 그 내용이 중요하다고 판단하였기 때문이다. UCP 600에서 복합운송증권을 규정하고 있는 제19조에서는 복합운송을 multimodal transport 또는 Combinded transport라고 명시하였다. 또한 화물의 인수지와 선적항이 다르거나 또는 최종목적지와 양하항이 다르게 표시되어 있어도 수리가 된다. 이는 북미항로의 경우 MLB나 IPI 또는 OCP나 유럽항로의 경우 main port에서 내륙 최종목적지까지의 컨테이너운송에서 흔히 볼 수 있는 복합운송을 인정하였다는 점이다. 이와 같이 UCP 400에서 복합운송증권을 규정하고 그 가치를 인정하였고 1991년 ICC의 "복합운송증권에 관한 UNCTAD/ICC규칙"에서는 복합운송증권을 상세히 규정하고 있으며 UCP 500, UCP 600에서도 복합운송증권에 관한 수리조건을 종합하여 규정하고 있기 때문에 복합운송증권이 명확하게 사용될 수 있을 것으로 전망된다.

C·H·A·P·T·E·R

11

국제물류 주선업

INTERNATIONAL TRANSPORTATION

01 국제물류주선업의 의의

1-1 국제물류주선업의 개념

프레이트 포워더(freight forwarder)는 forwarding agent, shipping agent, shipping & forwarding agent 등을 총칭하는 개념인데, international freight forwarder 혹은 NVOCC(non-vessel operating common carrier)라고도 한다. 운송을 위탁한 고객의 대리인으로서 송하인의 화물을 인수하여 수하인에게 인도할 때까지의 집화, 입출고, 선적, 운송, 보험, 보관, 배달 등 일체의 업무를 주선해 줄 뿐만 아니라 복합운송체제에서 스스로 운송계약의 주체자가 되어 복합운송인으로서 복합운송증권을 발행하여 전 구간의 운송책임을 부담하는 자 혹은 법인을 말한다.

우리나라 물류정책기본법에 "국제물류주선업이란 타인의 수요에 따라 자기의 명의와 계산으로 타인의 물류시설·장비 등을 이용하여 수출입화물의 물류를 주선하는 사업을 말한다."고 규정하고 있다. 물류정책기본법 제정으로 운송주선인, 복합운송주선인 등 여러 가지 용어로 사용되었던 프레이트 포워더는 '국제물류주선인'이라는 용어로 사용되고 있다.

forwarding agent는 원래 소량화물을 철도화차 단위의 화물량으로 집화, 분배하는 사업자를 말하는 것으로 유럽에서 생겼다. shipping agent는 매도인을 대리해서 선적절차를 이행하여 선적서류작성, 선적 등의 일을 하기도 하지만, 영국에서는 선사를 위해 선복판매도 하며, 일부는 지금도 선적중개인으로 행동하고 있다. 운송주선인의 대표적인 업무는 수출입신고와 보험관련 서류업무를 수출입업자를 대신해서 처리하는 것이다. 이와 같이 프레이트 포워더(freight forwarders)의 기능과 개념은 포괄적으로 이해되고 있다.

불어의 Expéditeur, Transitaire는 화물의 이동을 나타내고, 법적인 면에서의 가장 정확한 표현인 Commissionaire de Transport는 운송주선업이 수수료에 의존하는 영업임을 나타내고 있다. 미국의 경우, 국내운송주선업자(domestic freight forwarder), 항공운송주선업자(air freight forwarder), 독립해상운송주선업자(independent ocean freight forwarder), NVOCC(non vessel operating common carrier)로 구분하여 규제하고 있다. 독립해상운송주선업자는 종래의 운송주선업자의 개념인 대리인으로서 국내운송주선업자·항공운송주선업자·NVOCC는 운송의 주체자로서의 성격을 나타내고 있다.

미국의 상법에서 운송주선인이라 함은 "자기 명의로 물건운송의 주선을 영업으로 하는 자를 말한다"라고 규정하고 있다. 이와 같이 운송주선인은 자기 명의로 운송에 개입하되 타인의 계산으로 물건운송 주선을 영업하여 상인이 된다. 물건운송인으로서 육상·해상·항공운송 또는 세 종류의 통 운송 중 어느 것이든 서비스가 가능하다. 해상운송주선업자(ocean freight forwarder)는 육상·해상·항공에 의한 운송 중 적어도 해상운송이 개입된 해상~육상, 해상~항공, 해상~육상~항공의 운송을 주선 또는 수행한다.

전통적인 대리인으로서 해상운송주선업자와 복합운송체제하의 운송주체로서의 활동을 요약하면 해상운송주선업자(ocean freight forwarder)란 송하인의 요청에 따라 그의 대리인으로서 송하인으로부터 물건을 인수하여 수입국의 수하인에게 인도할 때까지의 물건에 관한 적재, 운송, 보험, 보관 등의 일체의 업무를 주선해 줄 뿐만 아니라, 복합운송체제하에서 스스로 운송계약의 주체자가 되어 복합운송인으로서 복합운송증권을 발행하여 전 구간의 운송책임을 부담하는 사람 또는 법인이라고 정의할 수 있다. 운송방식이 복합운송 등 특정지점에서 특정지점까지 일괄 운송수요가 많아지면서 운송주선인도 해상, 항공 등으로 구분하지 않고 국제운송주선인으로 법적으로 통합하는 추세이다.

1-2 우리나라 법제와 운송주선업실태

우리나라에서는 상법 제114조에 운송주선인이란 "자기의 명의로 물건운송의 주선을 영업으로 하는 자를 말한다"라고 규정되어 있다. 우리나라에서 포워더(forwarder)의 지위를 보면, 1985년에 해운업법 시행규칙이 개정됨에 따라 과거 면허제였던 해상운송주선업이 등록제로 변경되었으며, 기능과 역할은 송하인과 국제복합운송계약을 체결하거나 외국의 복합운송인과 국제복합운송 업무취급계약을 체결하여 국제복합운송증권을 발행하는 등 자기의 책임하에 국제간의 일관운송을 이행 또는 주선하는 자로 정의되고 있다.

현재의 근거법은 물류정책기본법에 근거하여 관리된다. freight forwarder는 carrier형 운송인과 같이 운송인(carrier)으로서 법적 지위를 갖기 위해서 기능과 역할을 수행할 수 있다는 acting as carrier 또는 named carrier로서의 법적 대리권을 가져야 하며(서류상의 증명이 필요), 주선협회에 가입된 업체로서 FIATA form의 CTD(combined transport document)를 사용하거나 신용장상에서 요구하는 CTD나 선하증권을 발행할 수 있다면 복합운송인의 지위를 확보할 수 있다.

항공운송의 경우에도 IATA(international air transport association) 대리점이 발행한 air waybill이나 대리점 이름이 명시되는 경우에는 house air waybill도 매입(nego) 대상이 될 수 있다. sea/air 서비스의 경우에는 sea/air B/L이나 full air waybill의 발행은 물론, forwarders' cargo receipt(FCR)와 air waybill이 이중으로 발행되는 경우에도 "FCR is acceptable"이라고 기재되어 있으면 매입(nego) 대상이 될 수 있다.

운송주선업은 1970년부터 우리나라에 도입되었다는 것이 지배적이며, 1973년 해상운송주선업이 시작되었다. 우리나라는 1977년 FIATA(international federation of forwarding agents' association) 회원국이 되었다.

우리나라 운송주선인은 항공, 해상, 복합운송 등으로 3원화되어 있었는데 1991년 화물유통촉진법에 의한 복합운송주선업이 도입되면서 1993년 12월 항공법에서 항공운송주선법이 삭제되었다. 1995년 12월에는 해상화물운송주선업도 해운법에서 삭제되어 1996년 6월 복합운송주선업으로 일원화되었다. 2008년 물류정책기본법이 제정되면서 국제물류주선업이란 명칭으로 통합관리되고 있다.

02 국제물류주선업의 기능과 주요 업무

2-1 국제물류주선인의 역할

국제물류주선업의 기능에는 화주의 대리인으로서 적절한 운송수단을 선택하여 운송에 따르는 일체의 부대업무를 처리해 주는 전통적인 운송주선기능과 오늘날의 복합운송체제에서 독자적인 영업광고와 함께 스스로 컨테이너, 트레일러 등의 운송설비를 갖추고 집화, 분배, 혼재업무를 행하는 운송의 주체자로서의 복합운송기능이 있다. 기존 무역상이 하던 수출입 정보제공과 무역알선 등을 담당하면서 상업권을 확장하고 있다.

1) 전문적 조언자

화주의 요청에 따라 해상, 철도, 도로운송의 소요비용과 시간, 신뢰성, 경제성을 고려하여 적절한 운송로를 채택하게 해 주고, 운송수단, 운송로에 바탕을 두고 화물의 포장형태 및 목적국의 각종 운송규칙을 알려 주며 운송서류를 용이하게 작성하도록 하는 등 일체의 조언을 해 준다.

2) 항구로 반출

국제물류주선업자의 가장 중요한 기능 중의 하나는 항구에 정박하고 있는 선박에 적재할 수 있도록 물품을 항구까지 운송하는 것이다. 이때 물품을 효율적으로 운송할 수 있도록 지시서(letter of instruction)가 사용된다. 이것은 내륙운송에 대한 명세서일 뿐만 아니라 ① 포장의 개수, 형태 ② 선하증권, 영사송장에 기재할 물품의 명세, ② 해상운임의 지급에 대한 지시, ③ 보험에 관한 지시, ④ 포장물의 총 순중량과 용적, ⑤ 매수인에게 도착할 때까지의 화물의 경로를 나

그림 11-1 국제물류주선업자의 역할

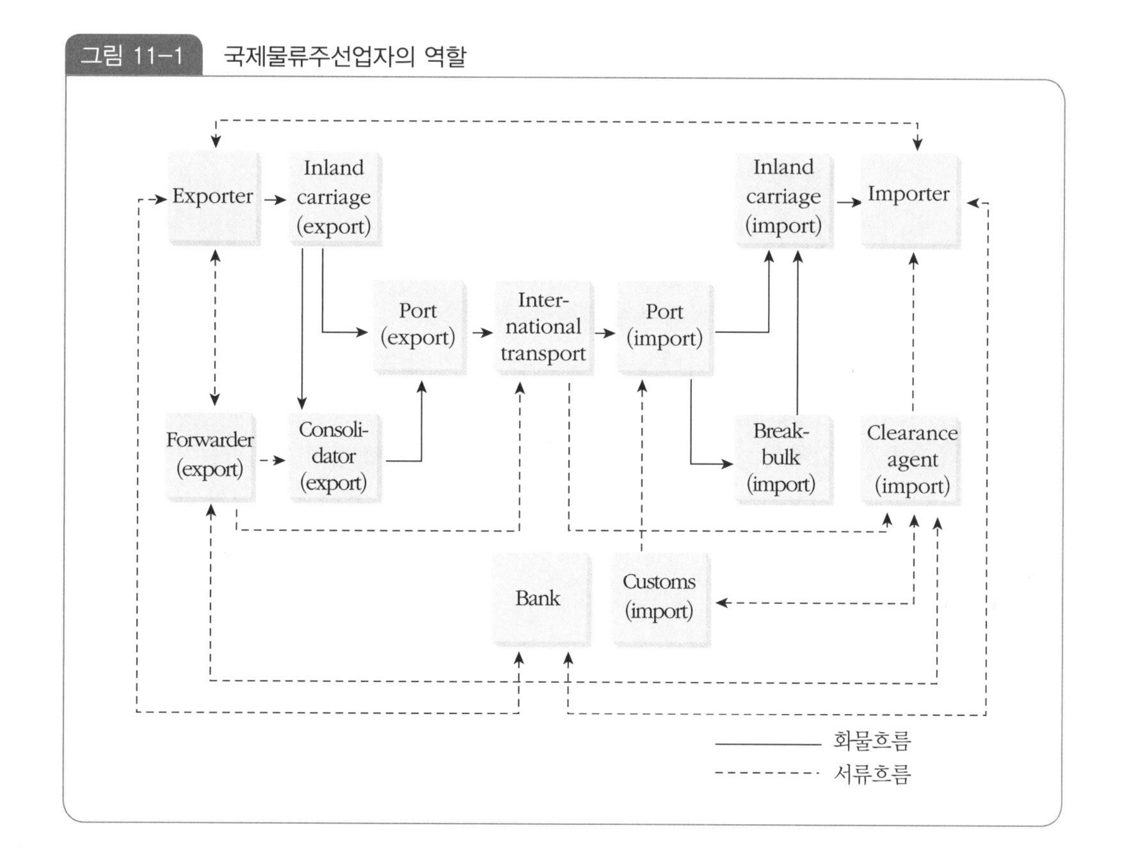

타낸다. 이 지시서는 국제물류주선업자가 화주에게 제시하여 명세서를 작성하게 한 뒤 돌려받게 되며, 이것에 의해 필요한 운송서류를 작성하게 된다.

3) 운송계약의 체결 및 선복의 예약

국제물류주선업자는 통상적으로 자기의 명의로 운송계약을 체결하지 않으나, 때로는 특정화주의 대리인으로서 운송계약을 체결한다. 운송계약을 체결할 때는 특정 선박의 선복을 예약해야 한다. 이때 선박회사는 화주로부터 구두예약을 접수하여 화물의 명세, 필요한 컨테이너 수, 운송조건 등을 기재한 선복예약서(booking note)를 사용하게 되며, 매도인은 선복예약서의 조건대로 선적할 수 있는 것이다.

4) 해운서류의 작성 및 적재업무

국제물류주선업자는 물품이 항구에 도착했을 때 선박회사나 그의 대리점으로부터 선적허가서(shipping permit)나 선하증권(bill of lading), 부두수취증(dock receipt: D/R)을 수령하게 된다. 수출허가서(export license)가 요구되는 경우에는 준비해야 한다.

선적허가서는 인도허가서(delivery permit)라고 일컬어지는 것으로, 부두의 수령인에게 화물을 인수하도록 할 뿐 아니라 적재할 선박명, 목적지, 화물이 부두에 도착할 일자를 명시해 주고 있다. 부두수취증은 화주가 작성하여 화물 반입 시에 CY(container yard) 및 CFS(container freight station) 운영자에게 제출하게 된다. 이때 CY 및 CFS operator는 반입화물과 부두수취증의 기재사항을 검토하고 컨테이너 개수의 과부족 및 화물의 손상이 있을 때에는 부두수취증의 exception 란에 명기하게 된다. 부두수취증은 화주에 의해 선박회사에 제출되면 이 부두수취증의 내용에 따라 선하증권이 발급된다. 신용장거래에 있어서 해당 운송주선업자는 신용장상의 모든 조건과 운송서류조건이 일치하는지를 확인해야 하며, 신용장상의 물품의 명세, 단가, 금액, 적출기간, 유효기간 등의 신용장 조건변경이 있을 경우에는 매수인에게 연락하여 신용장 조건변경을 고지해 주기도 한다.

5) 보험의 수배

화물의 운송에 따르는 보험은 대단히 복잡한 전문지식을 필요로 하는데 국제물류주선업자가 화주를 대신해서 이를 처리해 준다. 그들은 통상 보험대리점으로서 또는 단일의 보험증권에 의해서 보험회사에 부보를 신청할 수 있다. 화물보험에 관계되는 가장 유리한 보험형태, 보험금액, 보험조건 등을 숙지해야 할 번거로움을 피할 수 있다. 물론 국제물류주선업자는 멸실 또는 훼손사고가 발생한 경우 화물손해배상청구보고서(claim report)의 제출, 보험회사 및 기타 관계 기관과의 연락에 의해 화주를 효과적으로 보조할 수 있다.

6) 운임 및 기타 비용의 입체

거대한 자본을 소유한 국제물류주선업자는 특별한 협정을 맺어 송·수하의 물품운송에 따르는 일체의 비용을 입체해 준다. 송·수하인이 통상적으로 선사, 하역업자, 컨테이너 보관시설, 그 밖의 여러 가지 설비를 이용하는 데 따르는 소요비용을 입체해 준다.

7) 포장 및 창고보관

국제물류주선업자는 화주에게 화물의 성질에 적합한 포장형태에 대해서 조언을 해 줄 뿐만 아니라 독자적인 포장회사를 가지고 있는 경우도 있다. 수출지에서 물품의 혼재, 통관, 선적과 수입지에서 양하, 통관 후에 화물의 분배과정에서 용이하게 보관작업을 수행할 목적으로 환적창고를 소유하고 화물을 보관하게 된다.

8) 통관 및 분배

국제물류주선업자는 통관업무를 할 수 있다. 통관절차는 전문지식과 풍부한 경험이 있어야 한다. 한국의 경우는 예외적인 경우를 제외하고는 관세사(關稅士)나 자기명의 통관허가를 받은 자만이 할 수 있다. 대형 국제물류주선업체의 경우 관세사를 영입하여 통관업무를 수행하고 있으며, 중소형 국제물류주선업체의 경우 관세사 사무소와 협력하여 신속한 통관서비스를 제공하고 있다. 영국은 국제물류주선업자가 할 수 있으며, 미국은 미국세관의 인가를 받은 국제물류주선업자가 통관중개인(customhouse broker)으로서 통관업무를 할 수 있다.

물품이 수입지 통관 후 국제물류주선업자는 선하증권을 선박회사에 제시하고 화물을 인수한다. 이때 매수인은 국제물류주선업자가 관세, 후불운임 기타의 비용을 납부할 수 있도록 현금을 보내서 지불하게 한다. 국제물류주선업자는 매수인의 지시에 따라 화물을 창고에 보관하거나 매수인에게 직접 운송하기도 한다. 수하인이 다수일 때 각각 분배된다.

9) 시장조사

국제물류주선업자는 수입지에 소재한 제휴 국제물류주선업자를 통하여 매도인에게 매수인을 소개하기도 하고, 상대국의 수출입관계법을 조사하여 알려 주기도 한다.

10) Hanging Container Service

의류를 상자에 넣어서 컨테이너에 적재하는 것이 아니라 컨테이너에 필요한 장치를 설치하여 운송하는 방식으로 화주에게는 포장비용과 부수비용, 수하인에게는 포장제거의 번거로움이 없이 판매할 수 있는 이점이 있어서 국제물류주선업자가 제공하고 있는 서비스이다.

11) 혼　재

국제물류주선업자가 수행하는 중요한 기능 중 하나는 혼재업자 기능이다. 컨테이너화물은 운송대상인 화물의 양에 따라서 FCL(full container loaded)과 LCL(less than container loaded)화물로 나누어진다. FCL화물일 때에는 화주는 선박회사와 단독으로 거래하려는 경향이 있으며, 국제물류주선업자는 컨테이너 체제를 사용해 입지를 강화하려는 경향이 있다.

반면에 LCL화물일 경우에는 국제물류주선업자는 소량의 화물을 혼재(consolidation)하여 선박회사에 보내기 때문에 선박회사는 오로지 운송에만 전념할 수 있다. 이때 FCL화물은 LCL화물보다 낮은 요율운임이 적용되므로 국제물류주선업자는 비용절감을 기할 수 있으며, 내륙터미널에서의 혼재, 분배에 의해서 항구의 화물적체(congestion)를 방지해 준다.

국제물류주선업자가 행하는 혼재의 종류에는 다수 매도인의 화물을 혼재하여 단일의 매수인에게 인도하는 매수인혼재(buyer's consolidation)와 다수 매도인의 화물을 혼재하여 다수 매수인에게 분배하는 국제물류주선업자혼재(forwarder's consolidation)로 나눌 수 있다.

이상에서 국제물류주선업의 범위를 검토했는데, 우리나라에서는 이와 같은 업무가 전체적으로 포함되지 않고 있으며, 극히 제한적으로 영업이 이루어지고 있다.

2-2 국제물류주선업자의 책임

국제물류주선업자(freight forwarder: FF)는 송하인, 수하인, 운송인 사이에서 국제거래가 이루어질 수 있도록 중간역할을 한다. 국제물류주선업자는 화주에게 B/L을 발행했을 시 운송인으로서 책임을 담당해야 한다. 실제운송인에게는 송하인으로서 운임을 지불해야 할 책임이 있다. 대표적 서류가 국제상공회의소가 인정한 FIATA 복합운송 B/L을 국제물류주선업자가 발행했을 경우 증권 이면약관에 따라 운송책임을 담당해야 한다. 국제물류주선업자는 운송인과 화주의 대리인으로서 업무를 동시에 수행하는 경우가 많다. 국제물류주선업자가 실제 운송수단을 직접 운영하지 않기 때문에 운송인으로서 운송계약을 할 수 있느냐 하는 문제가 제기될 수 있다.

일반적으로 이해되고 있는 것은 국제물류주선업자가 선하증권을 화주에게 발행하더라도 주 운송인으로서 계약당사자라기보다는 대리인으로서 운송계약하는 것으로 이해되고 있다. 국제물류주선업자는 해상운송인, 항공운송인 등 실제운송인과 운송계약을 독자적으로 체결하고 그것에 근거해서 선하증권을 발행하기 때문이다.

2-3 포워더의 주요 임무

(1) 주요 서비스 형태

1) 혼재서비스

혼재란 소량 컨테이너화물(less than container load: LCL)을 집화하여 컨테이너 단위화물(만재화물)로 만드는 것을 말하며, groupage라고도 한다. 이는 LCL의 선적을 용이하게 하고 LCL의 운임과 box rate의 차액에서 발생하는 운임의 절감, 화물의 단위화에 의한 취급상의 편리 등을 장점으로 들 수 있다. 이러한 혼재는 주체자에 따라 국제물류주선인 혼재서비스와 수입업자 혹은 송하인 혼재서비스로 구분할 수 있다.

① **국제물류주선인 혼재서비스(forwarder's consolidation)** 단일 국제물류주선업체가 다수의 수출업자 화물을 집화하여 혼재 작업 후 해당 화물의 인도국가의 자사 파트너(외국 국제물류주선업체)를 통해 다수 수입업자에게 운송해 주는 형태를 의미한다.

그룹 선하증권은 선사나 실운송인이 국제물류주선업체에게 혼재화물에 대하여 발행하는 것이고, 국제물류주선업체가 그룹 선하증권에 근거하여 개별 송하인에게 발행해 주는 선하증권이 House B/L이다.

그림 11-2 국제물류주선인 혼재운송의 형태

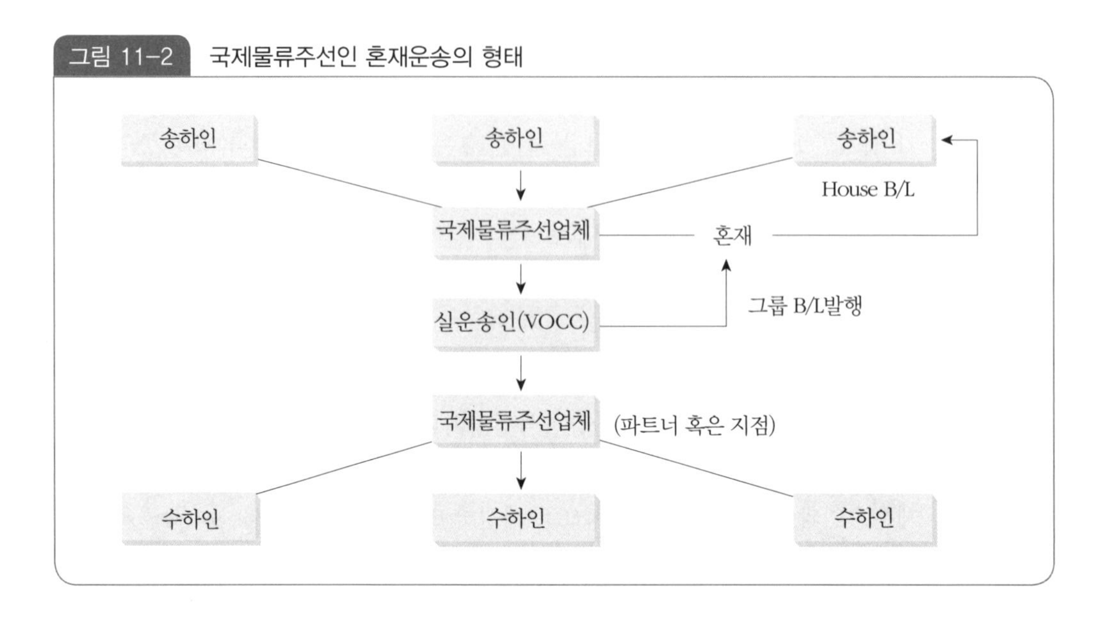

그림 11-3 수하인 혼재운송의 형태

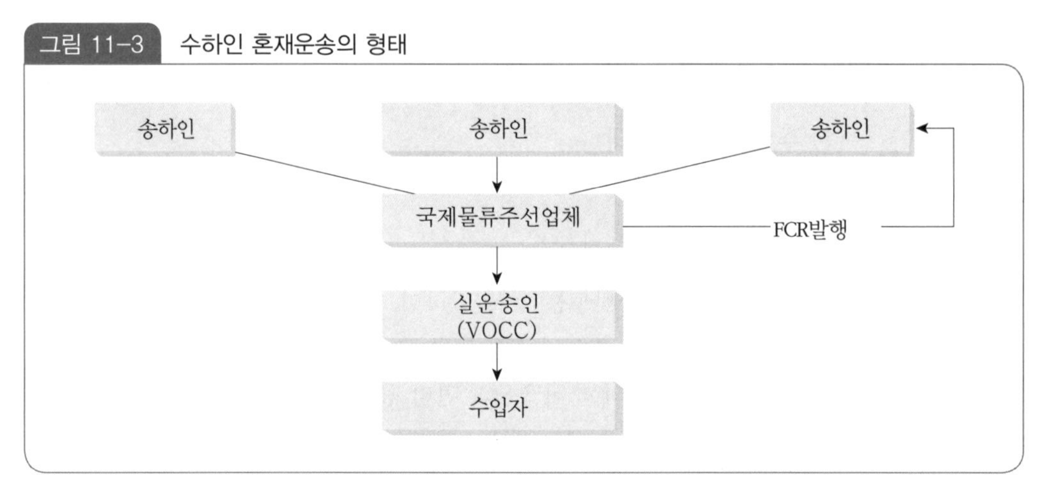

② **수하인 혼재운송(buyer's consolidation)** 국제물류주선업체가 단일 수하인(buyer)에게 위탁받아 다수 수출업자(송하인)의 화물을 집화하여 혼재한 후 해당 수하인에게 운송하는 형태이다. 혼재하는 국제물류주선업체는 수입업자가 지급하는 consolidation fee를 수입으로 한다. 백화점과 같은 대형 수하인이 지정하는 국제물류주선업체가 혼재업무를 수행하게 된다.

③ **송하인 혼재운송(shipper's consolidation)** 단일 송하주의 화물을 다수 수하인에게 운송해 주는 형태이다. 이것은 수출업체가 하나인데 특정 목적지

그림 11-4 국제물류주선인 혼재업무

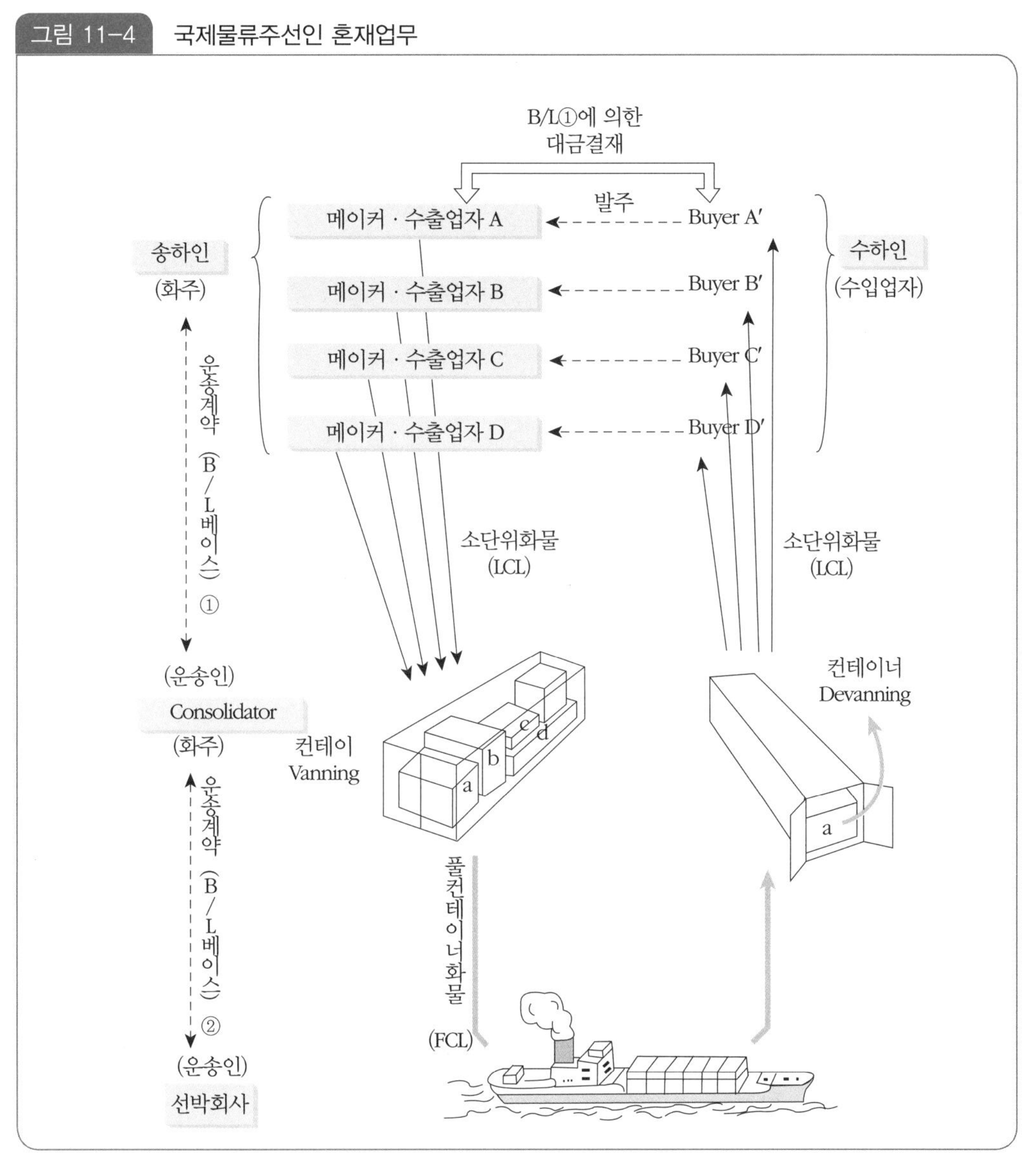

자료: 한국국제물류협회.

에 수하인이 다수인 경우의 업무형태이다.

④ **혼재업자의 요건과 업무** 혼재서비스를 제공하는 혼재업자가 갖춰야 할 요건은 다음과 같다.

- 선적항 및 목적항에 화물을 취급할 수 있는 장비와 CFS, 보세창고, 컨테이너 등의 장비를 갖추어야 한다.

그림 11-5 수하인의 혼재대행 절차

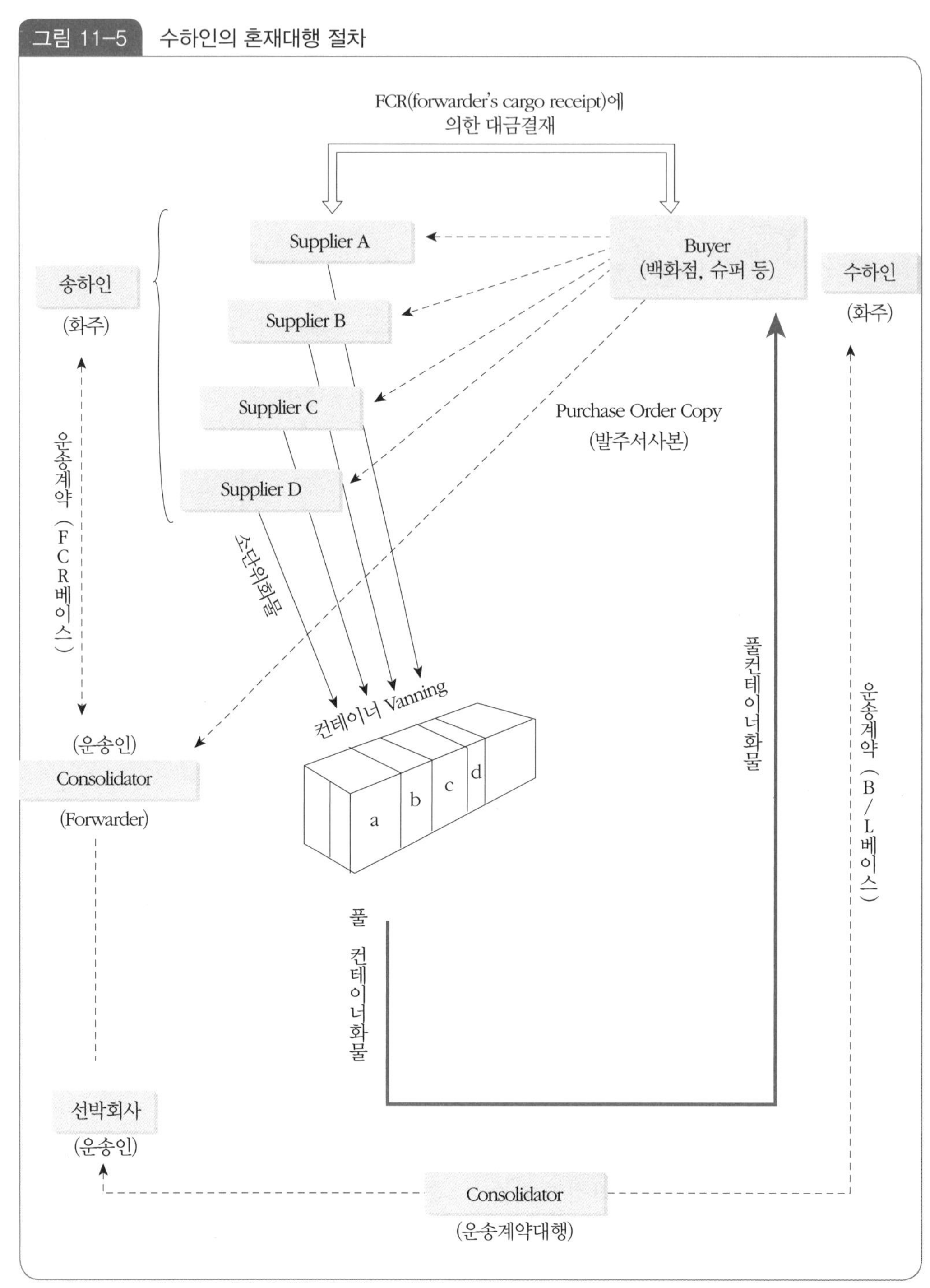

자료: 한국국제물류협회.

그림 11-6 송하인 혼재운송의 형태

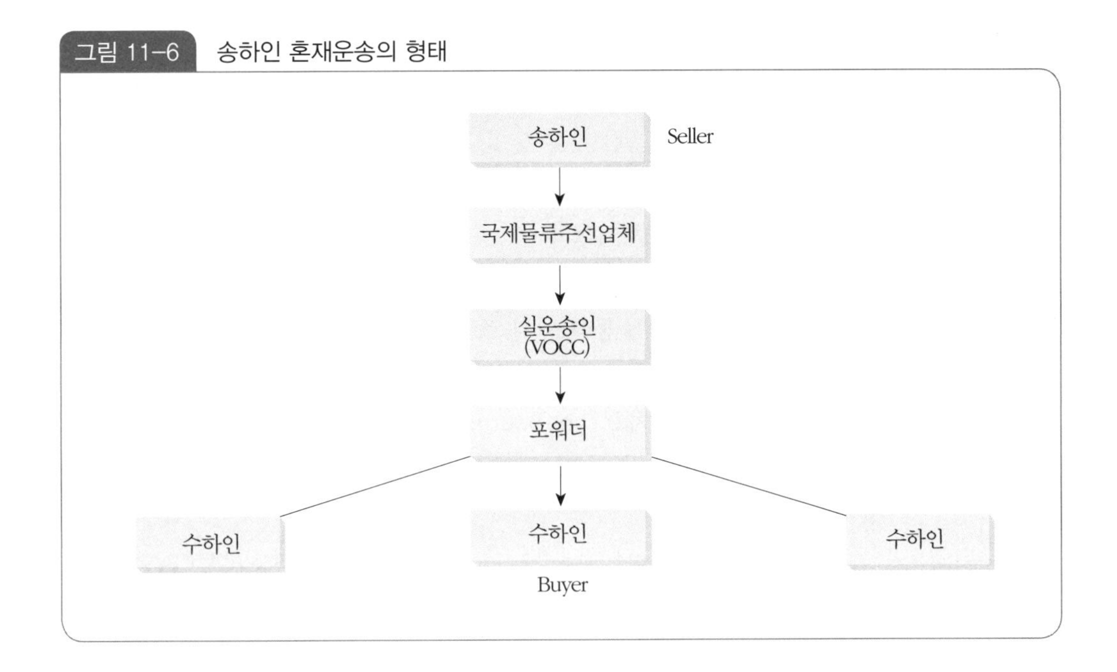

- 목적지 항구에 자신을 대리하여 화물을 취급할 수 있는 대리점이 있어야 한다.
- 전문지식, 충분한 자금 및 무역업자를 안심시킬 수 있는 책임보험에 가입되어야 한다.
- 컨테이너 공간을 충분히 활용할 수 있도록 화물을 적재할 수 있는 경험과 전문기술을 보유하고 있어야 한다.
- 선박회사와 장기 서비스계약 및 운임계약을 통한 경제적인 혼재가 될 수 있어야 한다.

혼재서비스를 제공하는 혼재업자가 수행해야 할 업무는 다음과 같다.

- 화물의 생산일자의 파악
- 화물의 혼재계획의 수립
- 선박의 수배 및 선복의 확보
- 선적서류의 작성 및 제출
- house B/L 또는 FCR의 발행
- 선적통지전문 발송
- 선적서류의 발송

2) Co-Loading 업무

① **co-loading의 개념** 국제물류주선업체가 송하인에게 운송 의뢰받은 LCL화물이 혼재하기에 부족한 경우 동일 목적지의 LCL화물을 보유하고 있는 다른 포워더에게 연합혼재를 의뢰하여 운송하는 형태를 의미한다.

② **co-loading 업무의 처리절차** 송하인에게 의뢰받은 LCL화물이 만재화물 단위적재가 불가능할 경우 국제물류주선업체는 선적예정 선박의 적재만료일자(closing time) 1~2일 전에 동 지역의 조건이 갖춰진 다른 국제물류주선업체를 선정하여 화물의 혼재를 의뢰하고 목적화물을 CFS로 이전시킨다. 당해 화물이 선적되면 국제물류주선업체는 co-loading한 업체로부터 선하증권을 발급받아 선적서류로 작성하여 송하인에게 교부한다.

3) TSR 서비스

러시아의 시베리아 철도(siberia railway)를 이용하여 화물을 운송하는 복합운송의 대표적인 형태로 우리나라의 부산에서 러시아의 극동 항만인 나호드카(보스토치니)까지는 선박에 의한 해상운송에 의하고, 나호드카에서부터는 철도운송에 의해 유럽 또는 중동지역으로 운송되는 복합운송이다.

시베리아 대륙의 철도를 경유하여 한국, 일본, 극동, 동남아, 호주 등과 유럽대륙, 스칸디나비아반도를 복합운송형태로 연결하는 해륙 또는 해륙해의 복합운송형태를 시베리아랜드브리지(SLB, siberia land bridge)라고 한다.

SLB 복합운송 중 가장 긴 운송구간은 철도이므로 이것을 TSR(trans siberian

그림 11-7 SLB 복합운송형태

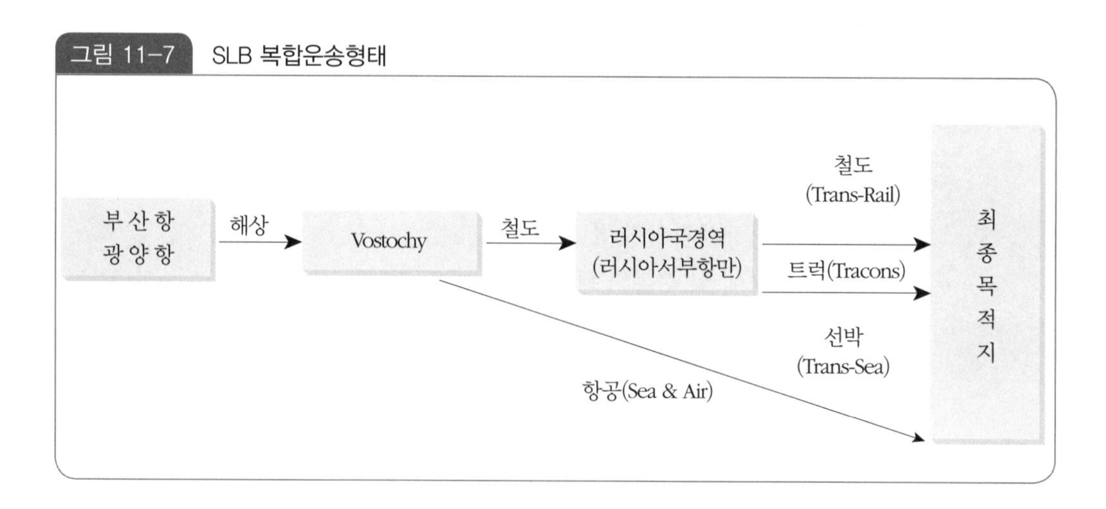

railway)service라고 부르며, 컨테이너에 의한 복합운송의 정식 명칭은 TSCS (trans siberian container service)라고 한다. TSCS는 각 운송구간의 운송수단에 따라 trans-rail, trans-sea 및 tracons 방식 등 시베리아 철도를 이용하는 3가지 방식과 철도대신 러시아 국영항공사인 에어로플로(Aerofloat)로 시베리아를 횡단하는 sea&air 방식 등 4가지가 있다.

4) Sea & Air 서비스

TSR의 전형적인 복합운송형태로서 sea&air 서비스를 들 수 있다. sea&air 복합운송이란 해상운송의 저렴성과 항공운송의 신속성이라는 장점을 결합한 방식이다. 일반적으로 항공운송보다는 급하지 않고 해상운송보다 신속성을 요구하는 화물 운송에 접합한 운송형태이다.

sea&air 복합운송은 출발지로부터 중계지까지는 해상운송되고, 최종 목적지까지는 항공기로 운송되는 복합운송형태로 우리나라의 경우 Seattle, Vancouver, Los Angeles, Hong Kong, Singapore, Dubai, Vostochny 등을 환적(transhipment) 포인트로 하는 운송루트를 가장 많이 이용하고 있다.

5) Project 및 Bulk Cargo 서비스

특정한 공사계약에 따라 발생되는 화물의 운송서비스 형태이다. 대형 건설공사의 경우 건설자재 또는 장비의 운송을 맡아 운송비의 원가계산에서부터 참여하여, 원자재 또는 상품을 포장에서부터 시작하여 지정된 인도지점까지 적기에 운송하는 방식이다. 이 서비스는 대부분 공사의 시공에서부터 완공에 이르기까지 일괄하여 서비스를 제공한다.

6) 특수화물 (해외이주 · 미군 · 전시화물) 운송서비스

해외이주화물이란 내국인이나 외국인이 일정기간 동안 우리나라 또는 외국에 거주하기 위하여 반입하거나 반출하는 물품을 말하며, 우리나라에서 외국으로 이민하는 사람의 이사짐이 대중을 이룬다. 이러한 물품의 운송은 포장에서부터 목적지에서의 인도에 이르기까지 door to door 서비스가 완벽하게 제공되어야 하기 때문에 국제물류주선인이 서비스를 제공하고 있다.

미군 화물운송의 경우 특수물자 외에는 군보급물자, 개인용품 등의 수송은 민간기업체가 담당하고 있으며, 우리나라에서는 몇 개 업체가 미국의 국제물류주선업체와 파트너계약을 맺고 미군화물 수송서비스를 전담하고 있다. 이와 함께 해외전시를 목적으로 반출입되는 화물을 포장부터 전시 후 재반출입까지 모든 절차를 일괄적으로 처리하는 전시화물운송서비스도 제공하고 있다.

7) Hanging Garment Service

컨테이너에 의한 의류수송서비스 형태로 가죽, 모피의류 등을 상자에 넣어 적재하는 것이 아니라 컨테이너 용기의 내부에 string 또는 bar를 설치하여 의류의 보존상태를 원형대로 유지하기 위한 목적으로 제공하는 서비스이다. 컨테이너 내부시설에 따르는 비용은 화주가 추가로 부담하여야 한다. string system은 컨테이너 내부의 상단에 일정한 간격으로 목재나 철재의 beam을 고정시킨 후 매듭이 진 끈(string)을 걸치고 매듭에 옷걸이를 거는 방식이며, bar system은 옷의 길이(장단)에 따라 컨테이너 내부의 상하에 2-3개의 beam을 고정시키고 의류를 매다는 방식이다.

현재 전체 취급물량 가운데 Hanging Garment 서비스가 차지하는 비중이 크지 않지만 향후 우리나라 의류상품의 품질고급화 전략에 따라 수요가 지속적으로 증가할 것으로 보인다.

8) 운송관련 각종 서비스 대행

송하인의 문전에서 수하인의 문전까지(door to door) 수송하는 과정에서 여러 형태의 서비스가 필요하다. 이러한 서비스를 국제물류주선업체가 직접 수행하거나 대행하여 수출입 화주의 경제적 편의를 제공하고 있다. 우리나라의 국제물류주선업체가 제공하는 대행서비스에는 포장, 육송, 통관, 보관업무 등이 있다. 대행서비스의 공식요금(tariff)이 책정되어 있지 않기 때문에 화주에게 받는 금액과 실제의 이행주체(포장회사, 육송회사, 관세사, 창고회사 등)에게 지급한 요금 간 차액이 국제물류주선업체의 대행서비스 수입이다.

국제물류주선업의 전통적 기능에 근접한 영업형태이지만 서비스에 대하여 우리나라는 공식적인 요금(tariff)이 책정되지 않은 점이 외국과 다르다. 실제로 공식요금을 반드시 책정할 필요는 없지만 운송관련 각종 서비스대행과 더불어 운송체제가 일관복합운송의 형태로 발전되는 추세임을 감안하여 국제물류주선업체가 관련된 용역의 대가를 화주로부터 수수할 필요가 있다.

(2) 국제물류주선업체의 수출절차

1) 화주의 국제물류주선업체 이용

화주가 수출입 및 선적절차를 국제물류주선업체에게 위임하려는 경우와 신용장문면에 "forwarder's B/L acceptable" 또는 "FIATA B/L acceptable"이라는 문언이 명시되어 있는 경우 화주는 국제물류주선업체(freight forwarder)와 운송계약을 체결한다. 이 밖에도 수입지의 수하인(consignee)이 신용장 문면에 수출지의 국제물류주선업체를 지정하는 경우 송하인은 신용장에 지정된 국제물류주선업체를 이용해야 한다.

2) 화주와 국제물류주선업체의 선복예약

화주가 국제물류주선업체가 준비한 선복신청서(shipping request: S/R)에 선적사항을 기재하거나, 국제물류주선업체가 의뢰받은 대로 신청서를 작성하거나, 화주가 신청서를 작성하여 국제물류주선업체에 전송하는 경우 등 세 가지가 있다.

화주가 국제물류주선업체와 선복을 예약하는 경우 선복신청서 외에 상업송장, 포장명세서, 신용장사본, 수출승인서 등 요구서류를 제출해야 한다. 화주로부터 선복신청서(S/R)를 접수한 국제물류주선업체는 화주의 입장에서 선사의 선복을 예약하는데, 국제물류주선업체를 실제 송하인으로 하고 선사를 운송인으로 하여 선복신청서를 다시 작성한다.

3) 화물의 운송절차

FCL/LCL화물의 수출입절차를 국제물류주선업체가 선사 혹은 화주를 대신하여 수행하는 경우가 많다. 본선에 화물이 선적을 완료하면 수출지의 선박회사, 국제물류주선업체는 수입지의 파트너선박회사, 국제물류주선업체에게 다음의 서류를 첨부하여 선적통지를 한다. ① 선적서류송부서, ② 선하증권사본(master B/L copy), ③ house B/L사본, ④ 수출컨테이너번호 등록(outbound container no. list), ⑤ 적하목록(cargo manifest), ⑥ 선적통지서(shipping advice), ⑦ 본선적부계획서(stowage plan): 선사 간 송부서류, ⑧ 위험화물목록(dangerous cargo List), ⑨ 이상화물목록(exception list), ⑩ 냉동화물목록(reefer receiving list), ⑪ 컨테이너 적치도(cantainer load plan): 혼재(consolidation)인 경우, ⑫ freight invoice(운임이 추심인 경우), ⑬ 포장명세서 및 송장, ⑭ 정산서(Disbursement) 등이 첨부서류이다.

(3) 국제물류주선업체를 통한 수입절차

1) 선적서류 입수

수입국의 국제물류주선업체는 수출국에서 컨테이너화물을 적재한 선박이 출항하면 수출국에 있는 국제물류주선업체로부터 선적통지와 다음의 선적서류를 받는다. ① 선적서류송부서, ② house B/L copy, ③ master B/L original & copy, ④ 상업송장, ⑤ 포장명세서, ⑥ 컨테이너적치도, ⑦ 적하목록, ⑧ 대변/차변표 또는 정산서 등이 대표적인 선적서류이다.

수출국의 송하인(수출업자)이 수하인(수입업자)에게 발송한 선적서류는 화물이 수입항에 도착하기 전에 신용장 통지은행을 통하거나 또는 직접 수하인에게 도착된다.

2) 도착통지

수입국 국제물류주선업체는 선박이 수입항에 입항하기 전에 수하인(화주)에게 도착통지서를 발송한다. 국제물류주선업체는 화물이 도착한 후 보세운송 또는 창고입고 여부를 파악하기 위하여 화물도착통지서를 선하증권상 수하인에게 송부한다.

국제물류주선업체를 이용하는 경우 선박회사와 수출지의 국제물류주선업체가 수입지의 국제물류주선업체에게 화물의 도착통지를 하며 이를 접수한 국제물류주선업체가 수하인(화주)에게 화물 도착을 통지한다.

3) 배정 적하목록 작성

수입지의 국제물류주선업체는 수입항 부두에 양하된 컨테이너화물에 대한 배정 적하목록을 작성하여 선사에 제출한다. 선사는 배정적하목록을 자신이 작성한 적하목록과 함께 취합하여 최종목록을 작성하여 세관에 제출한다.

4) 수입통관

국제물류주선업체를 통한 수입통관절차는 두 가지 형태로 이루어지고 있다. 첫째는 화주의 화물을 집화한 국제물류주선업체가 자신의 명의로 세관에 수입신고하여 수입신고필증을 교부 받아 통관절차를 완료한다. 위임장을 통하여 실제 화주(수입업자)에게 양도하는 형태이다. 둘째는 국제물류주선업체가 화주의 서류를 입수하여 세관에 화주의 명의로 수입신고를 하는 형태이다.

5) 화물양하/입고/운송

컨테이너화물이 컨테이너 터미널에 도착하게 되면 만재화물과 혼재화물(LCL Cargo)로 구분되어 도로, 철도, 공로를 통하여 수하인(화주)에게 인도한다.

6) 화물인출

수입지의 국제물류주선업체는 선박회사로부터 화물이 장치되어 있는 CY명을 통보받은 후 수출지의 국제물류주선업체가 송부해 온 master B/L을 선사에 제출하고 화물인도지시서(D/O)를 발급받는다. 수출국 매입은행으로부터 보내온 선적서류를 발행은행으로부터 받은 수입업자(화주)는 house B/L을 받고 국제물류주선업체에게 제출하고 D/O를 발급받는다. 선사로부터 D/O를 발급받아 화물을 확보하고 있는 국제물류주선업체는 화주로부터 house B/L을 받고 D/O를 발급한다. 국제물류주선업체가 화주에게 발급하는 D/O는 선박회사로부터 발급받은 D/O를 참조하여 주선업체가 작성한 것이다.

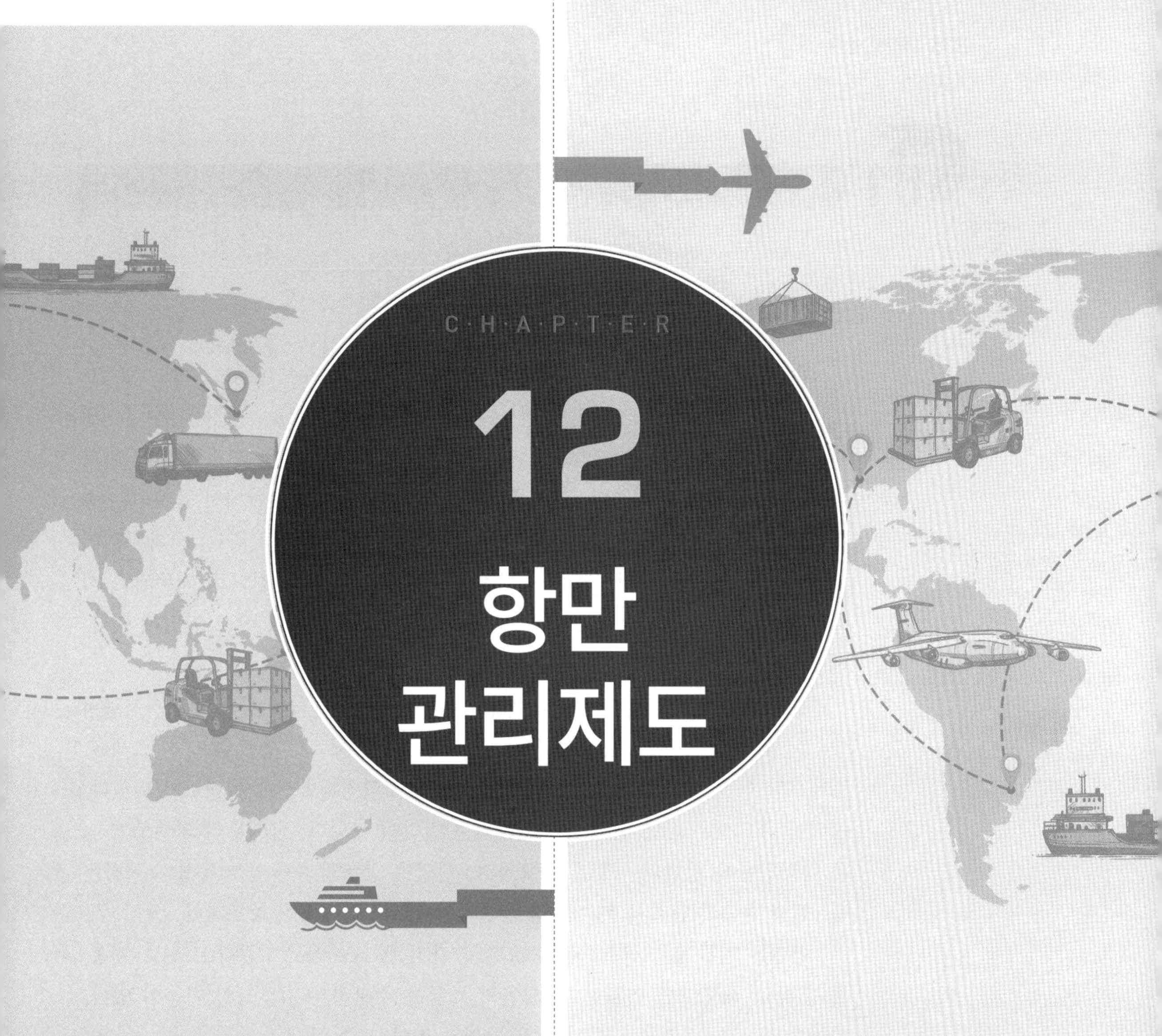

CHAPTER

12 항만 관리제도

INTERNATIONAL
TRANSPORTATION

01 항만의 개요

1-1 항만의 의의

수송시스템은 연결점(nodes: 항만, 도시, 공장), 수송수단(modes: 철도, 고속도로, 항공로, 내륙수로, 해로) 및 물적 유통(flows: 물량과 사람을 수송하는 수송수단이 수송로를 따라 이동하는 것)으로 구성된다. 항만은 특히 중요한 연결점이다. 바다와 육지의 접점에 위치하며, 많은 물량과 사람을 해상수송수단에서 육지의 수송수단으로 이동시키는 곳이다. 육지에서 바다로 이동시키기도 한다. 국제무역이 일국의 경제뿐만 아니라 세계경제발전에 필수적인 성장 엔진으로 대두되기 시작하면서 교통이 중요시되었으며, 해상수송은 무역의 한 부분으로 발달해 왔다. 해상수송은 항만이 없으면 이루어질 수 없다.

항만은 일국의 경제발전을 직접적으로 주도하는 중공업활동의 전진기지로서 중요한 역할을 하고 있다. 유럽의 역사를 볼 때 함부르크, 앤트워프, 마르세유, 로테르담 등은 항만을 확장하고 현대화하면서 지역경제발전에 활력소가 되었다. 이러한 중요성은 비단 선진국에 국한되는 것만이 아니다. 국제무역 의존도가 높은 나라일수록 항만의 역할은 중요하다. 항만은 상품의 수출입 기능을 수행하는 육·해상 수송의 연결지 뿐 아니라 생산수단으로서 중요성이 강조된다.

항만은 기종점을 연결하는 중요한 중간지점(node)이고 교통루트(도로, 항공, 철도, 수로, 해상로)를 연결하며, 화물의 흐름을 주관하는 기본적인 기능이 있다. 항만의 주요 기능은 다음과 같이 세 가지로 집약할 수 있다.

① 승객 및 무역화물 수송을 위한 해상·육상 연결지점

② 자원의 세계적 배분을 위한 국제간 연결교차지점

③ 교역증대, 교통, 배분, 고용창출, 무역창출, 국위선양, 국방, 도시개발, 공업생산증대, 정치적 기능, 서비스산업 증진(창고, 금융, 보험, 대리점, 통관 기타)

항만의 기본적인 기능은 다음의 네 가지가 효율적으로 이루어져야 경제적 가치가 있다. 첫째, 항만배후지에서 발생하는 국제무역수요를 효율적이고 경제적인 방법으로 원활히 처리해야 할 것, 둘째, 지역산업개발과 무역을 창출시키는 데 보조적 기능을 충분히 할 것, 셋째, 국내화물과 환적 화물 증가분에 효율적으로 대처해 나가야 할 것, 넷째, 수송제도의 새로운 발전을 직시해야 하며, 항만은 전·후방기지 및 해·륙 연결점으로 이용대상에 대한 효율적인 전환시설 기능(transit facilities)을 다해야 할 것 등이다.

경제적 의의를 부여하기 위해서 항만이 가져야 할 기본적 요건은 다음과 같다. ① 종합적인 교통시스템으로서 효율적인 하역과 선적이 가능해야 함, ② 교역루트 및 선종에 따라 선박을 안전하고 적절하게 접안할 수 있는 시설 제공, ③ 배후 수송망과 항만 간의 원활한 연계, ④ 이용화물처리를 위한 적절한 장비, 보관소, 창고 확보, ⑤ 항만노동자와 관리자의 양과 질적인 유지, ⑥ 효과적인 작업을 수행하기 위해 건물과 항만시설의 효율적인 관리 및 유지, ⑦ 해운의 발전 및 이용화물의 형태변화에 능동적으로 대처하기 위한 적절한 투자, ⑧ 미래화물량 예측, 시장상황분석을 통한 선견적 사고, ⑨ 항만이용자의 편의를 도모할 수 있는 금융·상업적 여건의 조성, ⑩ 현실적이고 신축성 있는 항만사용료 부과, ⑪ 이용자 편의에 따른 관리제도 규정 등이다.

1-2 항만과 해운의 관계

해상운송의 최대 목표는 저렴한 가격으로 고품질의 서비스를 이용자에게 제공하여 경쟁우위를 확보, 기업이윤을 최대화하는 것이다. 해상운송의 기종점이 항만이기 때문에 maritime이란 범주에 해운(shipping)과 항만(port)을 포함시키는 것이 객관화된 개념이다. 해운 서비스를 대가로 지불하게 되는 해상운임의 구성을 전체 수출입 상품가의 한 요소로 보았을 때 [그림 12-1]과 같이 도식화할 수 있다. 선박운항을 위해서 필요로 하는 항만비용은 크게 항만시설사용료(port charges), 하역료(stevedoring charges) 및 항만에 체항함으로써 발생하는 선박비용(ship's cost in port) 등 세 가지로 구분된다.

항만비가 전체 운항비에서 차지하는 구성비는 화물의 성격, 선박의 크기에 의존한다. IAPH(international association of port and harbor)총회에서 보고한 자료를 보면, 일반화물선의 경우, 해상운임률에 대한 항만시설사용료의 구성비율은 5%, 하역료가 25%, 항만에서의 선박비용(ship's cost in port)이 35% 등으로 각각 구성되어 있다. 선박운항업자의 비용 중 2/3가 항만에서 발생한다. 벌크화물 운송선(50,000DWT 기준)의 경우는 전체 운항비의 1/2이, 3세대용 컨테이너선의 경

그림 12-1 상품가격의 구조

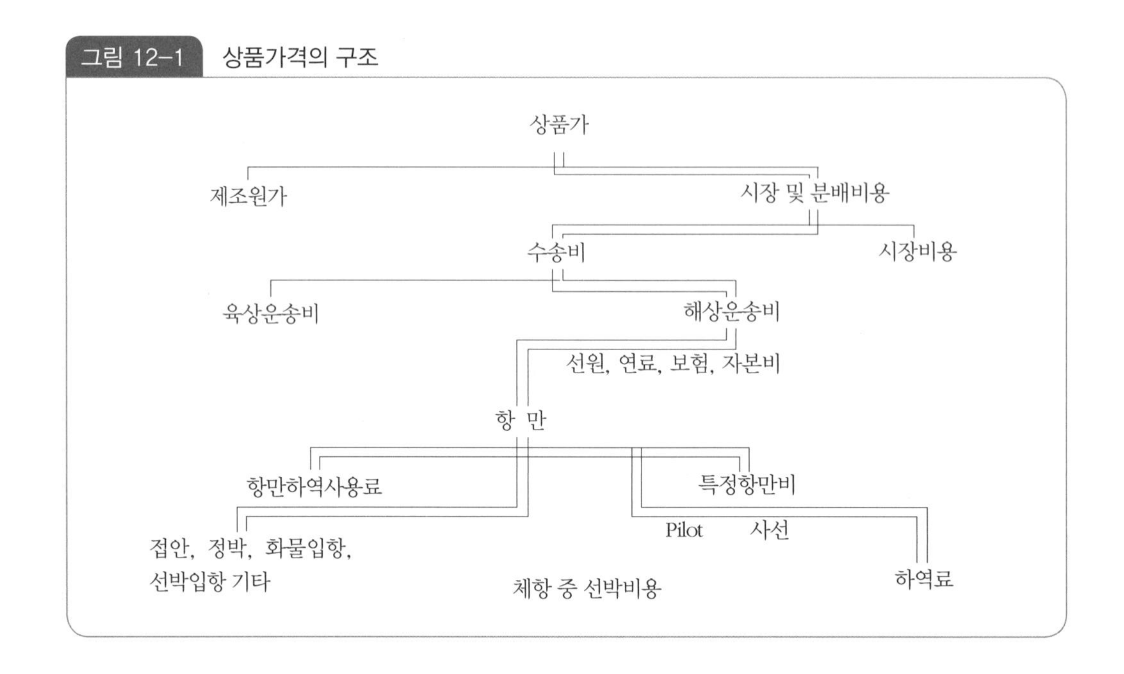

우는 1/3이 항만에서 발생한다는 사실을 고려하면 항만의 효율과 항만비용의 최소화 없이는 해운의 기업목적을 달성할 수 없다.

해운기술개발의 상징인 컨테이너화의 출현은 항만에서 유휴시간을 최소화하고 운항하는 선복을 최대로 이용(utilization)한다는 데서 출발하여 항만에서 발생하는 전체 운항업자의 비용을 2/3에서 1/3로 줄일 수 있었다. 이러한 이유에서 컨테이너화는 해상운송의 혁명(sea transport revolution)이라고 불린다. 발전속도도 1960년대 후반 컨테이너화 초기단계의 기대보다 급속도로 성장해 왔다.

1-3 항의 종류

항의 종류는 운영관리방법과 주체에 따라 구분할 수 있다. 통상적인 관념으로 항이 담당하는 주요 기능적 특성에 따라 구분한다. 첫째, 공업항(industrial port)으로서 상업용 원료나 벌크화물(bulk cago)을 주로 처리하는 항으로서 산업전진기지에 위치하는 것이 일반적이다. 공업항의 배후지(hinterland)는 생산공장이 위치한 특정 공업단지나 한정지역으로 국한된다.

둘째, 상업항(commercial port)으로 정기선이 취항하는 항으로서 컨테이너화물을 중심으로 한 일반화물이 처리되는 항이다. 상업항의 배후지는 국가전체가

그림 12-2 항만운영에 영향을 주는 요소

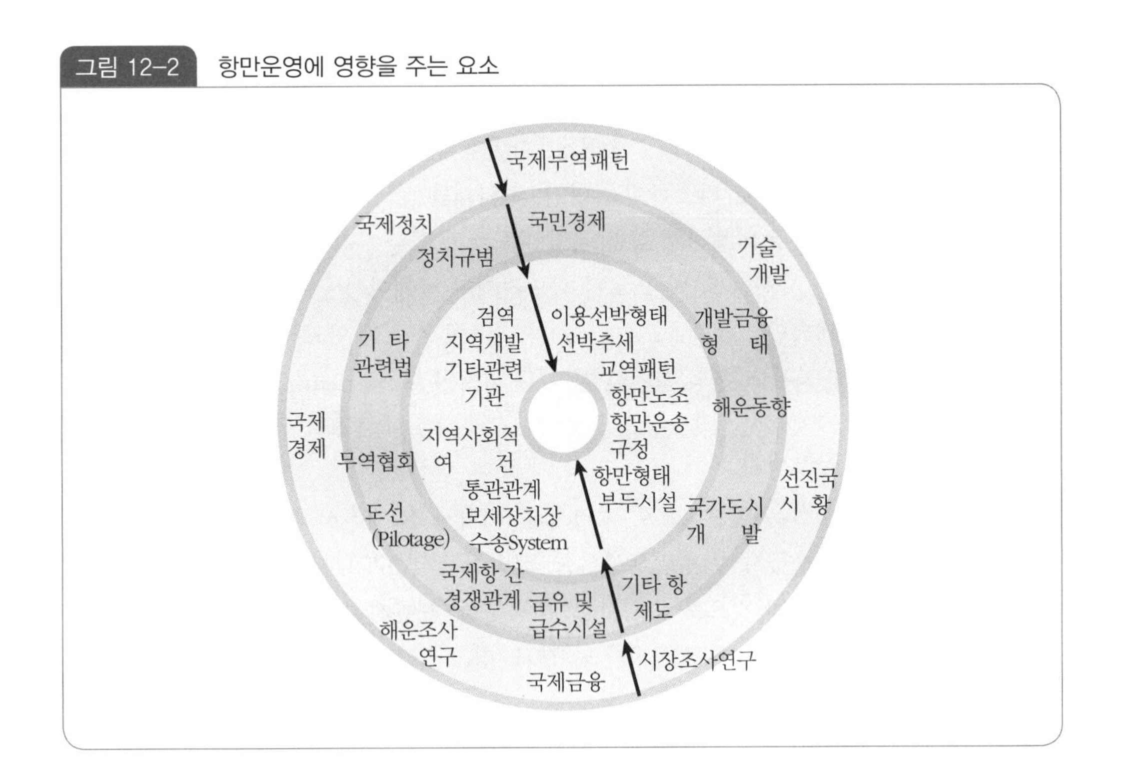

될 수 있고, 국가경제에 큰 영향을 미치는 주요한 기능을 담당하게 된다. 상업항에는 보험, 금융 등 무역에 필요한 부수적인 서비스기능이 발달하게 되며 교통의 요충지가 되어야 한다.

1-4 항만 관리

(1) 항만관리에 영향을 주는 요소

항만관리는 다양한 분야가 관련되어 있다. 항만관리에 영향을 주는 요소는 영향을 미치는 정도의 차이에 따라서 구분할 수 있다. 항만관리는 직·간접적으로 종합적이며 국내·외적으로 영향을 받기 때문에 효율적인 운영은 단순하지 않다. 첫째, 간접적인 영향으로 국제무역패턴, 기술개발, 선진국시황, 시장조사연구, 국제금융, 해운조사연구, 국제경제, 국제정치 등 국제적인 상황에 따라 영향을 받게 된다. 둘째, 비교적 직접적으로 영향을 주는 요소로는 국민경제, 개발자금형성, 해운동향, 국가도시개발, 기상조건 기타 항세, 급유 및 급수시설, 국제항 간 경쟁체계, pilotage제도, 무역협회의 역할 기타 관계법 및 정치규범 등이 있다. 셋째, 직접적으로 영향을 주는 요소는 교역패턴, 선박대리점, 선박추세, 검역관계, 항만노조, 운송규정, 항만형태, 부두시설, 배후교통시스템, 보세장치장, 통관관계, 지역사회적 여건, 지역개발 및 기타 관계기관 등이 있으며 이들 요소는 아주 밀접하게 항만에 영향을 주고 있다.

항만은 사회간접자원으로서 국민경제와 국제여건에 직·간접적으로 해결할 수 있는 내적인 요소(internal factor)와 당국이 스스로 외교적인 접근, 타 부처 간의 협력과 사용인 간의 긴밀한 협조 등 외적인 요소(external factor)로 구분된다.

(2) 항만시설

항만시설은 일반적으로 수역시설·외곽시설·계류시설·임항교통시설·보관시설·선박보급시설·항만후생시설·선박건조 및 수리시설로 대별할 수 있으나, 이 중 대표적인 것으로 수역시설·외곽시설·계류시설 등을 들 수 있으며, 좁은 의미의 항만시설로는 부두·안벽·잔교·창고 등 10여 가지를 들 수 있다.

1) 수역시설

수역시설은 항로, 박지, 선회장 등이다.

① **선로(access channel)** 항로는 바람과 파랑방향에 대해 30°~60°의 각도를 유지하는 것이 좋고, 조류방향과는 작은 각도를 이루어야 하며, 가능한 한 굴곡부가 없어야 한다. 항만구역 내의 항로는 대상선박의 선석수심을 표준으로 하지만 외항로의 경우에는 선박의 진동·Trim·해저지질 등에 따른 여유수준을 고려해야 한다.

② **정박지(anchorage)** 정박지는 잔잔하고 충분한 수역, 닻을 내리기 좋은 지반이라야 하며, 규모는 사용목적 및 정박방법에 따라 다소 차이가 있다.

③ **선 회 장** 선회장은 예선의 유무·바람·조위(潮位)의 영향 등을 고려하여 선박이 안전하게 조선을 할 수 있도록 충분한 수면을 확보하여야 한다. 자선(自船)의 경우 대상선박 길이의 3배를 직경으로 하는 원이며, 예선이 있을 경우에는 대상선박 길이의 2배를 직경으로 하는 원으로 한다.

2) 외곽시설

방파제, 방사제, 조류제, 방조제, 제방, 호안, 수문, 갑문 등이 있다.

3) 계류시설

안벽, 물안장, 잔교, 부잔교, 계선부표 돌핀 등을 들 수 있는데, 이 중 안벽의 경우에는 선박의 이·접안이 편리하고 항입구로부터 선박 항행이 편리하며 선박의 대형화·전문화에 대한 소요 여부를 감안하여야 한다.

(3) 협의의 항만시설

1) 부두(wharf)

화물의 하역과 여객의 승선 및 하선을 위한 구조물을 총칭하는 것으로 안벽, 잔교, 부잔교 등이 여기에 포함된다.

2) 안벽(quay)

화물의 하역과 여객의 승하선이 직접 이루어지는 구조물이다. 해안에 평행하여 해저에서 수직으로 구축된 벽이며, 다음과 같은 부속물이 있다.

① **펜더(fender)** 선박의 접안 시 충격을 덜어 주기 위해 안벽의 외측에 부착시켜 두는 목재 또는 고무재이다.

② **계선주(bitt, mooring post, bollard)** 선박의 계선삭(繫船索)을 계류하기 위하여 안벽에 견고하게 설치된 석재 또는 강철재의 짧은 기둥이다.

③ **캡스턴(capstan)** 선거갑문(船渠閘門) 또는 안벽에 설치되어 선박의 입출항시 선박의 계선삭을 감아 올림으로써 선박의 방향을 조절하는 장치이다.

3) 잔교(pier)

선박을 접안, 계류하여 화물의 하역과 여객이 승하선을 할 수 있도록 목재·철재 혹은 철근 콘크리트로 만들어진 교량형 구조물이다.

4) 부잔교(floating landing stage)

해저지질과 수심이 부적당한 장소에 잔교를 대신하여 구축한 변형적 잔교이며, 그 주요 부분은 부선으로 형성되어 있다.

5) 창고(warehouse)

화물을 보관하는 장소의 총칭이다.

6) 사일로 창고(silo warehouse)

곡물과 같은 벌크화물을 장치할 목적으로 만들어진 특수창고이다.

7) 방파제(break water)

선박을 풍파로부터 보호하기 위해 항만 내에 시설한 구조물로서 여러 가지 모양과 구조가 있다.

8) 상옥(transit shed)

안벽, 잔교, 양륙장 등에 있어서 운송 작업과 보관 작업 사이의 중간 작업을 하는 장소로서 단층 또는 여러 층으로 건조되어 있다. 화물의 선적, 양화와 입·출고 과정인 화물의 분리, 정리, 포장 등의 작업도 이루어진다.

9) 임항철도(dock railway siding)

선박과 철도를 연결시키기 위하여 철도간선으로부터 항만 내로 이어진 철도를 말한다.

10) 해분(basin)

조수의 간만이 심한 항만에서 항구의 한쪽에 갑문(lock gate)을 설치하여 바닷물을 저장하고 수심이 평균을 유지하게 함으로써 선박의 정박과 작업을 용이하게 하는 수역을 말하며 계선거라고도 한다.

11) 항만하역시설

하역시설은 선박의 가동능력에 커다란 영향을 미치는 동시에 항만의 경제적 가치를 결정하는 중요한 요소로 다음과 같은 것을 들 수 있다.

① **부선(lighter)** barge, craft, scow 등과 같은 의미로서 일반적으로 부두에서의 하역이 아닌 해상하역작업시 본선에서 육상까지 운반하는 수단이다.

② **기중기(crane)** 중량물을 적·양하할 때 또는 이동시 사용되는 기구로 해상기중기(floating crane), 고가기중기(gantry crane), 이동기중기(mobile crane) 등이 있다.

③ **벨트 컨베이어(belt conveyer)** 컨베이어 중에서 가장 널리 사용되는 운반기구로서 기계부품이나 컨테이너의 운반에 편리하며 석탄, 광석 등과 같은 벌크화물을 대량으로 운반할 때 가장 큰 효과를 나타낸다.

1-5 항만효율의 개념

항만을 효율적으로 관리하는 것은 항만의 이용자인 화주나 선주에게 유익할 뿐 아니라 항만 당국에도 편익이 돌아간다. 항만 효율화 개념을 간단히 표현하기는 어렵지만 ① 항만시설 이용극대화, ② 이용자에 대한 서비스수준의 제고, ③ 항만비용의 최소화, ④ 육·해상연결지점 기능 최대화 등의 요건에 적합하게 하는 것이다. 효율화의 정도를 측정하는 지표를 항만효율지표라고 한다. 측정은 용이해야 하며, 항만운영자에게 항만운영실태를 파악할 수 있도록 작성되어야 한다.

이러한 지표를 활용하여 첫째, 항만운영관리의 성과(performance)를 목표치와 비교분석하는 데 이용할 수 있어야 하며, 둘째, 항만운영의 성과를 지속적으로 파악하는 데 이용되어야 한다. 셋째, 항만효율지표는 항만의 체선료 해결, 항만 개발, 항만시설사용료의 조정 및 투자의 결정 등에 대한 참고자료로 사용될 수 있어야 한다.

1) 처리실적(output)

선석, 선박, 갱, 크레인당 기준으로 하여 시간당, 월당, 연간실적을 파악하여 관리해 나가는 지표이다.

2) 서비스수준(quality of service)

서비스수준은 이용자를 기준으로 파악되는데, 대표적인 지표가 선박회항시간(port turn round time)이다. 선박이 외항에 도착하여 양·적하를 마치고 출항하는 데 소요되는 총 시간을 의미한다. 짧은 선박회항 시간은 해운경쟁력을 가지는 기본요소이다.

3) 이용실적(utilization)

항만공급자가 보유하고 있는 시설들의 이용률을 측정하는 것으로 대표적인 것이 선석점유율이다. 선석당 연간 선박 총 접안시간을 연간 가동시간으로 나눈 백분율이다. 선석점유율이 높으면 이용률은 상대적으로 높아져 항만공급자에게 유리하다. 점유율이 높으면 상대적으로 이용자는 대기시간(queuing time)이 길어져 선박회항시간이 증가하므로 항만 공급자와 사용자는 상충(trade off)관계에 있게 된다.

4) 생산성(productivity)

단위당 실적과 소요된 비용을 고려하여 항만운영효율을 측정한 방식이다.

02 항만요율의 기본개념

2-1 항만요율의 의의

항만요율은 선박, 화물, 여타 항만이용자에게 편익을 주기 위해 항만을 개발하고 시설을 설치한 국가나 주체가 항만의 이용자들에게 받아들이는 요금이다. 항만요율은 항만의 재정목적, 항만관리형태, 기타 항만의 여건에 따라 다양한 요율정책과 요율수준을 나타내고 있다. 항만에서 발생하는 요금은 크게 세 가지로 나눌 수 있다.

첫째, 안벽, 부두, 선석, 항로 기타 하역시설 등과 같은 항만시설 사용료가 있고, 둘째, 선박이 접안하여 화물을 하역하는 데 화물에 대하여 부과하는 하역료, 셋째, 항만에서 필요로 하는 다양한 서비스에 대한 요금으로서 항만 부대사업에 관한 요금과 기타 특별서비스에 대한 요금 등이 있다.

항만시설 사용료는 선박입항료(port dues), 정박료(anchorage), 접안료(dockages), 화물입항료(wharfages) 등이 있다. 하역료는 화물을 하역할 때 발생하는 요금으로 화물의 형태, 무게 등에 따라 달라진다. 서비스료는 항만에서 선박이나 화물이 특정 서비스를 받을 때 부담하는 비용으로 급수료 등 다양하다.

표 12-1 항만요율의 종류

	선주부담요율	화주부담요율
항만시설 관련 요율	• 선박입항료 • 정박료 • 선박접안료	• 화물입항료 • 창고 및 야적장사용료
특별 서비스 요율	• 도급료 • 선내하역료 • 예급료 • 장비사용료 • 청소료 • 검정료 • 급수료 • 강취방료 • 기 타	• 하역료(선내하역료 및 옥상하역료) • 검수료 • 하역장비사용료 • 경비료 • 검정료 • 계근료 • 기 타

2-2 항만요율의 목표

항만요율을 구상하고 요율을 결정하는 데는 몇 가지 목표가 있다. 세계의 유수한 항만은 장·단기적 경영목표와 가장 중요한 수입원인 항만의 요율정책에 대한 목표와 기준이 있다. 항만요율의 목표는 항만의 목표와 관련된다.

항만은 육상과 해상교통을 잇는 연결점(link)으로서 국민경제가 갖는 의의가 크다. 항만 운영과 관리형태가 다양하지만, 항만 자체가 갖는 목적은 다음과 같이 구분할 수 있다. 첫째, 항만이 수입(revenue)과 원가(cost)를 발생시키는 경제적 실체(economic entity)라고 볼 때, 항만의 목표는 수입의 증대와 비용의 감소를 통한 이윤의 극대화(profit maximization)이다. 둘째, 항만이 여객과 내륙화물, 수출입화물의 수송을 돕는 사회간접자본임을 고려할 때, 항만목표는 항만의 공공성과 사회성을 강조하는 사회 공공적 효용을 극대화(public utility maximization)시키는 것이다.

2-3 주요 항만요율의 정의

1) 선박입항료(port dues or conservancy dues)

선박입항료는 항만의 하역시설 사용 대가로 선주에 부과되는 일반적인 항만 사용료로 선박의 GRT 혹은 NRT, 흘수, 전장 등을 근거로 부과한다. 선박입항료 수익은 수로, 방파제, 항만의 해상 하부구조(infrastructure) 건설비, 유지보수비용 등에 사용된다.

2) 선박접안료(dockage or berthing dues)

선박접안료는 선박관련요율로 부두의 점유, 사용에 대한 대가로 선주가 부담한다. 일반적으로 NRT, GRT, 접안시간 등을 근거로 부과된다. 선박접안료 수익은 안벽과 주변시설 건설비 중 일정부분에 분담된다.

3) 화물입항료(wharfage)

화물입항료는 육상지역의 항만 하부구조 사용에 대한 대가로 화주(cargo-owner or shipper)가 부담한다. 일반적으로 화물의 중량(weight)이나 가치(value)에 근거하여 부과된다.

4) 도선료(pilotage)

도선료는 도선서비스에 대한 특별서비스 요율로 선박의 GRT나 NRT, 전장이나 흘수 등에 기초하여 부과된다. 도선작업의 특성과 도선서비스 시간도 요율결정에 영향을 미치는 기준이다.

5) 예선료(towage)

예선료는 예선작업의 특성에 따라 부과되는 특별서비스 요율이다. 일반적으로 시간당 임대료방식에 의한 요율이지만 어떤 경우에는 가동시간과 무관한 고정요율인 경우도 있다.

6) 하역료(stevedoring charges)

화주나 선주에 부과되는 항만요율 중에서 큰 비중을 차지하고 있는 것이 하역요율이다. 항만에서의 선박 체항시간의 비용효과는 선박 총 가동비의 30~60%를 점하는 것으로 추정되고 있다. 항만요율의 직접비용과 선박의 재항비용이 중요하다. 항만요율부담은 운송계약방식에 따라 상이하지만 일반적으로 다음과 같이 구분할 수 있다.

① **정기용선계약(time charters)** 일반적으로 모든 항비를 용선자(charterer)가 부담하며 운임에서 제외시킨다.

② **항해용선계약(voyage charters)** 선박에 관련된 모든 항만요율은 대부분 선주가 부담하며, 운임에 포함된다. 용선계약상의 선주계정인 선내 하역작업을 제외한 화물에 대한 모든 항만요율은 원칙적으로 용선자의 부담이다.

③ **정기선해운(liner shipping)** 선내 하역요율 뿐만 아니라 부두에서의 이·접안, 입항에 관련된 모든 항만요율은 선주의 계정에 속하여 운임에 포함된다. 육상에서 상·하차 작업, 보관작업, 이송작업 등에 관한 요율은 화주부담이다. 실제 적용은 항만사정과 당사자 계약관계에 따라 다를 수 있다.

03 항만관리환경

3-1 항만물류 기능변화

항만기능 변화는 항만을 둘러싼 환경의 변화에서 찾아 볼 수 있다. 운송기술이 발전하고 무역업자의 물류비 절감노력이 가속화되면서 중요성이 커지고 있다. 화물운송의 컨테이너화, 복합운송의 발전, 운송수단의 대형화, 운송시장의 블록화, 항로운영의 글로벌화, 정보시스템의 발전 등으로 해운항만 시장 경쟁환경이 변화하였다. 변화에 적응하기 위하여 선사의 기항지 선택 기준도 변화하면서 항만 역할에 변화가 발생하였다.

세계화시대의 항만경쟁은 부가가치 물류서비스에 의해 좌우된다. 항만이 어떤 공급경로(supply chain network)상에 존재하는지 여부는 항만이 해당 공급경로에 부가할 수 있는 가치에 달려 있다. 항만이 해륙연계수송의 연결점 역할에 국한되는 경우 장기적으로 경쟁력을 잃을 수 있다. 미래의 경쟁은 공급경로 간의 경쟁이기 때문에, 기업의 공급경로상 물류거점 역할을 수행하는 항만이 성공적인 공급경로상 파트너로 존재할 수 있다. 항만의 물류기지 기능이 중요하게 대두되고 있다.

총물류비용을 최소화시키고 시스템적 접근이 될 수 있도록 통합 물류관리(total logistics management) 관점에서 보면 전통적 기능인 단순한 해륙연계지점에서 국제물류종합기지로 확대되고 있으며 국제종합물류기지로서 항만은 기능과 역할이 변화되어야 한다.

(1) 무역과 운송 연계성의 강화

무역의 효율화는 운송의 합리화가 없이는 불가능하며, 무역업자는 총물류비용을 절감하기 위해서 적합한 물류업자와 연계를 희망하고 있다. 이러한 물류서비스를 관리하는 운송인들은 가장 저렴하고 유휴시간이 적고 생산성이 높은 항만을 선택하여 높은 수준의 운송서비스 제공이 가능한 물류거점을 확보하고자 하는 데 노력을 경주하고 있다. 이에 따라 물류업자, 무역업자, 운송인 및 물류주선업자로 하여금 내륙과 해상을 연계하는 공동목표(비용절감, 신속한 운송, 높은 생산성 및 양질의 서비스 보장)에 적합한 항만에 집중화되고 총체적으로 연계될 수 있는 중심항만(hub port)과 같은 항만이 출현하고 있다.

(2) 항만의 기능 변화

항만은 컨테이너화가 본격화되면서 내륙과 해상의 연계기능에서 국제물류 수요의 증대, 집배송 센터의 재배치, 물류정보 공유, 리사이클 물류의 구축, 정보네트워크의 구축, 복합일관수송체계 구축, 수입·환적 화물용 시설정비, 공동수배송의 확대 및 수송수단 전환의 추진 등과 같은 물류환경의 변화에 따라 터미널기능 확대를 필요로 하는 물류유통센터화되고 있다. 복합운송 → 종합물류기지 → 정보와 화물의 교류를 접목하여 종합무역 전진기지로 전환되고 있다.

(3) 선박의 대형화

컨테이너선은 대형화되고 있으며 취항하는 항구의 수를 줄이고 취항 항만의 매 항차당 선적·양하 물류량이 대량화되고 있다. 선사는 모선(mother ship) 혹은 메가선 서비스와 지선(feeder ship)을 연계하여 서비스를 제공하고 있다.

(4) 항만의 선진화 요구 심화

선진 항만의 관리형태는 정부주도에서 민간주도로 전환되고 있으며 항만의 세대가 변화되면서 선진국일수록 항만기능이 사회간접시설의 보조적 성격이 강해지고, 국제경제의 지배적 기능에서 이익화 개념이 도입된 상업적 기능으로 전환되고 있다. 무역업자는 경쟁 우위의 위치에서 특정품의 수출이나 수입을 하기 위해서 다음과 같은 장소와 시기를 요구하고 있다.

- 언제, 어디에서 가장 저렴한 생산이 가능한지의 여부
- 유휴시간(dead time)을 가장 최소화할 수 있는지의 여부
- 화물 및 선박서비스에 대한 최소의 운송비용이 가능한지의 여부
- 생산의 집중화 및 규모의 경제효과 달성 여부
- 정보와 물류와의 통합 네트워크 형성 여부와 물류서비스 기능이 확충되어 있는지의 여부

이상의 요구를 충족시킬 수 있는 곳이 항만과 인근지역으로 인식되고 있다. 항만중심의 상업지, 공업지 형성은 교차점(nodal points)로서 항만의 역할을 변화시킨다. 생산거점을 내륙중심에서 항만중심으로 전환하여 항만중심의 생산물류

거점이 확보되고 있다. 내륙운송비, 거래물품의 환금성, 시간 절약 등을 통해 무역 및 산업 경쟁의 우위를 확보할 수 있기 때문에 항만중심의 물류거점확보가 증가되고 있다.

(5) 내륙거점에서 항만거점으로 전환 효과

생산 단위당 내륙운송비가 절감되며 원자재를 수입하는 경우 효과는 배가 될 수 있다. 수출자는 낮은 FOB가격으로 협상이 가능하여 수출이 증대될 수 있으며, 이에 따라 항만수요가 증가되어 지역발전에 기여하는 효과를 기대할 수 있다. 항만이 물류시대에 생산, 유통의 거점으로 부상되는 이유는 다음과 같다.

- 항만은 해상운송의 기종점으로 국제무역화물의 집중이 가능하고 화물집중화로 규모의 경제효과가 기대되며 공업·상업·기술 활동의 거점이 될 수 있다.
- 국제무역품의 중심적 역할을 담당한다. 철강이나 기타 금속의 생산기지로 적합하다.
- 대량수송이 가능한 컨테이너화물은 항만지역을 물류 거점화하여 조립, 포장, 재수출 등이 용이하다.
- 무역에 필요한 화주, 국제물류주선인, 내륙운송업자, 세관, 검사(Inspector), 은행, 보험기능이 집약된다.

(6) 항만마케팅 기능 강화

항만을 이용하는 자 중심으로 추진되는 항만마케팅은 시장 기회를 어떻게 이익화하는가를 조사·분석하고 대안을 적용·평가하는 행위이다. 국가마다 새로운 전략으로 항만 시장관리를 통하여 이용자를 만족시키는 전략을 수립하고 있다. 항만마케팅 활동을 요약하면 다음과 같다.

- 고객방문, 면담
- 간행물 발간
- 선전
- 관련 인사방문 및 잠재적인 항만 고객 초청 홍보
- 세미나 개최
- 항만, 무역, 운송 관련 행사
- 항만가격정책

• 지속적인 항만발전계획

(7) 항만관리의 새로운 모델필요

관리조직 보강, 경제적·재무적·상업적 도구 개발, 기술 및 운영 기능과 인력개발 기능 등의 새로운 변화가 요구되고 있다. 로테르담항만의 경우 시정부 내에 항만국을 두어 연구 및 혁신, 항로 및 항만유지관리, 수출촉진, 데이터 뱅크, 물류관리, 계획, 환경, 인력개발 등의 기능을 중심으로 항만을 관리한다.

3-2 항만관련산업

(1) 항만관련산업 및 항만의존산업

항만산업의 정의에 대한 기준(criteria)으로 첫째, 항만산업은 해상화물을 수송하기 위한 항만산업 자체의 독특한 특성을 잘 반영하고 있어야 한다. 둘째, 항만은 전체 국가경제에 미치는 실질적인 기여와 경제적 효과가 일관성이 있어야 한다. 셋째, 반드시 항만산업의 관점에서 이루어져야 한다. 넷째, 항만산업의 산출(즉 서비스나 항만활동) 관점에서 이루어져야 한다.

항만과 관련된 산업을 분류하는 방법은 일정하지 않다. 지역사회에 대한 항만의 경제효과 분석의 주목적이 거시경제적 관점(총산출, 고용, 임금수입)에서 항만시설 또는 서비스의 지역에 대한 경제적 파급효과를 알기 위해서 어떠한 산업들이 항만과 직·간접적으로 관련되어 있는가를 파악하는 것이 중요하다. 항만의 활동과 직간접적으로 관련이 있는 산업들을 항만관련산업(port-related industry)과 항만의존산업(port-dependent industry)으로 나누고, 항만의존산업은 다시 항만직접의존산업과 항만간접의존산업으로 구분된다.

1) 항만관련산업(port-related industry)

항만관련산업은 항만관련 재화나 용역을 구입한 결과 야기된 활동 등과 관련된 산업을 말한다. 선박의 입출항, 화물의 선적/양하 등 항만물류와 직접 관계되는 산업이거나 부대 서비스를 제공하는 산업으로서 항만이 없으면 기능이 소멸될 산업군을 의미한다.

구체적으로 선박을 이용하여 여객 및 화물을 운송하는 해운업을 비롯하여 항만운송사업 및 동 부대사업, 보관창고업, 육상운송업, 정부관련기관 등이 있다.

표 12-2 항만관련산업의 종류

업종	내역
해상운송업	내항여객운송업 내항화물운송업 외항여객운송업 외항화물운송업
해상운송보조업	예선업 도선업 통관업 선박통신업 선박구난업
항만운송사업	항만하역업 검수업 검량 · 검정업
항만운송부대사업	통선업 경비 · 줄잡이업 선박청소업 선박급수업 물품공급업 컨테이너수리업
육상운송업	컨테이너운송업
기타	항만건설사업

업종	내역
보관창고업	보통창고업 냉장창고업 위험물창고업 농산물창고업 기타창고업
조선관련업	조선업
해운항만관련기관	선박기계수리업 지방해양수산청 세관 항만공사(PA) 검역소 출입국관리소 해양경찰대 수산진흥원 동물검역소 국립검역소 KL-Net 해난심판원 한국선주협회 한국항만물류협회

자료: 중앙대 국제무역연구소, "컨테이너항만 및 관련 물류체계의 인식제고 증대를 위한 연구", 1997. 내용을 2018년 1월 기준으로 업데이트 함.

① **해상운송업** 국내 항만 간을 운항하는 [내항해운업]과 우리나라 항만과 외국 항만 간을 운항하는 [외항해운업]으로 분류되며 운송대상에 따라 화물을 수송하는 [화물운송업]과 여객운송을 전담하는 [여객운송업]으로 구분된다.

② **해상운송보조업** 항만 내에서 예선, 도선, 선박통신 등 선박의 운항과 관련된 각종 용역을 제공하는 산업활동이 이에 속한다.

③ **항만운송업** 선박과 부두 또는 선박과 선박 간에 직접화물을 운반하여 이를 적양하하는 하역업을 비롯, 수수료나 계약에 의하여 검수, 검사, 계량 등 유사 관련서비스를 제공하는 사업으로 구성되어 있다.

④ **항만운송부대사업** 선박청소를 비롯하여 통신, 경비, 줄잡이, 선박급수, 선박급유, 선박용품 공급 및 컨테이너수리서비스를 제공하는 사업이 이에

속한다.

⑤ **보관창고업**　보관창고업은 농산물, 음식료품, 가구, 전자부품, 전기부품, 모피, 섬유, 목재 등 각종 화물을 보관 또는 저장할 목적으로 설비된 보관 및 창고시설을 운영하는 산업활동이다. 이에는 보통창고업, 냉장창고업, 위험물창고업, 농산물창고업, 기타창고업 등이 속한다.

⑥ **육상운송업**　항만에서 처리되는 화물을 내륙-항만 간으로 신속하게 운송해 주는 사업이 있는데 이를 육상운송업이라고 한다. 육상운송업에는 여러 가지 종류의 사업이 있으며 그중에서도 컨테이너의 수송과 관련하여 [컨테이너운송업]이 있다.

⑦ **해운항만관련기관**　지방해양수산청, 세관, 항만공사(PA), 검역소, 출입국관리소, 해양경찰대, KL-Net(Korea logistics network), 해난심판원, 한국선주협회, 한국항만물류협회 등이 있다.

2) 항만의존산업(port-dependent Industry)

항만의존산업이란 항만을 통해 수출입을 해야만 하는 산업군을 말한다. 항만을 통해야만 원재료를 구입할 수 있거나 생산물을 출하할 수 있는 제조업과 도소매업 등을 말한다. 의존정도에 따라 항만직접의존산업과 항만간접의존산업으로 나눌 수 있다. 이론적으로는 직·간접의존의 여부를 판단할 수 있으나 물류의 관점에서 볼 때 항만에만 100% 의존관계라는 것은 있을 수 없어서 항만의존산업을 분류하는 것은 어려운 과제이다. 엄밀히 말하면 항만 인근 지역에 있는 모든 산업의 규모에 관계없이 항만과 관계를 맺고 있기 때문에, 직·간접 의존산업으로 분류할 수 있다.

표 12-3　항만의 직·간접 의존산업

구분	산업
항만직접의존산업	철선제품제조업, 선박건조 및 수리, 선박용 기관 및 부품제조, 컨테이너회사, 철도운수업, 특수화물운송업, 선원관리사업, 무역업, 어업, 수산 및 가공, 공동어시장, 도정·제분업, 여행알선업, 선박 및 항공기 중개업 등
항만간접의존산업	인쇄출판업, 자동차부품제조업, 신발업, 철강산업, 가죽산업, 석유정제업, 고무제품제조업, 기타화학제품제조업, 식음료수업, 사료제조업, 비철금속업, 목재 및 나무제품제조업, 섬유제조업(의복 제외), 의복제조업, 조립금속 및 기계장비제조업, 전기 및 전자기기제조업, 종이 및 종이제품제조업, 비금속광물업 등

자료: 전게서.

① **항만직접의존산업** 한 산업의 입지가 원료나 제품의 성질(무게, 부피 등)상 수송문제나 보관, 관리 및 이동 문제 등으로 인하여 입지가 항만에 직접 의존할 수밖에 없는 산업을 의미한다. 수출의존도가 높은 산업, 해양자원을 이용하는 산업 등이 이에 해당된다. 구체적으로 수산업, 목재 및 나무제품, 제조업을 비롯하여 기타광업, 식료품 제조업 등 다수의 제조업과 어업, 선박건조 및 수리, 선원관련학교가 이에 해당된다.

② **항만간접의존산업** 항만의 입지가 항만에 전적으로 의존한다고 볼 수 없지만 산업의 입지결정이 항만에 의해 영향을 받을 뿐 아니라 산업의 경제활동도 항만에 의해 영향을 받는 산업으로 정의한다. 가구제조업, 유리제조업, 조립금속 및 광학품제조업, 펄프·제지, 화학, 제철, 자동차, 전자·전기 제품 제조업, 제사, 방직, 모피, 비철금속 및 기계제조업 등이 포함된다.

04 항만관리제도와 조직구조

4-1 항만관리의 특성

우리나라 항만정책은 항만물류관리의 관점에서 급증하는 수출입화물량 증가에 대처하기 위하여 시설 확충 중심으로 추진되어 왔다. 세계적인 추세는 항만의 실물적 개발보다는 항만의 관리운영, 제도 개선을 통한 생산성 증대와 경제적·사회적 이익증대를 도모하는 방법이 모색되고 있다.

항만은 국가경제에 영향을 미치는 사회간접자본이므로 국가가 관리해야 한다는 논리가 지지를 얻고 있다. 다만 해운항만분야에서도 자율과 개방의 추세에 따라 민간부문의 역할을 강조하고, 지방화시대에 부응한 정책변화를 시도하려는 움직임이 지속되고 있다. 항만 개발과 운영분야에서 중앙정부의 주도로 이루어졌던 정책방향을 민간기업, 지역주민, 지방자치단체를 참여시키는 형태로 전환해야 한다는 논리가 설득력을 지니게 되었다.

항만을 관리하는 주체와 조직형태는 세계적으로 공통된 것은 없으며 역사적 배경과 경제사회정책에 따라 각각 상이하다. 항만관리주체는 각 나라의 사회 및 경제정책 목표에 따라 결정된다. 과거에는 항만시설을 기간산업으로 간주하여 공공개념으로 정책이 집중되었는데 최근에는 항만관리 목표상 이익(profit)개념이 도입되면서 항만의 사유화(privatization)가 확대되고 있다.

세계적으로 항만관리정책 목표는 ① 화물처리량의 극대화, ② 항만운영이익의 극대화, ③ 항만서비스 비용의 최소화, ④ 국가 또는 지역경제에 대한 기여도의 극대화로 대별할 수 있다. 이상의 목표를 전제로 세계 항만의 관리 주체는 ① 국가항, ② 지방자치 단체항, ③ 항만공사(port authority)항 및 공영자치제(public trust)항, ④ 민간항 등으로 구분된다.

항만소유 및 관리형태

1) 국가항(national or publicly owned ports)

국가항은 중앙집권적으로 관리되는 항만으로 국가적 이익을 위해 중앙정부가 관리한다. 투자 및 기타 중대사에 대한 결정은 중앙에서 행하고 직접적인 운영은 일반적으로 자치단체가 책임진다. 조세수입은 국가항의 운영을 위해 사용될 수 있으며 국가마다 입법에 따라 다양한 차이가 있다.

국가는 장기항만개발계획, 자본투자통제, 항구의 합병, 항만통계, 항만사용료, 연구, 관리훈련, 항만손익계정과 대차대조표의 표준화, 항만관련 법령의 검토, 항만구역(port area) 내 산업의 촉진 및 지원 등의 책임을 진다. 국가항의 행정적 특성 중 하나는 사용자 대표성의 결여이지만 그럼에도 불구하고 대부분의 국가항은 자문기구로서 해운자문위원회(maritime advisory committee)가 있어 이러한 결점을 보완하고 있다. 국가소유항은 관료의 지나친 영향력, 정책의 중앙집중, 재정적 상업적 활동에 대한 불필요한 장애요인 발생 등이 발생할 수 있다.

2) 자치단체항(municipal ports)

자치단체항은 지방자체적으로 관리하며 국가적 제약요인으로부터 자유로운 항만이다. 자치단체는 항만용지와 부두시설을 제공하고 이 시설을 민간하역회사가 운영하도록 임대해 주는 것이 일반적이다. 자치항 행정은 자치단체심의회에 의한 통제, 정치적 영향력, 뛰어난 차입력(borrowing power), 지역사회와의 동질성, 지방 및 지역계획과의 연계강화 등과 같은 특징을 갖고 있다. 기본구조는 항만행정기능의 광범한 집중을 의도하고 있다. 최하단에 표시된 관리부서들은 독자적으로 또는 공동으로 업무를 수행하게 되는데 독자적인 업무는 항만기관장을 수반으로 하는 항만행정관서 내에서 통합된다. 항만의 발전을 위해 필수

불가결한 부분들이 이곳에 집중된다. 항만행정관서 위에 지방정부의 지휘하에 있는 자치단체항만위원회(the municipal council for port)가 있다. 이 위원회는 관리 뿐만 아니라 실제 경험 면에서 기술자문단의 지원을 받는다.

3) 항만공사(Port Authority; PA)항

PA항은 항구가 위치하고 있는 당해 지역 내 이해당사자들에 의해 임명된 사람들을 통해 그 정책방침을 실행에 옮기는 특정 독립기관에 의해 소유·통제되는 항만이다. 이런 범주에 속하는 항구의 타입으로는 trust port, authority port, commission port 등이 있다.

항만관리의 주요 특성은 ① 통제가 지방차원에서 이루어지며 관할영역은 하나의 특정항구에 제한되며, ② 선출되거나 임명된 멤버들로 구성되며, ③ 정부로부터 독립되어 있다는 것이다. 준정부적 기관에 의해 운영되며 정치적 영향을 과도하게 받지 않으므로 무역을 촉진하고 그 결과를 관리함에 있어 자율성을 갖는다. 원래 항만공사(port authority)는 행정기관과 상업기관의 중간적 존재로서 양자의 기능(예, 공공성과 경제성)을 겸비하고 있는 기구이며, 「공공성」(publicity)을 갖는 공권력적 관리권을 소유하며, 항만을 건설·관리하는 공공기업체(public corporation)의 성격을 가지고 있다.

항만공사에 의한 항만소유 및 운영은 ① 항만조직이 정치로부터 독립될 수 있고 ② 경제적으로 독립성을 유지하며 ③ 전문경영진에 의한 항만경영이 가능하고 ④ 당해 항만의 지역주민이 항만공사에 참여할 수 있어 장기적으로 항만근대화에 기여할 수 있다는 장점이 있다. 그러나 항만소유 및 운영형태는 사회전반의 근대화, 항만도시 시민의식의 고양 등 내·외부적 여건의 성숙을 전제로 가능하다는 의견이 있다.

4) 사유항(privately owned ports)

사유항은 특정산업체나 지방산업집단의 이익을 위하여 귀속시키는 것, 그리고 일반상업항의 성격을 가진 것으로 분류할 수 있다. 항만을 소유·관리하는 기업은 항만활동을 회사활동의 일부로 포함시켜 왔다. 해당 기업이 하역활동, 상품저장 및 기타활동을 수행하고 있다.

사유항의 또 다른 유형은 여러 항만 이용자들이 공적 이용을 위해 설치한 것인데 이들 항구의 기능은 국가나 자치단체가 소유한 일반상업항의 기능과 유사하다. 사유항은 기업형태로 운영·관리·조직된다. 민간소유자는 발생이익을 취

표 12-4 항만의 소유 및 관리형태

구분 \ 기능	국유제	지방자치제 (시영제)	항만공사제 (공영자치제)	사유제
관리체제	•중앙정부	•지방자치단체 •시 · 지방 의회 •지방행정기관	•독립위원회(기관)	•민간회사
주요특징	•재정력 강대 •중앙집권적 활동의 합리화 •철도항만으로 발전 •자금조달능력	•정치적 영향받음 •지역사회의 인정 •지역개발계획개선 •정부에 대해 우수 (지방세설)	•선출지명된 구성원 •사용자대표의 과다 •수익성 저조 •정부에 대해 독립적임	•공정한 재정 •이윤의 극대화 •상업적 경영
장 점	•행정의 일관성유지 •기술요원확보 용역 •종합운송계획	•지역주민의 의견 반영 •사무작업의 능률화 •재정낭비 축소	•정치 · 행정 간섭의 배제 •이용자 의견반영 •과잉투자의 회피 •서비스향상	•수익성 제고 •이용자 본위의 항만경영 •서비스 향상
단 점	•서비스의 저하 •이용자의견 반영 미흡 •재정낭비	•지방자치의 간섭 •재정 궁핍 •기술요원확보 곤란	•항만요율의 인상 •국가수송정책 차질 우려	•항만요율 인상 •국가수송정책 차질 우려

자료: kmi, 「항만운영효율화 연구」, 1987. 5, p.348.의 내용을 2018년 1월 시점으로 업데이트 함.

득하며 항만운영에 따른 손실 또한 스스로 감수해야 한다.

4-2 우리나라 항만관리제도

해양수산부는 전국 항만의 항만계획수립, 항만개발, 항만시설의 관리운영, 항만 내 교통질서규제, 공유수면관리, 항만 내 안전관리, 항만 내 환경보전, 항만운송관련사업체 규제, 도선사 면허, 항만민자유치 업무 등을 수행함으로써 실질적인 항만 소유자로서 운영관리책임을 담당하고 있다.

해양수산부는 항만에 관한 전반적인 행정업무를 총괄하는 기관으로서 「본부」 및 「지방해양수산청」으로 구성되어 있다. 해양수산부 본부는 항만에 관한 각종 행정업무, 기획업무 및 규제업무의 총괄과 예산편성 및 배분업무를 수행하며 개별 항만의 개발 및 관리운영은 각 「지방해양수산청」을 통하여 수행하고 있다. 「지방해양수산청」은 해양수산부의 지방조직으로서 당해 지역에 위치한 항만을 실제로 관리 · 운영하는 집행기관이다. 현재 지방해양수산청은 부산, 인천, 대산, 군산, 목포, 여수, 마산, 울산, 포항, 동해, 제주 등 11개 지방청이 있다.

정부기관이나 지방자치단체가 산하 항만위원회에 자치권을 완전히 위임하거나 공기업 및 민간기업으로 관리운영권을 이관함으로써 항만운영이 혁신과 효율성을 중시하는 기업경영방식으로 변화되고 있다. 이러한 흐름에 대응하여 항만공사(port authority)제도를 도입하였다. 2004년 부산항만공사(BPA), 2005년 인천항만공사(IPA), 2007년 울산항만공사(UPA), 2011년 여수광양항만공사(YGPA) 등 4개 항만공사를 운영하고 있다. 지방공기업 형태로 2001년 경기평택항만공사(GPPC)가 설립되어 운영되고 있다.

C·H·A·P·T·E·R

13 해운정책과 국제기구

01 해운정책의 유형

1-1 해운정책의 중요성

해운정책은 그 자체가 전 세계 경제정책에 영향을 미치는 한 나라의 교통정책의 일부분이다. 해운정책은 그 나라가 국민경제 및 국제해운시장에서의 국적선의 지위에 영향을 미치는 수단으로 경제, 법률, 정부조치 등의 총체적인 것으로 정의될 수 있다.

해운정책의 목표는 정책의 기본방향을 설정하게 된다. 일반적인 해운정책 목표를 대별하면 ① 해상수송서비스 비용을 국민경제적 측면에서 최소화, ② 자국무역화물을 자체수송하여 국제수지개선에 기여함, ③ 해상수송선대의 적절한 공급과 고용창출, ④ 해운산업과 조선산업의 연계발전 도모, ⑤ 수출입화물의 국내연계 수송의 적절화, ⑥ 국내외 거래질서의 정립과 자국해운사의 국제적 지위향상에 기여, ⑦ 해운산업의 기술발전에 적절한 대응 등으로 정리할 수 있다. 그러나 실제적인 해운정책은 두 가지 측면에서 살펴볼 수 있다. 즉 국내적으로 자국상선에 의한 자국주의와 대외적으로 타국선박에 대한 자세인데, 이러한 두 가지 측면은 상호의존적이다. 만일 불평등하게 자국선만 보호하여 적취율을 높이면 국제적 반발을 수반하며, 그 반대의 경우도 마찬가지이다. 그러므로 해운정책은 국제적 성격을 강하게 띠고 있다고 할 수 있다.

해운은 국내해운(내항해운)과 국제해운(외항해운)으로 나눌 수 있으며, 해운정책상 문제가 되는 것은 외항해운이다. 내항해운에도 해운정책상 문제가 없는 것은 아니다. 예를 들어 우리나라에서도 내항해운에는 많은 재정적 지원과 보호가 필요하지만(낙도의 정기항로의 지원 등), 이것은 자국 내에 국한된 문제이다. 그러나 외항해운은 여러 가지 면에서 내항해운과 전혀 성격을 달리한다. 국제해운은 그 시장에서 거의 완전자유경쟁이 이루어진다는 점이다. 즉 해운시장에 나타난 각국 상선대는 각각 기반이 다름에도 불구하고 동일시장에서 경쟁을 하지 않으면 안 되는 것이다. 각 나라는 자국선 대우 경쟁우위를 확보하기 위해 보조정책이 불가피하게 된다.

해운정책은 오래 지속되거나 단기적으로 변경되기도 한다. 예컨대 미국의 경우 반트러스트금지법은 거의 100년간이나 지속되고 있는데, 1916년 제정된 해운법은 이후 일부 수정되었지만 여전히 그 효력이 유지되고 있다. 그 후 1984년 대폭적인 개정이 가해졌으며, 1998년에는 개혁법이 발효되었다. 그로 인해 세계각국의 해운정책에도 여러 가지 변화가 있었다. 정책의 일환으로 취해진 조치는 뚜렷한 정치적 및 경제적 이유 또는 변화에 의해 이루어지며 가끔 그런 조치들은 그 상황들이 정상화되면 환원되거나, 잔존해서 항구적인 조치가 되기도 한다. 자유주의나 보호주의와 같은 일정한 해운정책모델의 도입이유는 그 나라의 대외무역과 해운업 간의 깊은 관계가 있다.

기본적으로 이런 관계에 대한 두 가지 모델이 있다.

① 내·외국에서의 운송인을 선정하는 데 무한한 권리를 누릴 수 있는 완전 자유주의

② 이러한 선택자유에 영향을 미치는 여러 가지 정부개입 조치

후자의 경우는 정부가 해운업에 관여하는 형태이다. 그 예로, 자국선 자국화주의를 택하여 국기차별화정책을 유도하는 경우인데, 이는 상대국으로부터 비난을 받게 되며, 또한 상대국에서도 동등한 정책을 펴는 것이 일반적이다. WTO 출범과 규제완화시대에 해운정책은 민간주도로 이루어지고 있고, 해운국가들이 자유경쟁을 지향하는 추세이다.

1-2 해운자유정책

해운자유화는 선박에 게양되는 국기와 관계없이 해상운송의 자유 및 공정한 경쟁원칙을 인식하는 데 있다. 해운자유주의 정책하에서는 화주는 국적선이든 외국적선이든 간에 운송인 선정에 관한 자유권을 가진다. 기본적인 해운자유원칙은 공공단체, 정부 또는 대리자의 개입 없이 상선운항이 운임시장원리에 의존하는 것이다. 정부불개입은 해운자유주의 정책의 근본적인 개념이다. 따라서 해운보호주의의 형태는 이러한 원칙과 반대된다.

해운자유주의 원칙은 17세기 네덜란드 법률가이며 역사가, 인도주의자인 휴고 그로티우스에 의해서 확립되었다. 그 원칙은 세계적으로 확대되는 보호주의로부터 네덜란드 선대를 상대적으로 보호하는 수단으로 생각되었다. 특히 번창하는 네덜란드 해상무역에 방해가 되는 영국에 대항하는 수단이기도 했다.

네덜란드의 해상패권이 붕괴되자 영국은 최초로 해상권을 장악했는데, 영국

의 보호주의정책은 1651년 공포된 크롬웰의 항해조례가 19세기 초반에 폐지됨으로써 자유주의정책으로 확대되었으며 이러한 정책이 2세기 동안 계속되었다. 그 후 영국은 자유 및 공정경쟁의 주도국이 되었다. 현대의 해운자유주의는 전세계 해운통상에 아주 민감하게 영향을 끼쳤던 19세기의 정책과는 상이하다. 오늘날 해운자유주의는 광범위하게 그 활동성을 상실하고 있으며, 주로 보호주의의 성장을 견제하는 데 국한된다고 볼 수 있다. 그렇기 때문에 어떤 나라가 해운자유주의인지 아닌지를 엄격히 판단하기는 곤란하다. 어떤 나라는 해운산업에 전혀 간섭하지 않거나 또는 적절히 간여하며, 반면에 다른 나라들은 보조금이나 조세공제 등의 형태로 해운정책에 관한 광범위한 보호주의를 채택하면서 자유주의를 요구하고 있다. 전통적으로 자국상선에 대한 정부의 태도는 자유주의 정책이냐 보호주의 정책이냐의 두 갈래로 구분하는 기준이 된다. 그러나 해운정책에 있어서 완전한 자유주의인지를 입증하기란 어렵다. 왜냐하면 해운자유주의를 신봉하는 대부분 국가들은 직·간접적인 여러 형태의 보호주의를 채택하고 있다.

폴란드 해운경제학자인 T. Chrzanowski교수는 세 가지의 상이한 형태로 해운자유주의를 구분하고 있다. 첫 번째 형태는 해외소유 선박이 자국국기를 달고 영업하는 편의치적선대(flag of convenience)를 허용하는 형태로서 정부의 개입은 거의 없다. 이들 국가는 자국소유선박을 가지고 있지 않기 때문에 그 나라의 해운정책에 대해서는 언급할 수 없다. 두 번째 형태로 선박은 대부분 민간 소유이고 정부보조는 조세공제 등의 간접적인 특성을 가진 국가들이다. 마지막 세 번째 형태는 선박에 대해서는 직접 보조를 하는 특성을 가지고 국가가 직접 해운활동에 개입하지만 국제해운에 있어서 자유경쟁을 추구하고 대규모의 화물유보정책은 취하지 않는 나라다. 프랑스가 그 대표적인 국가이다. 그러나 위의 분류는 형식적이며 추상적이어서 특정국을 이상 세 가지 그룹 중 하나로 명확히 구분할 수는 없다. 이것은 오히려 해운에 대한 여러 가지 정부개입의 정도를 잘 나타내 주고 있다. 세계적으로 광범위한 해운보호주의를 규정으로 인정하고 있다. 해운에 관한 OECD의 자유주의 규정이 해운자유주의의 일정한 원칙으로 다음과 같이 되어 있다.

① 정부는 송하인의 화물운송을 위한 선박선정 시 송하인에게 압력을 가해서는 안 된다. 선박선정은 정상적인 상행위적인 입장에서 이루어져야 한다.
② 정부는 수출입 허가요건으로 외환사용을 금지하거나 국적선을 이용하게

함으로써 외국선을 이용하고자 하는 것에 반대하는 차별화를 해서는 안 된다.

③ 정부관리를 받는 기구일지라도 정상적인 상거래원칙에 따라 영업을 해야 한다.

이 규정은 25년 전 공표된 것인데 실제적으로는 중요성이 거의 없다.

해운자유주의는 1949년 영국의 항해조례가 폐지되면서 구축되었다. 1차대전 후 자국의 이익을 추구하기 위해서는 자국선대를 보호해야 한다는 인식을 같이하여 세계 각국은 해운자유주의를 표방하면서도 해운 nationalism으로 바뀌었으며, 그 후 완전한 해운자유주의는 찾아보기 힘들게 되었다. 그 대표적인 예가 영국이 마련한 1935년의 british shipping act이며, 그 주요 내용은 부정기선에 대한 보조금 지급, 정기선, 부정기선에 대한 선질개량 장려금 대부제도를 마련하고 노후선 해체조건으로 선박의 신조, 개조에 대한 저리융자금 지원 등으로 해운자유주의는 실질적으로 사라졌다. 미국도 1936년 merchant marine act를 만들어 건조비 차액보조금제도를 마련하고 자국선에 대한 화물우선제도(cargo preference)를 도입하여 해운자유원칙이란 표방을 내세우면서도 보호주의 성격이 강한 nationalism이 강화되고 있는 현실이다.

1-3 해운보호주의정책

보호주의는 외부경쟁으로부터 국내산업을 보호하기 위한 정책이다. 외국제품에 부과되는 관세는 자국의 산업을 보호하고 무역업을 증진시키고자 하는 정책의 주요 형태이다. 해운에 있어서는 많은 보호주의 형태가 있다. 해운에 있어서 보호정책의 목적은 양면성이 있다. 즉 첫째, 기존 국적선을 유지하기 위해서, 둘째, 그 나라 국민경제에 필요한 자국상선을 확보·증대시키기 위해서이다.

해운정책에 대해서 기술한 많은 학자 중에서 S.G.Sturmy가 제시한 해운보호주의의 목적과 방법의 분류는 특히 언급할 가치가 있는데, 그가 제안한 일국 해운정책의 목적은 다음과 같다.

① 방어적 목적을 위한 상선의 촉진과 보호

② 비상시를 대비한 원료공급 및 물자공급을 원활하게 하기 위함

③ 국위선양

④ 경쟁력이 낮은 상선의 경쟁력 확보

⑤ 관련당사국과 상대국 간의 원활한 거래와 관계유지
⑥ 운임지급에 사용되는 외화절약
⑦ 자국선원에 대한 고용기회를 제공하거나 유지
⑧ 치열한 경쟁시장에서 자국상선보호
⑨ 동맹이나 국가무역단체에 의한 차별적인 관행에 대항
⑩ 상선의 질을 개선시키거나 경쟁력 증대
⑪ 산업보호를 위해 해운에 부과된 불이익이나 기타 목적으로 유지되어 온 과대평가된 환율에 대한 자국선박소유의 보상

위에 열거한 목적은 두 개의 광의의 범주로 나누어진다. 즉 일국 해운정책은 경제적 및 비경제적 목적으로 나누어지며 이 범주들은 상호 의존관계가 있다. 자국상선의 발전을 위한 군사적 또는 전략적 이유는 일정한 경제적 반발을 수반할 수도 있으며, 그와 반대되는 경우도 마찬가지이다. 선진국과 후진국에 의한 보호주의적 해운정책을 도입하는 상이한 이유에도 불구하고 그런 정책의 결과는 유사하며 그것은 운임시장의 경쟁을 저해한다. 이와 같이 해운보호주의의 정책은 자유주의원칙에 역행하는 것이며 해운자유주의를 표방하는 국가와 반대의 입장에 있는 것이다.

전술한 바와 같이 해운보호주의의 형태와 조치는 아주 다양하다. 그러나 본 장에서는 해운보호주의를 다음의 세 가지 형태로 분류해 본다. 첫째, 개별선주를 위해서 국가가 직접 또는 간접적으로 제공하는 금융지원 및 보조금형태, 둘째, 선주에 대한 직접적인 지원형태인 금융지원형태를 탈피하여 행정적 및 법적 조치로 해운을 능동적으로 지원하는 형태, 셋째, 해운국가통제형태이다.

(1) 해운을 위한 금융지원

금융지원은 보조금의 형태를 취하고 있다. 특히 선박보조금은 매우 다양한 형태를 가지고 있다. 그중 일부는 해운발전 및 성장을 위한 목적이 되어 왔으며, 반면 또 다른 형태는 기존 상선의 발전수준을 유지하기 위해서 이용된다. 보조금은 항구적으로 또는 해운산업이 재정적으로 곤란한 시기에 직면한 경우에만 활용될 수 있으며 선주에게 직접 또는 간접적으로 지급된다.

해운보조금의 분류방식은 여러 가지가 있지만 직접보조금과 간접보조금으로 구분하는 것이 가장 대표적인 분류기준이 되고 있다.

* 직접보조금은 다음과 같은 방식이 된다.

① 건조보조금
② 우편보조금 또는 우편/항공계약
③ 운항보조금
④ 폐선 및 개조보조금
⑤ 특수방위시설을 위한 해상권 보조금
⑥ 차관시설
⑦ 이익의 보증, 손실의 분담
⑧ 특수해상보험에 대한 보조금
⑨ 개별기업에 대한 국가 소속의 선박에 대한 리스
⑩ 개별기업에 대한 국가 소속의 선박판매
* 간접보조금은 다음의 형태를 취하고 있다.
① 선박건조업에 대한 보조
② 관세감면
③ 조세 및 감가상각 허용
④ 이주운임 또는 운송인의 수송에 대한 보조
⑤ 항구, 운하 및 기타 비용의 할인
⑥ 건설과 항구 및 운하운항에 대한 보조
⑦ 항구에서 항구까지 차별철도운임률

이러한 보조금 중 일부는 오늘날 역사적 관심이 될 뿐이고, 그 나머지는 여전히 활용되고 있다. 다음에는 해운에 있어서 가장 중요한 직·간접보조금의 간략한 특징들이다.

1) 건조보조금(construction subsidies)

이것은 과거에 널리 이용되었으며, 아직도 많은 나라에서 활용하고 있다. 건조보조금은 조선산업에 대한 정부보조의 직접적인 형태로서 선주들이 신조선건조에 투자하도록 유도하기 위해 사용되었다. 이 보조금에는 두 가지 변수가 있다. 즉 건조교부금은 소유주를 위해 국가가 재보상하지 않는 보조금이거나, 장기면제기간인 건조대부와 낮은 융자비율로 자율변제기간은 5년에서 20년 혹은 그 이상일 수도 있다. 우리나라도 선박건조 시 계획조선이란 제도를 마련하여 유리한 조건으로 국민투자기금을 지원하고 있다.

2) 우편보조금(postal subsidies)

이것은 주요 해상국들에 의해서 19세기와 20세기 초반에 널리 이용되었다.

이 보조금은 전식민지국에 대한 경제적·정치적 그리고 군사적 이유로 일정한 해운관계의 밀접한 조직망을 유지하는 데 그 목적이 있었다. 2차대전 후 식민지 체제의 붕괴는 이 보조금제도의 구상을 저해했다. 현재 항공운송의 역할증대로 인해 우편보조금은 오늘날 찾아보기 힘들다.

3) 운항보조금(operating subsidies)

선주에게 직접 지불하는 이 보조금에 대한 구상은 국제운송에 비하여 자국선의 경쟁지위를 증대시키기 위한 것이다. 이런 보조금을 지급함으로써 국가가 선박회사로 하여금 일정한 서비스, 가령 필수무역항로를 유지하게 한다. 미국과 같은 나라에서 널리 이용되고 있는 운항보조금은 미 국적선의 운항비용이 높기 때문에 필수적이다.

4) 폐선 및 건조계획(scrap-and-build subsidies)

오래된 선박과 경쟁력이 약한 선박을 폐선하고 새로운 선박의 건조를 촉진시키기 위해 지불하는 보조금 형태이다. 국가는 선주가 자기선박을 폐선하여 새로운 선박을 구입하기를 꺼려하지 않도록 건조비의 일부를 부담한다. 이런 형태의 보조금은 선박량이 적거나 노후선이 많아 화물수송에 대한 충분한 경쟁력을 발휘할 수 없을 때 특히 이용된다. 일부 국가에서는 이 보조금을 선주들로 하여금 자기선박이 높은 질을 유지하도록 권장하기 위해서 실제적 기준으로 이용되고 있다. 우리나라도 해운산업의 합리화 차원에서 비경제선을 처분함에 따라 신조선의 건조비에 대한 금융지원을 해 준 경우가 있었다.

5) 해상권보조금(admiralty subsidies for special defence equipment)

이 보조금은 19세기 영국에서 처음으로 이용되었던 것으로 자국에서 정한 기준에 의한 선박시설을 갖춤에 따라 생기는 추가부담을 선주들에게 상환해 주기 위해서 구상되었다. 이것은 제2차 세계대전 후 미국에서 군사목적으로 특수시설 또는 상선의 특징을 갖추는 데 이용된다.

6) 차관시설(credit facilities)

선박보조금의 가장 보편적인 방식이다. 국가는 개별선주들이 차입하는 자본에 대한 이자비용을 부담하거나 보조한다.

7) 이익보증과 손실분담(guarantee of profits, share of loss etc)

이 보조금은 戰時에 고가의 선박이 주류를 이루고 있는 호화여객선에 대해서 전부 또는 일부보험을 부보한다. 이것은 오늘날 거의 이용되고 있지 않은 형태이다.

8) 국유선의 리스(lease of ships belonging to the government)

국가는 현 시장에서보다 낮은 가격으로 개별선주에게 용선을 한다. 이 보조금은 시장운임과 정부가 선주에게 지불할 운임 간의 차이와 같다. 오늘날 거의 이용되고 있지 않다.

9) 국유선의 판매(sales of ships belonging to the government)

국유선은 현 시장가격 이하로 개인에게 판매된다. 특히 중요한 것은 미국, 캐나다, 호주, 프랑스 등의 나라에서 양대전 후 정부소유선박의 판매가 있었다. 미국에서 대량의 전략선박이 2차대전 후 개인선주들에게 판매되었으며, 몇몇 선박부호들(가령 오나시스)이 해운에 대한 정부보조의 형태 덕택으로 기반이 다져졌다.

10) 조선산업의 보조금(subsidies for the shipbuilding industry)

건조보조금이 선주에게 직접 지급되는 데 비하여, 이것은 신조선 주문이 적을 때 조선산업들의 선박건조율을 유지해 주기 위해서 조선업자들에게 지급된다. 조선산업은 비교적 낮은 이익수준으로 유지되고 있기 때문에 간접보조비의 지원에 힘입어 이익을 낼 수 있는 경우가 많다.

11) 관세감면(customs reductions & exemption)

해운 및 조선산업을 위한 여러 가지의 관세혜택이 있다. 이러한 보조금은 국내산업보조수단으로서 관세를 활용한다. 관세제도에 의한 해운보호주의의 형태는 가령 발송지에서 도착지까지 외국선박에 의해서 수송되는 화물에 대해서는 높은 관세를 적용하고 있다. 우리나라의 경우에는 중고선도입에 따른 관세를 면제하고 있다.

12) 조세 및 감가상각 허용(tax and depreciation allowances)

국가는 해운회사로 하여금 추가조세를 지불하지 않고 자기들 선박의 감가상각비로 충당케 하거나, 지불해야 하는 것보다 낮은 세금을 지불하게 하는 보조금의 간접형태이다. 조세 및 감가상각보조의 수단으로 국가는 가령 5년 단위의 신건조선박에 대해 조세를 감면해 줌으로써 신투자를 자극하게 된다. 우리나라도 감가상각제도에 대한 혜택과 법인세, 영업세 감면 등의 세제혜택을 선사에 제공하고 있다.

13) 이주정책(immigration policy)

해운보호주의의 수단으로서 이민정책은 오늘날 단지 역사적인 가치로 남아 있을 뿐이다. 이러한 보조금은 국적선이 이민자를 수송할 때 지급된다. 제2차 세계대전 후 항공운송의 급격한 팽창과 이민의 제한으로 인해 현재는 보조금제도가 사라졌다. 이 보조금은 국가가 선주에게 지급함으로써 이민수송비용을 부담하는 것과 같은 것으로 생각할 수 있다.

14) 선주가 부담하는 비용할인(reduction in charges borne by shipowners)

관세 및 조세공제와 유사한 보조금형태이다. 국내선주는 외항선과 비교하여 그 나라 항구의 항만세 및 기타 비용감면을 받는다. 이것은 해운보호주의를 가장하기 위한 편리한 방식이다.

15) 항구 및 운하건설에 대한 보조금(subsidies for port and canal construction)

이것은 직접적인 지원방식으로 해운업에 영향을 미친다. 신항구나 운하 등의 현대화는 선박운항의 효율성을 증가시킨다. 이와 같은 투자는 자본집약적이기 때문에 정부가 직접 참여하거나 사기업과 공동참여하게 된다. 우리나라도 항만은 국가에서 건설하여 저렴한 사용료를 징수하므로 간접적인 지원형태로 볼 수 있다.

16) 차별철도운임정책(preferential rail tariff policy)

이것은 직접적으로 해운산업에 영향을 미치는 것 외에 주로 그 나라 항구에 대한 보호주의의 형태이다. 과거의 보호주의 형태로 널리 이용되었던 것으로 철도당국에서 자국선사에게 유리한 철도요율을 제공하고 혜택을 줌으로써 간접적으로 해운산업을 보호한 정책이다.

(2) 정부해운지원의 다른 형태

앞 장에서 논의된 보조금정책 이외에도 해운산업에 대한 정부지원은 여러 가지 형태가 있다. 해운관련문헌에서는 이 형태를 세 가지로 구별하고 있다. 즉 첫째, 국내항구에서의 자국선박에 대한 특혜, 둘째, 화물유보 및 차별(cargo reservation & preferences), 셋째, 외환의 통제 등이다.

1) 국내항구에서의 국기차별정책

외국선으로 운송되는 화물에 대해서 높은 관세를 부과하거나 보다 복잡한 서류, 위생시설, 검사절차, 항구이용에 관한 외국선박의 차별 등의 형태를 취한다. 이러한 모든 조치 중에서 순전히 차별성이 있는 것은 그 나라 항구에서의 자국선에 대하여 좋은 조건의 서비스를 제공해 주는 제도이다. 그러나 이 정책은 장기적으로 위험하다. 단기적으로 이익이 있을지 모르나 장기적으로는 상대국가에서 보복조치가 마련될 수도 있다. 그중 하나는 이러한 차별조치를 하는 항구의 입출항 물량에 대한 고율의 운임을 부과하는 것이다. 또한 그 나라의 선박은 외국항구에서 차별대우를 받게 된다. 이러한 정책은 장기적으로 대항조치가 나오기 때문에 결과적으로 불리한 정책이 된다. 따라서 그런 조치를 채택하고자 하는 나라는 그런 정책에 대한 조사를 면밀히 실시해야 한다. 우리나라는 실질적으로 외국선을 차별하지는 않는다. 그러나 컨테이너 처리시설의 부족으로 인한 문제를 해소하기 위하여 자국선사에게 항만시설 일부를 전용 사용하도록 특혜를 주는 것 등이 이에 해당하는 보조제도라 할 수 있다.

2) 화물유보 및 차별정책(cargo reservation and preferences)

화물유보정책은 국기차별정책과는 달리 화물의 일정비율을 자국선에 적취토록 규정하여 국제해운시장에서 자유경쟁에 임할 수 없는 자국선대를 위한 일방적 시장보호조치이다. 자국선 보호를 위한 화물유보정책은 아직까지 일반화된 정책이라고 볼 수는 없으나, 수많은 국가들이 이 정책의 채택을 고려하고 있으며, 이러한 경향에 대해 전통적인 일부 해운국가들은 우려를 나타내고 있다. 전통 해운국가들은 그들의 무역규모에 비하여 대규모 상선대를 보유하고 있으며, 자국상선대의 유지를 위해서는 제3국 간 화물수송에 참여하기도 한다. 다른 보호정책들 아래에서는 전통 해운국들이 아직도 경쟁을 할 수 있는 여지가 있으나, 화물유보정책하에서는 그것이 시장의 전부이든 특정 부문이든 불문하고 시장 자체가 폐쇄되어 그들이 참여할 여지를 없애 버린다. 그러므로 이 제도하에서는 강력한 국제경쟁력을 바탕으로 제3국 항로에 진출하는 세계주의적 해운국으로부터 심한 반발이 있다.

화물유보정책은 자국의 연안화물에 대해서 자국선에 한정시키는 것이 일반화된 조치이나 외항화물에 대해서는 한 나라가 일방적으로 시행할 수도 있고, 쌍무 간 협정이나 다자간 협정에 의해서 광범위하게 시행할 수도 있다. 유보대상화물은 그 국가의 필요에 따라 다른데 주로 대종화물이나 군수화물 또는 정부물자에 국한시켜 적용된다. 미국의 경우도 자국에서 타국에 원조하는 물자의 수송은 자국선박에 의해서만 하게 되어 있다.

화물유보정책은 해운산업의 경쟁력이 부족한 나라에서 자기 나라 무역화물의 공평한 적취를 목적으로 시행되고 있지만 화물시장에서 자유경쟁을 제한하는 조치이기 때문에 제3국 항로를 취항하는 해운국으로부터 비판의 대상이 되고 있다. 우리나라도 자국선에 선적하지 못하는 화물에 대하여 waiver(국적선 불취항증명)를 발급받아야 하는 제도가 시행되고 있다. 1978년 해운업법 제11조에 의거 국적선 이용화물 운송조정제도를 가지고 있다.

3) 외환통제

일국은 일반통화정책을 통해 해상운송거래나 외환의 가용성(availability)에 제한을 가하므로 화물수송경쟁에서 성공적으로 해외선박을 배제시킬 수 있다. 외환의 유효성을 제한하거나 또는 수출입허가제를 도입함으로써 국가는 수출입업자들의 화물수송 시 자국선만을 이용하게 할 수 있다.

(3) 해운의 국가통제

이 조건은 정부가 직접 해운에 개입하는 것을 뜻한다. 일부 국가에서는 점점 더 개인소유회사의 지주로서 또는 직접적인 해운기업의 소유주로서 개입하고 있다. 정부가 해운에 개입하는 데는 여러 가지 이유가 있을 수 있다.

① 국가 통제선박은 군사 및 전략적 목적을 위해 건조되고 운항된다. 이 과정은 제2차 세계대전 동안 특히 두드러졌으며, 이 당시 많은 보조선박이 해군을 지원하기 위해 건조되었다.

② 국가는 특수한 경제적 및 정치적 중요성을 가지는 거래에 선박을 가지고 참여하며, 개별자본은 그러한 거래에 대한 수익성이 약하기 때문에 참여하지 않는다.

③ 국가는 그 나라의 전수송체제를 위한, 즉 본토와 인근 섬, 해협 등을 횡단하는 도선관계의 중요한 거래를 유지하기 위해 공공서비스를 부담한다.

④ 개인자본은 경쟁력 있는 해운서비스를 마련하기에는 일반적으로 부족하고 불충분한 반면 정부는 국가경제를 위한 해운의 중요성을 인식하기 때문에 투자부담을 감당하지 않을 수 없다.

위에서 언급한 해운의 국가통제 사유 중 마지막 네 번째 사항은 대부분의 선박톤수가 국가통제기업의 수중에 있는 개도국에서는 특히 중요하다. 해운에서의 정부개입의 이유와 범위가 어떻든 간에 정부는 점점 더 이 분야의 경제활동에 참여하고 있다.

02 해운정책사례

2-1 주요 국가사례

주요 해운국가들의 해운정책은 선박확보에 대한 금융정책과 선원정책 및 해운자유정책여부 등으로 대별해서 살펴볼 수 있다.

(1) 영 국

자국상선대의 해외이적(flagging-out)을 방지하기 위해 1985년 6월 Man섬(isle of man)에 역외등록제도를 도입하였다. 역외등록제도는 용선선박의 등록을 허용하며 선원고용의 융통성과 각종 세제혜택을 부여하고 있다.

해운자유주의를 표방하는 대표적인 국가이면서도 자국선에 대하여 다음과 같은 각종 지원제도를 실시하고 있다.

— 금융지원: 100GT 이상 상선의 건조 시 선가의 80%를 융자해 주며 상환기간은 8.5년, 이율은 8%이다.

— 세제지원: 선가의 2%에 해당하는 조선부 간의 간접세 면제, 상선의 부가가치세 면제, 수입조선기자재에 대한 관세를 면제하고 있다.

— 기타지원: 영국선박에 승선하는 2급선원의 재교육비 보조한다.

(2) 노르웨이

전통해운국가로서 해운자유주의를 표방하고 있다. 높은 임금수준으로 자국선의 해외이적이 심화되자 이를 방지하고자 1987년 NIS제도를 도입하고 있다.

노르웨이는 다른 전통해운국에 비하여 해운에 대한 지원이 다양하다.

— 금융지원: 선박건조 시 선가의 80%까지 융자해 주며 상환기간은 3년 거치 포함 12년이다.

— 보조금지원: 조선관련 연구 시 비용의 65%까지 재정보조를 받을 수 있으며 비용의 85%까지 융자가 가능하다.

— 세제지원:

• 법 인 세: 유보분은 27.8%이나 배당분은 비과세한다.

- 감가상각: 장부가의 30%를 한도로 정률법을 적용하고 있다.
- 고정자산 처분이익: 6년 이내 선박취득자금으로 충당할 때 압축기장을 인정하고 있다.

(3) 그 리 스

그리스는 선대의 90% 이상이 삼국 간 부정기항로에 취항하고 있으며 따라서 해운보호주의를 반대하고 있다.

그러나 자국선에 대해 폭넓은 지원제도를 실시하고 있다.

— 금융지원: 신조 및 개조 시 선가의 80%까지 융자해 주며 상환기간은 8~10년이다.

— 세제지원: 법인세는 부과하지 않고 그대신 1GT당 1달러 내외의 해운세(shipping tax)만을 부과한다. 이외에도 고정자산처분과 해운기업의 주주가 취득하는 배당이나 이자소득에 대해서도 과세를 면제하고 있다.

(4) 홍 콩

홍콩은 해운기업활동이 가장 자유로운 국가이다.

— 항로개설, 선박의 취득, 용선, 해례 등 해운활동에 대한 정부간섭이 전혀 없다.

홍콩은 해운과 관련하여 직접적인 지원제도 대신 간접적으로 해운활동을 지원하고 있다.

— 홍콩의 조세제도는 홍콩 내에서 당해연도의 사업으로 발생한 이윤에 한하여 과세하고 있다: 홍콩선사들은 해외에 자회사를 설립하여 선박운항을 위탁함으로써 세금을 절감하고 있다.

(5) 싱가포르

싱가포르는 해운산업을 국가기간산업으로 진흥 발전시킨 나라이다. 특히 해운과 관련된 항만 및 부대사업에 집중 투자하여 외국선박의 유치를 통한 부가가치 창출을 극대화하고 있다.

— 1991년 「허가장려선적제」를 도입하여 해외선사가 싱가포르에 운영본부를 설립하고 연 매출액이 4백만 싱가포르달러를 초과하면 10년간 면세혜택을 부여하고 있다.

— 1996년 「부두특허방안」을 실시하여 외국선사에 컨테이너부두를 장기임대해 주고 있다.

싱가포르는 과거 편의치적제도를 시행한 국가였으나 1981년 4월 이 제도를 폐지하였다. 이후 자국선대 확충에 주력하고 있으며 이에 따라 선박확보시 상당한 지원을 하고 있다.

— 국적선사가 선박을 싱가포르에서 건조 시 선가의 85%를 상환기간 최장 14년까지 융자해 주고 있다. 해외에서 선박을 구입할 때도 선가의 80%를 년리 8%, 상환기간 8~12년의 융자를 제공하고 있다.

2-2 우리나라 사례

(1) 국제선박 등록제 도입

자국상선대의 해외이적을 방지하기 위하여 선진해운국을 중심으로 보편화되고 있는 국제선박등록제도를 도입하여 우리나라 외항상선대의 경쟁력을 선진국 수준으로 제고함으로써 우리나라 상선대의 해외이적을 사전에 방지하여 국민경제의 안정과 국가안보 증진을 도모하여 우리나라가 21세기 태평양권 해운중심기지로서의 역할을 수행하기 위한 선대확충 기반을 조성하는 데 있다.

— 국제선박 등록대상을 선박법에 의한 한국선박, 국적취득조건부용선 및 국제선박관리인이 외국선박소유자로부터 관리를 위탁받은 선박으로 한다.

— 국제선박으로 등록하고자 하는 자는 선적항을 정하여 해양수산부장관에게 등록을 신청토록 한다.

— 등록된 국제선박에 대하여는 국제선박증서를 교부한다.

— 국제선박에 대하여는 외국인 선원의 승선을 허용하고, 대한민국 선원 및 외국인 선원의 승선기준 및 범위에 대하여는 이해당사자의 의견을 들어 해양수산부장관이 정하도록 한다.

— 선박소유자 등이 외국인 선원을 고용할 때에는 대한민국을 대표하는 선원노동조합과 단체협약을 체결하도록 한다.

— 국가비상 시를 대비하여 해양수산부장관이 필요하다고 인정하는 경우 국제선박 중에서 국가필수선박을 지정하고, 동 선박에 대하여는 외국인 선원의 승선을 제한한다.

— 국제선박 및 국제선박에 승무하는 선원에 대하여는 조세에 관한 법률이 정하는 바에 의거 세제상의 지원을 할 수 있도록 한다.

(2) 한국 P&I Club의 설립

1) 설립목적

Korea P&I Club은 선박소유자, 용선자 기타 선박운항업자가 선박운항으로 인하여 발생하는 책임 및 비용에 관한 상호보험인 손해보험사업을 실시하고, 그 조합원 기타 이해관계인의 권익 보호 및 해운산업의 안정적 성장에 이바지할 목적으로 선주상호보험조합법에 따라 국내 선주들에 의하여 설립된 비영리법인이다.

2) 설립배경

P&I보험은 선체보험과 더불어 선박을 운항하는 데 있어서 발생하는 선주의 위험을 담보하는 양대 보험의 하나로, 우리나라 선주들은 과거 수십년 동안 해외의 P&I Club에 가입하여 왔다. 그러나 점차 선사의 위험관리에서 차지하는 비중이 점증하고 있는 국내선사의 선주배상책임보험(P&I)을 외국의 클럽에 완전히 의존하는 것은 한국해운의 경영안정이라는 측면에서 바람직하지 않으며, 연간 약1억 달러에 이르는 보험료가 해외로 유출되고 있다는 사실 등이 지적되어 왔다. 이와 함께, 중소형선사를 중심으로 한 P&I보험서비스에 대한 불만 및 고율의 보험료 부과와 보험인수 거부로 인한 중소형 연근해 선사의 경영 불안정을 해소하는 한편 사고 처리 능력을 축적하여 위험관리 능력 및 경쟁력을 제고하기 위해 국내에의 P&I Club 설립 필요성과 그 당위성이 1976년부터 대두되어 왔다.

이에 따라 1998년 정부, 학계 및 업계의 대표로 구성된 설립준비위원회 및 준비단이 만들어졌고, 1999년 2월 5일에 선주상호보험조합법이 국회를 통과하여 제정, 공포되기에 이르렀다. 이를 근거로 2000년 1월 26일 Korea P&I Club이 설치되었다.

3) 역　할

Korea P&I Club의 주된 역할은 위험의 담보와 클레임의 처리 및 관리, 보증의 제공이다. 즉, 선박운항과 관련하여 선주가 부담하게 되는 운송화물의 손해에 대한 책임, 선원 및 여객 등의 사상 또는 질병에 대한 책임, 해양 등의 오염으로 인한 손해에 대한 책임 및 그 제거비용, 선박충돌에 의한 손해에 대한 책임, 부표·잔교·해저전선·어구·기타 시설물의 손해에 대한 책임 및 기타 선박운항으로 인하여 선주 등이 부담하여야 하는 P&I사고에 대한 배상책임과 비용을 담보하여, 그 외로 부가서비스(COFR발급, 해사클레임처리방안 조언, 해양수산항만관련 정보제공, 관계법령 제·개정관련 정보, BlueCard정관발급)를 제공함으로써 우리 해운경영의 안정성을 확보해 주고, 보다 경쟁력 있는 보험료와 서비스를 제공한다.

또한 Korea P&I Club은 클레임을 원활하게 처리하기 위해 세계 600여 곳에 연락사무소(Correspondents)를 두고 있고, 사건 발생 시 변호사나 검정인을 선입하고, 사고처리에 대한 조언을 하고 있으며 Korea P&I Club의 재보험자가 제공하는 보증서는 해외 P&I Club 보증서와 동등하게 제공 및 통용되고 있다.

(3) SP-IDC(국토해양부 해안항만물류정보시스템)

1) 개 요

국토해양부는 동북아 물류중심 전략을 수립하기 위해서 신속·정확한 정보가 필요하다고 인식하고, 정책담당자와 물류주체들의 의사결정을 효율적으로 지원하고자 해운항만물류정보관련 사이트를 구축하였다. 해운항만물류정보센터(SP-IDC)는 항만이용자들이 신고하는 정보를 기반으로 작성되는 해운항만통계(화물수송실적, 컨테이너 처리실적, 선박입출항실적)와 등록선박, 국제물류통계 등을 제공하고 국내외 해운항만 관련 전문기관에서 제공하는 최신 정보를 수집하여, 국내외의 해운선사정보, 물류기업정보, 항만정보 등의 국제물류정보를 제공하고 있으며, 그 이외에도 해운항만물류정보센터만의 차별화된 정보를 제공하고 있다. SP-IDC에서 제공하는 정보를 언제 어디서나 습득할 수 있도록 웹 접근성을 향상시켰다.

2) 주요 제공서비스

— 해운항만통계

Port-MIS를 기초로 한 해운항만 관련 통계 정보를 화면/파일/레포팅 등 다양한 형태로 제공

• 화물반출입통계, 컨테이너 반출입통계, 선박입출항 통계, 등록선박 통계 등

— 국제물류

동북아 물류중심 전략 지원을 위한 해운, 항만, 물류 관련 주요 업체 현황 및 주요 국가 정보 제공

• 국적선사, 정기선사, 벌크선사, 국내물류기업, 글로벌물류기업, 글로벌터

미널업체, 해외항만배후부지, 주요 항만현황, 주요국 현황 등

— 정책동향

민간 및 정부의 정책결정에 활용 가능한 기초자료 제공

• 해운항만동향 자료, 수출입화물기종점 자료, 컨테이너 터미널 물동량 및 운영현황 자료, 일반부두 물동량 및 운영현황 자료 등

— 항만이용정보

지방청 및 항만공사에서 운영되는 Port-MIS에서 발생한 항만이용정보 및 컨테이너전용터미널 운영 정보 제공

• 선박입출항정보, 화물반출입정보, 항만시설사용료 안내, 컨테이너화물정보, 위험물 정보 등

— 정책동향

민간 및 정부의 정책결정에 활용 가능한 기초자료 제공

• 해운항만동향 자료, 수출입화물기종점 자료, 컨테이너 터미널 물동량 및 운영현황 자료, 일반부두 물동량 및 운영현황 자료 등

— 정보마당

해운항만업무 관련 부가정보 제공

• 선박 및 장비소개, 해운항만물류용어 정보, 법령정보 등

03 국제운송관련 국내외 주요 기구 및 기관

전통적으로 해운산업은 세계적인 공개시장에서 경쟁하고, 국제성을 유지하며, 정부와 밀접하게 연계하여 발전되어 왔다. 그렇기 때문에 국제해운은 일정 국가나 국제적인 기구에 의해 직·간접적으로 영향을 받으며, 이러한 기구의 정책이나 요구와 유리된 상태에서 기업을 유지시키기란 거의 불가능하다. 그러므로 주요 기구의 주요 배경과 목적 등을 이해하는 것이 해운경영과 정책에 필수적인 것이라 할 수 있을 것이다.

3-1 UN 관련기구

(1) IMO(International Maritime Organization: 국제해사기구)

IMO는 1948년 3월 17일 UN 해사위원회(UN maritime conference)에서 채택된 국제해사기구에 관한 협약에 의거, 발기하여 1958년 3월 21개국 이상이 가입하여 유엔 산하의 해사전문기구인 정부 간 해사자문기구(intergovernmental maritime consultative organization: IMCO)가 창설되었다. 그 후 기능확대에 따라 협약을 개정하여 1982년 5월 현재의 명칭으로 변경하였으며, 영국 런던에 본부를 두고 있다. 등록요건은 100만 GT 이상의 선박보유국이 가입하도록 되어 있다. IMO의 설립목적은 ① 정부 간 해사기술의 상호협력, ② 해사안전 및 오염방지대책, ③ 국제간 법률문제해결, ④ 개도국의 해사기술협력 및 각종 회의소집과 국제해사 관계협약의 시행권고, ⑤ 정부 간 차별조치 철폐, ⑥ 해운업계의 불공정한 제한적 관행의 문제·심의 등이며, 1993년 회원국은 142개국이고, 국제협약건수는 38건에 달하며, 500여 종의 결의문을 채택하였다.

IMO의 기구를 살펴보면, 국제해사기구의 최고의결기관은 모든 회원국으로 구성되어 2년마다 개최되는 총회가 있다. 2012년 3월 기준 170개국의 회원국과 3개의 준회원국이 가입되어 있으며, 우리나라는 1962년 4월 정회원이 되었고 최근에는 IMO 이사국으로서 활발한 활동을 보이고 있다. 한편 총회 휴회기간에는 이사회가 계류된 문제에 대하여 총회의 기능을 대행하며, 임기 2년에 32개 회원국으로 구성된다. 이사회 산하에는 ① 해사안전위원회(maritime safety committee: MSC), ② 해양환경보호위원회(maritime environment & protection committee: MEPC), ③ 법률위원회(legal committee: LEG), ④ 기술협력위원회(technical cooperation: TC) 등의 4개 위원회가 설치되어 있다. 국제해사기구(IMO)는 정부 간 해사자문기구로 창설된 이래 30종의 국제협약을 채택하였으며, 우리나라에서는 이 중 11개의 협약이 발효되었다. 이 협약 중 중요한 것으로는 다음과 같은 것이 있다.

1969년의 선박톤수 측정에 관한 협약(tonnage 1969: the international convention on tonnage measurement of ship)은 25개국에서 세계 선대의 65% 이상을 확보하였으며, 1982년 7월 18일 발효되었으며, 47개국이 이 협약을 수락하였다. 1974년의 해상인명안전협약(SOLAS 1974: the international convention for the safety of life at sea) 조건은 25개국 이상, 세계 선대의 50% 이상이며, 발효일은

1980년 5월 25일이었으며, 한국은 1981년 3월 31일 이를 채택하였다. 주요한 것으로 해양오염방지조건에 관한 1978년 의정서(1973/1978 MARPOL: international convention for the prevention of pollution from ships, 1973, protocol of 1978 relating to the provention from ships, 1978)를 들 수 있다.

1979년 해상수색 및 구조에 관한 협약(SAR 1979)이 제정되어 1985년 발효되었다. 1988년에는 COSPAS-SARSAT운용에 관한 국제협정(COS-SAR 1988)이 발효되었으며, 1992년 3월에는 해상안전에 관한 불법행위의 억제를 위한 협약(SAU 1988)이 발효되었다. 최근 2010년 Ⅱ-2, Ⅲ, Ⅳ 및 Ⅴ장 등 부분개정되었다.

(2) UNCTAD(Untied Nations Conference on Trade and Development: 국제연합무역개발회의)

UNCTAD는 1964년 3월 국제연합 주관으로 제네바에서 개최된 무역개발회의 권고에 따라 1964년 12월 30일 제19차 국제연합총회에서 채택된 결의 1995호에 의거하여 설립된 기구로서, 그 설립목적은 선진국과 개발도상국 간의 교류를 증진시키고, 개도발상국의 경제개발문제의 원칙과 정책을 수립하여 이에 대한 적절한 실천을 경주하며, 동시에 UN헌장에 따라 책임성 있는 활동을 전개함으로써 남북지역 간의 경제적 격차를 완화시키려는 데 있다. 현재 194개국이 정회원으로 가입해 있으며, 회원국들의 구성은 이해관계에 따라 개발도상국의 이익을 대변하는 77그룹(100개국), 선진국의 입장을 대변하는 그룹(31개국), 동구권을 대변하는 D그룹(24개국) 그리고 독자노선을 추구하는 중국으로 대별된다. UNCTAD에는 7개 위원회가 있는데, 이 가운데 해운위원회는 해상운송문제의 중요성을 감안하여 1964년 설립된 해운전담기관으로서 현재 95개국이 가입되어 있다. UNCTAD의 주관으로 채택된 해운관계 국제협약으로 1974년 정기선동맹의 행동규범에 관한 협약, 1978년 유엔 해상화물운송조약, 1980년 유엔국제복합운송조약 등이 있다.

(3) ILO(International Labor Organization: 국제노동기구)

ILO는 1919년 평화협정에 의거, 제네바에서 창설되었으며, 1946년 국제연합의 첫번째 전문기구로 편입되어 국제연합 산하 전문기구로 가장 큰 영향력을 발휘하고 있다. 이 기구의 목적과 임무는 1944년 필라델피아 선언에 잘 나타나 있는데, 즉 "인간은 경제적 안전과 평등한 기회조건 속에서 물질적·정신적 발전의 권리를 가진다"고 선언하였다. 이를 구현하기 위해 정부 간 기구 및 대표는 물론, 근로자와 고용측의 대표들도 이 기구의 업무에 참여하여 서로 협의하고 있다. 한편 ILO 조직 내에는 해운전담 의결기관은 없으나, 해상노동의 특수성을 감안하여 일반총회와는 달리 해사총회가 개최된다. 1920년 제네바에서 최초로 개최된 해사총회의 발의와 이사회의 결의에 의거, 합동해사위원회(joint maritime commission)가 설립되었다.

동위원회는 선주와 선원 대표 각 20명으로 구성되며, 해운사업, 어업, 항만 서비스, 내수로교통과 관련된 업무에는 다음과 같은 내용이 포함된다.

① 해사산업 근로자의 신분, 범위, 시험 및 이 분야의 사회문제 또한 이들과 관련된 적절한 계획 및 절차 등의 개발
② 이사회에서 결정한 계획과 목적수행을 위한 해사국제회의의 계획수립과 추진
③ 해사산업의 문제점을 처리함에 있어서 국제노동기구 활동의 착수 및 증진 등을 위한 연구 및 기술보고, 기술권고업무, 기준의 설정, 정보의 보급 및 기술협력 등이다.

ILO는 창설 이래 3,800여 개의 각종 노동관계협약을 채택하였으며, 그중 해상노동협약은 37개이다. 해상노동협약 중 상선선원에 관한 것이 32개이며, 그 중 22개가 발효되었다. ILO조직 내의 IMO/ILO합동위원회(joint IMO/ILO committee on training)가 있어 노동의 질적 수준향상을 도모하고 있다. 1976년 10월 ILO는 해운종사 노동자의 수준향상을 위한 협약을 채택하였는데, 그 내용으로는 다음과 같은 것이 있다.

① 국제상선의 최저기준에 관한 협약
② 선원의 휴가와 최저임금에 관한 협약
③ 유자격 선원에 대한 정규적인 직원채용으로 고용보장에 관한 협약
④ 18세 미만의 선원에 대한 보호권고 등이다.

2012년 기준 ILO의 회원국 수는 185개국이며 한편 우리나라는 1988년 6월 75차 총회에서 ILO가입을 희망한 이래 1991년 12월 9일 152번째의 회원국으로 정식 가입하였다.

(4) ESCAP(United Nations Economic and Social Commission for Asia and Pacific: 아시아 · 태평양경제사회이사회)

ESCAP는 유럽경제위원회(ECE), 라틴아메리카경제위원회(ECLA), 아프리카경제위원회(ECA) 등과 더불어 국제연합경제사회 이사회의 4개 지역경제위원회의 하나이다. 아시아·극동지역의 경제부흥을 위하여 경제기술의 조사와 연구, 통계, 정보 등을 수집하여 가맹국 정부 또는 UN 전문기관에 건의하기 위한 목적으로 1974년 6월 태국의 방콕에 설치된 아시아극동경제위원회(ECAFE)가 1974년 9월 현재의 명칭으로 개명되었다. 회원국으로는 아시아·태평양지역과 이 지역에 관심이 깊은 53개국이 가입되어 있으며 UN에 가입되어 있지 않은 9개 국가가 가입되어 있다. 우리나라는 1954년 10월 정회원국으로 가입하였다. 한편 해운문제는 상설위원회를 통한 회원국 정부 간의 협의 외에 매년 역내의 선주협회장회의와 하주기구, 선주협회, 항만당국, 세관당국의 합동회의를 개최하여 역내 해운발전과 해운 관련기관과의 협력방안을 협의한다. 이 기구 내의 해운항만내륙수로국(shipping, ports and inland waterways division)은 해운관계위원회나 각종 회의에서 결의된 사항을 이행하고 그 결과를 각국 정부에 보고한다. 해운, 항만, 내륙수로국의 주관으로 추진 중인 해운관계사업은 관리직원의 교육과 훈련, 컨테이너화 방안연구, 정보교환, 역내 선주 간의 협조방안 등인데, 1984년 선박의 에너지 절약방법을 개발하기 위한 계획안이 시행되었고, 내륙수로관리의 교육과 저인망식 기술에 대한 교육이 실시되기도 했다.

3-2 주요 국제개별기구

(1) ICS(International Chamber of Shipping: 국제해운회의소)

ICS는 민간국제기구로서 국제민간선주들의 권익보호와 상호협조를 위하여 각국 선주협회들이 자발적으로 조직한 국제민간협의체이며, 1921년 11월 11일 런던에 설립되었다. 제2차 세계대전 후 국제해운이 활기를 띠고 질서가 확립되면서 회원수의 증가와 더불어 본격적인 활동이 개시되자, 1948년에 현재의 명칭으로 개명하였다. 창립 당시 14개국의 선주협회를 회원으로 발족하여, 현재의 회원은 31개국의 33개의 선주협회로 늘어났으며, 가입 선복량도 전 세계 상선대의 2/3에 달하고 있다. 산하기관으로는 7개 상설위원회와 각 위원회 산하의 소

전문위원회 및 전문가 반이 있다. ICS의 주된 역할은 국제해운의 기술적 및 법적 분야에서 제기된 문제점에 대하여 국제적으로 통일된 선주의 의견을 반영하며, 선주의 이익을 도모하는 것으로 그 구체적인 활동상황은 다음과 같다.

① 해운관계의 정부 간 국제기구의 자문역으로 이들 국제기구가 주관하는 각종 국제회의 및 국제협약의 입안에 참여하여, 각국 선주의 집약된 의견을 직접 반영한다.

② 회원국의 정부주관으로 추진되는 각국의 국내법 입안 시, 회원을 통하여 각국 선주의 의견이나 결의사항을 반영시킨다.

③ 국제해운회의소 산하의 상설위원회 등에서 연구검토한 내용을 각국 선주의 합의된 의견으로 발전시킨다. ICS는 많은 정부 간 국제기구에 대하여 자문역을 하고 있으며, 특히 국제해사기구(IMO)와는 긴밀한 업무협조를 하고 있는데, 그 밖에도 유엔 산하기구인 유엔무역개발회의(UNCTAD), 국제통신연합(ITM), 세계기상기구(WMO), 유럽경제위원회(ECE), 아시아 경제사회위원회(ESCAP) 등의 자문역을 맡고 있다.

한국선주협회는 1978년 가입을 신청하여 1979년에 이 기구의 정회원이 되었다.

(2) ISF(International Shipping Federation: 국제해운연맹)

ISF는 선원의 권익보호와 자문을 위해 1919년 창설된 민간기구로 런던에 그 본부를 두고 있다. ISF는 당초 유럽해운선진국의 선주협회를 중심으로 구성되었으나, 1919년 국제노동기구(ILO)의 창설 이후 고용문제 및 노사문제가 국제적으로 대두되고, 특히 선원 노조의 세계적 단체인 국제운수노동자연맹(ITF)의 활동에 효율적으로 대처하기 위하여 그 기능과 조직을 대폭 개편하게 되었다. ISF는 현재 28개국의 선주협회가 회원으로 가입되어 있으며, 한국선주협회는 1980년 8월 정회원으로 가입하였다. ISF는 선원의 모집, 훈련, 자격규정, 승무, 사고방지, 의료복지, 운임, 노동시간과 노동조건, 고용조건, 선내 거주시설과 복지시설, 사회보장제도 등 선원문제의 전반에 걸쳐서 각국 선주의 의견을 집약, 대변하고 있다.

(3) P&I Clubs(Protection and Indemnity Clubs: 선주책임상호보험조합)

'P&I Clubs'이라는 명칭으로 알려진 선주책임상호보험조합은, 제3자의 위험으로 인해 정상적인 해상보험증권(marine insurance policy)에서 부보되지 않은 위험에 대한 담보를 확보하기 위하여, 선주상호 간에 의하여 설립된 것이다.

전쟁위험보험조합(war risk clubs)은 전시나 이에 준하는 상태의 위험에 대한 담보를 확보할 목적으로 조직된 클럽이며, 평화 시에는 활동하지 않지만 아직 존재하고 있다. 이 P&I클럽의 유지비용은 클럽회원들의 보유선박 톤수에 따라 비례하는 분담금을 클럽기금에 불입하여 확보한다. 어떤 특정한 위험에 대하여는 위험을 확보할 수 없는 경우를 위하여, 선주는 이 클럽의 회원이 되어 가능한 손실에 대한 안전을 기하고 재정적 손실을 피하게 되는 것이다. 선주는 이 클럽의 회원이므로 손실을 보상받기 위하여 자동적으로 돈을 꺼내어 쓸 수 있다고 생각해서는 안 된다. 그가 인출한 금액은 조만간 다시 채워야 하며, 회원들이 기금을 많이 사용할수록 클럽의 지불능력을 유지하기 위하여 더 많은 분담금을 지불해야 된다. 클럽의 사무국에 의하여 수시로 분담금(calls)이 결정되어 클럽기금에 충당되며, 손실건수가 많을 때는 상대적으로 분담금은 높아지게 된다. 클럽은 보호(protection)와 배상(indemnity) 두 가지 종류의 업무로 나누어지며 위험을 부보하는 내용은 아래와 같다.

1) 보호(protection)

① 인명의 상실 또는 신체상해, ② 조난을 당한 선박요원의 본국송환비(repatriation)와 이들의 입원료, 의료비, ③ 충돌에 따른 인명의 상실, ④ 충돌에 의하여 다른 선박에 준 손상, 이 경우 다른 선박에 적재된 화물의 1/4의 가치를 포함한다. 3/4은 해상보험증권(marine policies)으로 부보됨, ⑤ 부적당한 항해로 야기된 화물의 멸실과 손상, ⑥ 부적당한 항해로 야기된 선주가 화주로부터 회수하지 못하는 공동해손의 물품분담금, ⑦ 제방(piers), 부두, 안벽 등에 준 손상, ⑧ 난파에 의한 비용, ⑨ 통상국(board of trade)에 대한 조회, 조사비용, ⑩ 검역비용(quarantine expenses), ⑪ 클레임 변호에 따른 법적 비용.

2) 배상(indemnity)

① 잘못된 화물의 인도, 부족인도, 혼합인도, ② 보험으로 보충되지 않은 충돌에 따른 선박의 책임, ③ 선장 또는 선원의 불법행위에 따른 벌과금, ④ 화물클레임 소송비용 등 앞에서 열거한 내용 중 클레임 변호 및 소송비용이라 함은 한 선주가 싸우는 일반상거래의 클레임을 말하는 것이 아니라, 모든 선주에 중대한 영향을 주는 클레임을 말한다. 이러한 경우는 장래에 규제될 법적인 판결

이 되기를 선주가 바라는 test cases라고 표현될 수 있다. 이 test cases는 해결되기 전에 수천 파운드의 비용이 들 것이지만, 이 판결이 남으로써 선주는 이와 유사한 장래의 많은 클레임을 배제할 수 있기 때문에 이 막대한 비용은 명백히 필요한 것으로 된다.

(4) CMI(Comittee Maritime International: 국제해법회)

CMI는 해상법, 해사관행과 관습 및 해사실무의 통일을 기할 목적으로 1897년 벨기에의 앤트워프에서 창설되었다. CMI는 현재 50개국의 해법회가 정회원으로 가입되어 있다. 정회원의 자격은 CMI와 같은 목적으로 설립된 각국의 해법회에 개방되어 있으나, 각국에 하나의 해법회만이 가입하도록 한정되어 있다. 해법회가 없는 나라의 국민으로 CMI의 활동에 관심이 있는 인사는 임시회원으로 가입할 수 있으며, 국제기구도 회원으로 가입할 수 있으나 표결권은 없다. 우리나라의 경우 1981년 5월 한국해법회가 CMI에 가입, 정회원이 됨으로써 CMI의 활동에 적극 참여할 수 있게 되었다. CMI는 비록 비정부 간 기구이나 해운국의 해법회를 회원으로 조직한 세계적 기구로서 많은 해운국들의 다양한 견해를 통일하는 데 크게 기여하였는데, CMI의 활동으로 성립된 해상법에 관한 통일협약의 현황은 다음과 같다.

① 1910년 선박충돌협약(international convention for the unification of certain rules of law with respect to collision between vessels, 1910-COLLISION, 1910) 발효, 74개국 가입

② 1910년 해난구조협약(convention for the unification of certain rules of law relating to assistance and salvage at sea, 1910\ASSISTANCE AND SALVAGE, 1910) 발표, 76개국 가입

③ 1924년 선박소유자의 유한책임협약(international convention for the unification of certain rules relating to limitation of the liability of owner of sea-going vessels, 1924-LIMITATION OF SHIPOWNER'S LIABILITY, 1924) 발효, 96개국 가입

④ 1924년 선하증권통일협약(convention for the unification of certain rules of law relating to bills of lading, 1924-BILLS OF LADING, 1924) 발효, 75개국 가입

⑤ 1910년 선박우선특권과 저당권통일협약(international convention for the unification of certain rules relating to maritime liens and mortgages, 1926-LIENS AND MORTGAGES, 1926) 발효, 30개국 가입

⑥ 1910년 국유선박면책협약(convention for the unification of certain rules concerning the immunity of state-owned ships, 1926-IMMUNITY STATEOWNED SHIPS, 1926) 발효, 29개국 가입

⑦ 1952년 선박가압류협약(international convention for the unification of certain rules relating to the arrest of sea-going ships, 1952-ARREST, 1952) 발효, 55개국 가입

⑧ 1952년 충돌의 민사재판 관할권협약(convention for the unification of certain rules of law relating to civil jurisdiction in matters of collision, 1952-COLLISION/CIVIL JURISDICTION, 1952) 발효, 54개국 가입

⑨ 1952년 충돌, 기타 사고의 형사재판관할권협약(international convention for the unification of certain rules relating to penal jurisdiction in matters of collision or other incidents of navigation, 1952-COLLISION/PENAL JURISDICTION, 1952) 발효, 58개국 가입

⑩ 1961년 여객운송통일협약(international convention for the unification of certain rules relating to the carriage of passengers by sea, 1961-CARRIAGE OF PASSENGERS, 1961) 발효, 12개국 가입

이외에 미발효된 협약으로는, 1957년 항해선주책임제한협약, 1957년 밀항자협약, 1962년 원자력선 운항자책임협약, 1967년 1919 해난구조협약의 개정협정서, 1967년 건조 중인 선박의 권리등기협약, 1967년 해상여객수화물운송협약, 1967년 선박우선권저당협약, 1968년 1924 선하증권통일조약의 개정협정서, 1969년 유탁손해에 대한 민사책임협약, 1969년 복합운송조약, 1974년 요크 앤트워프규칙 등이 있다.

한편 CMI의 활동사항을 살펴보면 다음과 같다. ① 해운에 영향을 미치는 모든 문제를 협의하고 공동 대처방안을 모색할 수 있도록 해운산업에 관여하고 있는 모든 자연인과 법인 및 단체들 간에 유기적 연대관계를 맺을 수 있도록 주선한다. ② 불공정거래, 투기적 용선계약, 부당한 상행위 등 해운에 영향을 미칠 가능성이 있는 사례나 상관행에 대한 정보를 수집하여 회원들에게 배부하고, 또한 회원 상호 간의 정보교환을 주선한다. ③ 화주, 용선자, 무역업자, 선주 등 해운업과 연관되어 있는 이해당사자들의 협조를 바탕으로 용선계약서를 포함한 각종 해운관계의 서식을 개발하고 이를 개선, 발전시킨다. ④ 선주를 포함한 이용자들의 편의를 위하여 공인된 각종 해운관계 서식을 발간하며, 국제적으로 사

용되는 해운관계 서식을 공인된 서식으로 채택, 보급에 앞장선다.

(5) CENSA(Council of European and Japanese National Shipowners' Association: 구주 및 일본 선주협의회)

CENSA는 1963년에 설립된 유럽선주협의회(committee of european national shipowners' association)가 유럽선주위원회(committee of european shipowners)를 흡수하는 형식으로 그 기능을 인수하여 1974년 1월 1일 런던에서 설립되었다. 위원회는 ① 국제연합의 해운정책, ② 미국의 해운정책, ③ 회원에 영향을 미칠 수 있는 기타 국가의 입법 및 해운정책, ④ 유럽화주협의회의 협상 및 관행 등 4개 부문의 업무를 부담하고 있다. 이를 통해 특히 다음과 같은 역할을 한다.

① 국제교통, 무역장애 및 규제의 제거

② 화주의 선박선택의 자유를 내세우며 정부의 차별 및 불평등 규정을 없애고 자유제도를 증진한다.

③ 서비스 당사자, 즉 사용자(user)와 제공자(provider) 간에 자체적인 규약에 의한 자유 서비스제도를 확립한다.

특히 이 위원회의 대외활동 중 가장 중요한 일은 회원국들의 정부와 이들 정부 간에 결성된 정부 간 해운담당관회의(consultative shipping group)의 자문역을 맡고 있다는 점이다. 회원국은 13개국으로 이루어져 있다.

(6) Lloyd's Register of Shipping: 로이드선급협회

1949년에 British corporation register와 통합한 Lloyd's register of shipping(영국 로이드선급협회)은 선주, 조선업자, 엔진 제조업자 및 보험업자의 임의협회이다. 이 협회 목적은 국적을 불문하고 선박을 검사하고 선급을 정하며, 100톤 이상의 모든 항해선(sea-going vessels)의 등급과 내용이 기록된 로이드 선명록(lloyd's register book)을 통하여 정보를 제공함에 있다. 선급협회는 이 밖에 bureau veritas와 american bureau of shipping 등 여러 개가 있지만 영국선박의 약 80%와 세계 총선박의 약 30%가 로이드선급협회의 선급을 가지고 있다.

이 기구는 marine insurance corporation of Lloyd's(로이드 해상보험공사)와 마찬가지로 1968년 런던의 타워가에 있는 Lloyd's coffee house에 설립되었다. Lloyd's 선명부는 현재 60,000척의 선박에 대한 선명과 명세를 보유하고 있으며, 그 기록된 내용은 보험업자와 선박매매, 용선에 관심을 가지고 있는 선주 및 화주에게 끊임없이 참조되고 있다. 1975년 Lloyd's 선급협회가 그 선명부를 전산화한 이후로 광범위한 자료가 전산처리되고 있고, corporation of Lloyd's와 협동으로 광범위한 정보서비스를 전 세계 해운회사에 제공하고 있다. 선명록은 7단으로 나누어져 있는데, 1단에서는 고유번호, 호출번호, 공식선박 등록번호 및 항해보조설비 등을 기록하고 있으며, 2단에서는 선박명, 선박소유자, 운항관리자, 국적 및 선적항이 표시된다. 3단에서는 총톤수, 순톤수 및 하절기 화물중량톤수 등의 내용을 기록한다. 4단에서는 선급의 명세가 기록되며, 이상적인 표준과 비교되기도 한다. 5단에서는 조선소와 건조 야아드 번호가 기록되는 동시에 건조일자와 장소, 재원, 상부 구조물, 갑판, 선체의 리벳고정 또는 부분용접 여부 및 기타 구체적인 내용도 수록된다. 6단에서는 선박내부의 기기 등이 상세히 수록되어 있으며, 7단에서는 엔진과 보일러에 대한 명세가 기술되어 있다.

(7) FIATA(International Federation of Freight Forwarders Association: 국제물류주선업협회연맹)

FIATA는 1926년 5월 오스트리아 비엔나에서 16개국의 포워더협회 회원들이 모여 복합운송협의회 간에 상호 긴밀한 협조체제를 유지하기 위해 창설되었다. 1949년부터 1959년까지에 이르러 FIATA의 활동이 본격화되었는데, 1955년에 FIATA FRC(forwarder's certificate of receipt)와 1959년 FCT (forwarders certificate of transport)가 최초로 제정되어 소개되었다. 또한 1970년에 이르러 FBL, 즉 FIATA negotiationable combined transport bill of lading이 만들어졌으며, 1974년에는 FIATA에 관계되는 전문용어 해설집이 출간되기도 하였다. 1975년에는 위원회가 9개 기술분과위원회, 즉 technical subcommittees, juridical questions, documents and insurance, rail transport-road transport, sea borne and combined transport customs questions, vocational training, facilitation of trade procedures, air freight institute로 개편되었다. 최근에 국제기구, 즉 UN의 '경제사회이사회' 및 UNCTAD 등과 매년 가을 정기 집행위원회의를 가지며, 이때에 9개의 전문기술위원회는 그들의 전문 특정분야의 문제검토와 업무증진을 위한 토의를 하게 되어 있으며, 본부는 스위스 취리히에 있고, 2년에 한 번씩 FIATA 세계대회를 개최하고 있으며, 2012년 현재 정회원으로 150개국, 40,000개의 포워딩기업의 800~1000만명의 직원을 대표하여 활동하고 있다. 96개 협회, 준회원으로 150개국 2,583개 업체가 가입되어 있다.

(8) FMC(Federal Maritime Commission: 미연방해사위원회)

미국의 해운담당기관은 1950년 미상무성 내에 설치된 미해운위원회(maritime commission)가 있다. 여기에는 상선의 규제업무를 관장하는 미연방 해사국(federal maritime board)과 진흥업무를 관장하는 해사청(maritime administration)의 두 기구가 분할되어 운영되어 오다가 1984년 미신해운법이 제정되면서 외국적 선사에 대해서는 FMC가 규제하고, 자국선사의 지원은 운수성(department of transportation) 산하 미해사청(maritime administration)에서 맡게 되었다.

FMC의 주요 규제업무로는 다음과 같은 것이 있다.

① 미주 운항관련 선사 간 협정의 검토 및 실시

② 미주 운항선사의 태리프(tariff) 신고, 접수 및 검토

③ 화주 및 선사의 권익보호

④ 3국 간 항로에서 미국선사 보호

⑤ 해상운송 주선업자(ocean freight forwarder) 면허 발급

⑥ 여객선 증명서 발급

⑦ 해운관련 업자 부정행위 조사

⑧ 해운관련 법규의 시행세칙 제정 및 시달

FMC의 기구는 사무실(office of secretary), 법무행정실(office of administrative law judges), 법률상담실(office of the general counsel), 기획조정실(office of managing director) 등 4개의 실과 행정항로 감시국(bureau of agreement and trade monitoring), 운임관리국(bureau of tariffs), 경제동향분석실(bureau of hearing counsel), 조사국(bureau of investigation), 총무국(bureau of administration)이 있다.

(9) 국제민간항공기구(International Civil Aviation Organization: ICAO)

제2차 세계대전이 종결된 후 국제민간항공의 발전과 관리기구 설립을 협의하기 위하여 1944년에 미국과 영국을 중심으로 하는 당시의 연합국 및 중립국이 시카고에 모여 국제민간항공회의를 개최하였다. 이때 성립된 시카고조약에 의거하여 국제항공의 안정성 확보와 항공질서 감시를 위한 관리기구로서 국제민간항공기구(international civil aviation organization: IACO)의 설립을 합의하였다. 그 후 국제연합(UN)이 발족함에 따라 ICAO는 UN의 전문기관으로 편입되었다.

ICAO의 설립목적을 구체적으로 살펴보면 국제민간항공의 발전, 평화적 목적으로 항공기 설계 및 운항기술장려, 항공로, 공항 및 항공보안시설의 장려, 세계인의 요구에 부응한 안전, 정확, 능률적, 경제적 항공운송의 촉진, 불필요한 경쟁으로부터 경제적 낭비방지, 체약국의 국제항공기 육성에 공정한 기회부여, 비행의 안전증진, 국제민간항공의 전분야에 대한 발전촉진 등에 있다.

이러한 목적을 달성하기 위해 ICAO는 총회, 이사회 및 항공위원회, 항공운송위원회, 공동유지위원회, 법률위원회, 재정위원회 등의 기관을 두고 활동하고 있다. 한국은 1952년 12월 13일에 가입하였으며, 현재 가맹국은 191개국에 달하고 있다.

(10) IATA(International Air Transport Association: 국제항공운송협회)

IATA는 1944년 11월 시카고에서 미국, 영국, 프랑스 등 연합국이 중심이 되는 52개 국가가 모여 ICAO(international civil aviation organization: 국제민간항공기구)의 설립의 기초인 '시카고협약'을 채택하였으나, 국제항공운임 및 수송력의 규제 등 항공운송사업의 권익이 충분히 보장되지 않자, 1945년 4월 41개 연합국 및 중립국 항공사 대표들이 쿠바의 하바나에서 회의를 개최, 1945년 4월 정관을 채택하여 정식으로 IATA가 설립되었다.

IATA의 목적으로는, ① 인류의 이익을 위하여 안전하고 정규적이며 또한 경제적인 항공운수사업을 육성하는 동시에 이에 관련된 제반문제를 연구하고, ② 국제항공운송사업에 직·간접으로 종사하고 있는 항공운송기업 간의 협조를 위한 모든 수단을 제공한다. ③ ICAO 및 기타 국제기구와 협력하고 있는 IATA는 전 세계적인 정기 항공사들의 공공서비스조직이다.

IATA는 연 1회 연례총회(annual general meeting)를 개최하여 의장 및 집행위원회 위원을 선출하고, 각 위원회의 보고서를 심의하며, 결산보고 및 예산을 검토한다. 한편 미국정부의 규제완화정책(deregulation policy)의 추구로 IATA의 국제항공운임 결정력은 약화되고 있으며, 지역과 국가에 따라 운임은 IATA운임, 정부 간 운임 등이 병행적용되고 있다. 국제적으로 IATA 운임체계가 기본골격을 이루고 있으나, 가입항공사는 2012년 정회원 126개국 243개사이다.

(11) ICHCA(International Cargo Handling Coordination Association: 국제화물처리협의회)

ICHCA는 1951년 설립되었으며, 세계 교통시스템에 관련된 화물취급 기술 향상을 도모하는 것을 주목적으로 하고 있다.

① 화물처리의 효율성 제고

② 수송에 관한 업무

③ 각종 회의, 세미나, 간행물 배부 등을 통한 이해증진 및 확대

④ 정보수집 및 제공

⑤ 화물처리의 새로운 경향분석

(12) IAPH(International Association of Port and Harbors: 국제항만협회)

IAPH는 1955년 11월 미국 로스엔젤레스에서 제1차 총회를 가짐으로써 발족되었으며, 그 후 불과 30년 사이에 81개국의 232개 항만운영 개발관계의 정부기관 또는 단체가 정회원으로, 131개 항만이용자 및 관련업체가 준회원으로 가입되어 있는 국제기구로 발전하였다. 동협회는 항만 간의 국제협력증진, 항만의 운영, 개발에 관한 정보교환을 통해 항만의 효율성을 증가시키고, 해상무역의 성장과 이해를 높이는 한편, 회원의 법적 이익보호를 목적으로 하는 범세계적인 비정부 간 국제기구이며, 현재 본부는 일본의 동경에 두고 있다.

3-3 우리나라의 해사관련기구

(1) 한국선주협회(Korean Shipowners' Association)

한국선주협회는 1960년 6월 대한선주협회(1954년 10월 창립)와 한국 대형선주협회(1957년 4월 창립)가 합병되어 현재의 명칭으로 개명하였다. 동협회의 목적은 우리나라 외항해운업의 경제적·사회적 지위향상 및 국제적 활동을 촉진시켜 건전한 발전을 도모하는 데 있다.

한국선주협회의 업무로는 다음과 같은 것을 들 수 있다.

① 외항해운에 관한 정부업무의 대행

② 외항해운업에 관한 통계

③ 외항해운업에 관한 조사연구

④ 외항해운업에 관한 대정부·국회 및 기타 주요의견의 개진과 건의
⑤ 외항해운업에 있어서 특수화물에 관한 확보대책과 기타 공동대책
⑥ 외항해운에 관한 선원수급 대책
⑦ 외항해운에 관한 노사대책
⑧ 회원 상호 간의 친목 및 의견교환
⑨ 기타 협회의 목적 달성에 필요한 사항

(2) 한국선급협회(Korean Register of Shipping)

1960년 6월 민법에 의거 사단법인 한국선급협회가 설립되었으며, 다음 해인 1961년 12월 선박안전법 제8조에 의거, 설립된 선급협회로 간주되어 해외에 여러 사무소를 설치·운영하고 있으며, 외국의 유명선급협회와 상호 검사업무를 행하고 있다. 동협회의 설립목적은 해상에 있어서의 인명안전 및 재산을 보호하고 해운·조선 및 수산에 관련된 기술진흥에 있다. 한국선급이 수권받은 검사권한으로는 다음과 같은 것이 있다.

① 선박검사권(선박 안전법 제8조)
② 국제만재흘수증서 교부권(교통부)
③ SOLAS 협약에 의한 화물선 안전구조 증서 교부권(교통부)
④ 파나마운하 톤수증서 교부권
⑤ SOLAS 협약에 의한 화물선 안전설비 및 무선전신증서 교부권(교통부)
⑥ SOLAS 협약에 의한 화물선 안전구조증서 교부권, 화물선 안전설비증서 교부권, 화물선 안전무선전신증서 교부권 및 ILL 협약에 의한 국제만재흘수증서 교부권(파나마)
⑦ 수출선박 검사권(상공부)
⑧ 양하장치 검사(미국 노동성)
⑨ 태평양, 인도양 지역의 원양어선 안전검사권(교통부)
⑩ 곡물적재도(파나마)
⑪ 수에즈운하 톤수증서 교부권(수에즈)
⑫ 정부대행검사(선박안전법 제7조의 3)
⑬ 양하장치검사(사우디 아라비아)
⑭ IMO코드 A212(VII)에 의한 위험화학물 살물선 검사권(파나마)
⑮ 선박안전법에 의한 어선검사 대행권(해운항만청)

⑯ 어선법에 의한 어선검사 대행권(수산청)

⑰ IMO코드 329(IX)에 의한 액화가스 살물수송적합증서 교부권(해운항만청)

⑱ 해양오염방지에 관한 규칙에 의거 해양오염방지 기자재 성능시험 및 검정기관으로 지정(해운항만청)

한편 한국선급은 1975년 9월 국제선급연합회(IACS: international association of classification societies)의 준회원으로 가입하였고, 1988년 5월 정회원으로 가입하였다.

참고문헌

I. 논　　문

(1) 국내논문

김성웅, "정기선과 해운동맹,"「해운항만」 제10권 제1호, 해운항만청, 1985/봄호.

민성규, "정기선 해운동맹의 행동규준에 관한 협약의 연구,"「한국해양대학논문집」 제14집, 1979.

방희석, "Policy Approach to the Improvement of the Container Transport System in Korea: Rationalization of the Off? Dock CY/CFS Activities," no.2, 「한국해운학회지」 제2호, 1985. 12.

서헌제, "복합운송증권의 연구,"「무역운송」, 1985. 6.

이윤수, "1984 미해운법이 하주에게 미치는 영향과 대책," 한국무역협회, 1984. 4.

한국과학기술원(KAIST), "컨테이너운송 합리화 방안에 관한 연구," 1983.

한국해운기술원, "해운보호정책의 동향."

한주섭, "복합운송인의 자격요건,"「중재」, 대한상사중재원, 1983. 9.

해운산업연구원, "해운산업의 국민경제에 대한 기여도연구," 1986.

(2) 국외논문

加藤修, "國際複合運送,"「荷主と 輸送」, no.143, 1986. 9.

今野修平, "輸送システムの變革と變貌_史的發展今後の發展," 日本港灣經濟學會, 成山堂, 1982.

櫻井玲二, "複合運送の責任_國連條約と實務の證券一,"「海事産業硏究所報」, no.200, 1983.

A. J. Rose, Dissent from down under: Metropolitan Primacy as the Nornal State, *Pacific Viewpoint*, no. 7, 1966.

Atkins, R.J., and Shriver, R.H., "New Approach to Facilities Location," *Harvard Business Review*, vol.46, May-June 1968.

B. S. Hoyle, "East African Seaports: An Application of the Concept of any Port," *Transactions of the Institute of British Geographers*, vol. 44, 1968.

Braithwaite,A. and Christopher,M., "Managing the Global Pipeline," *International Journal of Logistics Management*, (2), 1991.

Cambon, J., "Economics Efficiency of Harbor Investments," *Dock & Habor Authority*, March 1971.

Collins, N. (2000) *The Essential Guide to Chartering and the Dry Freight Market*, London: clarkson Research Services Ltd.

Cooper, J. and Browne,M., "Logistics Strategic for Global Industries: The Consequences for Transport and Information Technology," *Paper to the 6th World Conference on Transport Research*, Lyon, June/July, 1992.

Copacino,W.C. and Britt, F. F., "Perspectives on Global Logistics," *International Journal of Logistics Management*, 2(1), 1991.

D. A. Pinder, "Community Attitude as a Limiting Factor in Port Growth: the Case of Rotterdam, Cityport Industrialization and Regional Development," 1981.

Deakin, B.M. and Seward, T. (1973) *Shipping Conferences: A Study of Their Development and Economic Practices* (Cambridge: Cambridge University Press).

D. Hilling, "The Evolution of the Major Port of West Africa," *Geographical Journal*, no.134, 1969.

Douglas, S. and Wind, Y., "The Myth of Globalization," *Columbia Journal of World Business*, XXXI, (4), 1987.

E. J. Taaffe, "Transport Expansion in Under Developed Countries," *Geographical Review*, vol. 53.

Elliot Schrier, Ernest Nadel and Bertram E. Rifas, "Forces Shipping International Maritime Transport," *The World Economy*, 1984.

E. Smolensky and D.Ratajczak, "The Conception of Cities," *Explorations in Enterpreneurial History*, vol. 2, 2nd Series, 1965.

Eugene A. Massey, "Prospects for a New Intermodal Legal Regime: A Critical Look at the TCM," *Journal of Maritime Law and Commerce*, vol. 3, no. 4, July 1972.

Fawcent, StanleyE. andVellenga, DavidB., "Transportation Characteristics and Performance in Maquiladora Operations," *Transportation Journal*, vol. 31, no. 4, Summer 1992, pp. 5-16.

Federal Maritime Commission (2001) *Impact of the Ocean Shipping Reform Act of 1998*. (accessed 1 May 2008).

G. Antal, "운송주선업의 과학적 근거" 「하주」 제12호, 한국하주협의회, 1981.

G. B. Norcliffe, "Industrial Change in Old Port Areas: the Port of Toronto," *Cahiers de Geographie du Quebec*, no. 25, 1981.

G. C. Weigend, "The Problem of Hinterland and Foreland as Illustrated by the port of Hamburg," *Economic Geography*, vol. 32, 1956.

G. Humphrys, "A Simple Regional Evolutional Model Illustrated by a Case Study of South Wales," *in Regional Development and Planning: British and Hungarian Case Studies*, Budapest, Akademai Kiado, 1976.

G. Manners, "Transport Costs, Freight Rates, and the Changing Economic Geography of Iron Ore," Geography, vol. 52, 1967.

Goss, R. O., "Towards an Economics Apprasial of Port Investments," *Journal of Transort*

Economics & Policy, vol. 1, no. 3., September 1967.

Grammenos, C.Th. (2010) *The handbook of Maritime Economics and Business*, 2nd edition (London: LLP).

Grobey, H. A.,"Facilities Planning-Management of LNG Imports," *Journal of Maritime Law and Commerce*, vol. 8, October 1973.

Harrington, Lisa H. "North American Free Trade(NAFTA): One Continent, One Market," *Inbound Logistics*, vol. 12, no. 10, October 1992, pp. 16-22.

Heggie, I. G.,"Charging for Port Facilites," *Journal of Transport Economics & Policy*, no. 8, Jaunary 1974.

H. C. Weinand, "A Saptio-Temporal Model of Economic Development," *Australian Geographical Studies*, vol. 10, 1972.

H. M. Mayer, "Some Geographic Aspects of Technological Changes in Maritime Transportation," *Economic Geography*, vol. 49, 1973.

Jan Ramberg, "The Implication of New Transport Technologies," *European Transport Law*, vol. 15, 1980.

J. H. Bird and F.E.Pollock, "The Future of Seaports in the European Communities," *Geographical Journal*, no. 144, 1978.

J. L. Eshelman, "How Short-haul Piggy-back Can be made Economic," *Railway Gazoeffe International*, vol. 135, no. 8, London, Aug. 1979.

J. N. H. Britton, "The External Relations of Seaports: Some New Considerations," *Tijds-chrift voor Economische en Sociale Geografie*, vol. 56.

J. W. Gray, "Futures and Options for Shipping," *Lloyd's List*, 1987.

Hosking, R. O. (1973) *A Source Book of Tankers and Supertankers* (London: Ward Lock).

Kidman, P. (2003) *Port State Control: A Guide for Cargo Ships*, 2nd edition (London: Intercargo).

K. J. Button, "The Economics of Port Pricing," *Maritime and Policy Management*, vol. 6, no. 3, 1979.

K. Y. Chu, "The Growth and Decline of the Major British Seaports: An Analysis of the Pattern of Non-fuel Cargo Traffic 1965~1974," Unpublished Ph.D. thesis, London: Univ., 1978.

Leggate H, McConville J, Morvillo A, (2005) *International Maritime Transport Perspectives* (London: Routledge).

Levitt, T., "The Globalization of Markets," *Harvard Business Review*, May-June, 1983.

Lieb, Robert C. "Logistics as a Strategic Variable in Post-1992 Europe," *Transportation Journal* vol. 30, no. 4, Summer 1991, pp. 56-62.

Lloyd's List, *The Handbook of Maritime Economics and Business 2nd Edition London*, 2010.

Mark, Ken "Mexican Connection-Canadian and U.S. Carriers Set to Tap Mexican Market," *Materials Management and Distribution*, April 1992, pp. 23-25.

Marr, C. J., "How to Achive Global Logistics Coordination," *Competitive Global Logistics Symposium*, Cambridge, 1-10 April, 1991.

M. G. Graham, "The Economic and Commercial Implication of Multimodal Convention," Papers of Seminar on UN Multimodal Transport Convention held by Southamton, University's Faculty of Law on Sep. 12th 1980. Micheal Hampton, "Shipping Cycles," Seatrade, 1986.

Miller, Tan, "The International Modal Decision," *Distribution*, vol. 90, no. 11, October 1991, pp. 82-92.

Ministry of Transport, "Report of the Committee of Inquiry into The Major Ports in Great Britain," *Her Majesty's Stationary Office*, 1962.

Morgan, D. (1979) *Merchants of Grain* (London: Weidenfeld & nicolson).

Murphy, Paul R., Dalenberg, Douglas, and Daley, James M. "Analyzing international Water Transportation: The Perspectives of Large U.S. Industrial Corporations," *Journal of Business Logistics*, vol. 12, no. 1, 1991, pp. 169-190.

Murphy, Paul R., Daley, James M., and Dalenberg, Douglas R. "Selecting Links and Nodes in International Transportation: An Intermediary's Perspective," *Transportation Journal*, vol. 31, no. 2, Winter 1991, pp. 33-49.

Nicolaou, S. N., "Berth Planning by Evaluation of Congestion and Cost," *Journal of Waterways & Harbors Division*, ASCE, vol. 93, no. WW4, Proc. Paper 5577, November 1967.

N. M. Shaffer, "The Competitive Position of the Port of Durban," *Northwestern Studies in Geography*, no. 8, Evanston Ⅰ, Ⅲ, Northwestern University Press, 1975.

N. R. Elliott, "Hinterland and Foreland as Illustrated by the Port of the Tyne," *Tijdschrift voor Economische en Sociale Geografie*, no. 60, 1969.

N. Sun and M.C.Bunamo, "Competition for Handling U.S. Foreign Cargoes the Port of New York's Experience," *Economic Geography*, vol. 49, 1973.

Orner, R. et al., "Port Design and Analysis Methodology," *Commodity Transportation Lab. working paper*, 73-17, Cambridge, Mass., MIT, 1973.

Oum, Tae H., Taylor, Allison J. and Zhang, Anming "Strategic Airline Policy in Globalizing Airline Networks," *Transportation Journal*, vol.32, no.3, Spring 1993, pp.14-30.

Packard, W.V. (2004) Sale and Purchase, 3rd edition (Colchester: Shipping Books).

P. C. Omtvedt, "Report on the Profitability of Port Investments," Oslo, Mimeo. D. Shoup, D. S. Port Operation and Economic Development, Unpublished Ph.D. thesis, U.S.A: Harvard University, Cambridge, 1963.

Portburg Report, "Portbury: Reasons for the Minister's Decision not to authorise the Construction of a New Dock at Portbury," London: British, HMSO, 1966.

R. Callou and D. Schwartz, "Changing Patterns of Economics Activity, Trade and Freight Transport, Combined Transport: Technical, Economic and Commercial Aspects, Eight

International Symposium on Theory and Practice in Transport Economics," ECNT, Sep. 1979.

R. E. Carter, "A Comparative Analysis of United States Ports and Their Traffic Characteristics," *Economic Geography*, vol. 38, 1962.

Research Department Mitisui O. S. K Lines, "Review of Development and Future Outlook of Containerization in World Shipping," *World Containerization*, 1983, ed., Japan Maritime Research Institute, Tokyo: Shipping and Trade News, 1983.

Revis, Joseph, S. and Curtis Tarnoff, "International Transportation: Past, Presen, and Future." *The Private Carrier*, vol. 24, no. 9. September, 1987. pp. 10-18.

R. H. Greenwood, "The Changing Supply Pattern of Raw Materials and Fuels Brought to the U. K. by Sea, 1946-1970," *Annual Conference*, Birmingham, 1975.

Richardson, Helen L., "Intermodal: Quality Service Door to Door," *Transportation and Distribution*, vol. 30, no. 6, June 1989, pp. 14-18.

Rifas, B. E., "Evaluation of Inland Routings of Import/Export Containers," *Railway Management Review*, vol. 72, no. 4. 1972.

Rochdale, Viscount (1970) *Committee of Inquiry into Shipping. Report*, Cmnd 4337 (London: HMSO).

R. O. Goss, "A Comparative Study of Seaport Management and Administration," *Departments of Industry, Trade and Prices & Consumer Protection*, London, vol. 1., 22, 1979.

R. Robinson, "Modelling the Port as An Operational System: A Perspective for Research, *Economic Geography*," vol. 52, 1976.

Samir Mantabay, "The Multimodal Transport of Goods Convention: A Challenge to Unimodal Transport Conventions," *The International and Comparative Law Quarterly*, vol. 32, Jan. 1983.

Schary, P.B. and Coakley,J., "Logistics Organization and the Information System," *International Journal of Logistics Management*, 2(2), 1991.

Segal-Horn, S. and Davidson, H., "Global Markets: The Global Consumer and International Retailing," *Journal of Global Marketing*, 5(3), 1992.

S. Gilman, "The Economics of Port Location in Through Transport," *International Journal of Transport Economics*, vol. 4, 1977.

S. H. Beaver, "Ships and Shipping: The Geographical Conseqences of Technological Progress," *Geography*, vol. 52, 1967.

Sjorstrom, William "Price Discrimination by Shipping Conferences," The Logistics and *Transportation Review*, vol. 28, no. 2, June 1992.

S. R. Swayne, "Shipping: Some Political and Economic Consequences of Changes in Technology and Ownership," *Journal of the Royal Society of Arts*, vol. 130, 1982.

V. Lindberg, "An Economic퐩eographical Study of the Localisation of the Swedish Paper Industry,"

Geografiska Annaler, no. 35, 1953.

Voigt F., "The Importance of the Transport System for Economic Development Processes," 1967.

Voorhees, Dale Roy, Seim, Emerson L., and Coppett, John I. "Global Logistics and the Stateless Corporation," *Transportation Journal*, vol. 59, no. 2, Winter 1992, pp. 144-151.

W. Alonso, "Location Theory, in Regional Development and Planning,"(eds J. Friedmann & W. Alonso) MIT Press, 1964.

Wanhill, S. R. C., "Port Economics in Developing Countries," *International Cargo Handling Coordination Association*, Technical Advisory Subcommittee, London, 1974.

Wei Jia Ju, "UN Multimodal Transport Convention," *Journal of World Trade Law*, vol. 15, 1981.

Weiss, Julian M., "ports Serve New World Order," *Inbound Logistics*, vol. 12, no. 10, October 1992, pp.23-25.

William Driscoll and Paul B. Lersen, "The Convention on International Multinational Transport of Goods," *Journal Law Review*, vol. 57, no. 2, Dec. 1982.

William J. Driscoll, "The Convention on International Multimodal Transport: A Status Report," *Journal of Maritime Law and Commerce*, vol. 9, no. 4, July 1979.

Ⅱ. 저　　서

(1) 국내서

방희석, 「무역학개론」, 청람, 2005

방희석, 「무역실무」, 박영사, 2009.

박대위, 「선하증권」, 법문사, 1978.

옥선종, 「국제운송론」, 법문사, 1989.

한국해사문제연구소 편역, 「용선계약과 해상물건운송계약」, 한국해사문제연구소출판부, 1986.

한국해사산업연구 편, 「해운실무용어해설」, 코리아쉬핑가제트, 1980.

(2) 국외서

管下國生, 「海運市場論」, 千倉書房, 1986.

宮本淸四郎, 「定期船」, 海文堂, 1974.

飯田秀雄, 「海陸複合輸送の研究」, 成山堂, 1972.

塚本撥一, 「海運同盟入門: 國際海運におけるカルテルの實態」, 成山堂, 1972.

佐派宣平譯, 「海運運賃市場」, 雄風舍官, 1983.

織田政夫, 「海運經濟論」, 成山堂, 1977.

———, 「海運政策論」, 成山堂, 1975.

海事研究所 篇, 「美國海運法の解說: 美國海運規制政策の沿革と變遷」, 成山堂, 1984.
海運實務研究會, 「海運實務要論」, 海文堂, 1996, pp.49~50.
黑田英雄, 「世界海運史」, 成山堂, 1972.

A. D. Couper, *The Geography of Sea Transport*, London: Hutchinson, 1972.
A. E. Branch, *Economics of Shipping Practices and Management*, London: Champman & Hall, 1982.
A. T. Kearney, Inc., *Improving Quality and Productivity in the Logistics Process, Council of Logistics Management*, 1991.
________, *Measuring and Improving Productivity in Physical Distribution, for the National Council of Physical Distribution Management*, Oak Brook, 1984.
Adam Smith, *The Wealth of Nations*, London: Penguin English Library, First Publish, 1976, 1983.
________, *The Wealth of Nations*, London: Penguin English Library; First Published in 1776, 1983.
Ademuni Odeke, *Shipping in International Trade Relations*, Aldershot, U.K., 1988, pp. 2-11.
Alan E. Branch, *Economics of shipping Practice and Management*, 5th ed., London: Champman and Hall, Ltd., 1982.
Alan E. Branch, *Element of Shipping*, 7th ed., London: Champan and Hall, Ltd, 1990.
________, *The Elements of Shipping*, Champan & Hall, Ltd., 2000, pp. 101.
B. M. Peakins, *Shipping Conference*, London: Cambridge Univ. Press, 1973.
B. M. Deakins, *Shipping Conference*, London: Cambridge Univ. Press, 1973, pp. 23-24.
B. Metaxas, *The Economics of Tramp Shipping*, London: The Athlone Press, 1981.
B. S. C. Hoyle, *Seaports and Developments*, London: Gordon & Breach Science Publisher, 1983.
B. S. Hoyle and D. A. Pinder(eds), "Cityport Industrialization and Regional Development: Spatial Analysis and Planing Strategies," Oxford: Pergamon press, 1981.
Band, William A., *Crearing Value for Custoners, Designing and Implementing a Total Corporate Strategy*, John Wiley & Sons, Inc., New York, 1991.
B. Metaxas, *The Economics of Tramp Shipping*, London: The Athlone Press, pp. 30-71.
C. Kruk, Aspects of Containerisation, Rotterdams, May, 1993.
Cavinato, Joseph. L. *Transportation-Logistics Dictionary*, 3rd ed., Washington, D.C.: International Thomson Transport Press, 1989.
CBI, *Transport Distribution in the Single Market*, Mercury, 1992.
Clive M. Schmithoff, *The Export Trade*, 7th ed., 1982.
D. J. Hill, *Freight Forwarders*, London, Stevens & Sons, 1972.
D. M. Smith, *Human Geography: A Welfare Approach*, (London: Arnold), 1977.
D. Phillp Lockin, *Economics of Transportation*, 7th ed., Homewood, Ill: Richard D. Irwin, 1972, p.2.
Dick Locke, *Global Supply Management: A Guide to International Purchasing*, Irwin, 1996.

Donald F. Wood, Anthony Barone, Paul Murphy, and Daniel L. Wardlow, *Interantional Logistics*, Chapman & Hall, 1995.

Don Firth, Jim Apple, Ron Denham, Jeff Hall, Paul Inglis and Al Saipe, *Profitable Logistics Management*, McGraw-Hill, 1988.

Douglas M. Lambert and James R. Stock, *Strategic Logistics Management*, Irwin, 1993.

Drewry Shipping Consultants, *Shipping Statistics and Economics*, January 1997.

________, *Shipping Finance and Investment*, Drewry Shipping Publications, 1983.

________, Institute of shipping Economics and Logistics(Bremen), *Shipping Statistics* no. 3, 1992.

DRI/McGraw-Hill, *World Sea Trade Service Review*, First Quarter 1997.

Dudley Pegrum, *Transportation: Economics and Public Policy*, Richard D. Irwin, Inc., 1963.

________, *Price Competiton in Transportation System*, Chicago: Railway Progress Institute, 1956.

E. M. Hoover, *The Location of Economic Activity*, New York: Mcgraw콇ill, 1948.

Edmund J. Gubbins, *The Shipping Industry*, London, 1985.

________, *Managing Transport Operations*, Kogan Page, 1996.

Elliot Schrier, Ernest Nadel and Bertram E. Rifas, "'Forces Shipping Int'l Maritime Transport," *The World Economy*, 1984. 3, p. 87.

Emery Troxel, *Economics of Transport*, New York: Rinehart & Company, Inc., 1955.

Ernst G. Frankel, *Port Planning and Development*, John Wiley & Son., 1987.

ESCAP, *Handbook of International Containerization*, Bangkok, 1983.

________, *Handbook of International Containerization*, Bangkok, 1983, pp. 1-2.

Fearnleys(Oslo), *Review 1996; Institute of Shipping Economics and Logistics*, Bremen, Shipping Statistics, no.1 , 1997.

G.Ven den Burg, *Containerization: A Modern Transport System*, London: Hutchinson, 1969.

Gitlow, Hpward S., *Planning for Quality, Productivity, and Competitive Position*, Dow Jones-lrwin, Homewood, 1990.

Gunnor K. Slertmo and Ernest W. Williams, Jr., *Liner Conferences in the Container Age: US Policy at Sea*, New York: Macmillan Publishing Co., Inc., 1984.

Holt Energy, *Economics and Technology, World Shipping in the 1990*s, Greenwich, April 1989.

Institute of Chartered Shipbrokers, *Dry Cargo Chartering*, Witherby Publishing Group Ltd U.K, 2011/2012.

Institute of Chartered Shipbrokers, *Economics of Sea Transport and International Trade*, Witherby Publishing Group Ltd U.K, 2011/2012.

Institute of Chartered Shipbrokers, *Introduction to Shipping*, Witherby Publishing Group Ltd U.K, 2011/2012.

Institute of Chartered Shipbrokers, *Legal Principles in Shipping Busines*, Witherby Publishing Group Ltd U.K, 2011/2012.

Institute of Chartered Shipbrokers, *Liner Trades*, Witherby Publishing Group Ltd U.K, 2011/2012.

Institute of Chartered Shipbrokers, *Logistics and Multi-Modal Transport*, Witherby Publishing Group Ltd U.K, 2011/2012.

Institute of Chartered Shipbrokers, *Marine Insurance*, Witherby Publishing Group Ltd U.K, 2011/2012.

Institute of Chartered Shipbrokers, *Port Agency*, Witherby Publishing Group Ltd U.K, 2011/2012.

Institute of Chartered Shipbrokers, *Port and Terminal Management*, Witherby Publishing Group Ltd U.K, 2011/2012.

Institute of Chartered Shipbrokers, *Ship Sale and Purchase*, Witherby Publishing Group Ltd U.K, 2011/2012.

Institute of Chartered Shipbrokers, *Shipping Business*, Witherby Publishing Group Ltd U.K, 2011/2012.

Institute of Chartered Shipbrokers, *Shipping Finance*, Witherby Publishing Group Ltd U.K, 2011/2012.

Institute of Chartered Shipbrokers, *Shipping Law*, Witherby Publishing Group Ltd U.K, 2011/2012.

Institute of Chartered Shipbrokers, *Tanker Chartering*, Witherby Publishing Group Ltd U.K, 2011/2012.

J. C. Van Horne, *Financial Management and Policy*, 6th ed., N.J.: Englewood Cliffs, Prentice Hall, 1983.

J. G. Baudelaire, *Port Administration*, vol. Ⅰ, Ⅱ delft, Netherlands, 1976.

J. H. Bird, *The Major Seaports of the United Kingdom*, London: Hutchinson, 1963.

J. J. Coyle, *Transportation*, NY: West Publication. Co., pp. 3-9, 1994.

J. O. Jansson and D.Shneerson, *Liner Shipping Economics*, London: Chapman and Hall, Ltd., 1987.

J. O. Jansson, *Port Economics*, MIT, 1982.

J. R. Whittaker, *Containerization*, 2nd ed., Washington D.C.: Hemisphere, Publishing Corporation. 1975.

J. Spruyt, *Ship Management*, Lloyd's of London Press Ltd, 1990.

James Cooper, *Logistics and Distribution Planning: Strategies for Management*, Kogan Page, 1994.

John B. Lansing, *Transportation and Economic Policy*, New York: The Free Press, 1966.

________, *Transportation and Economic Policy*, New York: The Free Press, 1966, pp.45~46.

John J. Coyle, Edward J. Bardi, and Robert A. Novack., *Transportation*, West Publishing Company, 1994.

K. M. Johnson and H.C.Garmeff, *The Economics of Containerization*, 10th ed., London: George Allen & Unwin, Ltd., 1972.

Laurence Juda, *The UNCTAD Liner Code: United States Maritime Policy at the Crossroads*, Boulder:

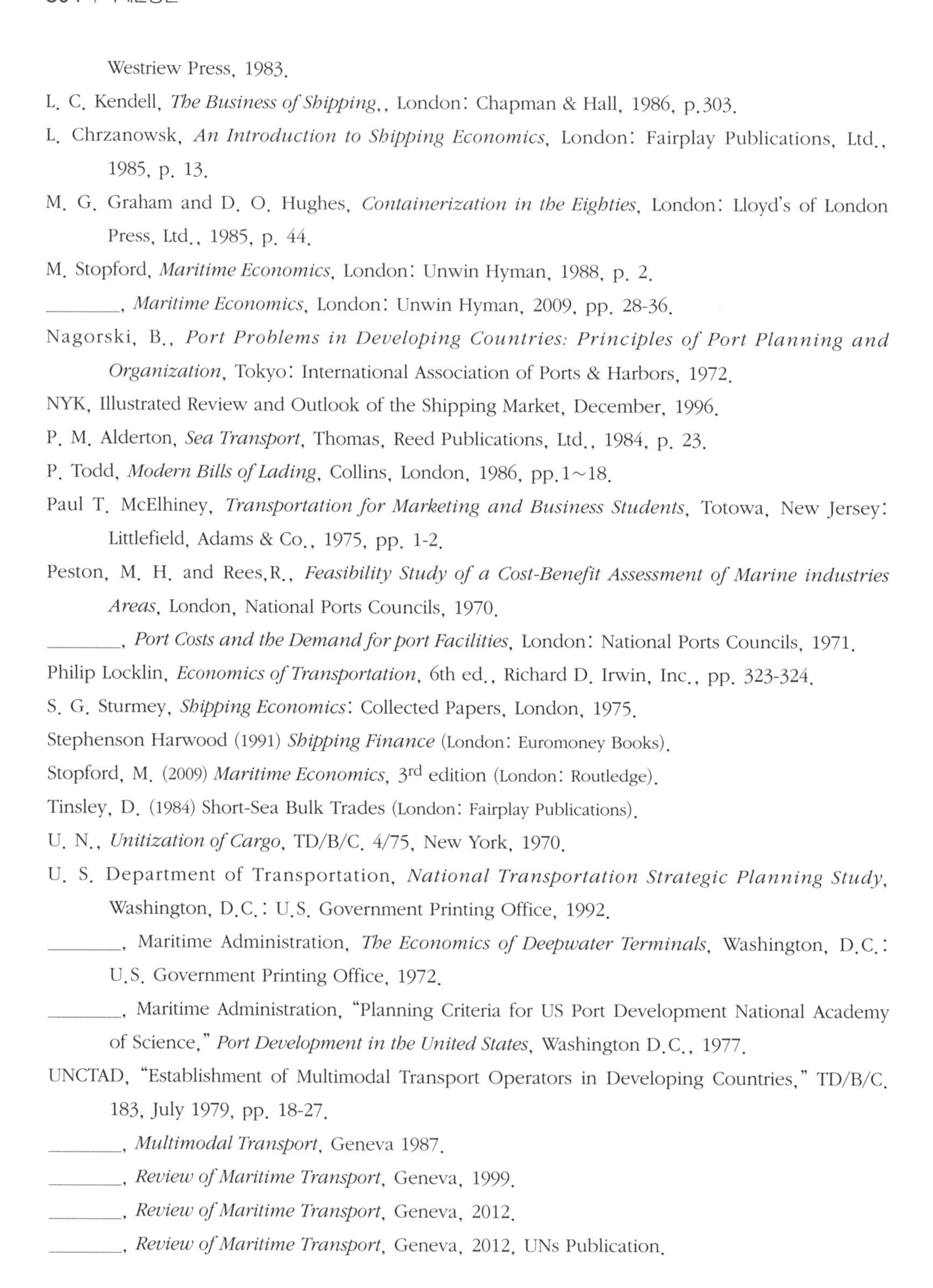

Westriew Press, 1983.

L. C. Kendell, *The Business of Shipping*,, London: Chapman & Hall, 1986, p.303.

L. Chrzanowsk, *An Introduction to Shipping Economics*, London: Fairplay Publications, Ltd., 1985, p. 13.

M. G. Graham and D. O. Hughes, *Containerization in the Eighties*, London: Lloyd's of London Press, Ltd., 1985, p. 44.

M. Stopford, *Maritime Economics*, London: Unwin Hyman, 1988, p. 2.

________, *Maritime Economics*, London: Unwin Hyman, 2009, pp. 28-36.

Nagorski, B., *Port Problems in Developing Countries: Principles of Port Planning and Organization*, Tokyo: International Association of Ports & Harbors, 1972.

NYK, Illustrated Review and Outlook of the Shipping Market, December, 1996.

P. M. Alderton, *Sea Transport*, Thomas, Reed Publications, Ltd., 1984, p. 23.

P. Todd, *Modern Bills of Lading*, Collins, London, 1986, pp.1~18.

Paul T. McElhiney, *Transportation for Marketing and Business Students*, Totowa, New Jersey: Littlefield, Adams & Co., 1975, pp. 1-2.

Peston, M. H. and Rees,R., *Feasibility Study of a Cost-Benefit Assessment of Marine industries Areas*, London, National Ports Councils, 1970.

________, *Port Costs and the Demand for port Facilities*, London: National Ports Councils, 1971.

Philip Locklin, *Economics of Transportation*, 6th ed., Richard D. Irwin, Inc., pp. 323-324.

S. G. Sturmey, *Shipping Economics*: Collected Papers, London, 1975.

Stephenson Harwood (1991) *Shipping Finance* (London: Euromoney Books).

Stopford, M. (2009) *Maritime Economics*, 3rd edition (London: Routledge).

Tinsley, D. (1984) Short-Sea Bulk Trades (London: Fairplay Publications).

U. N., *Unitization of Cargo*, TD/B/C. 4/75, New York, 1970.

U. S. Department of Transportation, *National Transportation Strategic Planning Study*, Washington, D.C.: U.S. Government Printing Office, 1992.

________, Maritime Administration, *The Economics of Deepwater Terminals*, Washington, D.C.: U.S. Government Printing Office, 1972.

________, Maritime Administration, "Planning Criteria for US Port Development National Academy of Science," *Port Development in the United States*, Washington D.C., 1977.

UNCTAD, "Establishment of Multimodal Transport Operators in Developing Countries," TD/B/C. 183, July 1979, pp. 18-27.

________, *Multimodal Transport*, Geneva 1987.

________, *Review of Maritime Transport*, Geneva, 1999.

________, *Review of Maritime Transport*, Geneva, 2012.

________, *Review of Maritime Transport*, Geneva, 2012, UNs Publication.

________, “The Eastablishment of Transhipment Facilities in Developing Countries”(TD/B/C.4/AC7/40), Geneva, 1990.

________, *United Nations Conference of Plenipotentiaries on a Code of Conduct for Liner Conferences*, UN, 1975.

UNECLAC, “Structural Changes in Ports and the Competitiveness of Latin America and Caribbean Foreign Trade,” UN, Geneva, 1990.

United Nations Conference on Trade and Development, *Review of Maritime Transport 1997: Report by UNCTAD secretariat*, United Nations Publication, 1997.

V. Rochdale, *Committee of Inquiry into Shipping,* London: HMSO, 1970, p. 25.

William L. Grossman, Ocean Freight Rates, Cornell Maritime Press, 1956, pp. 71-81.

INDEX

영문색인

INDEX

국문색인

방희석

중앙대학교 경영대학 무역학과 졸업(상학사 B.A), 동 대학원 무역학과 졸업(상학석사 M.A.)
영국 웨일즈 대학원(현, Cardiff University, Business School) 졸업(경영학 박사)
역) 한국해양수산개발원 연구위원(항만연구실장)
중앙대학교 학생처장, 도서관장, 교무처장, 사회과학대학 학장
지식경제부 경제자유구역위원회, 부위원장
한국무역학회 제24대 회장
한국항만경제학회 회장
한국국제상학회 회장
인천항만공사 항만위원회 제4대 위원장
해양수산부 정책평가위원장
여수광양항만공사 제4대 사장
산동대학교 명예석좌교수
현) 중앙대학교 경영경제대학 국제물류학과 석좌교수

고용기

중앙대학교 대학원 무역학과 졸업(상학석사 M.A.)
Univ. of London QMW College 경제학 박사(운송/항만경제전공)
역) 해운산업연구원(현 한국해양수산개발원) 해운연구실 연구원
삼성SDS 컨설팅 Div. e-Biz 컨설팅팀 컨설턴트
국토교통부 물류단지 실수요 검증위원
경북PRIDE상품지원센터 센터장
국무조정실 정부업무평가 국정과제평가전문위원
한국통상정보학회 15대 회장
현) 영남대학교 무역학부 교수
국토교통부 우수물류기업 인증심사단 심사위원
경상북도 물류단지계획심의위원회 위원 및 부위원장
기획재정부 재정사업평가위원회 사회기반시설분과 민간위원
기획재정부 공공기관 경영평가단 위원
한국국제상학회 28대 회장

박근식

중앙대학교 대학원 무역학과 경영학석사
중앙대학교 대학원 무역학과 경영학박사
역) 영국 카디프 대학교 박사후 연구원
경기평택항만공사 자문위원
보세사 전형 시험위원회 위원
현) 중앙대학교 국제물류학과 교수/GHRD 대학원 글로벌물류학과 학과장
한국무역학회 이사 및 무역학회지 편집국장
한국국제상학회 상임이사 및 국제상학 편집위원
한국관세학회, 한국항만경제학회 이사

나정호

중앙대학교 대학원 무역학과 경영학석사
중앙대학교 대학원 무역학과 경영학박사
역) 중앙대학교 항만물류연구센터 연구교수
중앙대학교 국제물류학과 강의전담교수
중앙대, 덕성여대, 가천대, 유한대, 부천대 강사
행정안전부 공기업경영평가단(전라북도 상하수도) 평가위원(2017~2018)
현) (재)전북연구원 산업경제연구부 부연구위원
전라북도 항만물류연구자문회 회원
전라북도 물류정책위원회 위원
전라북도 물류단지계획심의위원회 위원
한국국제상학회, 한국통상정보학회 이사

개정 4판
국제운송론

초판발행 1999년 3월 15일
개정판발행 2005년 8월 15일
개정2판발행 2009년 3월 10일
개정3판발행 2013년 3월 15일
개정4판발행 2021년 3월 20일

공저자 방희석 · 고용기 · 박근식 · 나정호
펴낸이 안종만 · 안상준

편 집 이승현
표지디자인 박현정
기획 · 마케팅 박세기
제 작 고철민 · 조영환

펴낸곳 (주) 박영사
서울특별시 금천구 가산디지털2로 53, 210호
(가산동, 한라시그마밸리)
등록 1959. 3. 11. 제300-1959-1호(倫)
전 화 02)733-6771
f a x 02)736-4818
e-mail pys@pybook.co.kr
homepage www.pybook.co.kr
ISBN 979-11-303-0713-8 93320

정 가 25,000원